첩자고

諜者考

첩자고 諜者考
삼국시대의 첩보전

1판 1쇄 2018년 03월 15일

지은이 김영수
펴낸곳 도서출판 아이필드
      주소 전라북도 완주군 이서면 반교로51, 302-505호
      전화 02-323-9491 **팩스** 02-6499-1225 **이메일** ifieldpub@hanmail.net
      신고연월일 2001년 11월 06일 **신고번호** 제2015-000006호

ISBN 978-89-94620-15-2 (93910)

이 도서의 국립중앙도서관 출판시도서목록(CIP)은 서지정보유통지원시스템 홈페이지
(http://seoji.nl.go.kr)와 국가자료공동목록시스템(http://www.nl.go.kr/kolisnet)에서
이용하실 수 있습니다. (CIP제어번호: CIP2018006989)

디자인 토비트 & R.Y.H

- 책값은 뒤표지에 있습니다.
- 본문용지 80# 노브라이트지 A계열(636×880mm)
- 표지용지 210g 르네상스지 B계열(1094×788mm)

첩자고
諜者考

삼국시대의 첩보전

김영수 지음

아이필드

외면당해온 주제, 첩자에 얽힌 소회

"가장 원시적인 모든 첩보(諜報)는 생물에게도 필요하다. 원시
동물은 사냥감을 얻을 때 사냥감으로부터 오는 정보의 진위 여부
를 판단해야 한다. 그래야 사냥감의 덫에 빠지지 않는다. 사냥감으
로부터 오는 이런 정보가 가장 이른 첩보이다."_생물학자 와파 엘-사드르
(Waffa el-Sadr)

#1.

기원전 3세기 무렵, 격렬함으로 상징되는 전국시대가 막바지로
치닫는 격동기였다. 당시 중원에 위치한 위(魏)나라에서 있었던 흥
미로운 일화 하나다. 사마천은 『사기』 권77 「위공자열전」에서 그 장
면을 이렇게 묘사하고 있다.

공자(위공자 신릉군)가 위왕(안리왕)과 바둑을 두는데 북쪽 변경에
서 봉화가 오르면서 "조나라가 쳐들어와서 국경에 진입했습니다!"라
는 전갈이 왔다. 위왕이 바둑판을 밀쳐두고 대신들을 불러 논의하려

했다. 공자가 왕을 말리며 "조왕이 사냥 나온 것이지 쳐들어오는 것이 아닙니다."라고 했다. 그러고는 다시 바둑을 두었다. 왕은 두려워 마음이 바둑에 가질 못했다. 이윽고 다시 북방에서 전갈이 오길 "조왕이 사냥 나온 것이지 쳐들어오는 것이 아니었습니다."라고 했다. 위왕이 크게 놀라며 "공자는 어찌 아셨소?"라고 하자 공자는 "신의 식객 중에 조왕의 은밀한 일까지 정탐하는 자가 있어 조왕의 행동을 식객이 신에게 바로 보고하기 때문에 신이 알고 있는 것입니다."라고 했다. 이후로 위왕은 공자의 능력을 두려워한 나머지 공자에게 국정을 맡기려 하지 않았다.

신릉군은 위왕의 동생으로 휘하에 식객 3천을 거느린 상당한 실세였는데, 사마천은 그의 인적 네트워크에 주목하면서 이렇게 언급하고 있다.

공자는 사람이 어질어 인재를 존중했다. 인재가 어질거나 불초하거나 모두 겸손하게 예로 사귀면서 감히 부귀하다고 인재를 교만하게 대하지 않았다. 인재들이 이 때문에 사방 수천 리에서 다투어 달려오니 식객이 3천에 이르렀다. 당시 제후국들은 공자가 유능한데다 식객이 많았기 때문에 감히 군대로 위를 꾀하지 못한 것이 10년이 넘었다.

위 두 대목의 핵심은 이렇다. 위공자 신릉군은 3천에 이르는 천하 각지의 인재들을 초빙하여 막강한 네트워크를 구성하고 이들로 하여금 각국의 동향을 파악한 최신 정보를 확보하니 다른 나라들이 감히 위나라를 엿보지 못했다는 것, 신릉군의 정보력은 조나라 왕의 일거수일투족을 낱낱이 보고받을 정도였고 신릉군의 이 같은 정보력에 놀란 위왕은 신릉군을 국정에서 배제했다는 것.

신릉군은 국정에서 배제되어 술과 여자로 나날을 보내다가 우울하게 생을 마감했다.(기원전 243년) 그로부터 20년이 채 되지 않은 기원전 225년 위나라는 진(秦)나라에 망했다. 위왕이 신릉군의 첩보망과 정보력를 충분히 활용했더라면 어찌 되었을까? 질문을 던지지 않을 수 없는 대목이다.

#2.

기원전 204년 정형(井陘, 지금의 하북성 정형 동쪽), 한(漢)의 2만 군대와 조(趙)의 20만 대군이 대치하고 있었다. 조나라 군대의 참모 광무군(廣武君) 이좌거(李左車)는 조왕과 성안군(成安君) 진여(陳餘)에게 3만을 자신에게 주면 한의 식량 보급로를 차단하여 일거에 무너뜨릴 수 있다는, 나름대로 정확한 판단에서 나온 대책을 건의했다. 그러나 이 대책은 묵살 당했다. 조왕과 진여는 전력에서 10배나 차이가 나는 한의 군대를 깔보았다.

한의 군대를 이끄는 장수는 명장 한신(韓信)이었다. 한신은 조의 군대가 식량 보급로를 끊는 작전으로 나오지 않을까 그것이 가장 큰 걱정이었다. 그래서 첩자를 적진에 침투시켜 상황을 수시로 보고하게 했다. 첩보 결과는 이좌거의 건의가 퇴짜를 맞았다는 것이었다. 이에 한신은 정형으로 진군한 다음 병사들에게 한나절 만에 '조를 깨부수고 모여서 밥 먹자'고 큰소리를 쳤다. 여기서 저 유명한 '파조회식(破趙會食)'이란 고사성어가 탄생했고 '회식'이란 단어가 파생되었다.

한의 병사들은 대답은 했지만 한신의 큰소리를 전혀 믿지 않았다. 한신은 군의 절반을 조의 군대 후방으로 몰래 보낸 다음 나머지 군사들에게 강을 등진 채 전투에 임하는 '배수진(背水陣)'을 치게 했다. 조나라 장수들은 비웃었다. 한신은 성을 공격하다 패한 척하여 조의 군대를 성에서 끌어내 강 쪽으로 유인했다. 승기를 잡았다고 오판한 조의 군대는 숫자로 밀어붙였다. 그사이 후방으로 보낸 1만 병사가 조나라 군영을 차지한 뒤 성 위를 모조리 한의 깃발로 도배했다. 게다가 배수진을 친 한의 병사들은 죽기 살기로 전투에 임했다. 수적 우위에도 불구하고 조의 군대는 밀려 성으로 퇴각하려 했으나 성은 이미 함락된 뒤였다. 앞뒤로 협공을 받아 조의 군대는 참패했다.

항우 밑에 있다가 유방에게 몸을 맡겨 대장군이 된 한신이 이른바 '배수지진'으로 화려하게 데뷔하는 순간이었다. 이후 천하 형세는 한과 초가 쟁패하는 '초한 쟁패'로 재편되었다. 이 역사적인 전투의 승부를 가르는 핵심 역시 첩자와 첩보에 따른 정보였다. 한신이 괜히 명장 소리를 듣는 것이 아니다.

이보다 전에 한중(漢中)에 갇혀 실의의 나날을 보내고 있던 유방(劉邦)에게 한신은 대장군에 임명된 후 항우와 유방의 전력을 냉철하게 비교하면서 이 난관을 돌파할 수 있는 계책을 건의한 바 있다. 한신은 정보의 중요성을 누구보다 명확하게 인식하고 있었다. 전쟁을 비롯한 모든 경쟁의 승부는 정보력으로 판가름 난다. 그리고 그 정보력의 배후에 첩자라는 익명의 존재가 도사리고 있다.

#3.

삼국 간 군사 충돌이 치열하게 전개되고 있던 7세기 중반, 정확하게는 650년 신라의 승려 두 사람이 당으로 불법을 구하기 위해 국경을 넘었다. 두 사람은 당시 당나라와 고구려 국경이었던 요동 땅에 발을 들여놓은 순간 국경을 지키던 고구려 군사에 의해 수십 일 동안 감금당한다. 당나라 행은 물론 무산되고, 간신히 목숨만 부지한 채 신라로 되돌아온다. 그런데 이들을 수십 일 동안 감금시키게 한 혐의란 것이 뜻밖에도 '첩자'였다.

얼핏 뜻있는 종교인이 구법 과정에서 당한 시련 정도로 치부할 수 있는 대목이긴 하다. 하지만 관심의 초점을 구법승인 그들에게 씌워진 '첩자'라는 혐의에 두면, 우리 고대사 연구에서 관심을 기울이지 않았던 뜻밖의 흥미진진한 연구 거리와 조우할 수 있게 된다. 바로 '첩자'라는 익명의 존재들이다. 역사에서 이들은 철저하게 조연의 역할밖에 주어지지 않았지만 그들의 행위 결과는 개인이나 집단은 물론 한 나라의 운명까지 좌우할 정도로 중대했다. 650년, 첩자 혐의를 받고 수십 일 동안 구금된 두 승려에 대한 기록은『삼국유사』[권4 의해 제5 '의상전교']에 전해지며, 두 승려는 다름 아닌 원효와 의상이었다.

고구려의 장수왕은 즉위 63년째인 475년 9월, 3만의 병력으로 백제를 기습하여 개로왕을 사로잡아 처형하고 수도 한산을 점령했다. 백제는 멸망 일보 직전까지 몰렸다. 그런데 백제의 이 치욕스러운 패배의 이면에는 도림이란 승려가 있었다. 그는 고구려가 백제를 공격하기 위해 치밀하게 짠 작전 시나리오의 중요한 부분을 담당한 첩자였다. 이 작전을 실행하기 위해 장수왕은 첩자를 모집했고 도림은 승려의 신분으로 그 일에 자원했다. 도림은 죄를 짓고 망명해 온 것처럼 꾸미고 개로왕의 취미인 바둑으로 접근하여 왕의 신임을 얻은 다음, 현란한 언변으로 각종 대형 토목사업을 부추겨 백제의 국력을 소모시켰다. 결국 개로왕은 처절한 후회와 함께 도림을 저주하며 죽어갔다. 이 사건은 첩자 한 사람의 역할이 일국을 멸망의 문턱까지 몰고 갈 수 있음을 보여준 대표적인 사례로 꼽힌다.

#4.

　1992년 어느 날, 저자는 첩자 연구의 첫 논문「고대 첩자고」원고를 완성한 후 논문집에 정식으로 투고하기에 앞서 선후배 동학들이 모인 자리에서 발표회를 가졌다. 석사논문을 쓴 이후 첫 논문이었다. 말하자면 중앙 무대의 데뷔를 앞두고 리허설을 갖는 셈이었다.

　어떻게 발표했는지는 거의 기억이 나지 않는다. 다만 발표 이후 동학들, 정확하게는 논평을 한 선배 두 사람의 반응은 지금도 또렷이 기억한다. 인간은 선택적 기억의 동물이라던가?

　한 선배는 논문(정확하게는 논문을 각주 없이 요약한 발표문)이 소설처럼 술술 읽힌다고 했다. 정상적으로 받아들이자면 그것은 칭찬에 가까운 평이다. 그러나 당시 그 현장 분위기와 논평의 뉘앙스는 달랐다. 무슨 논문을 소설처럼 썼냐는 빈정거림에 다름 아니었다. 저자는 감사하다는 말로 응대는 했지만 씁쓸했다. 논문은 '술술 읽히게' 쓰면 안 된다는 법이라도 있나? 문득 석사논문 심사 때의 해프닝이 떠올랐다. 학위 논문에 '착잡(錯雜)'이란 단어를 썼다고 지적한 한 심사위원이 생각난 것이다.

다음 선배의 반응은 당시로서는 충격이었다. 논평은 없었다. 대신 그런 걸 왜, 무엇하러 연구하느냐는 꾸짖음이 있었다. 그분은 후배들이 흠모하는 분으로 조선시대 성리학을 연구하는 선비풍의 대선배였다. 다들 수긍하는 듯한 반응이었다. 무안했다. 내가 왜 '이따위' 주제에 관심을 가졌을까? 무엇이 잘못되었지? 내 딴엔 중요하게 보았건만…. 그야말로 '착잡'했다. 그런 곡절을 거쳐 그 논문은 1993년 『군사』라는 학술지에 실렸고, 첩자 연구의 서막을 올리는 데 작은 품이나마 일조하게 되었다.【1992년 김복순 선생이 「삼국의 첩보전과 승려」라는 논문을 발표했는데, 이 논문은 국내 역사분야에서 최초의 간첩 연구 논문으로 알려져 있다.】

#5.

그로부터 10여 년 후 저자는 혹 첩자와 관련한 후속 연구들이 있을까 하여 자료를 찾았다. 전쟁사 논문에 간혹 각주의 형태로 인용된 것을 제외하고 연구 논문은 발견하지 못했다.【역사분야에서 그렇다는 뜻이다.】1992년 당시 그 점잖은 선배의 '그런 걸 왜, 무엇하러 연구하느냐'는 말이 새삼 떠올랐다.

이에 저자는 2006년, 그동안 모아둔 자료를 가지고 『역사를 훔친 첩자』라는 단행본을 출간했다. 논문을 먼저 쓰고 그 논문들을 모아 단행본을 내는 기존의 순서를 동시 내지는 거꾸로 밟은 셈이다. 그때까지도 논문이나 단행본은 눈에 띄지 않았다. 어쨌거나 이렇게 해서 간첩 관련 단행본이 하나 나오게 되었다【나중에 편집자에게 들은 얘기로 1만 부 정도 팔렸다고 하니 '난해한' 주제에 반응을 보여준 독자들이

고마울 따름이다.】 그러나 허전했다. 아직도 이 분야가 연구할 가치가 없는 걸까? 생각 끝에 모아놓은 자료들을 바탕으로 논문 4편을 잇달아 써냈다.

논문을 게재하는 과정에서도 해프닝이 있었다. 1993년 이후 게재한 5편의 논문 대부분이 조건부 게재, 즉 수정 후 게재라는 퇴짜 아닌 퇴짜를 맞았다. 연구사 검토가 부족하고 각주가 적다는 이유였다. 그러면서 미안했던지 연구 주제가 돋보이고 독창적이라는 논평을 사족으로 붙여주었다. 연구가 없는데 어떻게 연구사적 검토를 할 것이며 각주가 적으면 논문이 안 되는 건가? 표절 여부야 심사하는 이들이 확인해야 할 일 아닌가? 이런저런 생각에 철회할까 고민도 했지만 그 정도 맞추어주는 것이야 뭐가 어렵겠나, 하는 마음에 지적 사항을 보완해서 게재 허락(?)을 받아냈다.

#6.

그로부터 다시 10년이 지났다. 그사이 저자는 주전공인 사마천과 『사기(史記)』 강의와 저술로 시간을 보냈다. 첩자에 대한 관심을 놓지는 않았지만 별도의 논문이나 책을 내진 못했다. 물론 첩자 이야기와 정보의 중요성을 틈틈이 강조하긴 했다. 그런데 국가정보원 직원들을 대상으로 강의할 때 어떤 분이 첩자에 관한 논문과 저서를 언급한 일이 있었다. 역시나 관련 분야나 직종에서만 관심의 대상일 뿐이라는 점을 우회해서 확인한 셈이다. 어쨌거나 그동안에도 첩자와 관련된 논문이나 책은 나오지 않았다. 1992년으로부터 거의 25년이 다 된 시점이었다.

그러던 중 2016년 어느 날, 오랜 친구인 도서출판 아이필드의 유연식 형이 논문과 책에 관심을 보였다. 기뻤지만 망설였다. 현실적으로 도움이 안 될 터였다. 그동안의 동향을 설명해주며 고개를 저었지만 형은 유의미한 주제라며 저자를 설득했다. 이렇게 해서 논문과 단행본을 합친 이 책이 세상에 나오게 된 것이다.

이제 끝으로 이 책에 실린 내용을 간략하게 소개함으로써 독자들이 좀더 쉽게 접근하도록 안내할까 한다.

먼저 1부는 기 출간된 단행본 『역사를 훔친 첩자』를 몇 군데 보완하여 옮겨놓은 것이다. 따라서 큰 틀에서 달라진 게 거의 없다. 다만 사진, 지도들은 모두 뺐고 참고로 만든 몇 개의 표는 부록으로 삼아 맨 뒤로 갖다놓았다. 각주 달린 논문에 관심 없는 독자들이라면 이 1부만 읽어도 무방하다.【잠깐 언급했듯이 이 저작물은 논문이 먼저 나오고 후에 단행본이 나온 것이 아니다. 논문을 쓰면서 단행본을 먼저 냈고, 그 단행본을 바탕으로 후속 논문들을 썼다. 첫 번째 논문 「고대 첩자고」는 예외다, 단행본이 발간되기 13년 전에 발표했다.】

2부는 논문들이다. 저자의 논문 다섯 편, 첩자 관련하여 가장 이른 논문인 일본인 학자의 글 한 편이 실려 있다. 저자의 논문들을 간단히 소개하면 아래와 같다.【이 책에는 두 번째 논문과 세 번째 논문의 순서가 바뀌어 수록되어 있다. 첫 논문과의 관련성을 고려했기 때문이다.】

「고대 첩자고」, 『군사』 제27호, 1993.
「삼국시대 병법서의 수용과 그 활용」, 『민족문화』 제29집, 2006.
「고대 첩자연구 시론」, 『백산학보』 제77호, 2007.
「612년 여·수 전쟁과 고구려의 첩보전」, 『민족문화』 제30집,

2007.

「김유신의 첩자활용과 첩보술에 관한 일연구」, 『군사』 제62호,
  2007.

「고대 첩자고」가 나오게 된 배경에 대해서는 이미 장황하게 늘
어놓은 바 있다. 이 논문은 말 그대로 첩자와 관련한 저자의 문제의
식과 관심사가 거의 대부분 거칠게 표출되어 있다. 좋게 말해 이후
의 연구를 위한 초석을 놓았다고 할 수 있지만 장황하기 짝이 없다.
그래도 관심 있는 독자라면 저자의 문제의식에 주목해주길 바랄 뿐
이다.

세 번째 논문인 「고대 첩자연구 시론」은 1992년의 첫 논문을 심
화시킨, 첩자에 관한 일반론적이고 종합적인 성격의 논문이다. 첫
논문의 연장선상에 있지만 그것에 비해 조금 다듬어졌고, 병법서 수
용 문제를 연구 주제로 삼아야 할 필요성을 본격적으로 제기했다.

두 번째 논문인 「삼국시대 병법서의 수용과 그 활용」은 간첩 활
용을 위해서는 병법서에 관한 이해도가 전제되어야 한다는 점에 착
안하여 삼국시대에 어떤 병법서가 수용되어 어떻게 활용되었는가
를 검토한 것이다. 그 결과 네 번째와 다섯 번째 논문을 통해 고구려
의 첩보전과 을지문덕의 첩보전, 명실상부 첩보 전문가라 할 수 있
는 김유신의 첩보술을 이끌어낼 수 있었다. 본문에서 거듭 언급되겠
지만 이 두 논문의 요지는 우선 첩보술의 대가로서 김유신의 새로운
면모를 밝힌 점, 그다음으로 자신이 직접 간첩이 되어 적진에 침투
한 을지문덕의 첩보 행위 및 고구려의 첩보전 수준을 밝힌 점이다.

첩자, 흔히 하는 말로 간첩은 철저하게 익명의 존재다. 즉 현실적

으로 드러나지 않아야 하는 존재다. 그러나 이 익명과 비밀에 싸인 존재의 역할과 작용은 대단히 위력적이다. 전투의 승부는 물론, 일 국의 안위까지 결정할 수 있는 역할을 해내기도 한다. 첩자에 관한 4천 년에 걸친 사록(史錄)과 사례들은 이들의 역할과 작용을 생생하게 증언해준다. 아울러 그 역할과 작용의 강도는 지금도 결코 줄지 않고 있다. 오히려 더 확대되고 확산되는 추세다. 현대 정보전을 생각해보라!

저자는 첩자들이 남긴 여러 사례들을 보며 정보 수집의 중요성과 방법들에 주목했던 바, 이는 역사를 연구하는 사람으로서 충분히 가져볼 수 있는 관심 영역이라고 확신했다. 지금도 그 확신에는 변함이 없다.

#7.

이 책을 내기로 마음먹은 후 저자는 중국 최초의 첩자에 관한 전문서, 청나라 때 사람 주봉갑(朱逢甲)이 쓴 『간서(間書)』를 번역하고 해설 등을 덧붙인 『비본(秘本) 간서(間書)—가장 오래된 첩자 이야기』를 출간했다. 그동안 틈틈이 자료를 수집하고 필요한 부분들을 우리말로 옮기며 관련된 글을 써오던 터라 작업이 어렵지는 않았다. 이왕이면 이 책과 짝을 이루어 시너지 효과를 내주면 좋겠다는 기대를 해본다. 그 기대 속에는 내 자신의 공부와 연구 성과를 업그레이드해보자는 욕심도 포함되었음을 고백하지 않을 수 없다.

지금 우리의 현실에서 『첩자고』와 『비본 간서』, 이 두 책은 당분간—과욕을 좀 부리면 '한동안'—간첩에 관한 입문서이자 전문서로서 자리매김하지 않을까, 그런 생각을 감히 해본다.

　출간을 '감행'해준 유연식 형에게 이 책을 드린다. 이 분야의 연구가 우리에게 꼭 필요한 정보라는 자부심으로, 외로웠던 벽의 한 모퉁이를 다시 쓰다듬으며 다소 긴 저자 서문의 말을 가름한다.

2018년 2월 9일
첩자와의 대화를 일단락하고
평창동계올림픽의 성공을 기원하며

제1부

역사를 바꾼 익명의 존재

프롤로그

　한반도에서 삼국 간 군사충돌이 치열하게 전개되고 있던 7세기 중반, 정확하게는 650년 신라의 승려 두 사람이 당나라로 불법을 구하기 위해 국경을 넘었다. 두 사람은 당시 당과 고구려 국경인 요동 땅에 발을 들여놓는 순간, 국경을 지키던 고구려 군사에 의해 수십 일 동안 감금당한다. 당나라 행은 당연히 무산되고 간신히 목숨만 부지한 채 신라로 되돌아온다. 그런데 이들을 수십 일 동안 감금시키게 한 혐의란 다름 아닌 '첩자'였다.

　얼핏 뜻있는 종교인이 구법 과정에서 당한 시련 정도로 치부할 수 있는 대목처럼 보인다. 하지만 초점을 그들에게 씌워진 '첩자'라는 혐의에 둔다면 우리 고대사 연구에서 관심을 기울이지 않았던 뜻밖(?)의 연구 거리와 조우할 수 있다. 바로 '첩자'라는 익명의 존재들이다. 당시 첩자 혐의를 받고 구금된 두 승려에 대한 기록이 『삼국유사』(권4 의해 제5 '의상전교')에 남겨졌다. 그들은 원효와 의상이었다.

　고구려의 장수왕은 즉위 63년째인 475년 9월, 3만의 병력으로 백제를 기습해 개로왕을 사로잡아 처형하고 수도 한산을 점령했다. 백제는 멸망 일보 직전까지 몰렸다. 그런데 백제의 이 치욕스러운 패배의 이면에는 도림이란 승려가 있었다. 그는 고구려가 백제를 공격하기 위해 치밀하게 짠 시나리오의 중요 부분을 담당한 첩자였다.

장수왕이 첩자를 모집하자 도림은 승려의 신분으로 자원했다. 도림은 죄를 짓고 도망쳐 온 것처럼 꾸미고 개로왕의 취미인 바둑으로 접근해 왕의 신임을 얻은 후 현란한 언변으로 대형 토목사업을 부추겨 백제의 국력을 소모시켰다. 개로왕은 후회와 함께 첩자 도림을 저주하며 죽어갔다. 이 사건은 한 첩자의 역할이 일국을 멸망의 문턱까지 몰고 갈 수 있음을 보여준 대표적인 사례로 꼽힌다.

신라의 김유신은 백제의 실세인 좌평 임자를 침투간첩 조미압을 통해 포섭해 정권의 동향을 면밀히 파악했고, 그 결과 백제를 멸망시킬 수 있었다. 이 과정에서 김유신은 백제에 포로로 잡혀가 좌평 임자의 집에서 종노릇을 하다가 도망쳐 온 조미압을 철저하게 사상훈련을 시켜 다시 임자에게 보내 포섭하게 하는 완벽에 가까운 첩보술을 구사했다. 백제 멸망의 큰 원인에 신라의 첩보망이 백제 지배층 깊숙이 침투해 있었음과 무관하지 않다.

김춘추로 하여금 목숨을 건 고구려 행을 감행하게 만든 642년의 대야성 전투. 그 대야성 전투도 실상을 파고들면 치정과 그것을 이용한 첩보전이 핵심이다. 대야성 성주인 김춘추의 사위 김품석은 휘하의 막료 검일의 아내와 불륜을 저지른다. 이 상황을 예의주시하고 있던 백제의 첩자 모척은 검일을 포섭·매수·내통함으로써 전투를 승리로 이끌고 김품석과 그의 가족을 몰살했다. 그런데 이 전투로 야기된 김춘추의 고구려 행은 궁극적으로 나·당 연합을 이끌어내 신라로 하여금 삼국 통합에 박차를 가하게 함으로써 국제정세의 판도 변화에 결정적인 작용을 했다.

이렇듯 승려들까지 첩자로 활용할 정도로 삼국시대는 첩보전이 치열했다. 삼국은 모두 급변하는 국제정세와 그로 인한 무한경쟁에서 살아남기 위해 총력을 기울였고, 그 과정에서 상대에 대한 첩보와 정보 확보는 필수였다. 한마디로 첩자 침투가 쉴 새 없이 수행될 수밖에 없는 조건 속에서 첩자가 왕성하고 눈부시게 활약한 시기였다. 그 무대는 삼국에만 한정되지 않고 수·당을 축으로 한 동아시아 국제사회 전역이었다. 그들의 활약 여부에 따라 개인의 운명과 국가의 흥망, 나아가 국제정세의 변화까지 촉진했다.

우리 삼국시대의 역사에는 전문적인 첩자이론이 남아 있지 않다. 그러나 『삼국사기』나 『삼국유사』에 기록된 첩자 활동의 사례들을 보면 다양하고 치밀하고 생동감 넘치는 모습을 확인하게 된다. 병법서의 바이블로 불리는 『손자병법』의 핵심적 이론과 사상을 실전에 활용한 사실이 곳곳에서 확인되는데, 이는 삼국 모두가 첩자이론과 첩자 활용에 관해 탄탄한 지적 기반을 갖추었다는 방증이다.

극단적으로 말하면 삼국시대는 전쟁의 시대였다. 연구에 따르면, 삼국시대의 전쟁 횟수는 460회에 이르는데 그중 삼국 간의 전쟁이 275회로 약 60%를 차지한다. 삼국시대를 대략 700년으로 볼 때 1.5년에 한 번꼴인 셈이다. 기록에 나타나지 않은 전쟁까지 포함시키면 거의 1년에 한 번이라는 계산이 나온다. 특히 589년, 수나라가 중국을 통일한 이후 동아시아 국제질서가 재편되면서 전쟁 양상은 국제전으로 변모하고 규모와 횟수가 급격하게 늘어났다. 백제와 고구려가 망하고 신라가 삼국 통합을 완수할 때까지 전쟁이 없던 해는 거의 없었다. 7세기는 가히 전쟁의 세기였고 첩자들의 전성기였다. 전쟁은 첩자의 온상이고 첩자는 전쟁의 산물이다. 한 세기에 걸친 이 전쟁사는 바꾸어 표현하면 첩자의 역사라 할 수 있다. 앞으로 보게 될 삼국시대 첩자의 활약상이 대부분 7세기에 집중되어 있는 것도 이런 연유다.

이 책은 우리 고대사에 흔적을 남겨놓은 첩자라는 존재에 대한 연구의 결과물이다. 첩자의 역사는 길다. 동서양 모두 4천 년 전으로 올라간다. 행하는 형태도 비슷하다. 수천 년 전부터 여러 유형의 첩자들이 기발하고 다양한 첩보술로 오늘날과 거의 다를 바 없이 활약했다. 우리의 첩자 역사가 2천 년이나 된다는 점도 새삼스럽기는 마찬가지다. 치열하게 서로 공격하면서 동아시아 질서 재편성에 깊숙이 개입한 삼국시대 각 나라에서 폭넓게 첩자를 활용했다는 사실 또한 신선한 충격이 아닐 수 없다.

이 책은 새로운 사실을 밝혀낸 것이 아니다. 기록된 사실을 새로운 관점에서 접근했다. 필자는 『사기』를 통해 그 존재 가치의 실마리를 찾았고, 나아가 우리 역사 속에서 최고의 첩보전 전문가 김유신이란 인물을 보게 되었다. 을지문덕이 심리전을 비롯해 첩자 활용에 능숙했음도 알아냈다. 왕의 동생들을 극적으로 구해온 박제상이란 인물도 첩자라는 틀에서 분석해보았고, 설화적 색채와 유교적 관념으로 분식된 호동왕자와 낙랑공주를 둘러싼 실체적 진실을 첩자의 각도에서 접근해본 결과 여러 가지 흥미진진한 것들을 얻을 수 있었다. 이밖에도 새롭게 인식되는 의미심장한 사실들을 적지 않게 확인했다.

동서양 첩자 역사의 기원은 비슷하지만 이후의 전개 양상은 전혀 달라진다. 서양의 '스파이' 역사는 고대 이후로 2천 년 가까이 단절된 상태였다. 그사이 '스파이'나 그들의 활동이 없었던 것이 아니라 기록상의 한계 때문일 것이다. 반면 동양, 특히 중국 '첩자'의 역사는 실체로나 기록으로나 풍부한 자료를 보여준다. 고대사만 놓고 볼 때 우리의 기록은 중국에 비해서는 빈약하지만 서양에 비해서는 상대적으로 풍부한 편이다. 서양에서 '본격적인 스파이' 역사가 16세기 내지 17세기에 시작된데 비해 중국은 전국시대에 본격적으로 개시되었고, 우리는 기원 전후에서 시작되어 7세기 때 절정기에 이르렀다. 첩자의 역사에 관한 한 우리 고대사는 논의할 여지가 많은 시대일 것이다. 이런 인식에서 이 책은 출발했다.

제1장

역사를 바꾼 첩자들

    삼국시대는 어떤 의미에서 우리 역사의 춘추전국시대라 할 수 있다. 해마다 전쟁이 있었다. 특히 오랜 분열을 끝내고 중국이 통일되는 7세기를 전후해서는 삼국, 중국 쪽의 수·당, 돌궐 같은 북방 민족들까지 국제분쟁에 개입해 세계대전을 방불케 하는 규모의 전쟁이 빈번했다. 그 결과 삼국에서는 가장 약하고 작은 신라가 당과 연합해 백제와 고구려를 멸망시키는 이변(?)을 연출했다. 첩자의 각도에서 보면 두 나라의 멸망은 역사의 필연임을 확인하게 된다.

    이제 삼국과 주변국의 첩자 및 첩자 활동 상황을 보려 한다. 많은 사례들이 7세기 이후에 집중되었다는 한계가 있긴 하다. 하지만 각국의 첩자 활용에서 나름의 특징들을 확인할 수 있을 것이다. 을지문덕, 김유신의 용병술과 첩자 활용술이 독보적이었다는 사실 등 흥미로운 사례들도 볼 수 있을 것이다. 첩자를 효율적으로 활용한 모습을 살펴보도록 하자.

탄탄한 첩보력을 바탕으로 동북아 강자로 군림한 고구려

고구려의 첩자와 그 활용 사례는『삼국사기(三國史記)』에 집중되어 있고『구당서(舊唐書)』『신당서(新唐書)』『자치통감(資治通鑑)』등 중국 측 기록에 단편적으로 남아 있다. 이 기록들을 검토한 결과 고구려의 첩자와 그 활용은 다음과 같은 몇 가지 특징이 나타난다.

첫째, 기원전부터 첩자를 활용했다. 이는 중원 왕조나 북방 민족과 국경을 접하고 있던 지정학적 조건에서 비롯된 것으로 보인다. 여기에 고조선이 내분과 한의 이간책(첩자전)으로 멸망한 것을 목격한 역사적 경험을 현실에 적용한 결과로 추측된다.

둘째, 따라서 첩자 활동 반경, 즉 첩보 상대국은 다른 나라에 비해 넓고 많다. 기록에 남은 것만 보아도 백제와 신라 외에 중원의 왕조 수·당, 북방 정권인 북위·북연·선비·돌궐·말갈 등 다양하다. 사료의 양이나 사례 면에서 월등하다.

셋째, 승려들을 첩자로 적극 활용했다. 이는 다른 나라에서는 보기 드문 특징으로, 고구려가 이 방면에서 독보적인 노하우를 가졌던 것으로 추정된다. 원효와 의상을 첩자 혐의로 구금한 것도 승려를 첩자로 심도 있게 활용했던 고구려로서는 당연했다.

넷째, 주변국과의 혼인관계를 첩자 활용의 수단으로 삼기도 했다. 이 또한 백제나 신라에서는 찾을 수 없는 특징이다.

다섯째, 첩자 활용이 다른 나라에 비해 대단히 드라마틱하다. 아내를 첩자로 이용한 왕자 호동, 아들과 며느리까지 첩자로 이용한 대무신왕, 국가적 위기상황에서 비수를 식기에 숨겨 적장을 암살해 난국을 타개한 유유, 심리전에 능했던 을지문덕, 백제를 멸망의 위기로 몰아넣은 위장간첩 승려 도림, 당 태종의 포로로 그 이름을 역사에 남긴 연개소문의 첩자 고죽리 등등, 문학적 소재로도 넉넉한 사건과 사례들이 적지 않다.

여섯째, 첩자 활용에서 이처럼 다양했던 고구려가 역설적이게도 내분과 그에 따른 상호 첩보전으로 멸망했다. 연개소문이 죽은 후 아들들 간의 권력 다툼과 그들 사이의 치열한 첩보전, 이들을 역이용한 당의 첩보술로 인해 막강했던 고구려가 맥없이 주저앉았다. 각종 첩자 이론서들이 강조해 마지 않던 첩자의 작용이 삼국 중 첩자를 가장 다양하게 가장 잘 구사했던 고구려에 고스란히 적용된 것이다.

이제 관련 기록들을 재구성하면서 이러한 특징들을 좀더 구체적으로 검토해본다.

고등 첩보술로 선비를 무릎 꿇리다

기원전 9년(2대 유리왕11) 고구려는 적대적 관계에 있던 선비(鮮卑) 문제를 해결하기 위해 조정 회의를 열었다. 선비는 서한 말기인 기원전 1세기 무렵 내몽고 지역으로 남하해 요동군과 현도군 근처,

즉 고구려 국경 근처까지 접근하고 있어서 이제 막 건국한 고구려의 안보에 큰 위협이 아닐 수 없었다. 이에 유리왕은 대신들과 함께 선비에 대처할 방안을 놓고 안보대책회의를 열었다. 당시 회의에서 대신 부분노(扶芬奴)는, 선비의 땅은 지세가 험하고 군대는 용맹하기 때문에 무턱대고 무력으로 싸워서는 불리하다는 현실론에 입각해 다음과 같은 대책을 내놓았다.

> 사람을 시켜 반간(反間) 계책으로 선비에 들어가서 거짓으로 우리는 땅이 작고 군사가 약하여 겁을 먹고 움직이기를 싫어한다고 하면, 선비는 틀림없이 우리를 업신여겨 방비를 소홀히 할 것입니다._[권 제13 「고구려본기」 제1 유리왕11년 조]

부분노는 '반간계'를 제안하고 있다. 반간이란 적의 첩자를 이용해 거짓정보를 적에게 흘림으로써 아군의 의도대로 적을 유도하는 첩자의 한 유형이자 첩보 행위이다. 다만 내용으로 보아 부분노의 반간계는 위장간첩을 의미하는 것 같기도 하다. 유리왕은 부분노의 제안대로 실행해 선비를 항복시키는 데 성공한다. 유리왕이 사용한 반간계에서 또 한 가지 눈에 띄는 것은 거짓정보를 적국에 흘리는 첩보술이다.

고구려가 초기부터 정교하고 수준 높은 첩보술을 보여준 것은 일찍이 고조선의 멸망 과정을 목격하고 이를 교훈적으로 받아들였기 때문으로 추측해볼 수 있다. 고조선 멸망의 직접적인 원인은 내분이었는데 이 과정에서 한(漢)의 이간(離間) 책략, 즉 첩자 행위가 중요하게 작용했다. 이계상(尼谿相) 참(參)이 사람을 시켜 고조선 왕 우거(右渠)를 죽인 행위나, 한의 좌장군 순체(荀彘)가 우거의 아들 장항(長降)과 노인(路人)의 아들 최(最)를 시켜 백성의 여론을 돌리고 끝내는 우거의 대신 성사(成巳)를 죽인 것 등이 모두 치밀한 이간책에 따른 결과로 볼 수 있기 때문이다. [『사기』 권115 「조선열전」 참고]

고구려는 고조선이 내분과 한의 이간책으로 멸망한 역사적 사실을 목격하고 이를 교훈적으로 받아들여 일찍부터 첩자 활용에 눈을 뜬 것으로 보인다. 또한 거짓정보를 적국에 흘리는 위장 첩자술과 반간계라는 고등 첩보술까지 활용했다는 점에서 고구려가 일찍부터 첩자와 관련한 양성기관 또는 첩자 조직을 갖추고 있었을 가능성도 엿볼 수 있다.

최초의 부부첩자 호동과 낙랑의 비극

기원후 32년(3대 대무신왕15) 4월, 왕자 호동은 옥저지방을 유람하고 있었다. 이때 마침 낙랑왕 최리(崔理)가 호동의 모습을 보고는 "그대의 얼굴을 보니 예사로운 인물이 아니다. 혹 북국신왕의 아들이 아닌가?"라 하고는 그를 데리고 가서 사위를 삼았다. 장인의 눈에 들어 사윗감으로 찍힌 셈이다.

고구려로 돌아온 호동은 낙랑에 남아 있는 최리의 딸, 즉 자신의 아내 낙랑공주에게 은밀히 사람을 보내 낙랑의 보물로 무기고에 간직되어 있는 북과 나팔을 부수면 바로 아내로 맞이해 데려오겠지만 그렇지 않으면 맞아들이지 않겠다고 전했다. 낙랑의 북과 나팔은 적병이 쳐들어오면 저절로 우는 경보기와 같았기 때문에 호동은 이것을 부수게 한 것이다.

낙랑공주는 호동의 말을 따라 북과 나팔을 부순 다음 역시 사람을 보내 호동에게 이 사실을 알렸다. 호동은 아버지 대무신왕에게 이 사실을 보고하고 낙랑을 기습하도록 권했다. 고구려는 낙랑을 급습했다. 최리는 딸의 소행임을 알고 딸을 죽인 다음 항복했다.

소설 같은 이 이야기는 『삼국사기』(「고구려본기」 대무신왕15년 조)의 기록이다. 호동왕자와 낙랑공주 이야기는 고구려가 낙랑국을 복속시키는 과정에서 나온 비극적인 러브스토리로 많은 사람들에게 알려져 있고, 그 후로 많은 새로운 이야기를 파생시키며 문학의 소재가 되기도 했다. 그런데 이 기록은 외교와 첩자라며 각도에서 접근할 때 새로운 모습으로 드러난다. 이 기록에 대해 『삼국사기』는 '혹자'의 입을 빌려 다음과 같은 의미심장한 사족을 달아놓았다.

혹은 말하기를 고구려왕이 낙랑을 멸망시키려고 혼인을 빙자하여 그 딸을 며느리로 삼은 다음 며느리를 친정 나라에 돌려보내 병기를 파괴하게 한 것이라 한다.

이 기록대로라면 이 사건의 주모자는 대무신왕이 된다. 대무신왕은 아들 호동과 며느리 낙랑공주를 첩자로 이용해 낙랑을 복속시키는 데 결정적인 역할을 하게 한 것이다. 서자였던 호동은 얼마 뒤 원비와 '적서(嫡庶)' 갈등을 겪다가 원비의 무고로 스스로 목숨을 끊는다.

『삼국사기』 호동의 기록은 유교적 색채로 분식되어 있어 그 실상을 이해하기가 쉽지 않지만 고구려가 왕자 호동과 낙랑공주까지 첩자로 활용한 것만은 사실이다. 좀더 정확하게 말하자면 대무신왕은 아들과 며느리를 동시에 첩자로 이용했고, 호동은 사랑을 미끼로 아내를 첩자로 이용했다. 특히 고구려(또는 호동)는 모종의 첩자 조직을 거느리고 있었던 것 같다. 호동의 옥저 유람은 정보 수집을 위한 첩자 활동의 일환으로 보이며, 낙랑공주에게 은밀히 보낸 인물도 첩자로 추정되기 때문이다.

첩자의 각도에서 볼 때 호동과 낙랑은 고귀한 신분으로 첩자 활동을 한 드문 케이스이자 부부첩자라는 희귀한 경우다. 또 낙랑공주는 한국사 최초의 여성첩자라는 기록도 세운 셈이다. 또 고구려는 타국과의 국제적 혼인관계를 첩자 활용의 수단으로 이용했다는 사실도 확인할 수 있다.

'혹자'는 이 점을 정확하게 간파했던 것으로 보인다. 이러한 추정은 아래 장수왕54년(466)의 기록으로도 알아볼 수 있다. 고구려는 주변 세력 및 타국과의 혼인관계를 자국의 정치적 이해관계와 연계시키는 외교정책을 일찍부터 시행해 온 것으로 보이는데, 제2대 유리왕이 왕비로 맞이한 한인(漢人) 치희(雉姬)가 그 단적인 예라 하겠다. _[권 제13 「고구려본기」 제1 유리왕3년(기원전 17) 조]

장수왕54년(466) 어떤 사람이 왕에게 권하되 "위가 전에 북연과 혼인을 맺고 얼마 있다가 연을 정벌한 일이 있는데 이는 행인(行人)이 연의 지리를 두루 알아냈기 때문입니다. 이런 사례가 바로 얼마 전에 있었으니 방법을 강구하여 거절하십시오."라고 했다. _[권 제18 「고구려본기」 제6 장수왕54년 조]

위 기록은 장수왕 54년인 서기 466년에 북위(北魏) 문성제의 황후 문명태후(풍태후)가 후궁감으로 고구려의 왕녀를 요구한 일에 대해 조정대신의 한 사람으로 추정되는 '어떤 사람'이 북위의 의도를 간파하고 그에 대한 대책을 촉구한 내용이다. 장수왕은 '어떤 사람'의 지적이 옳다고 판단해 마땅한 왕녀가 없다는 구실로 북위의 요구를 거절하며 시간을 끌었고, 결국 북위 황제가 죽음으로써 사건이 마무리되었다.

이 기록에서 주목되는 것은 '행인(行人)'이란 단어인데, 첩자와 관련된 용어들을 검토해보면 이것이 첩자의 다른 이름임을 알 수 있다. 즉 북위가 일찍이 북연(北燕)과 혼인관계를 맺으면서 혼인할 때 따라가는 수행 인원인 '행인'을 첩자로 활용해 북연의 지리적 상황을 상세히 파악한 다음 북연을 정벌했다는 것이다. 고구려는 북위가 이러한 목적으로 왕녀를 요구한 것으로 파악해 이런저런 구실을 달아 그 요구를 거절했고, 북위는 이를 의도적인 것으로 의심해 강경한 외교적 조치를 취하는 등 양국의 관계가 악화될 무렵 북위 황제가 사망함으로써 자연스럽게 문제가 덮여졌던 것이다.

고구려는 혼인관계를 이용한 첩자 활동의 예를 상당히 정확하게 간파하고 있었던 것은 물론, 고구려 자신도 이 관계를 이용해 상대국의 정보를 입수하고 있었음은 한인 왕비를 맞아들인 유리왕이나 왕자 호동의 예에서 알아볼 수 있다. 이는 고구려가 첩자와 그 활동에 관해 상당한 지적 기반과 독자적인 네트워크를 갖추고 있었음을 뜻한다고 하겠다.

자신을 죽여 나라를 구한 사간의 전형 유유

227년, 동천왕이 고구려의 제11대 왕으로 즉위했다. 이 무렵 요동지방의 정세가 긴박하게 돌아가고 있었다. 이해는 촉(蜀)의 제갈량(諸葛亮)이 위나라 정벌에 나선 해이기도 했는데, 중국 삼국 간의 쟁패로 인해 변방에 해당하는 요동지역은 공손씨(公孫氏)가 거의 독자적으로 통제하고 있었다. 공손씨 세력은 189년에 공손탁(公孫度)이 요동태수로 부임하면서 이 지역을 통제하기 시작해 공손강(公孫康), 공손공(公孫恭), 공손연(公孫淵)을 거치는 약 50년 동안 요동과 산동의 주인 노릇을 했다. 고구려는 172년(신대왕8), 동한(東漢)의 공격을 받은 이래 요동지역에 대한 압박을 늦추고 국내정치에 힘을 쏟고 있었지만, 이 지역에 대한 주도권에 늘 관심을 기울이면서 사태의 추이를 면밀히 살피고 있었다.

238년, 즉 동천왕 12년, 위나라의 실력자 사마의(司馬懿)는 4만의 군대를 동원해 요동의 실세 공손씨 공격에 나섰다. 위의 수도 낙양에서 4천 리나 떨어진 요동을 공격하는 일은 상당한 무리가 따랐지만 사마의는 고구려의 도움을 받아 공손씨에 대한 공격을 감행했다. 고구려는 고구려대로 속셈이 있었다. 위를 도와 공손씨 세력을 제거함으로써 그 대가로 요동지역에 대한 일정한 지분을 확보할 수 있을 것으로 기대했기 때문이다. 그러나 고구려의 희망은 희망으로만 끝났다. 이에 동천왕은 242년 서안평현을 공격하는 것을 시작으로 요동 탈환에 나섰다. 중국의 삼국 중 최강국인 위와 우리 삼국의 최강국인 고구려가 마침내 충돌한 것이다.

246년(11대 동천왕20), 위는 유주자사 관구검(毌丘儉)으로 하여금 1만여 명의 군대로 고구려를 공격하게 했다. 동천왕은 약 2만의 군사로 맞섰다. 전투는 고구려의 우세 속에서 진행되었으나 승리에 취한 동천왕이 경솔하게 관구검의 전술에 말려 무려 1만8천의 전사자를 내고 간신히 도주하는 처참한 패배를 맛보았다. 관구검은 추격의 고삐를 늦추지 않았다. 수도 환도성을 함락시키고 계속 동천왕을 추격해 남옥저까지 쫓아왔다. 말 그대로 절체절명의 위기였다.

국운이 걸린 절대 위기에서 고구려를 구한 인물은 밀우(密友)와 유유(紐由)였다. 밀우는 결사대를 이끌고 위의 추격병에 맞서 항전함으로써 동천왕에게 도주할 시간을 벌어준 다음 부상으로 쓰러졌다. 그러자 이번에는 유옥구(劉屋句)가 나서 밀우를 구출한다. 그러나 위의 추격은 계속되었다. 여기에서 유유가 등장해 적장을 죽이고 추격을 멈추겠다는 대책을 제안한다. 『삼국사기』는 유유가 적진으로 들어가 적장을 죽이는 장면을 다음과 같이 묘사하고 있다.

유유가 위나라 군대에 거짓으로 항복하여 (중략) 위의 장수가 항복을 받으려 할 때 유유는 식기(食器) 속에 칼을 감추고 앞으로 나아가 칼을 빼어 위나라 장수의 가슴을 찌르고 그와 함께 죽었다. _[권 제17「고구려본기」 제5 동천왕20년(246) 조, 권 제45 열전 제5 밀우·유유 조]

위 기록에서 유유의 행위는 흡사 중국의 전국시대 말기 진시황을 암살하려 했던 자객 형가(荊軻)를 방불케 한다. 그가 거짓으로 고구려 동천왕의 항복 의사를 전달하고 그에 대한 신표로 병사들에게 먹일 음식을 가지고 갔다는 점 등은 첩자 행위에 가깝다고 하겠다.【형가는 진(秦)나라에 바친다며 연나라의 한 지역의 지도를 가져갔다.】 암살이나 자살 역시 전형적인 첩자 행위에 속한다. 유유는 당초 첩자는 아

제1부 역사를 바꾼 익명의 존재

니었지만 기꺼이 첩자를 자원해 적진에 들어가 적장을 죽이고 고구려를 위기에서 구했던 것이다.

흥미로운 사실은 같은 맥락을 가진 이러한 스토리가 우리와 중국의 기록 모두에 심심찮게 등장한다는 것인데, 유유의 이야기는 요리한 물고기 뱃속에다 비수를 감추고 들어가 자기 주군의 정적을 제거한 춘추시대 오나라의 자객 전저(專諸)와 아주 흡사하다.

유유의 이야기는 첩자와 그 활용 여부가 국가를 절체절명의 위기에서 구할 수 있음을 보여준 전형적이면서 극적인 사례라 하겠다.

백제를 위기로 몰아넣은 완벽한 첩보전

5세기 삼국시대의 상황은 고구려와 백제의 격렬한 세력 다툼이 축을 이루고 있었다. 특히 427년, 고구려가 수도를 평양으로 옮기고 노골적인 남진정책을 추진함으로써 두 나라의 갈등은 더욱 커졌다. 고구려는 후방의 북위와 돈독한 관계를 유지해 백제와 북위의 연계를 성공적으로 차단했고, 또 고구려와 북위를 군사적으로 괴롭히던 북연을 436년에 북위와 연합작전으로 멸망시킴으로써 백제와의 다툼에서 보다 확실한 주도권을 쥘 수 있었다. 백제는 이 때문에 극심한 국력 소모를 감수하지 않을 수 없었다.

413년에 즉위한 고구려 장수왕은 고구려 역사상 가장 왕성하게 대외 정복을 단행한 광개토대왕이 확보한 강대한 영역을 지키면서 남방의 백제와 신라에 대한 확실한 주도권을 행사하는 데 힘을 기울였다. 5세기 중반에 세워진 것으로 추정되는 '중원고구려비(중원탑)'는 삼국의 세력 다툼에서 고구려가 확실하게 주도권을 장악했다는 표지가 되는 기념비였다.

455년, 백제는 비유왕에 이어 개로왕이 21대 왕으로 즉위했다. 그 무렵 백제의 내부는 매우 뒤숭숭했던 것 같다. 비유왕의 죽음도 석연찮은 점이 적지 않은데다『삼국사기』「백제본기」에는 개로왕 즉위 이후 무려 14년 동안의 사적이 전혀 기록되어 있지 않기 때문이다. 이는 개로왕이 즉위 이후 내부적으로 적지 않은 갈등에 직면한 것으로 추정해볼 수 있다. 그런데 14년 동안 아무런 움직임이 없던 개로왕이 즉위 15년째인 469년 8월에 고구려의 남쪽 변경을 공격한다. 그리고 이해에 쌍현성을 수리하고 청목령에 목책을 설치한 후 북한산성을 수비하던 군대를 보내 지키게 했다. 고구려와의 일전에 대비한 조치로 추정되는데, 당시 백제의 절박한 상황은 472년 2월에 북위로 보낸 공식 외교문서에 잘 나타나 있다. 고구려와 북위의 관계가 얼마나 돈독한지 모를 리 없었던 백제가 무리를 해가면서 북위에 사신을 보내 군사원조를 요청한 것이다. 이 문서는『삼국사기』뿐만 아니라, 그 절박한 문장으로 인해 훗날 조선시대에 편찬된『동문선(東文選)』에까지 실렸을 정도다.

그러나 백제의 사정이 아무리 절박하다고 해도 북위는 섣불리 군대를 원조할 수 있는 처지가 아니었다. 백제와의 외교관계도 변변치 않은데다 고구려와 밀월관계를 유지하고 있는 상황에서 백제의 사정은 말 그대로 '남의 집 사정' 바로 그것이었다. 게다가 백제의 이러한 행보는 고구려를 자극할 수밖에 없었다. 더욱이 북위에게 전달한 국서에는 "이리, 승냥이, 죄인 연(장수왕), 간계, 반역, 어린아이" 등과 같은 고구려에 대한 험담과 비난으로 도배가 되어 있었으니 고구려의 반응이 어떠했을지 짐작이 가고도 남는다.

백제에 대한 고구려의 응징은 475년에 단행되었다. 장수왕 후기인 즉위 63년째였다. 그해 9월 장수왕은 3만의 병력을 보내 백제의 수도 한산을 기습했다. 개로왕은 성이 함락되기 직전에 탈출했으나 결국 사로잡혀 목이 잘렸다. 개로왕이 목이 잘리던 당시 상황을 『삼국사기』는 다음과 같이 전한다.

> 왕이 도망 나왔는데 고구려의 장수 재증걸루(再曾桀婁) 등이 왕을 발견하고는 말에서 내려 절을 한 다음 얼굴에 침을 세 번 뱉었다. 왕의 죄를 나열하고 꾸짖으면서 왕을 묶어 아단성(아차산성) 밑으로 끌고 와서는 목을 베었다. 재증걸루와 고이만년(古爾萬年)은 백제인이었는데 죄를 짓고 고구려로 도망간 자들이었다. _[권 제25 「백제본기」 제3 개로왕21년(475) 조]

고구려는 371년, 고국원왕이 백제 근초고왕의 침공을 받아 전사하는 치욕적인 수모를 당한 이후 약 100년 만에 설욕을 한 셈이었는데, 이때 백제가 입은 타격은 100여 년 전에 고구려가 입은 타격보다 훨씬 더 심각했다. 왕성인 한산이 점령당했을 뿐만 아니라, 『일본서기』에 인용된 『백제기』 기록에 의하면, 왕은 물론 대후(大后, 왕비 또는 태후), 왕자 등이 모두 적의 손에 몰살당했다고 되어 있기 때문이다. 또 『삼국사기』 「고구려본기」에 따르면 남녀 8천 명이 고구려로 끌려갔다고 했다. 게다가 개로왕은 백제 출신으로 고구려로 망명해 장수가 된 재증걸루 등에게 욕을 먹고 침 세례까지 받는 등 수모를 당하고 목이 잘렸으니, 백제가 받은 충격과 치욕이 어떠했을지 충분히 짐작이 간다.

백제는 태자(문주왕)의 주도로 남은 힘을 수습하고 가까스로 웅진(공주)으로 천도해 재기를 위한 국력 정비에 들어갔다.

이상이 475년, 고구려 장수왕이 백제를 기습해 개로왕의 목을 베고 수도 한산을 함락하는 등 백제를 거의 멸망에 빠트렸던 사건의 개요다. 그런데 우리의 흥미를 끄는 것은 이 대사건의 이면에 백제 정벌을 위한 고구려의 완벽한 시나리오가 거의 한 치의 오차도 없이 작동하고 있었다는 사실이다. 그 시나리오의 축은 '첩자'를 활용한 첩보전이었다.

고구려의 기습을 받은 개로왕은 성을 탈출하기에 앞서 아들 문주에게 "내가 어리석어 간인(姦人)의 말만 믿다가 이 지경에 이르렀다!"는 통한의 후회를 했는데, 개로왕이 말한 '간인'이란 '간악한 놈', '간사한 자' 같은 의미이자 첩자의 다른 명칭이기도 하다. 그렇다면 이 '간인'은 과연 누구를 말하는가.

개로왕이 북위에 군사원조를 요청하는 국서를 보낸 것이 472년 2월이고, 장수왕이 백제를 기습한 것이 475년 9월이었다. 그 시차는 3년7개월에 이른다. 백제를 멸망 직전까지 몰고 갔던 이 대사건을 관전하는 가장 중요한 포인트는 바로 이 3년7개월이란 시간에 있다.

고구려와 백제는 일찍부터 중국 정권과의 관계에 신경을 써서 나름대로의 외교 채널을 동원해 각 방면에서 교류를 진행해 왔다. 중국이 남북조시대로 들어서자 양국은 남북조 양쪽 모두와 외교관계를 수립하는 데 신경을 쓰면서도 주요 외교 채널은 고구려가 북조의 북위(北魏)에, 백제는 남조의 송(宋)에 맞추었다. 이는 양국의 지리적 위치로 인한 불가피한 선택이란 측면이 강했다. 즉 고구려는 적대적 관계에 있는 북연과 국경을 접하고 있었기 때문에 북연의 서방에 위치한 강력한 북위를 우방으로 두어 북연을 견제하려 했고, 북위 역시 북연을 견제할 수 있는 고구려와 우호적인 외교관계를 유지했다. 따라서 고구려와 북위의 관계는 적어도 북연 세력이 소멸되기 전까지는 우호관계를 유지할 수밖에 없는 상황이었다.

한편 백제는 남조의 송과 우호관계를 지속적으로 유지했는데, 북으로 고구려에 의해 육로가 막힌 상황에서 당연한 선택이었을 것이다. 문제는 유사시 송이 바다를 건너 군사적으로 백제를 도울 수 있는 현실적 가능성이 약하다는 것이었다. 신라와 왜의 협조를 기대할 수 있었으나 신라는 광개토대왕이 신라를 공격한 백제와 왜를 물리친 이후 고구려의 군사력에 눌려 종속적 관계에 들어선 형편이었고, 왜 역시 백제와 함께 신라를 공격했다가 고구려에 혼이 난 경험이 있기 때문에 섣불리 나설 수 있는 처지가 아니었다.

이런 상황에서 472년 백제가 현실적으로 군사원조가 가능한 북위에 공식적으로 사신을 보낸 일은 백제의 입장에서는 불가피하면서 절박한 선택이란 측면이 강했다. 그러나 이는 외교적으로 고구려와 북위의 관계를 고려하지 않았거나 애써 무시한 무리수가 아닐 수 없었다. 요행을 바란 것이나 다름없을 정도로 무모했다. 기록상으로만 놓고 봐도 백제와 북위의 관계는 472년 청병(請兵) 국서를 전달하기 전까지 아무런 접촉이 없었던 반면, 고구려는 거의 2년 간격으로 북위에 사신을 보내 우호관계를 확인하고 있었기 때문이다. 특히 북위는 436년 최대 라이벌인 북연을 멸망시킨 후로도 고구려와 변함없는 우호관계를 유지했다. 북연의 멸망에 고구려의 역할이 적지 않았던 것이다.

요컨대 백제에는 고구려와 북위와의 관계를 이간시킬 수 있는 명분도 현실적인 이해관계도 없었다. 472년 백제의 청병 외교는 결국 고구려를 자극시킨 것 외에 소득이 없었다.

반면 고구려의 외교는 상대적으로 주도면밀했다. 송에도 끊임없이 사신을 보내 정황을 파악했고, 북위와는 더욱 빈번하게 접촉했다. 439년 북연을 멸망시킨 뒤로는 전보다 더 자주 사신을 교환해 그해 11월과 12월에 잇달아 사신을 보냈고, 그 후로도 거의 2년 간격으로 사신을 보냈다. 472년 백제의 청병이 있기 전인 470년에도 사신을 보냈고, 청병 이후인 474년에는 북위와 송에 동시에 사신을 보냈다.

472년 북위에 군사적 지원을 요청한 백제의 외교 행보는 고구려에 의해 감지되거나 탐지되었을 가능성이 크다. 북위 정부가 이 사실을 고구려에 공식적 또는 비공식적으로 통보했을 가능성도 있다. 474년 7월 고구려의 사신 파견은 이러한 통보(내지는 사신 파견)에 대한 답방일 가능성도 있어 보인다. 왜냐 하면 바로 이듬해인 475년 고구려의 백제 기습이 단행되었기 때문이다.

아무튼 고구려는 백제를 공격하는 데 3년7개월을 기다린 셈이다. 백제의 외교문서가 북위에 전달되고 이 사실을 고구려가 알기까지 얼마나 시간이 걸렸는지는 몰라도 적어도 2년 이상, 474년 7월 이후로 보더라도 1년 이상을 기다렸다는 계산이 나오는데, 이제부터 이야기할 고구려의 대(對)백제 첩보전의 경과에 따르면 고구려는 적어도 2년 이상을 백제 정벌을 위해 치밀하게 준비했음을 확인하게 될 것이다.

백제가 북위에 군대를 요청했다는 사실을 확인한 고구려의 장수왕은 백제를 공략할 장기적인 대책을 수립한 것으로 보인다. 그 첫 단계로 장수왕은 북위와의 관계를 재차 확인한 다음 백제에 대한 대대적인 정보 수집에 들어갔다. 이어 첩자를 '모집'한다. 모집은 철저한 보안 속에서 이루어졌다. 이에 관해서는 『삼국사기』에 기록이 남아 있다.

(475년 고구려의 백제 침공에) 앞서 고구려 장수왕은 은밀히 백제를 꾀하기 위해 간첩으로 갈 자를 구했다. 이때 승려 도림이 응모하여 (하략) _권 제25 「백제본기」 제3 개로왕21년(475) 조

승려 도림이 간첩 모집에 응했고, 발탁되었다. 도림은 응모하면서 국가의 은혜에 보답할 기회를 달라고 간청했다. 애국심이 확고한 인물임을 확인한 장수왕은 그동안 입수한 백제에 대한 기본 정보를 도림에게 주지시키고, 백제로 침투할 방안을 논의한 끝에 죄를 짓고 도망쳐 나온 것처럼 꾸몄다. 도림은 개로왕에게 접근하는 수단으로 바둑을 택했는데, 이는 개로왕이 바둑을 좋아한다는 사전정보에 따른 것으로 보인다. 도림 역시 바둑에 관한 한 국수(國手)의 경지에 올라 있을 정도였다. 그렇다면 장수왕이 첩자를 모집할 때부터 자격 요건의 하나로 바둑을 내세웠을 가능성이 한결 크다.【개로왕의 바둑 취미는 「백제본기」뿐 아니라 「도미열전」에도 기록되어 있다.】

성공적으로 백제에 침투한 도림은 바둑으로 개로왕의 마음을 사로잡았다. 이런 관계를 이용해 능숙한 언변으로 대대적인 토목공사를 권유해 장엄하고 화려한 궁실, 성, 누각 등을 짓게 하고, 선왕의 무덤도 거창하게 보수하도록 만든다. 그리하여 백제는 "창고가 텅 비고 백성들이 곤궁해져 나라가 누란의 위기보다 더 심각한 위기에 직면하기에 이르렀다."

시기가 무르익었음을 판단한 도림은 백제를 빠져나와 귀국해 저간의 상황을 장수왕에게 보고한다. 장수왕은 모든 것이 계획대로 움직인 것에 몹시 기뻐하며 바로 군대를 보내 백제를 습격했다. 개로왕은 참패하고, 오랏줄에 묶은 상태에서 고구려로 망명한 백제 출신의 고구려 장수 재승걸루 등에게 침 세례를 받는 등 수모를 당한 다음 목이 잘렸음은 앞에서 말한 대로다.

이상의 과정은 한 편의 잘 짜인 각본을 보는 듯하다. 달리 말해 고구려의 사전준비가 얼마나 치밀했는가를 잘 보여준다. 광개토대왕에 이어 장수왕이 고구려를 동북아시아 최대 강국으로 키울 수 있었던 데에는 이러한 치밀한 정보망이 적지 않은 역할을 한 것으로 보아야 할 것이다. 고구려의 백제 기습은 아래와 같은 첩보 과정에 따라 정교하게 진행되었다.

백제, 북위에 청병 국서 전달 → 고구려, 백제의 의도 탐지 → 고구려, 북위와의 사전 외교관계 정비 → 치밀한 사전 기획 → 개로왕의 취미 파악 등 백제 상황에 대한 정보 확보 → 첩보를 위한 첩자 모집 → 침투에 용이하고 바둑의 고수인 승려 도림 발탁 → 도림, 나라에 죄를 지은 것으로 위장 → 백제로 망명 → 바둑을 통한 접근과 신임 획득 → 대대적인 토목공사 권유 → 백제의 국력 낭비 → 도림 탈출 → 상황 보고 → 기습(개로왕을 비롯한 백제 왕족들 처형), 백제의 왕성 한산 점령 → 북위에 사신을 보내 상황을 알림.【이듬해인 476년 고구려는 2월, 7월, 9월 무려 세 차례나 북위에 사신을 보냈다.】

더욱이 고구려는 백제 기습을 위한 길잡이, 즉 향도(嚮導)를 백제에서 망명한 자를 기용하여 가장 빠른 길로 수도를 습격하는 작전을 보여주었다. 이런 치밀한 작전을 완수하기 위해서는 적어도 2년 이상은 필요했을 것이다.

475년 백제를 멸망 직전까지 몰았던 고구려의 백제 기습은 장시간 각본에 따라 진행되었고, 그 과정에서 승려 도림은 완벽한 첩자의 사례를 전해주고 있다. 백제는 외교전, 즉 '첩보전'에서 고구려에 완패했다. 첩자의 활용 여부가 국가의 안위를 좌우할 수 있음을 확인시켜준 사건이다.

한편 도림은 고대의 첩자로서는 보기 드물게 이름이 밝혀진 인물이자 첩자의 요건을 갖춘 모델이란 점에서 눈길을 끈다. 우선 상대적으로 침투하기 쉬운 승려 신분이라는 조건을 갖추고 있었다. 여기에 확고한 국가관으로 무장되어 있었다. 또 첩보 대상의 취향을 파악하고 접근하는 스킬을 보여주었고 뛰어난 언변까지 갖추었다. 무엇보다 중요한 것은 살아 돌아와 입수한 정보를 보고했다는 사실이다. 이는 이 책에서 계속해서 다룰『손자병법』「용간」편에서 가장 중요하게 취급한 '생간(生間)'의 필수 요건이다. 아무리 귀하고 중대한 정보를 입수했더라도 돌아와 보고하거나 전달하지 못하면 그 가치는 떨어진다. 이에 관해서는 2장에서 다룰 것이다.

도림은 한국 고대사에서 실명을 가진 전형적이고 성공한 첩자로 꼽힌다. 개로왕이 자탄하면서 욕을 퍼부었던 '간인'이 바로 도림이었다.

국가에 몸 바쳐 충성한 승려첩자들 이야기

『삼국유사』권 제4 「의해」, 제5 「의상전교」에 보면, 650년 원효와 의상이 중국으로 불법을 구하러 가다가 요동의 고구려 국경수비대에 '첩자' 혐의를 받고 수십 일 동안 구금당했다는 기록이 나온다. 사실 필자의 첩자 연구는 이 기록에서 영감을 얻어 시작되었다.

고구려 국경수비대는 왜 원효와 의상을 구금했을까? 고구려가 승려를 첩자로 많이 활용하고 있었기 때문이다. 위에서 살펴본 도림 역시 승려의 신분이 아니었던가? 그렇다면 승려들이 첩자로 나서게 된 배경은 무엇일까? 「삼국의 첩보전과 승려」라는 연구 논문을 남긴 김복순은 다음과 같이 지적했다.

삼국은 (중략) 국가적 차원에서 불교를 전파시켰다. 이에 따라 승려들은 자연 우대되어졌고 이들은 국가를 위해 일정한 봉사를 하는 양상이 나타나게 되었다. 삼국시대 승려들에 있어 불교 본연의 구도적인 측면에서의 수행과 교화 활동 이외에, 이들이 국가와 관련되어 나타나는 활동이 적극성을 띠고 드러난 것이다. _(144쪽)

이러한 지적은 도림이 첩자 모집에 응하면서 "어리석은 저로서는 불도를 알 길은 없고 나라의 은혜에 보답하는 길을 생각해 왔사오니, 왕께서는 저를 못났다 여기지 말고 일을 맡겨주시면 명을 욕되게 하지 않을 것입니다."라고 말한 대목에서도 확인된다.

삼국시대에는 승려들이 첩자로 활동한 경우가 적지 않은데, 기록으로 볼 때 고구려가 유난히 많았다. 도림의 경우가 대표적이고, 「김유신열전」에 등장하는 승려 덕창(德昌)도 첩자였다. 덕창은 신라에 잠입해 있던 승려첩자로, 고구려로 군사를 요청하러 간 김춘추가 감금되자 김유신이 결사대를 이끌고 고구려를 공격하려 한다는 첩보를 서둘러 알린 인물이다. 이 사건은 뒤에서 면밀히 검토하겠지만 고구려와 신라 사이에 치열하게 벌어진 첩보전을 잘 보여준 사건이다. 또 고구려 멸망 당시 당과 내통해 평양성의 문을 열어준 신성(信誠)처럼 매국노 역할을 한 승려첩자도 있다.

신라도 승려들을 첩자로 활용한 것으로 보인다. 김복순은 백제 무왕 대에 벌인 대대적인 토목공사도 신라 승려들의 첩보전에 따른 결과물로 분석했다. 승려 신분은 아니지만 젊은 날 거칠부(居柒夫)는 승려로 위장해서 고구려를 염탐하기도 했다.

주목할 점은 첩자승려들은 대개 이름이 밝혀져 있다는 것인데, 이들의 활동이 성공하고 그 행적이 긍정적인 평가를 받아 기록에 남았기 때문으로 보인다. 그러나 동시에 그 반대 경우도 생각해볼 수 있다. 즉 적국에 의해 간파되어 신분이 탄로 났거나 첩보에 실패해 체포되었기 때문일 수도 있다. 그러나 승려들은 처음부터 자신의 신분과 이름을 감추지 않고 실명(또는 가명)으로 침투했기 때문에 자연스럽게 기록에 남았을 것이다. 첩자의 '익명성'에서 벗어난 예외라고나 할까?

승려의 첩자 활동은 상대적으로 국익(國益)을 위한다는 성격이 강해 보인다. 신분적으로 그들은 국가로부터 존중을 받았고 경제적으로도 별 어려움이 없었다. 국가나 절대 권력을 가진 왕이 자신들에게 혜택을 베풀었다는 의식이 이들을 첩자의 세계로 나서게 했을 것이다. 물론 모든 승려가 다 그런 의식을 가졌을 리는 없다. 그런 의식의 소유자는 일부에 불과하고 용케 그것이 기록에 남겨졌을 뿐이다. 고구려가 삼국 중 가장 앞서 이 점을 인식했던 것으로 추측된다.

과연 '국익이나 절대 권력자에 대한 충성이 모든 것에 앞서고 모든 것을 초월하는 것인가?' 하는 의문은 남는다. 위에서 언급한 승려 신성의 경우, 그는 나라를 적국에 판 매국노였다. 사료에는 이들의 고민이나 고뇌는 전혀 보이지 않는다.

고정침투간첩 백석

삼국시대에 활약한 인물 중 첩자 활용에 관한 한 김유신은 단연 발군이다. 그가 첩자나 첩보전의 고수가 된 데에는 여러 원인이 있었다. 먼저 김유신으로 하여금 첩자의 중요성을 인식시킨 사건을 보자. 이 사건을 고구려 부분에서 다루는 까닭은 김유신을 자극시킨 인물이 고구려인, 즉 고구려에서 신라로 보낸 '고정침투간첩' 백석(白石)이기 때문이다.

젊은 날의 김유신에 관해서는 많은 설화가 전해오는데 그 일부가 『삼국사기』와 『삼국유사』에 수록되었다. 『삼국유사』의 기록이다.

(유신의) 나이 열여덟 살 되던 임신년(612년)에 이르러 검술 공부를 하여 국선(화랑)이 되었다. 이 당시 어디서 왔는지 내력을 알 수 없는 백석이란 자가 여러 해 동안 화랑의 무리에 섞여 있었다. 유신은 고구려와 백제를 정벌할 계획으로 밤낮 몰두하고 있었는데 백석이 그의 계획을 알고 유신에게 "내가 당신과 함께 먼저 몰래 그 나라들을 정탐한 후에 일을 착수하는 것이 어떻겠습니까?"라고 했다. 유신이 기뻐서 직접 백석을 데리고 밤에 길을 떠났다. _[기이 제1 '김유신 조']

위 기록은 화랑이 된 김유신이 백석이란 정체불명의 낭도의 권유를 받고 고구려와 백제를 염탐하러 길을 떠나게 된 과정을 전하고 있다. 『삼국사기』에는 김유신이 15세에 화랑이 되고 17세에 고구려, 백제, 말갈이 국경을 침범하는 것에 울분을 터뜨리며 이들을 평정하겠다는 뜻을 굳혔다고 한다. 통일의 대업을 꿈꾸던 김유신은 그 준비의 일환으로 고구려와 백제의 상황을 엿보기 위해 백석이란 자와 길을 떠난 것이다. 『삼국사기』에는 이 무렵 김유신이 중악에 들어가 목욕재계하고 도술을 익혔다고 썼다.

김유신이 화랑이 된 그 무렵, 신라의 상황은 고구려와 백제, 말갈까지 위협할 정도로 절박했던 것으로 보인다. 젊은 김유신은 백석의 권유에 호기를 앞세워 직접 길을 나선 것 같다. 여기서 눈길을 끄는 대목은 백석이 몇 해 전부터 낭도로 행세하고 있었다는 점이다.

그다음에 이어지는 『삼국유사』의 기록은 신비한 설화적 색채가 강해 사실로 믿기는 힘들지만 그 내용은 이렇다.

길을 가다 잠시 쉬던 김유신 앞에 세 처녀가 나타나 김유신과 속마음 터놓고 대화를 하던 중 처녀들은 잠시 백석을 따돌리고 숲으로 김유신을 데려가 들어간다. 여기서 처녀들은 신선의 모습으로 변하더니 자신들을 나라를 지키는 내림, 혈례, 골화 세 군데의 신령이라고 소개한 다음, 적국이 유신을 유인해 데려가는 것도 모르고 따라가기에 이렇게 만류하러 따라왔다고 했다.

유신은 놀라 잠시 쓰러졌다 일어난 후 신령들에게 절을 하고 물러나왔다. 그러곤 백석에게 중요한 문서를 빼놓고 왔다며 집으로 돌아와 백석을 결박한 다음 사실을 털어놓게 했다. 백석은 자신은 고구려인으로, 점쟁이 추남(楸南)이 나라 일에 대해 점을 쳤다가 왕에게 벌을 받아 죽으면서 다시 태어나면 장군으로 태어나 고구려를 멸망시키겠노라며 죽었다는 이야기를 들려주었다. 그리고 그날 밤 고구려왕의 꿈에 추남이 신라 서현 공(김유신의 아버지) 부인의 품에 들어가는 것을 보고 추남의 저주를 막기 위해 자신을 신라에 유신을 해치려 한 것이라고 했다.

삼국통일의 영웅으로서의 김유신을 부각시키기 위한 색채가 농후하지만 위와 같은 해석도 그럴싸해 보인다.

고구려는 치밀한 첩보망을 통해 신라를 이끌 재목으로 김유신에 주목하고, 그를 제거하기로 결정하고 그 임무를 백석에게 맡겼다. 백석은 신라에 잠입해 화랑이 되어 낭도들과 어울리며 기회를 기다렸다. 고구려의 첩자 활동이 동정을 살피면서 정보를 수집하는 차원에 머물지 않고 요인을 제거하거나 포섭하는 차원으로까지 발전해 있음을 보여주는 장면이다. 이는 앞서 수나라의 고위 관리를 내간으로 포섭한 것과 같은 맥락으로 이해된다. 이와 유사한 첩보망을 백제와 신라도 갖추고 있었을 것이다.

김유신은 백석을 처형하고 세 신령에게 제사를 드리니 신령들은 사람의 모습으로 나타나 제사를 받았다. 훗날 김유신이 보여준 첩자 활용, 특히 기가 막힌 반간계와 비교해보았을 때 이 당시의 김유신은 확실히 초보였다.

이 사건은 우선 고구려의 첩자 활동의 영역과 수준을 보여준다. 동시에 김유신이 장차 첩자 활용과 첩보전에서 남다른 능력을 발휘하도록 아주 강한 자극을 준 의미심장한 사건이기도 했다. 하마터면 고구려로 끌려가거나 목숨을 잃을 뻔한 경험을 한 김유신으로서는 고구려의 첩보망을 깊이 있게 생각하지 않을 수 없었다. 이런 점에서 김유신을 제거하지 못한 일은 고구려 입장에선 두고두고 큰 아쉬움으로 남았을 법하다. 『삼국사기』에는 어느 노인이 김유신에게 전한 삼국통일의 비법(秘法)을 전수했다는데 그중에 첩자 활용도 포함되지 않았을까? 노인은 "조심해서 함부로 전하지 말라. 만일 의롭지 못한 일에 쓰면 도리어 재앙을 받을 것이다."며 경고했다는데 영락없이 첩자 활용의 기본 수칙처럼 들린다.

그물처럼 촘촘한 연개소문의 첩보망

『신당서』와 『자치통감』에 눈길을 끄는 기록이 있다. 두 기록은 내용 면에서 별다른 차이가 없지만 『자치통감』에는 한 첩자의 이름이 실려 있다. 먼저 『자치통감』의 기록을 보자. 때는 당이 신라와 함께 고구려를 공격해 전쟁이 벌어진 시기로 고구려 보장왕4년(645), 장소는 당나라 군영 주변이다.

8월 갑진(8일), 정찰 기병이 막리지(연개소문)의 첩자 고죽리(高竹離)를 잡아서 두 손을 묶어 군문으로 데리고 왔다. 주상(태종 이세민)이 불러 포박을 풀어주게 한 다음 "왜 이렇게 말랐느냐?"라고 물었더니 "몰래 숨어 다니며 첩자 노릇을 하느라 며칠 동안 먹지 못해서 그렇소."라고 대답했다. 주상이 먹을 것을 주게 하고는 "네가 첩자라고 하니 얼른 돌아가 보고하는 것이 마땅하겠지. 막리지에게 지금 내가 하는 말을 전하도록 해라. 군중의 일을 알고 싶으면 사람을 내가 있는 곳으로 보낼 일이지 하필이면 첩자를 보내 수고롭게 하느냐?"라고 했다. 고죽리가 맨발이기에 주상은 짚신을 주어 보냈다. _[권 198-6227]

위 기사를 검토하기 전에 『신당서』의 관련 기사를 보자.

　정찰 기병이 첨인(諜人, 첩자)을 잡아오니 황제가 포박을 풀어주게
했다. 그자가 제 입으로 3일을 굶었다고 하여 먹을 것과 신을 짚신을
주게 했다. 그러고는 "돌아가 막리지에게 군중의 진퇴를 기다린다면
사람을 내가 있는 곳으로 보내도 괜찮다고 전하라."라고 말했다. _[권
220-6193]

　약간의 차이는 있지만 당이 고구려 첩자(고죽리)를 사로잡았고,
당 태종이 직접 심문해 먹을 것과 신을 것을 주어 돌려보냈다는 요
지다. 당 태종이 자신감을 과시하는 듯한 기록인데 고구려 쪽에서
보자면 당의 상황을 염탐하기 위해 적지 않은 첩자를 보낸 것 같다.
이 때문에 당군은 기병을 위주로 한 척후병을 군영 주변에 배치해
염탐하려는 고구려 군사나 첩자들을 잡아들였고 그중 고죽리란 첩
자가 사로잡힌 것이다.
　고구려는 중국 정권의 동태를 예의주시하면서 첩보전을 전개해
왔다. 수 문제와 양제가 고구려 정벌을 선언하며 언급한 내용에는
고구려의 첩자 활동이 빠짐없이 지적되어 있고 당에 와서도 사정은
마찬가지였다. 중국 측 기록에는 고구려가 늘 변경을 엿보고 있다는
기록들이 심심찮게 나온다.
　쿠데타로 정권을 탈취한 연개소문으로서는 내부 단속, 당과 무력
으로 맞서기 위한 독자적인 정보망 구축이 절실했다. 『자치통감』에
고죽리를 '고구려 첩자'가 아닌 '막리지 첩자'로 명시하고 『신당서』
도 막리지를 언급하고 있는데, 고죽리는 연개소문 첩자 조직의 일원

이었음이 분명해 보인다.

연개소문은 첩자를 활용한 정보정치에 능숙했던 모양이다. 고죽리 외에 김유신의 결사대 소식을 전한 승려 덕창도 연개소문 휘하의 첩자로 추정된다. 연개소문 집안이 대대로 국가의 주요 기밀을 관장하는 중리(中裏)라는 부서에서 활동한 것도 첩자 활용에 도움이 되었을 것이다. 그의 아들들도 모두 중리와 관련된 부서의 책임자로 활동했던 것으로 보인다. 그러나 이들은 자신의 첩보망에 스스로 발목이 잡혀 결국 나라를 멸망으로 이끌게 된다.

연개소문의 첩보망은 그가 죽은 뒤에도 여전히 위력을 발휘했던 것 같다. 그가 666년에 죽고 맏아들 남생(男生)이 막리지가 되어 권력을 승계하지만 아들들 사이에 내분은 이미 표면에 떠오른 뒤였다. 동생들인 남건(男建)과 남산(男産)이 손을 맞잡고 쿠데타를 일으키자 남생은 당으로 망명했다. 이어 남건이 막리지가 되자 연개소문의 동생 연정토(淵淨土)가 신라에 투항했다. 이때는 고구려와 당의 전쟁이 막바지에 접어들었는데, 667년 문무왕과 김유신이 군사를 거느리고 평양으로 출발했다. 그런데 이해에 당나라 군대에 미묘한 기류가 흐르고 있었다. 『삼국사기』의 기록이다.

(당나라) 이적(李勣)이 별장 풍사본(馮師本)을 시켜 양곡과 무기를 싣고 갖다 주게 했다. 그러나 풍사본의 선박이 부서지고 때를 놓쳐 곽대봉(郭待鳳)의 군대는 굶주림으로 곤경에 처했다. 이에 이적에게 글을 보내려 했으나 남(고구려)이 그 허실을 알까 두려워 '이합시(離合詩)'를 지어 보냈다. _[권22 「고구려본기」 제10 보장왕26년 조]

고구려를 공격하던 당군에 식량 사정이 생기자 이적이 식량을 보내주었으나 고구려의 공격으로 무산되어 곽대봉의 군대가 굶주리는 상황에 처했다는 내용이다. 이에 다시 식량을 요청하는 글을 보내려 했으나 고구려에서 눈치 챌까 겁이 나 '이합시'를 지어 보낸다. 이합시란, 말 그대로 뗐다 붙이는 시로 글자의 획을 떼어서 글을 지어 의미를 감추는 것을 말하는데 나중에 자획을 합쳐보면 원래의 뜻이 드러난다. 첩보술에서 말하는 '밀마(密碼)', 즉 암호의 일종으로 '음서(陰書)'라고도 한다. 구체적인 사례를 하나 들어보자. 이 사례는 중국 명나라 때의 것인데 식량이 부족하니 빨리 보내달라는 내용의 '이합문'이다. 먼저, 원래 내용은 이렇다.

今昧方之陣中, 糧食當絶, 早與諸將相議, 急需運送, 此事必勿急攻. (지금 우리 쪽 진중의 식량이 떨어졌으니 서둘러 장수들과 의논하여 빨리 운송하되 이 일로 급히 공격해서는 안 된다.)

이 글을 그대로 전달했다가는 적에게 붙잡힐 경우 기밀이 탄로난다. 그래서 아래와 같이 세 부분으로 나누어 각각 한 부분씩 세 사람에게 나누어 보낸다. 이럴 경우 두 사람만 제대로 전달하면 완전한 뜻은 알지 못하지만 중요한 의미는 파악할 수 있다. 시의 형태로 전달하면 '이합시'가 되고 문장의 형태로 전달하면 '이합문'이 된다.

①	②	③
今 昧	方 之 陣	中 糧
食 當	絶 早 與	諸 將
相 議	急 需	運 送 此
事 必 勿	急 攻	

'이합시'에 대해 사전지식이 없었던 이적은 한가하게 이런 따위 시로 장난을 치냐며 곽대봉의 목을 베겠다고 성을 냈다. 그런데 원만경(元萬頃)이란 자가 이를 알아채고 뜻을 풀이해 알려주니 식량을 보냈다는 것이다.

위 기사는 연개소문이 죽고 고구려 지도층에 심각한 분열이 일어 났음에도 고구려 또는 연개소문의 첩보망이 여전히 강력하게 작용 하고 있었음을 보여준다. 곽대봉은 고구려의 첩보망을 잘 알고 있어 이합시로 자신의 곤경을 알린 것이다.

그런데 이합시를 해독한 원만경이란 자가 흥미롭다. 원만경은 『신당서』[권201-5743]에 그 열전이 남아 있어 행적을 확인할 수 있다. 하남의 낙양 사람으로 문장력이 뛰어나 당 고종 때 저작랑을 지냈 고, 무측천 때는 조정의 의심스러운 일이나 은밀한 일이 있으면 그 가 나서서 결정하는 등 고문 역할을 했다. 벼슬이 봉각시랑까지 올 랐으나 혹리의 모함으로 영남으로 유배되어 죽었다.

『신당서』에는 그가 이적을 따라 고구려 원정에 참여한 사실이 나 온다. 『삼국사기』의 기록은 『신당서』의 기록을 옮긴 것인데 그 내용 이 조금 다르다. 『신당서』에 따르면 원만경이 문제의 이합시를 지어 이적에게 보냈고 이것이 이적을 화나게 하자 그가 해명하는 글을 올린 것으로 나온다. 더 중요한 사실은, 그가 고구려를 정벌하는 격문을 지었는데 그 내용 중에 고구려가 험준한 압록강을 지키지 못한 것을 비꼬는 내용이 있다. 그런데 이 격문을 본 막리지(남건)가 잘 알았다며 압록강 나루터를 지키는 바람에 당 군대가 강을 건너지 못하는 사태가 발생했다. 이 때문에 화가 난 당 고종은 그를 귀양 보내 버렸다.

원만경이 무측천 때 조정의 의심스러운 일이나 은밀한 일을 결정하는 데 참여한 것으로 보아 첩보와 관련한 일을 하면서 암호풀이나 수수께끼를 즐겼던 것 같다. 고구려를 정벌하는 격문에 고구려를 놀리기 위해 압록강 운운했다가 역이용 당해 혼이 났다는 내용이나 이합시를 지었다는 따위를 보면 첩자와 첩보술에 상당한 흥미나 지식을 가졌던 것 같다.

『삼국유사』에도 나·당 연합군이 고구려를 공격할 무렵 합류할 시기를 묻는 김유신에게 소정방은 답장에다 글 대신 '난조(鸞鳥)와 송아지'를 그려 보냈다고 했다.[기이 제1 태종 춘추공] 이 역시 암호의 일종이다. 신라에서는 이 암호를 풀지 못해 결국 원효대사에게 물어 풀었다고 한다.

당이 고구려를 정벌하는 과정에서 나온 '이합시'와 '암호편지'는 흥미로운 정보를 제공해준다. 연개소문의 첩보망이 여전히 위력을 발휘했음을 알 수 있고, 당나라도 이를 의식하고 상대의 첩보를 피하는 첩보술로 대응했다. 원만경이 격문에 심어놓은 군사적으로 중요한 정보를 고구려에서 간파해 이에 대비했던 것 같다. 고구려와 당 사이에 벌어진 치열한 첩보전의 한 단면을 보여주는 사례다.

첩보술로 흥한 자, 첩보술로 망하다

첩자의 활동과 첩보 대상이 외부의 적이 아닌 자신들의 내부를 향할 때 그 집단이나 국가는 십중팔구 분열 상태에 있다고 보아도 무방하다. 665년 연개소문이 죽자 고구려 통치 집단은 빠른 속도로 분열되었다. 앞서 언급한 대로 연개소문의 후계자인 남생 형제들이 반목과 갈등으로 갈렸고, 남생은 동생들에게 밀려 당으로 망명해버린다. 이는 힘겹게 버티고 있던 고구려의 뒤통수를 치는 치명적인 일격이었다. 그런데 형제의 갈등과 분열 과정을 들여다보면 상호 감시와 첩보가 치열하게 전개되었음을 확인할 수 있다.

먼저, 이 일련의 과정을 좀더 효과적으로 이해하기 위해 연개소문의 죽음을 전후로 한 삼국과 당의 동향을 고구려를 중심으로 간단한 연표를 만들어보았다.

연도	주요 사건	참고
642년	연개소문, 쿠데타로 정권을 장악함.	김춘추, 고구려에 군사를 요청하기 위해 고구려에 들어옴.
645년	고구려·당 1차 전쟁 개시. 안시성에서 당이 패하여 물러감.	신라가 당을 도움.
646년	고구려, 천리장성 완성.	
647년	고구려, 당의 이세적 군대를 대파함.	신라, 비담의 난 발생.
648년	고구려, 당의 수군을 격파함.	김춘추, 입당하여 백제 협공을 요청함.
649년	당 태종, 고구려 침공을 준비하다 죽음.	백제와 신라, 석토성 전투.

655년	고구려, 백제·말갈과 함께 신라를 맹공하여 33개 성을 빼앗음.	1년 전(654) 김춘추가 왕위에 오름.
658년	고구려, 당의 설인귀 군대와 요동에서 전투.	
660년	당과 신라, 백제를 멸망시킴.	고구려, 신라 칠중성 공격.
661년	고구려, 압록강에서 당군과 격전을 벌임.	김춘추 죽음.
662년	연개소문, 사수에서 당군을 격파. 소정방, 평양 포위를 풀고 철수함.	백제부흥군 와해.
663년	나·당 연합군 백강 전투에서 백제·일본연합군을 대파. 부여풍은 고구려로 탈출.	백제부흥운동 실패로 돌아감.
665년	연개소문 사망. 권력 다툼이 일어나 맏아들 남생이 밀려나 당으로 망명함. 당, 이적으로 하여금 고구려 공격.	연개소문의 동생 연정토, 신라에 투항함. 남생, 당의 고구려 침공에 향도를 자청함.
667년	신라 문무왕과 김유신, 고구려 정벌에 나섬.	고구려, 내분으로 와해됨.
668년	고구려 멸망함. 보장왕과 남산은 당으로 끌려감.	당, 평양에 안동도호부 설치.

　　연개소문의 아들 간의 권력투쟁은 665년경 연개소문이 죽자 바로 시작되어 결국 2년여 만에 멸망했다.【연개소문이 죽은 연도에 대해서는 665년을 비롯한 몇 가지 설이 있는데, 남생의 묘지명에 따른 665년 설에 동조하는 사람들이 많다.】당은 645년 1차 전쟁에서 고구려에 대패한다. 당 태종 이세민이 죽으면서 고구려를 공격하지 말라는 유언까지 남길 정도로 패배의 후유증에 시달렸다. 그러나 이세민은 죽기

직전까지 고구려 정벌을 준비하고 있었던 것으로 보아 꿈을 완전히 버리지는 않았던 것 같다.

당은 고구려와 몇 차례 싸우면서 전략과 전술을 수정했다. 전면전을 피하고 국지전으로 고구려의 전력을 끊임없이 삭감하는 한편, 고구려와 동맹관계인 백제를 먼저 공략하는 쪽으로 선회했다. 여기에는 신라의 대당 외교가 한몫을 했다. 신라는 고구려와 백제, 말갈까지 가세한 공격에 대응하기에 벅차서 당과의 연합은 사활이 걸린 중대사였다. 642년 김춘추의 고구려 행은 어중간한 입장을 취하고 있던 당을 압박하기 위한 모험성 외교였으나 결과는 '나·당 동맹'의 성사로 이어졌다. 이어 김춘추는 648년 아들과 함께 입당해 나·당 동맹을 확고히 했고, 돌아와 대대적인 정치개혁과 함께 중국화에 박차를 가했다. 이 일련의 과정은 대당 외교의 총결산이었다.

당은 이와 함께 고구려에 대한 첩보전을 강화한 것으로 보인다. 고구려 지배층 내부의 분열에 당이 깊숙이 개입한 정황이 포착되기 때문이다. 수·당의 첩자 활용과 첩보 능력은 막강했다. 전면전으로는 고구려를 쉽게 무너뜨릴 수 없다는 사실을 터득한 당은 국지전과 첩보전, 신라와 연합전선 구축함으로써 압박하는 쪽으로 전술과 전략을 수정했고 이것이 결실을 보아 660년, 백제를 쓰러뜨렸다.

이런 상황에서 연개소문의 죽음은 상황의 전개 속도를 가속화시켰다. 강력한 카리스마로 고구려의 정치와 대외투쟁을 주도하던 연개소문이 죽자 고구려 지배층은 공황상태에 빠졌다. 계속된 국지전으로 내상을 입은데다 지도력마저 흔들렸다. 여기에 아들들의 권력투쟁이 불에 기름을 붓는 역할을 했는데 그 과정을 『삼국사기』를 통해 살펴보자.

(보장왕)25년(666) 개소문이 죽고 맏아들 남생이 막리지가 되었다. 처음 국정을 맡고 여러 성을 순시할 즈음 아우 남건과 남산에게 뒷일을 맡겼다. (이때) 어떤 자가 두 아우에게 "남생은 두 아우가 (자리를) 빼앗을까 두려워 제거하려 하니 먼저 손을 쓰는 것이 낫겠다." 고 했다. 두 아우는 처음에는 믿지 않았다. 또 남생에게도 어떤 자가 이르길 "두 아우는 형이 돌아와 정권을 빼앗을까 두려워 형을 막고 들어오지 못하게 하려 한다."고 했다. 남생이 은밀히 친한 자를 평양에 보내 엿보게 했으나 두 아우가 그자를 붙잡아두고 왕명으로 남생을 불러들였다. 남생이 감히 되돌아오지 못했다. 이에 남건이 막리지가 되어 군사를 발동하니 남생이 달아나 국내성을 거점으로 삼고 그 아들 헌성(獻誠)을 당에 보내 구원을 청했다. _[권22 「고구려본기」 제10 보장왕25년 조]

위 기록에서 눈길을 끄는 것은 남건과 남산을 교란시킨 '어떤 자'와 남생을 혼란에 빠뜨린 '어떤 자', 그리고 남생이 동생들의 동정을 엿보기 위해보낸 '친한 자'다.【『일본서기』에는 남건, 남산과 남생을 이간질한 '어떤 자'가 '측근 사대부'로 나온다.】 남생이 동생들을 염탐하기 위해 보낸 자는 「연개소문열전」에는 아예 '첩자'로 표현되어 있어, 국가의 기밀을 담당한 중리의 책임을 맡은 남생의 첩보 조직의 일원임이 확실해 보인다. 문제는 남생과 남건·남산 쪽의 '어떤 자'인데, 이들에 대해 고구려 내부의 이해관계를 달리하는 당파로 보는 시각이 있다.

그러나 물론 이런 추정도 가능하지만 기록의 전체적인 내용이나 분위기로 보아 위 기록은 형제들을 이간시키기 위한 공작의 냄새가 짙다. '어떤 자'들은 당과 모종의 관계를 가진 '내간'일 가능성을 배제할 수 없다. 훗날 남건이 평양성 방어 책임자로 임명한 승려 신성이 당으로 망명한 남생은 물론 당과도 내통한 사실을 놓고 볼 때 그 가능성은 충분해 보인다. 골수 '친당파'라고나 할까? 신성에 관한 『구당서』와 『신당서』의 기록이다.

　　총장 원년(668) 9월, 이적(李勣)이 평양성 남쪽으로 군영을 옮겼다. 남건이 수시로 병사를 보내 싸우게 했으나 모두 대패했다. 남건의 수하인 착병총관 승려 신성이 몰래 사람을 군중으로 보내 성문을 열고 내응하겠다고 했다. 그로부터 5일 뒤 신성은 정말 성문을 열었다. _[권 199상-5327]

　　대장인 승려 신성이 첩자를 보내 내응을 약속하고 5일 뒤 성문을 열었다. _[권220-6197]

중국 측 기록을 축약한 『삼국사기』 「고구려본기」에는 이렇게 기록되어 있다.

　　남건은 군사를 승려 신성에게 맡겼는데, 신성이 소장 오사(烏沙), 요묘(饒苗) 등과 짜고 몰래 사람을 이적에게 보내 내응하길 청했다. 그로부터 5일 뒤 신성이 성문을 열자 이적이 군사를 풀어 성에 올라 북을 치고 고함을 지르며 성에 불을 질렀다. 남건은 자살하려다 뜻을 이루지 못했다. 왕과 남건 등을 포로로 잡았다. _[보장왕27년(668) 조]

연개소문의 자식들은 이렇게 정권을 놓고 자신들의 첩보망을 총 동원하여 서로를 염탐하면서 반목했다. 여기에 당의 이간책이 주효 했다. 남생은 당으로 망명하고 당의 고구려 정벌 때는 스스로 향도 를 자청하여 고구려를 멸망시키러 달려온다. '향도'가 첩자의 다른 이름임을 상기해볼 때 남생은 스스로 적국의 첩자가 되어 조국을 공 격한 것이다.

고구려 지도층의 내분을 확인한 당은 1년이 넘는 준비 끝에 공격 에 나섰고 고구려는 백제처럼 어이없게 주저앉았다. 668년, 당이 한 창 고구려를 공격하고 있을 때 당 고종이 전선에서 돌아온 가언충 (賈言忠)에게 전황을 물었다. 가언충은 이렇게 답했다.

> 반드시 이깁니다. 지난날 선주(당 태종)께서 죄를 물으려다 뜻을 이루지 못한 것은 적에게 흠이 없었기 때문입니다. 속담에 '군은 중매 자(적과 내통하는 자)가 없으면 도중에라도 돌아온다'는 말이 있습니 다. 지금 남생 형제가 서로 싸워 우리 향도가 고구려의 정황을 샅샅이 알 수 있고, 장수는 충성하고 병사들은 있는 힘을 다하니 신은 틀림없 이 이긴다고 봅니다. _[동상 27년(668) 조]

틈이 없던 고구려에 틈이 생겼으니 바로 내부 분열이었다. 거기 에 앞잡이까지 생겨 고구려 내부의 처지를 훤히 파악하고 있는 상황 이므로 승리는 확실하다는 요지다.

『일본서기』에 의하면 연개소문은 죽으면서 자식들에게 화합하라 는 유언을 남겼다. 연개소문은 자식들의 불화를 예견하고 특별히 이 런 당부를 남겼을 것이다. 내분은 어느 날 갑자기 생기는 것이 아니다. 오랫동안 쌓인 갈등 요인이 어떤 계기를 맞아 폭발한다.

역사적으로 볼 때 장성의 문은 밖에서 열린 적이 거의 없었다. 안에서 누군가 문을 열어주었다. 고구려의 멸망에는 여러 원인이 있었겠지만 지배층의 내부 분열이 결정적이었다. 이들은 모두 자신의 첩보망을 가지고 있었다. 연개소문 생전에는 이런 첩보망의 상당 부분이 당과 외부를 향해 작동했다. 연개소문이 죽은 뒤에도 고구려의 첩보망이 얼마나 위력적이었는지는 앞에서 살펴본 대로다. 그러나 내부가 분열되면서 이 첩보망은 내부로 집중 작동하여 서로를 죽이고 내쫓는 결과를 낳았다. 심지어 남생은 조국을 공격하는 앞잡이가 되었다. 연개소문 사후 이들의 첩보망은 권력 유지의 도구로만 작동되어 지배층 스스로 자신들의 첩보망에 걸려들어 최후를 기다린 꼴이었다. 첩보망은 죽음의 거미줄이었고 자신의 목숨을 앗아간 치명적인 독약이 되고 말았다.

아무리 치밀한 첩보망과 우수한 첩자를 보유했더라도 내부를 겨냥할 때 권력자의 몰락은 물론 조직의 붕괴, 나아가 국가의 몰락으로 귀착된다. 이 경우에 첩자의 성격도 변질된다. 첩자는 늘 수동적이며 종속되는 존재이자 개념이기 때문이다. 건강한 통제력을 갖춘 기제(機制)가 변질되거나 붕괴되었을 때 첩자는 역기능으로 작용할 수밖에 없는데 고구려의 멸망 과정에서 이 점을 확인하게 된다.

수의 첩보전과 고구려의 첩보전 비교

612년 수가 고구려를 공격하면서 고구려의 첩보 활동을 거론한 것은 수도 동일한 일을 수행했거나 하고 있음을 뜻한다. 앞서 언급한 서역에서 배구의 정보수집 활동 자체가 첩보 활동이었다. 수의 첩보력은 그 당시 동아시아에서는 최고 수준이었다. 나라는 불과 37년 존속했지만 첩보 수준은 당에게 큰 영향을 주었다. 수 문제는 어사대(御史臺)라는 공개적이고 독립적인 감찰기구를 자신이 직접 통제하고, 눈과 귀 역할을 하는 비밀 조직의 인원을 적지 않게 두었다. 군사적으로는 좌우무후(左右武候)를 설치하여 황제의 경비와 방첩 활동, 황제가 지나는 지역의 관리 상황을 정찰하는 임무를 맡겼다.

수는 통일 과정에서 수많은 전쟁을 치르면서 첩보전을 전개하여 결정적인 성과를 올리곤 했다.

수가 진(陳)을 멸망시키는 과정에서 보여준 첩보전이다. 개황 2년인 582년, 문제는 진을 취할 대책을 상서좌복야 고경(高熲)에게 물었다. 고경은 강남과 강북의 지리적 환경과 풍토 등을 비교하며 다음과 같이 건의했다.

강남은 토지가 담박하고 집은 대나무나 갈대를 많이 사용하며 식량은 지하 구덩이에 저장하지 않습니다. 따라서 몰래 간첩을 보내 바람을 이용하여 불을 지르는 것이 좋습니다. 불을 다 끄고 나면 다시 불을 지르기를 반복하면 몇 년 안에 그 재력이 다 바닥날 것입니다.

수 문제는 고경의 건의를 받아들여 큰 성과를 거두었다.

수의 첩보전은 당시 가장 큰 위협이었던 돌궐을 분열시키는 데에도 크게 작용했다. 이 과정은 『수서』의 「장손성열전」에 상세히 기록되어 있는데, 그 과정을 간략하게 개관하면 다음과 같다.

수 개황1년(581), 수에 망한 주(周) 출신의 천금공주가 돌궐의 사발략가한(沙鉢略可汗, 섭도[攝圖])을 부추겨 수를 공격하게 하였다. 문제는 장성을 수축하는 등 방어책을 마련하는 한편, 오랫동안 돌궐에서 머물며 돌궐 지배층과 돈독한 관계를 유지하고 있는 장손성(長孫晟)의 이간책을 받아들여 반간계를 실행했다. 그 결과 사발략과 그의 동생 처라후(處羅侯)를 이간시키는 데 성공해 처라후를 수에 복속시켰다. 이는 장손성이 돌궐 현지에서 오래 생활한 경험을 바탕으로 돌궐 지배층의 동향을 상세히 첩보한 바에 따라 실행한 결과였다. 수가 고구려를 정벌하게 된 중요한 원인 가운데 하나가 돌궐과의 연합 가능성 때문이었는데, 결국 돌궐에 대한 수의 이간책은 연합을 방지하기 위한 방책이었을 것이다.

수의 첩보망과 첩보 능력은 중국을 통일하는 과정에서 치른 많은 전쟁의 산물이었다. 수의 이러한 첩보 대상에 고구려도 예외가 아니었다. 612년 전쟁에서 수 양제는 백제의 첩보망을 이용하여 고구려를 견제하려 했다. 관련 기록을 보자.

대업3년(607년), 장(璋, 백제 무왕)이 사신 연문진(燕文進)을 보내 조공했다. 그해에 또 사신 왕효린(王孝隣)을 보내 조공하고 아울러 고구려 토벌을 요청했다. 양제는 이를 허락하고 (백제에) 고구려의 동정을 엿보도록 했다. 그러나 장은 안으로 고구려와 내통하면서 속임수로 중국을 엿보았다. 7년(611년) 양제가 직접 고구려 정벌에 나서자 장은 신하 국지모(國智牟)를 보내 행군 기일을 요청했다. 양제는 크게 기뻐하며 많은 상을 내리는 한편, 상서기부 석율(席律)을 백제에 보내 서로 모의하게 했다. 이듬해(612년) 6군이 요하를 건너자 장 역시 국경에 군비를 엄히 하고는 말로는 (수의) 군대를 돕는다고 하면서 실제로는 (수와 고구려) 양쪽에 다리를 걸치는 양단책을 썼다.

이 기록은 백제를 이용하여 고구려의 정황을 염탐하려던 수의 의도가 오히려 고구려와 백제에 의해 역이용 당했음을 보여준다. 백제는 이보다 앞서 598년의 여·수 1차 전쟁 때에도 스스로 향도(길잡이)를 자청했다가 이 사실을 알게 된 고구려의 공격을 받아 곤경을 치른 적이 있었다. 이후 고구려와 백제 사이에 밀약이 이루어졌고, 수가 고구려를 공격할 때 겉으로는 길잡이를 자청하면서 속으로는 고구려에 수의 동정을 알리는 양단책을 구사했다. 이것이 수의 패배에 어느 정도 작용했는지 속단할 수 없으나 타격을 주었을 것이라는 추정은 가능하리라 본다.

612년 수가 첩보전을 병행했으리라는 추정의 다른 근거는 이 전쟁에 참여한 수 장수들의 경력에 있다. 먼저, 좌군의 제1군 총사령관인 우둔위대장군 맥철장(麥鐵杖)이다. 그는 589년 진(陳)이 망한 뒤 강동에서 반란이 일어나자 양소(楊素)의 명을 받고 밤에 강을 건너 적진의 상황을 염탐하고 돌아와 보고한 적이 있다. 또 좌군의 제3군 수로군 총사령관인 우익위 대장군 내호아(來護兒)는 수차례의 간첩 역할을 성공시켜 대도독이 된 인물이다. 좌군 제10군 사령관 금자광록대부 주법상(周法尙)은 황제의 밀지를 받고 강남을 경략하면서 진의 동정을 정탐하는 일을 담당한 바 있었다. 598년 여·수 1차 전쟁 때 한왕 양량(楊諒)을 따라 참전했던 행군총관 장윤(張瑜)은 진을 평정하는 데 '간첩(間諜)' 역할을 하며 큰 공을 세운 인물이었다.

이렇듯 수는 백제를 이용하여 고구려를 정탐하고 첩보 활동 경력을 가진 인물들을 공격의 핵심으로 배치하였다. 그러나 수의 의

도는 소기의 목적을 달성하지 못했으며 자체의 첩보전에 대해서도 특별한 언급이 없는 것으로 보아 별다른 성과를 거두지 못했던 것 같다.

고구려 역시 수에 대해 첩보전을 실행한 것으로 추정된다. 백제와의 밀약으로 수의 정황을 탐지한 것이 그렇고, 문제와 양제가 고구려 정벌에 앞서 반포한 국서와 조서에서 예외 없이 고구려의 첩보 활동을 비난한 것도 이러한 추정을 뒷받침한다. 고구려의 첩보전이 얼마나 성과를 거두었는지에 대해서는 확인할 만한 사료는 없다. 그러나 몇몇 기록들은 그 정도가 심상치 않았음을 시사하고 있다. 먼저 수 문제가 보낸 국서의 다음 대목을 보자.

　　태부의 기술자는 그 수가 적지 않으니 (고구려) 왕이 굳이 써야 한다면 나에게 요청하는 것이 당연할 터인데, 지난해에는 몰래 재물로 소인을 움직여 사사로이 노(弩)를 만드는 기술자를 너희 나라로 빼돌렸다.

고구려가 돈으로 사람을 기용하여 기술자를 빼돌린 일을 질책한 것인데 이는 뒤집어보면 고구려가 수의 기술자까지 빼돌릴 정도의 첩보력을 갖추었다는 의미다. '소인'이란 고구려의 첩자가 매수한 수의 사람들, 말하자면 돈에 매수되어 첩자 노릇을 한 '향간(鄕間)' 또는 '내간(內間)'으로 볼 수 있다.

고구려의 첩보망은 기술자 매수에만 한정되지 않았다. 아래는 첩보 대상이 수는 아니지만 고구려의 첩보망이 중국 정권의 지배층까지 뻗쳐 있었음을 보여주는 사례다.

처음 북지(北地) 사람 부재(傅縡)는 서자로서 동궁을 섬겼는데 (동궁이) 즉위하자 비서감, 우위장군 겸 중서통사사인이 되었다. 그러나 재능을 저버리고 성질을 부려 많은 사람들이 원망했다. 시문경(施文慶)과 심객경(沈客卿)이 함께 부재가 고구려 사신으로부터 금을 받았다고 헐뜯어 주상이 부재를 옥에 가두었다.

이 기록은 진(陳) 지덕2년(584) 조 말미에 실려 있다. 이 사건이 언제 일어났는지는 알 수 없지만 그 이전에 다녀간 고구려 사신과 관련된 사건 같다. 고구려는 582년, 583년에도 진에 사신을 보냈다.
　사건의 개요는 이렇다. 진의 후주 진숙보(陳叔寶)가 동궁 시절일 때 그를 섬겼던 부재가 진숙보의 즉위 후에 여러 요직을 거치며 권세를 나타내자 환관 시문경과 심객경이 부재를 모함했다. 고구려 사신으로부터 금을 받았다는 혐의였다. 부재는 옥에 갇히고 사사되었다. 이 사건은 진 조정 내부의 알력에서 비롯된 사건이긴 하지만 고구려가 외교 사절을 통해 진의 지도층 인사들을 포섭했던 전력이 있거나 그런 시도가 있었음을 암시한다.
　기록상으로 볼 때 고구려의 첩자 활용이나 첩보전 수준은 삼국 중에서 단연 앞섰다. 이를 방증하는 사례들을 간략히 소개한다.

　① 기원전 9년 국경을 압박해 들어오는 선비 문제에 대처하기 위해 부분노가 제안한 반간계.
　② 475년(장수왕63) 백제 개로왕을 죽이고 백제를 멸망 직전까지 몰아넣는데 결정적인 역할을 한 승려간첩 도림.
　③ 신라의 김유신을 유인하여 제거하려 했던 첩자 백석.

④ 642년 고구려로 간 신라의 김춘추가 고구려에 억류되고 김유신이 결사대 1만을 조직하여 고구려로 향하자 이 소식을 첩보한 고구려 첩자 덕창.

⑤ 당나라 군영을 염탐하다 당 태종 이세민에게 생포된 연개소문의 첩자 고죽리.

⑥ 연개소문 사후 내부 분열 뒤 당의 공격 때 당과 내통하여 성문을 열어준 승려 신성.

사료를 보면 고구려의 첩자 활동, 첩보전으로 볼 수 있는 사료들은 여럿 있다.

수는 고구려를 공격하기에 앞서 반포한 조서를 통해 예외 없이 고구려의 첩보전을 비난하였다. 실제로 고구려는 중원 왕조의 고위 관료들을 사신을 통해 매수하려 하였다. 598년 제1차 여·수 전쟁을 앞두고 돈으로 매수하여 무기를 만드는 수의 기술자들을 빼돌렸고, 612년의 전쟁에서는 백제와 공모하여 수의 상황을 염탐하였다. 수는 이러한 고구려의 첩보전에 촉각을 곤두세우지 않을 수 없었고 그러한 심경이 조서를 통해 표출되었다. 이렇듯 여·수 전쟁에서 고구려의 첩보전은 비중을 갖고 전개되었을 것이고 그것은 612년의 제2차 전쟁에서도 마찬가지였다.

고구려의 첩보력과 을지문덕의 심리전이 거둔 승리

598년을 시작으로 약 15년 동안 4차례에 걸쳐 고구려와 수 사이에 벌어진 대전쟁은 양국의 운명은 물론 동아시아 국제질서에 지대한 영향을 미친 일대 사건이었다. 이 전쟁은 조금 과장해서 말하면 약 1,300년 뒤에 벌어진 세계대전에 비유할 수 있을 만큼 규모와 여파도 컸고 치열했다.

강북을 통일한 북주(北周)의 외척인 양견(楊堅)은 581년 왕위를 찬탈하고 수(隋)를 세웠다. 그리고 589년 마침내 약 400년에 걸친 대분열시대를 마감하고 중국을 통일했다. 수의 중국 통일은 동아시아 국제정세에 일대 지각변동이었다. 종래 북방 민족이 세운 정권들과의 다자외교를 통해 동아시아 국제관계에서 큰 지분을 유지하고 있던 고구려의 입장에서 수의 출현은 큰 변수이자 위기였다. 외교의 큰 틀이 무너진 것이다. 고구려는 수와의 관계를 어떻게 설정하느냐 하는 국가적 생존 차원의 중차대한 문제에 직면하게 되었다. 한편 이는 백제나 신라에는 또 다른 기회였다. 고구려의 막강한 군사력에 눌려 운신의 폭이 좁았던 양국은 왜와 함께 중국 정권과 직접 접촉할 수 있는 절호의 기회를 맞이한 것이다.

590년 수 문제 양견은 고구려의 입조와 복속을 강요하는 국서를 보냈다. 그런데 이 국서에 고구려가 수에 대해 끊임없이 첩보전을 벌여왔음을 추측케 하는 내용이 있다. 수가 고구려에 보낸 국서의 한 대목이다.

무슨 알리고 싶지 않은 음흉한 계획이 있기에 관원을 금지시키고 통제하면서까지 방문과 시찰을 두려워하는가? 또 여러 차례 기병을 보내 변경 사람을 살해하고, 여러 차례 간계를 부려 사악한 말들을 지어냈으니 신하의 마음가짐이 아니었다. (중략) 그런데도 왕(고구려 영양왕)은 그저 믿지 못하는 마음으로 늘 의심만 하여 사람을 보내 소식을 몰래 엿보니 순수한 신하의 의리가 어찌 이와 같을 수 있겠는가!

『수서』 권81-1815 「동이열전」 고구려 조]

고구려를 훈시하려는 목적에서 보낸 국서이기 때문에 표현에 약간의 과장이 없지는 않을 것이나, 고구려가 변경을 통제하면서 수 관원들의 출입을 단속하고 수시로 수의 동정을 염탐하며 때로는 물리적 충돌까지 일으키고 여러 가지 방법으로 '사악한 말들'을 지어냈다는 기록은 어느 정도 사실을 반영하는 말일 것이다. 이는 고구려가 끊임없이 수의 정황을 첩보하고 있었음을 뜻한다. 여기에다 수의 진영을 교란시키기 위한 '선전(宣傳)'까지 구사한 것으로 보이는데, '사악한 말들[邪說]'이란 표현이 바로 그것이다.

수의 입장에서 고구려는 동아시아 전체 패권으로 가는 길목을 막는 강적이었다. 하지만 서북의 강력한 세력인 돌궐을 유효적절하게 분열시킨 마당에 수로서는 더 이상 꺼릴 것이 없었다. 위의 국서는 이러한 자신감에서 나온 것이다. 고구려를 압박해 굴종을 받아내려 했고 그 명분으로 수에 대한 고구려의 끊임없는 염탐과 첩보를 탓하고 있다.

광개토대왕과 장수왕을 거치면서 남방의 백제, 신라, 왜를 효과적으로 복속 또는 통제하고 있던 고구려에 수의 통일은 반가운 일이 아니었다. 수의 압력에 굴복하는 것은 지금까지 고구려가 구축해 온 독자적인 세력권을 뒤흔드는 것이었다. 이에 고구려는 강경노선을 택하여 598년(영양왕9) 2월, 말갈 기병 1만을 지휘해 영주를 기습 공격했다.

마침내 동서 양대 세력이 충돌하게 되었다. 6세기 말부터 시작된 고구려와 수의 충돌에 대해 오랫동안 분열되어 있던 중원과 북방 유목 문명권을 통합한 중화 문명권이 동북의 강력한 고구려 문명권과 충돌한 동아시아 문명 전쟁으로 보는 견해도 있다.

고구려의 선제공격을 받은 수 문제는 그해 6월에 고구려 정벌에 30만을 동원했다. 이것이 고구려와 수의 제1차 전쟁이다. 그러나 수의 30만 대군은 질병과 고구려의 효과적인 공격으로 실패했다. 이때 백제의 위덕왕이 수에 사신을 보내 향도를 자청하는 일이 발생했다. 9월이었다. 그러나 힘 한 번 제대로 써보지 못하고 패배한 수는 백제의 제안에 반응할 수 없었다. 백제의 움직임을 탐지한 고구려는 바로 응징했다. 고구려의 응징은 전광석화 같았다. 자칫 방관했다간 백제는 물론 신라와 왜까지 동요할 가능성이 다분했기 때문이다. 이 공격의 여파 때문인지 백제는 위덕왕을 잃었고 혜왕이 뒤를 이었다. 고구려의 응징은 소기의 목적을 달성했다. 603년(영양왕14) 고구려가 한강을 탈환하기 위해 공격을 개시하고, 608년에도 신라를 공격하여 우명산성을 함락시킨 것도 수와의 일대 결전을 앞두고 후방을 단속하기 위한 군사행동이었다.【이 무렵 고구려의 온달장군이 전사한 것으로 보인다.】

604년, 수 문제가 아들 양광(楊廣)에게 쫓겨나고 양광이 황제 자리에 오르니 바로 역사상 폭군의 대명사 양제(煬帝)다. 607년 8월, 수 양제는 50만 대군과 군마 10만 필을 거느리고 직접 만리장성 이북을 순시하다 유림(楡林, 내몽고 준격이기[准格爾旗] 동북 십이련성[十二連城]) 행궁에서 돌궐의 계민 가한[啓民可汗]을 불러들였다. 이어 양제는 답방의 형식으로 계민 가한의 왕정을 방문했는데 그곳에 고구려 사신이 와 있음을 알게 되었다. 고구려와 돌궐의 동맹을 확인한 양제는 배구(裵矩)의 건의를 받아들여 고구려왕의 입조를 윽박했다. 이때 배구는 고구려에 대한 기본 정보를 양제에게 보고했을 텐데, 이 배구라는 인물에 주목할 필요가 있다.

배구는 수 문제 때 시랑 벼슬에 있다가 양제 때는 지금의 감숙성 장액에서 서역과의 무역을 주관하며 서역 각 지역에 대한 정보를 수집하여 『서역도기(西域圖記)』라는 첩보 보고서를 편찬한 정보 전문가였다. 그는 공개적이고 합법적인 상업 수단을 통해 각 지역의 산천지리, 성씨, 풍토, 복식, 특산물 등을 하나 빠짐없이 조사하여 정보망을 구축했다. 그가 『서역도기』를 올리자 양제는 몹시 기뻐하며 그와 밀담을 나누고 서역 경영에 관한 책임을 그에게 맡겼다. 수는 몇 년 안에 서역 땅 수천 리를 개척하고 군대를 주둔했으며 배구는 서역과 돌궐에 대한 첩자 활동에 탁월한 공을 세워 호부상서로 승진했다.

배구는 상품 교역과 일상생활 속에서 정치·군사·경제·지리·교통·천문 등의 방면에 관한 정보를 전면적으로 수집하는 첩자 활동의 역사를 연 최초의 인물이다. 배구의 첩자 활동은 당나라에도 계승되었다. 641년 당 태종이 고구려에 사신으로 보낸 진대덕(陳大德)이 고구려 관리를 매수하여 산천지세를 염탐한 경우가 대표적인 예다.

계민 가한의 왕정에서 고구려 사신을 본 양제가 배구에게 대책을 물었다. 그때 배구가 올린 내용을 볼 때 그는 고구려에 대해 상당한 정보를 확보했던 것 같다. 그는 고구려와 돌궐의 동맹 가능성과 그 위력을 경계하며 이렇게 말했다.【이 사실은 『삼국사기』 권20 「고구려본기」 제8에도 실려 있다.】

고구려는 본래 기자의 봉지로 한·진 시대에 모두 군현으로 있었사온데 지금 신하로 복속하지 않고 다른 땅이 되어버렸습니다. (하략)

당시 양제는 고구려 사신에게 탁군(涿郡, 지금의 북경)으로 갈 테니 고구려 국왕(당시 영양왕)을 그곳으로 오라고 호통을 쳤다. 611년 양제는 탁군으로 행차했으나 고구려 국왕은 오지 않았다. 이를 핑계로 양제는 고구려를 원정하겠다고 했지만 사실 원정은 벌써 진행 중이었다. 610년 총동원령을 내려 병력을 탁군에 결집시켰고, 612년 1월까지 총 30여군 113만3800명을 집결시켰다. 보급품을 담당한 수레 부대는 그 배에 이르렀다. 612년 정월, 양제는 조서를 발표하고 원정을 단행한다.

이렇게 해서 7개월에 걸친 고구려와 수의 제2차 전쟁이 시작되었다. 수 양제가 전쟁을 선포하는 조서의 내용에도 고구려의 첩자 활동과 첩보술을 언급하고 있다는 점이 이채롭다.

중국의 망명자들을 끊임없이 꾀어내고, 변방에 척후(斥候)를 안배하여 (수의) 봉후(烽候, 봉수를 담당하는 군사)를 몹시 수고롭게 하니…. (하략) _[『수서』 권4-80 양제기(하)]

이 기록은 『삼국사기』 권20 「고구려본기」 제8 영양왕23년(612)조에 축약되어 실려 있다. 고구려는 수의 변경에서 끊임없는 첩자(척후) 활동으로 수를 괴롭히고, 수에서 건너오는 망명자들을 초치하거나 선전을 통해 망명을 부추겼다.

제2차 전쟁은 '살수대첩'으로 잘 알려져 있다. 그리고 명장 을지문덕의 활약상도 잘 소개되어 있다. 하지만 정작 을지문덕이 어떤 전략과 전술로 30만 별동군을 전멸시키다시피 했는지에 대한 상세한 검토는 드문데, 첩보전의 각도에서 을지문덕의 행적을 추적해보면 흥미로운 사실을 발견할 수 있다.

결론부터 말해 이 전쟁은 고구려의 작전과 을지문덕의 심리전 및 기만술 등이 크게 작용한 첩보전의 승리였다. 을지문덕은 최고 수준의 용병술을 유감없이 발휘했다. 이 당시 고구려의 국력이 최전성기에 올랐음은 이 같은 군사 방면에서도 확인된다.

첩보전의 각도에서 볼 때 가장 주목할 인물은 을지문덕이다. 당연하다. 그런데 전혀 주목하지 않은 인물이 있다. 수나라 상서우승 유사룡(劉士龍)이다. 배구라는 인물에서 보았듯이 수나라의 첩보 활용 수준은 당대에 단연 최고인데 그런 나라를 상대로 고구려가 승리를 거두었으니 더욱 값지다. 첩보전과 첩자의 측면에서 이 전쟁을 살펴보자.

무엇보다 중요한 점은 을지문덕 자신이 직접 첩자 역할을 수행했다는 사실이다. 수의 100만 대군—일설에는 200만—은 초기 전투에서부터 고구려의 저항과 효과적인 반격 때문에 요동성에서 막혀 한 발도 떼지 못했다. 이에 수는 30만 별동대를 조직하여 우문술(宇文述)과 우중문(于仲文)에게 지휘를 맡기고 평양으로 곧장 진격하게 한다. 내호아가 이끄는 수군이 이미 완패한 상황에서 30만 별동대의 진격도 출발부터 문제가 적지 않았다. 가장 큰 문제는 식량이었다. 고구려가 성을 단단히 지키면서 '견벽청야(堅壁淸野)'의 전술을 구사했음은 잘 알려진 사실이고, 이것이 두려워 수 군대는 군사 개인에게 100일 분량의 식량을 휴대하게 했다. 당연히 식량이 너무 무거

워 가는 도중에 식량을 버렸고 이 때문에 심각한 식량난에 봉착하게
되었다.

이런 상황을 확실하게 파악하기 위해 을지문덕은 자신이 직접 적
진으로 들어가는 모험수를 감행했다. 수 군대의 식량 사정이 심각하
다는 것을 어느 정도 파악한 영양왕은 을지문덕을 수 군영으로 보내
는데, 『삼국사기』는 당시 상황을 이렇게 전하고 있다.【이하, 권20 「고
구려본기」 제8 영양왕23년 조】

(이때) 우리 왕(영양왕)은 대신 을지문덕을 수의 군영으로 보내 거
짓으로 항복하게 하니, 사실은 적의 허실을 정탐하기 위한 것이었다.

그러나 고구려의 이러한 모험은 무리수였다. 수 군영에는 고구려
왕이나 을지문덕을 반드시 사로잡으라는 양제의 밀지가 진작 하달
된 상태였기 때문이다. 내호아의 수군도 격퇴시키고 수의 육군을 요
동성에 묶어둔 고구려가 굳이 이런 무리수를 쓴 까닭은 좀처럼 이해
가 되지 않는다. 무슨 곡절이 있는 것일까?

그러나 이 전략은 결코 무리수가 아니었다. 이 의문을 푸는 열쇠
는 바로 유사룡이란 자가 쥐고 있다. 다시 『삼국사기』의 대목이다.

우중문은 을지문덕을 잡으려 하였다. 그런데 이때 위무사로 와 있
던 상서우승 유사룡이 굳이 말리는 바람에 우중문은 마침내 그의 말
에 따랐다.

우중문은 을지문덕을 잡으려 했는데, 군의 사기를 진작시키는 등

장병을 위로하기 위해 파견된 유사룡이 극구 말렸다는 내용이다. 황제의 밀지까지 떨어졌는데도 유사룡이 을지문덕의 체포를 말린 까닭은? 황제의 명령을 어기면서까지 을지문덕을 놓아주어야 할 까닭은?

그는 고구려가 오래전에 심어놓았던 첩자, 그중에서도 '내간(內間)'[1]일 가능성이 높다. 그렇지 않고서야 제 발로 걸어들어온 적장을 그냥 돌려보낸다는 것은 아무리 항복을 내세웠다 해도 납득이 가지 않는다. 더욱이 황제의 밀지까지 하달된 상황에서.

고구려는 내간 유사룡이라는 존재를 믿고 이렇듯 무모한 행동을 단행했을 것으로 보인다. 다만 유사룡이 어떤 논리로 우중문을 설득했는지 알 길이 없어 아쉬움이 남는다. 아무튼 고구려는 치밀한 계산이 서 있었고 이 작전은 대성공을 거두었다.

이 여파는 수 군대의 사기에 영향을 미쳐 장수들 간의 갈등이 표면화되었다. 막상 을지문덕이 돌아가고 나자 우문술과 우중문은 심기가 편치 못했다.【「을지문덕열전」에는 이들이 다시 상의할 일이 있다며 을지문덕을 불렀다고 되어 있다.】 우문술은 식량 부족을 이유로 철수를 주장하고 나섰다. 그러나 우중문은 을지문덕을 추격하자고 우겼다. 결국 수 양제로부터 훌륭한 장수라는 칭찬을 들은 우중문의 우격다짐이 먹혀들어 수의 군대는 을지문덕의 뒤를 쫓았다.

을지문덕은 여기서 또 한 번 적진을 농락한다. 수의 군사들의 상황을 이미 파악한 을지문덕은 하루에만 일곱 번 싸워 일곱 번 다 패

---

1) 내간이란 『손자병법』 「용간」 편의 정의에 따르면, '적의 관직에 있는 자를 이용하는 것'인데, 이는 또다른 병법서 『육도(六韜)』에서 분류한 '적국의 중신과 친분을 맺어 군주의 권위를 갈라놓는' '분(分)'이나 '적국 군주의 측근들에게 뇌물을 주어 내 쪽으로 끄는' '뢰(賂)'에 해당한다. 모두 첩자 활동이다.

하는 척했다. 을지문덕이 구사한 전술은 '병법이란 상대방을 속이는 것'이라는 『손자병법』의 핵심 사상을 체현한 것이다. '(먼 길을 달려와) 사기와 왕성한 적의 공격은 피하고'[제7 「군쟁」 편], '비굴하게 보여서 적을 교만하게 만들며', '적을 유인하고 혼란스럽게 만드는'[이상, 제1 「계」 편] 전술이다.

승리에 도취한 우중문의 군대는 계속해서 공격하자는 여러 사람의 의견에 쫓겨 평양성에서 30리 떨어진 곳에 산을 등지고 군영을 쳤다. 을지문덕은 사람을 보내 수의 군대가 철수하면 항복하겠다고 했다. 지칠 대로 지친 병사의 상태를 감안한 우문술은 이를 받아들여 군대를 철수하기 시작했고, 미리 대비하고 있던 을지문덕은 수의 군대가 살수를 반쯤 건넜을 때 공격을 가해 궤멸시켰다. 돌아간 자는 2700명이었다.

「을지문덕열전」에 따르면, 수 군대가 평양성 밖 30리 지점에 군영을 설치하자 을지문덕은 다음과 같은 시를 보내 우중문 등의 반응을 떠보는 절묘한 '심리전'까지 구사하고 있다.

그대의 귀신같은 책략은 하늘의 이치를 다하고
기묘한 계책은 땅의 이치마저 꿰뚫었구나.
싸움에 승리하여 높은 공을 세웠으니
만족하고 그만 멈추는 것이 어떠한가.

이 시는 「을지문덕열전」과 『수서』 권60-1455 「우중문열전」에 모두 실려 있다.

결국 이 전쟁은 사전준비부터 첩보전을 포함한 전술 전략 등 모든 면에서 승부가 드러나 있었던 셈이다. 말하자면 "전쟁이 시작되기 전에 승리할 요소가 많으면 승리할 가능성이 높은 것"[이상, 제1「계」편]이라는 『손자병법』의 지적을 정확하게 반영한 전쟁이었다. 을지문덕은 "궁지에 몰린 적은 지나치게 압박하지 않으면서" "나태해지고 쉬고 싶어 하는 적을 공격"[제7「군쟁」편]하고, 여기에 심리전까지 가미하여 철저하게 적진을 교란하는 고등 전술과 전략을 유감없이 구사했다. 수의 별동대는 결국 "군대는 치중(수레)이 따르지 않아 망하고, 양식이 없어 망하고, 비축해둔 물자가 없어서 망한"[제7「군쟁」편] 꼴이 되었다.

고구려와 을지문덕이 구사한 전술은 『손자병법』의 다음과 같은 대목을 그대로 실천한 것이라 할 수 있다.

그러므로 적을 아군의 의도대로 움직이게 만드는 자는 짐짓 아군의 불리한 모습을 적에게 보여주니 적은 이에 따라 움직이게 되고, 얼핏 유리하게 보이는 점을 적에게 내어주니 적은 이를 취하게 된다. 이처럼 이익이 되는 점을 보여줌으로써 적을 움직여, 미리 준비된 병력으로 기습할 기회를 기다리는 것이다. _[제5「세」편]

반면 수나라의 대응은 "군주는 분함을 못 이겨 군대를 일으켜서는 안 되고, 장수는 성을 내어 싸움에 빠져들어서는 안 된다."[제12「화공」편]는 『손자병법』의 경고를 제대로 인식하지 못한 것이었다.

고구려와 수의 제2차 전쟁은 규모가 컸을 뿐 아니라 가장 중요한 전쟁이었다. 1차 전쟁을 겪으면서 고구려는 철저한 대비책을 강구한 상태였고 수는 양제의 성격적 결함과 서역에서의 성공 등에 자만

하여 대세를 그르치고 말았다.

사전준비, 전략, 전술 등에서 고구려는 수나라를 압도했다. 특히 고구려가 수의 변경에서 활발한 첩자 활동과 첩보전을 벌여왔다는 사실, 수나라 고위 관리를 포섭하여 내간으로 활용했다는 사실이 눈에 띈다. 을지문덕이 수 군영으로 들어갈 수 있었던 것은 이러한 첩자 활동과 첩보에 따른 자신감의 표출이었다. 여기에 심리전 활용 등 용병술이 가미되어 완승을 거둘 수 있었다. 을지문덕이 우중문에게 보낸 시에서 말한 '귀신같은 책략' '기묘한 계책'은 고스란히 을지문덕에게 돌아가야 할 몫이었다.

이 전쟁의 과정에서 백제가 취한 행동이 있다.『삼국사기』에 따르면, 백제(무왕)는 고구려와 수가 전쟁을 벌이기 한 해 전인 611년에 수에 사신을 보내 고구려 토벌을 요청했고 수 양제는 백제에 고구려의 동정을 엿보게 했다. 그러나 백제는 고구려와 내통하는 등 중립적 태도를 취했다. 이는 1차 전쟁 때 수의 향도를 자청했다가 고구려에 혼이 난 백제가 취한 외교적 줄타기로 이해된다. 고구려가 백제에 취해 놓은 사전 예방책이 주효했던 것이다.

612년의 두 번째 전쟁은 동아시아 국제정세의 향방을 가늠하는 좌표와 같았다. 오랜 분열을 수습한 수 제국이 서역과 돌궐을 평정한 후 적극적으로 동방(구체적으로는 요서) 경략에 나서자 고구려와의 충돌은 불가피해졌다. 598년 1차 전쟁을 군사·외교 책략으로 원만하게 수습한 고구려는 이어질 수의 침공에 대비했다.

612년 전쟁에서 고구려가 승리한 원인으로 종래에는 '후퇴유도 작전', '심리전', '농성작전', '청야작전', '수성술', '복병전략', '게릴라 전술', '애국심' 등 다양한 요인으로 설명했지만 '첩보전'이란 측면은 소홀히 다루어져 왔다. 필자는 단편적인 사료들을 검토한 끝에 이 전쟁에서 고구려가 구사한 첩보전의 양상이 만만치 않았음을 확인할 수 있었다.

첫째, 고구려의 첩보 활동은 수의 건국 이전부터 중원 왕조를 상대로 끊임없이 전개되어 왔다. 수 문제와 양제가 고구려 원정에 앞서 예외 없이 고구려의 첩보 활동을 비난하고 나선 것도 이 때문이다.

둘째, 수나라도 고구려에 대해 첩보전을 구사했을 것이다. 백제를 이용하여 고구려의 상황을 염탐하려 한 것도 그렇고, 장수들 가운데 상당수를 첩보 경력을 가진 인물들로 배치한 것도 그렇다.

셋째, 고구려는 상황에 맞는 전략과 전술로 수의 공격을 지연시키거나 예봉을 꺾곤 했는데, 이 역시 첩자를 통해 얻은 정보에 의존했을 가능성이 크다.

넷째, 고구려의 첩보망이 수의 내부 깊숙이 뻗쳐 있었을 가능성이다.

다섯째, 을지문덕의 용병술은 상대의 허점을 정확하게 파악한 후 구사한 수준 높은 용병술이었다. 첩자가 되어 적진에 침투한 점도 그렇고, 심리전과 전략 전술은 을지문덕이 『손자병법』의 정수를 체현했다고 볼 수 있다.

현저한 열세임에도 고구려가 승리한 데에는 첩보전을 통한 정보와 그에 기초한 전략 전술에 힘입은 바 크다. 이렇게 볼 때 613년과 614년 연이어 발발한 3, 4차 전쟁의 승부는 어느 정도 예측이 가능해졌을 것이다.

독자적 첩보망과 심리전으로
삼국 통합에 성공한 신라

고구려 다음으로 첩자에 관한 기록을 많이 남기고 있는 나라는 신라다. 신라 역시 지리적 위치 때문에 첩자 활동의 대상은 주로 고구려, 백제 그리고 가야와 왜였다. 신라의 첩자 기록에서 단연 주목을 끄는 것은 김유신과 그의 첩보망이다. 『삼국사기』「김유신열전」은 첩보 드라마로 재구성할 수 있을 정도로 첩보망과 첩보술에 관해 많은 사실과 정보를 알려준다.

신라의 첩자는 그 내용 면에서 고구려 못지않게 극적인 요소가 많다. 왕의 동생들을 탈출시키기 위해 고구려와 왜로 간 박제상의 행적, 역사의 한 전기를 마련한 김춘추의 고구려 행과 양국 간의 치열한 첩보전, 젊은 날 고구려에 잠입하여 첩보 활동을 벌였던 거칠부 등등 다양하고 극적인 사례들이 적지 않다. 여기에 백제의 첩자 활동이 성공하여 신라를 낭패에 빠뜨리고 결국 김춘추를 궁지에 몰아 고구려 행을 결행하게 만든 대야성 전투 같은 중대한 사건도 삽입되어 있다. 특히 대야성 전투에는 백제가 신라 내부의 치정 관계를 이용하는 등 극적인 요소가 다분하여 긴장감이 넘친다. 또한 고구려와의 칠중성 전투에서 신라가 패하는 데 결정적인 역할을 한 신라인 이중간첩 비삽(比歃)의 스토리도 흥미진진하다.

신라는 7세기 이후 고구려와 백제의 협공에 시달려 생존을 위한 돌파구를 모색했다. 그 결과 신라는 당과의 연합을 성사시켰고 결국 삼국을 통합해냈다. 여기에는 일찍부터 첩자의 중요성을 인식한 김유신의 역할이 상당히 컸다. 자료 면에서는 말할 것도 없고 내용 면에서도 첩자에 관한 한 김유신은 단연 군계일학이다.

신라는 삼국을 통합한 후에는 첩보망의 방향을 당으로 돌려 당의 상황을 파악하는 데 주력했던 것으로 보인다. 이는 신라마저 자신의 통제하에 두려는 당의 야욕에 대응한 방책이었다. 이 정보망 역시 김유신의 첩자 조직과 첩보망에 힘입은 바가 적지 않았을 것이다.

신라와 왜, 가야의 첩보전

신라와 관련된 가장 빠른 기록은 가야의 대(對)신라 첩보를 추정하게 하는 내용으로 「신라본기」 지마니사금4년(115) 조에 보인다. 또 왜의 대신라 첩보를 추정케 하는 기록도 같은 지마니사금11년(122) 조에 보인다. 이에 대해서는 주변국의 첩자 활동 측면에서 검토하려 한다.

이 기록들은 역으로 신라 또한 일찍부터 첩자 활동을 벌였을 가능성을 보여준다. 초기 기록에 신라의 첩보 대상은 가야와 왜로 나타나는데, 먼저 『삼국사기』 기록을 보자.

5월, 왜병이 쳐들어온다는 말을 듣고 배를 수리하고 갑옷과 병기

를 수선하였다. _[권2 「신라본기」 제2 유례니사금6년 조]

사료에는 그저 간단하게 '듣고[聞]'로 표현되어 있지만 정황으로
봐서는 첩보에 따른 조치로 봐야 할 것이다. 실제로 유례니사금9년
(289)에 왜병이 대거 신라를 공격한 것을 보아도 이렇게 추정해야
합리적이다.

『삼국사기』 「신라본기」를 보면 신라 초기부터 왜의 침공이 상당
히 많이 등장한다. 신라는 왜의 공격에 꽤 시달렸고 이에 대한 대비
책을 일찍부터 마련했던 것 같다. 위 사료는 그런 사실을 간접적으
로 입증한다. 왜에 대한 신라의 첩보 기록은 『일본서기』에서도 찾을
수 있는데, '추고[스이고]천황(推古天皇)' 9년(601) 조에 신라 간첩 가
마다(迦摩多)가 대마도(對馬島)에 도착했으나 체포당해 상야(桑野)
로 유배되었다. 대마도에 신라의 첩보망이 작동하고 있었음을 알 수
있다. 『일본서기』의 외국 첩자에 관한 기록은 이것이 유일한데, 당
시 신라와 일본의 관계는 한 해 전인 600년에 일본이 1만 명이 넘는
대군으로 신라를 공격했고, 이해에도 신라 공격을 위한 조정 회의가
열리는 등 악화일로를 걷고 있었기 때문에 신라가 일본의 상황을 염
탐하기 위해 첩자를 보낸 것은 당연한 조치였다. 또 일본은 일본대
로 대비책을 세우고 있었을 것이다.

가야에 대한 첩자 활동을 짐작케 하는 기록도 『일본서기』(흠명[欽
明]5년[544] 조)에 언급되어 있다. "만약 탁순국(卓淳國)의 왕이 신라
와 내통하여 적을 불러들이지 않았다면 어찌 멸망에 이르렀겠습니
까? (가야) 여러 나라들이 패망한 화근을 살펴보면 모두 두 마음을
품은 자들의 내통 때문입니다." 가야의 멸망이 신라가 심어놓은 내

간들 때문이라는 요지다.

　요컨대 신라는 일찍부터—기록상으로는 2세기 초부터— 왜나 가야에 대해 첩보를 실행했고 가야나 왜도 마찬가지였다. 『일본서기』의 기록에 따르면 이런 첩자 활동은 왜의 경우 7세기에도 계속되고 있었고 가야는 신라가 내부에 심어놓은 내간들의 활약으로 멸망했다는 것이다.

　사실 한 나라가 멸망할 시점에 흔히 나타나는 앞잡이들을 첩자로 분류할 수 있는지, 문제가 제기될 수 있다. 첩자와 직접 연관 지을 만한 명백한 표현이 없는 한 그런 문제 제기는 가능할 수 있다. 그러나 생각해보면 한 국가의 멸망은 한순간에 이루어지는 것이 아니라 오랫동안 모순과 갈등이 쌓인 결과이고 특히 고대사회에서 지배층의 분열은 치명적이었다. 이 지배층의 분열 역시 모순과 갈등이 쌓여 폭발한 결과인데, 여기에는 주도면밀한 첩보전이 작용하는 경우가 많았다. 이미 살펴본 고구려의 경우가 대표적이다. 따라서 가야의 멸망에도 첩자의 그림자가 상당히 드리워졌다고 해서 크게 어긋난 주장은 아닐 것이다. 이렇게 망한 가야에서 신라로 귀화한 김유신이 첩보전의 귀재가 되어 삼국을 통합하는 데 결정적인 역할을 했다는 사실은 아이러니하다.

영웅인가, 첩자인가? 신념의 화신 박제상

　삼국시대 첩자 활동에 관한 학계 최초의 논문은 일본인 나오키 코지로[直木孝次郞]의 「고대조선에 있어서 간첩에 대하여」(1979년)이다. 그는 삼국시대 첩자와 관련된 주요 기록들을 개괄하면서, 일본에 비해 한결 역동적으로 움직인 삼국 첩자들의 활약상을 스케치하듯 서술했다. 김유신의 첩자 활용에도 주목했고 승려들의 첩자 활동이 갖는 의미도 언급했다.

그런데 이 논문에 정작 전형적인 첩자의 모습을 가장 많이 간직하고 있는 박제상은 빠져 있다. 박제상을 첩자로 인정하지 않았기 때문일 것이다. 박제상은 인질로 잡혀간 왕의 동생들을 구하고 장렬하게 죽어간 영웅의 이미지가 강하게 박혀 있어 그를 첩자라고 하면 오히려 거부감을 보일 수 있다. 하지만 박제상의 행위는 어느 모로 보나 첩자의 그것과 같다. 특히 그의 신념은 첩자가 되려는 몇 가지 동기 중 가장 능동적이고 강력한 동기로 작용하고 있다. 박제상과 관련된 기록을 놓고 첩자라는 각도에서 관찰해보자.

박제상의 활동과 죽음을 공유한 시간은 18대 눌지왕이 즉위한 이듬해인 418년 단 한 해에 한정되고, 그의 첩자 활동 이면에는 신라왕실의 갈등이 배경으로 깔려 있다.

눌지왕은 실성왕을 죽이고 즉위했다. 실성왕은 왕위 계승권을 가진 16대 내물왕의 아들인 눌지와 미사흔, 복호를 제쳐두고 국인(國人, 여론 주도층)의 추대로 왕이 되었다. 내물왕의 아들들이 어리다는 이유였다. 하지만 이는 납득하기 어렵다. 아마 모종의 정쟁으로 내물왕의 아들들을 배제하고 실성이 왕위에 올랐을 가능성이 커 보인다. 실성은 내물왕에 의해 392년 고구려에 인질로 보내졌고, 그가 10년 만에 인질에서 풀려 돌아온 그 이듬해인 402년에 내물왕이 죽었는데 실성의 즉위에 고구려가 개입했을 개연성이 있어 보인다. 당시 고구려는 광개토대왕 시대였고 신라는 고구려의 군사적 보호하에 있었다. 실성은 즉위하자 내물왕의 아들 미사흔을 왜국에 볼모로 보냈고 즉위 11년째인 412년 복호를 고구려로 보냈다. 『삼국사기』에는 이것이 자신을 고구려에 볼모로 보낸 내물왕에 대한 보복 조치였다고 되어 있다. 특히 눌지에 대해서는 고구려인을 시켜 죽여 달라고 사주했다. 그러나 고구려가 눌지에게 실성의 음모를 알려주었고, 이에 눌지는 실성을 죽이고 417년 왕으로 즉위하게 된다. 『삼국유사』에는 눌지를 죽이러 온 고구려 군대가 오히려 실성을 죽이고 눌지를 왕으로 앉힌 것으로 나온다. 내물왕계가 다시 왕권을 탈환한 것이다.

아무튼 내물(16대) → 실성(17대) → 눌지(18대)로 이어지는 4세기 말, 5세기 초 신라의 정세는 대단히 불안정했다. 고구려의 강력한 입김에다 왜와의 역학관계에서도 열세를 면치 못했다. 실성이 미사흔을 왜국에 보낸 것도 왜와의 통교를 위한 담보의 성격이 강했다.

즉위한 눌지가 고구려와 왜에 인질로 가 있는 동생들을 귀국시키려 애쓴 결과 즉위 이듬해인 418년 잇따라 돌아오는데, 『삼국사기』「신라본기」에 이 사건이 아주 짤막하게 기록되어 있다.

2년(418) 정월에 동생 복호가 고구려에서 내마 제상과 함께 돌아왔다.
가을에 왕의 동생 미사흔이 왜국에서 도망쳐 돌아왔다.

복호의 귀국에 박제상이 개입되어 있음은 위 기록으로 알 수 있지만 미사흔의 귀국에는 별다른 언급이 없다. 이들의 귀국을 둘러싼 박제상의 행적은 그의 열전 기록과 『삼국유사』에 의존할 수밖에 없는데 우선, 고구려에 인질로 갔던 복호의 귀국은 큰 어려움이 없었을 것으로 추측된다. 눌지 자신이 고구려의 호의 내지 군사력에 힘입어 위기에서 벗어나고 왕위에 올랐던 만큼 동생의 귀국도 순조로웠을 것이기 때문이다. 이는 「박제상열전」의 기록으로 알 수 있다. 실제로 박제상은 장수왕에게 정식으로 예를 갖추어 복호의 귀국을 요청했고 장수왕도 이를 선뜻 허락한 것으로 보인다. 이렇게 해서 먼저 복호가 418년 정월에 귀국했다.

그러나 『삼국사기』와 『삼국유사』는 다 같이 박제상의 행적을 기록하고 있지만 내용은 물론 인명과 연대에서 차이가 있다. 『삼국유사』에서는 복호를 보해, 미사흔을 미해라 했다. 또 복호가 고구려에 볼모로 간 것은 실성왕 때가 아닌 눌지왕 3년이고, 억류되었다가 간신히 탈출했으며, 미사흔이 왜국에서 귀국한 해는 실성왕 10년으로 나온다. 필자는 두 사서의 내용은 고루 취하되 연대와 인명은 기록의 조리가 분명한 『삼국사기』를 따른다.

그럼 박제상이 눌지왕의 두 동생을 본국으로 귀환시키는 과정에서 중책을 맡게 되는 경위를 알아보자. 『삼국사기』에서 눌지왕은 자신의 두 아우를 빼내올 수 있는 '변사(辯士)'를 구한다. 이에 수주촌 간 벌보말(伐寶靺) 등 세 사람의 현인을 수소문하여 자문을 구하니, 이들은 이구동성으로 '강직하고 용감하며' '슬기로운' 삽량주간 제상을 추천한다. 그런데 『삼국유사』에 기록된 박제상 발탁 대목은 이와는 다르다. 눌지왕은 군신과 '호협(豪俠)'을 불러 모아놓고 연회를 베푸는 자리에서 자신의 소원을 밝혔고, 이에 백관은 '슬기와 용기'를 겸비한 삽라군 태수 제상을 추천한다. 두 기록을 합쳐 보면 눌지왕은 말 잘하고 용기 넘치며 슬기로운 호협 스타일의 인물을 구한 셈이다.

다음으로, 박제상의 고구려 행이다. 『삼국사기』에는 그가 정식으로 예를 갖추어 고구려에 들어가 장수왕을 설득하여 복호와 함께 귀국하는 것으로 나온다. '변사'로서의 능력을 유감없이 발휘한 결과로 볼 수 있다. 반면 『삼국유사』는 사뭇 다른 사정을 전한다. 박제상은 우선 '변복(變服)'을 하고 북쪽 바닷길을 따라 고구려에 '잠입(潛入)'하여 보해(『삼국사기』의 복호)와 함께 야밤에 고구려군의 추적을 따돌리고 도망친다. 이는 영락없는 첩자의 행위다. 변복과 잠입은 첩자의 전유물이나 마찬가지 아닌가?

복호를 맞이한 눌지왕은 눈물을 흘리며 기뻐하면서도 "몸뚱이 하나에 팔 하나뿐이요, 얼굴 하나에 한쪽 눈만 있는 것 같다."며 왜에 가 있는 또 다른 동생을 떠올렸다. 이에 박제상은 집에도 들르지 않고 바로 율포로 가서 배를 타고 왜로 향했다. 부인이 이 소식을 듣고 달려왔으나 이미 배에 오른 뒤였다. 아내는 애타게 남편을 불렀으나 제상은 그저 손만 흔들 뿐이었다.

박제상의 왜국 행에 관한 기록은 고구려 행과는 달리 『삼국사기』 쪽이 훨씬 첩자의 성격이 강하다. 즉 박제상이 왜국으로 건너가기에 앞서 신라는 그를 나라를 배신한 인물로 꾸미는데, 이 부분이 대단히 치밀하게 안배되어 있다. 그 관련 대목이다.

왜인은 말로는 달랠 수 없으니 거짓 꾀를 써서 왕자를 돌아오게 해야 합니다. 신이 그곳에 가거든 신을 나라를 배반한 죄로 다스려 왜인들이 이를 알게 하십시오. _[권45 열전 제5 박제상전]

그러나 이 기록만으로는 박제상의 왜국 행이 사전에 치밀하게 짠 각본에 따른 것으로 보기가 힘들다. 보다 확실한 근거는 위 기사 다음에 이어지는 내용에서 찾을 수 있다.

박제상이 왜국에 도착하자 왜왕은 박제상을 의심했다. 그런데 다음에 이어진 기사에 느닷없이 이전에 신라와 고구려가 왜를 공격할 것을 사전에 알려준 백제인이 등장한다. 왜왕은 이 일로 이 백제인을 믿게 되었는데, 왜왕은 "신라왕이 미사흔과 제상의 가족을 옥에 가두었다는 말을 듣고 제상이 정말 신라를 배반한 사람으로 여겼다."는 것이다. 이때 왜왕이 들은 미사흔과 제상에 관한 정보가 어디에서 흘러나왔을까? 문맥상으로는 틀림없이 이 백제인에게서다. 정확한 정보를 왜왕에게 주어 신임을 얻은 백제인을 신라(또는 박제상)가 이용한 것으로 짐작된다. 기사의 내용이나 문맥으로 보면 이 백제인은 첩자일 가능성이 크다. 그것도 이중간첩일 가능성이 큰데, 신라는 이 백제인의 신상을 파악하고 그에게 거짓정보를 흘렸거나 혹은 매수해 왜왕에게 박제성과 관련한 거짓정보를 알리게 했을 것으로 보인다. 그 부분을 보자.

바로 왜국으로 들어가서 (본국을) 배반하고 온 사람처럼 했는데 왜왕이 의심하였다. 전에 백제인 하나가 왜에 들어가 신라가 고구려와 더불어 왜왕의 나라를 침공하려 한다는 일을 일러준 적이 있는데, 왜가 군사를 보내 신라 국경 밖에서 순찰을 하게 했다. 그런데 마침 고구려가 와서 왜의 순찰군을 모두 잡아 죽이니 이 일로 왜왕은 이 백제인의 말을 사실로 여겼다. 또 (왜왕은) 신라왕이 미사흔과 제상의 가족을 가두었다는 말을 듣고 제상을 정말 신라를 배반한 사람으로 여겼다. _[권45 열전 제5 박제상전]

이렇게 해서 왜왕은 박제상의 반역을 믿게 되었다. 믿는 정도가 아니라 박제상과 미사흔을 향도로 삼아 신라를 공격하겠다고 나섰다. 박제상으로서는 예기치 못한 뜻밖의 상황이었다. 제상은 태연한 척 미사흔과 낚시를 하며 즐겁게 지내자 왜인들은 두 사람을 더 확실하게 믿고 기뻐했다. 왜인들을 안심시킨 제상은 미사흔에게 혼자 귀국할 것을 권하고, 자신은 늦잠을 자면서 미사흔이 도주할 시간을 벌어주었다. 뒤늦게 이 사실을 안 왜인들이 미사흔을 추격했으나 자욱한 안개 때문에 잡지 못해 미사흔은 무사히 귀국할 수 있었다.

여기까지가 미사흔이 탈출하기까지 『삼국사기』의 기록이다. 한편 『삼국유사』에는 박제상이 왜왕에게 신라왕이 자신의 아버지와 형을 죽였기 때문에 이곳까지 도망쳤다고 했고, 왜왕은 별다른 의심 없이 이를 믿고 집까지 내주었다. 제상은 미해(미사흔)와 함께 낚시를 하면서 시간을 보내다 안개가 자욱한 날을 택해 계림 사람 강구려(康仇麗)와 함께 미사흔을 신라로 탈출시켰다.

전체적인 내용은 두 기록 모두 대동소이하다. 『삼국유사』는 치밀한 사전 안배의 내용을 생략한 것 같고, 아버지와 형을 신라왕이 죽였다고 한 대목은 춘추시대 초나라 평왕(平王)이 오자서(伍子胥)의 아버지 오사(伍奢)와 형 오상(伍尙)을 죽인 사실을 연상케 하여 중국 고사를 차용한 것이 아닌가 싶다. 반면 『삼국사기』의 기록은 한결 차분하고 사실적이라 할 수 있다.

다음은 박제상의 죽음이다. 『삼국사기』는 왜왕이 박제상을 목도 (木島)로 유배시켰다가 얼마 뒤 장작더미에 올려놓고 전신을 태운 후 목을 잘랐다고 되어 있다. 이에 비해 『삼국유사』는 상당히 장황하고 극적이어서 기록의 진위를 의심하게 만든다. 『삼국유사』에 묘사된 박제상의 죽음은, 왜왕 앞에서 신라의 신하임을 외치다 발바닥 살을 벗기고 갈대 위를 걷게 하는 고문과 뜨거운 철판 위에 세우는 혹형을 가한 다음, 목도에서 화형에 처하는 것으로 나온다. 그런데 정작 우리의 관심은 몇몇 대목에서 박제상 자신이 내뱉은 말들에 있다. 이는 박제상의 신념과 관련한 것인데, 추천을 받고 왕 앞에서 한 말과 왜국으로 떠나기 전에 한 말이 『삼국사기』 그의 열전에 남아 있다.

• 신이 어리석고 불초하나 어찌 명을 받들지 않겠습니까?
• 신이 비록 아둔한 재주로나마 이미 몸을 나라에 바쳤으니 끝까지 명을 욕되게 하지 않을 것입니다.
• 내가 왕명을 받아 적국으로 들어가게 되었으니 당신이 나를 다시 볼 기약은 없을 것 같소.

박제상에게는 왕명과 나라가 전부였다. 이것이 그를 움직이게 한 동력이고 죽음까지도 불사하게 한 원천이었다. 『삼국유사』의 기록도 비슷하지만 장황할 뿐만 아니라 중국 사서의 대목까지 인용되어 있어 간결 명료한 『삼국사기』에 비해 긴장감이 떨어진다. 먼저 추천을 받은 후 왕 앞에서 박제상이 한 말이다.

신이 듣기로는 임금에게 근심이 있으면 신하가 치욕을 당하고 임금이 치욕을 당하면 신하는 목숨을 내놓는다고 하였습니다. 일의 쉽고 어려운 것만 따져 살기만을 생각한 다음 행동한다면 그것은 용기라 할 수 없습니다. 신이 불초하오나 왕명을 받들어 이루길 원합니다.

첫 문장은 『사기』「월왕구천세가」와 「범수채택열전」에 나오는 대목을 인용한 것이다. 어쩌면 박제상이 평소 『사기』에 보이는 유협, 자객, 지사(志士)들의 행적에 감명을 받아 가슴속에 깊이 담아두었는지도 모르겠다. 아무튼 『삼국유사』 박제상 조에 중국 측 고사와 일부 대목이 인용되어 있는 점은 좀더 검토를 해봐야 할 문제다.

박제상의 신념과 관련하여 『삼국유사』는 박제상이 왜왕과 나눈 대화를 통해 전하고 있다. 현장에 있었던 누군가에 의해 전해졌거나 설화적 형태로 전승되어 오던 것을 기록으로 보존했을 가능성이 있다.

　왜왕 : 너는 어찌하여 네 나라 왕자를 몰래 탈출시켰느냐?

　제상 : 나는 계림의 신하이지 왜국의 신하가 아니다. 이제 우리 임금의 소원을 이루어드렸는데 그걸 왜 너에게 말해야 하는가?

　왜왕 : 너는 이미 내 신하가 되어놓고 다시 계림의 신하라고 말하니 오형에 처할 수밖에 없다. 하지만 왜국의 신하라고 말한다면 후한 녹을 주겠다.

　제상 : 차라리 계림의 개돼지가 될지언정 왜국의 신하는 되지 않겠다. 차라리 계림의 왕에게 볼기를 맞을지언정 왜국의 벼슬과 녹은 받지 않겠다.

첩자의 각도에서 보자면 박제상의 행적은 첩자의 그것이 분명하다. 지방관이었던 그는 소신과 신념에 따라 첩자의 역할을 자원했다. 『손자병법』에서 분류한 '사간'의 전형이다.

박제상의 행적은 여러 면에서 중국 고사를 떠올린다. 아내에게 다시 볼 기약을 할 수 없다며 바다를 건너 왜국으로 떠나는 모습은 진시황을 암살하기 위해 역수(易水)를 건너던 자객 형가(荊軻)를 연상시킨다. 또 신라왕이 아버지와 형을 죽인 것으로 꾸민 장면은, 춘추시대 오왕 합려(闔閭)로 하여금 자신의 아내와 자식을 불태워 죽이게 하여 신분을 가장한 후 공자 경기(慶忌)에게 접근하여 그를 살해한 요리(要離)라는 첩자(자객)를 떠올린다.

이런 극적인 위장술은 역대 첩자의 사례에서 적지 않게 등장한다. 고구려 첩자인 승려 도림도 죄를 짓고 도망쳐 나온 것처럼 위장하지 않았던가?

박제상이 왕의 동생들을 구출해 오는 행적 역시 전형적인 첩자의 모습이다. 고구려 행에서는 변복을 했고, 왜국 행에서는 나라에 큰 죄를 지어 가족까지 죽임을 당한 것처럼 위장했다. 게다가 이런 위장을 사실로 믿게 하기 위해 이중간첩으로 보이는 백제인까지 이용하는 치밀함을 보였다. 거짓정보나 낡은 정보를 흘리는 것을 현대의 첩자 용어로 '중독(intoxication)'이라 하는데, 왜왕은 이 백제인이 제공하는 정보에 이미 중독되었다고 볼 수 있다.

장렬한 죽음을 택한 박제상에게서 전형적인 고대 첩자상을 보게된다. 그리고 그 모습과 겹쳐진 영웅의 형상을 만나게 된다. 박제상의 행적이 오랫동안 설화나 전설로 남을 수 있는 힘이 바로 여기에있다.

박제상을 움직인 신념은 무슨 의미를 갖는가? 무엇이 그를 충절의 결정체로 만들었는가? 어쩌면 그것은 험악하게 변하고 있는 동아시아의 국제정세 속에서 생존을 위해 신라가 선택할 수밖에 없었던 최선의 이데올로기, 즉 충성과 애국의 결과물이 아닐지.

김춘추의 고구려 행과 고구려-신라의 숨 막히는 첩보전

7세기, 즉 기원후 600년을 기점으로 신라에는 두 사람의 풍운아가 등장하여 치열했던 삼국 간 투쟁의 무대에서 두각을 나타낸다. 한 사람은 태종무열왕 김춘추이고 또 한 사람은 명장 김유신이다. 두 사람은 거의 같은 연배로 화랑이라는 엘리트코스를 거쳐 정계와 군대에서 최고 자리에 올랐다. 두 집안은 그 아버지 때부터 긴밀한 관계를 유지해 왔다. 김춘추의 아버지 김용춘과 김유신의 아버지 김서현은 함께 출전할 정도로 가까운 사이였다. 이러한 친분 때문인지 두 사람은 처남·매부 사이이자 장인·사위라는 기괴한 혼인관계로 결합되었다.

가야 왕족의 후손으로 군부에 상당한 영향력을 확보한 김유신은 왕위 계승에서 배제되어 있던 김춘추를 왕위에 올리는 데 결정적인 역할을 했다. 김춘추는 가야계라는 아웃사이더 김유신을 중앙 정계로 끌어들여 그의 입지를 강화시킴으로써 왕을 제외한 최고의 자리에 오를 수 있게 만들었다.【김유신은 살아서는 태대각간이란 예외적인 최고 관직을 받았고, 죽은 뒤에는 '흥무대왕'으로 추증되어 누릴 수 있는 최고의 대우를 누렸다.】

좀 과장하면 7세기의 신라는 이 두 사람의 움직임에 따라 울고 웃었다. 물론 현재 남은 기록으로 볼 때 그렇다는 뜻이다. 기록상의 편차를 감안하더라도 두 사람이 7세기에 짙은 그림자를 드리운 것만은 확실하다.

김춘추는 집권을 위해 여러 차례 정치·외교적 모험을 감행한다. 특히 3차례에 걸친 중대한 외교는 결과적으로 그의 집권에 큰 힘이 되었다. 첫 번째가 642년에 감행한 고구려 행이고, 두 번째가 646년의 도왜(渡倭)이며, 마지막이 648년의 당나라 행이었다. 그중에서 그의 첫 대외 활동이자 목숨을 건 642년의 고구려 행이 가장 중요하다. 우리의 관심은 여기에 있다. 김춘추의 고구려 행이라는 이 사건은 표면으로는 공식적인 외교 활동으로 기록되어 있지만, 그 과정을 들여다보면 치열한 물밑 접촉과 숨 막히는 첩보전이 펼쳐지고 있기 때문이다.

642년 10월 무렵 당시 김춘추의 정치적 처지는 사면초가였다. 그해 8월, 신라의 대야성(지금의 경남 합천)이 백제군에 함락되고 김춘추의 딸 고타소(古陀炤)와 사위인 도독 김품석이 피살되는 엄청난 사건이 발생했다.【일부 기록에는 자살로 나온다.】 그런데 대야성이 점령당하고 김품석 부부가 피살된 데에는 품석과 그의 모사인 검일(黔日)의 아내와의 사이에 불륜이 개입되어 있었다. 품석에게 아내를 빼앗긴 검일이 백제와 내통하여 대야성을 곤경에 빠뜨린 것이다. 이 때문에 김품석을 비롯하여 그의 아내와 아들이 피살되고 죽죽(竹竹)과 용석(龍石) 같은 맹장들까지 잃는 타격을 입었다.

이 사건의 파장은 김춘추에게까지 미쳤다. 사위 품석이 항전하지 않고 투항했기 때문이다. 김춘추의 정치적 부상을 경계하는 귀족들의 반대가 만만치 않은 상황에서 이 사건은 김춘추에게 큰 정치적 위기로 다가왔다. 이에 김춘추는 난국을 타개할 고육책이자 묘책을 내는데, 백제를 견제하기 위한 청병을 구실로 고구려 행을 자청한 것이다. 이와 관련한 『삼국사기』의 기록이다.

(선덕왕11년[642]) 겨울에 왕이 백제를 쳐서 대야성의 패배를 설욕하기 위해 이찬 김춘추를 고구려에 보내 군사를 요청하게 했다. 처음

대야성에서 패했을 때 도독 품석의 아내도 죽었는데 그는 춘추의 딸이었다. 춘추가 이 소식을 듣고 기둥에 몸을 기댄 채 하루 종일 눈을 꼼짝하지 않았는데 사람이 그 앞을 지나도 알지 못할 정도였다. 이윽고 "슬프구나! 대장부가 되어 어찌 백제를 멸하지 못하랴!"라고 한 다음 바로 왕에게 나아가 "신이 고구려에 사신으로 가서 군사를 요청하여 백제에 대한 원한을 갚고 싶습니다."라고 하니 왕이 이를 허락하였다. _[권5 「신라본기」 제5]

「신라본기」의 기록만 놓고 보면 김춘추의 고구려 행은 사위와 딸의 죽음에 대한 보복의 차원에서 군대를 요청하기 위한 것처럼 보인다. 그러나 한 나라의 중신으로 막중한 책임을 진 그가 사사로운 감정에 좌우되어 고구려 행을 단행했다는 건 그다지 와 닿지 않는다. 「김유신열전」을 보면 김춘추는 떠나기에 앞서 김유신과 각오를 밝힌 다음 손가락을 깨물어 피를 내어 서로 마시며 맹세한다. 이 비장한 장면은 정치적, 인척관계로 맺어진 두 사람이 위기를 타개하기 위한 고구려 행이 얼마나 심각하고 위험한 선택인지를 잘 보여준다. 목숨을 건 모험이었기에 두 사람은 사후 대책에 만전을 기해야 했다. 이런 상황에서 김유신의 첩보망 작동은 필수였다.

김춘추의 고구려 행은 고구려로서도 굵직한 사안이었다. 그해 10월 연개소문의 쿠데타가 일어나 영류왕이 살해되는 엄청난 사태가 발생했다. 이런 상황에서 신라의 실세 중 한 사람인 김춘추가 온다는 것은 간단한 일이 아니었다. 연개소문 역시 김춘추의 의도를 파악하기 위해 첩보망을 동원했다. 김춘추의 입국을 자신들의 정세를 염탐하러 오는 것으로 보는 시각이 있었기 때문이다. 「김유신열전」

에 이와 관련하여 눈길을 끄는 기사가 있다.

고구려왕은 태대대로 개금(연개소문)을 보내 (김춘추를) 맞아 객관을 정해주고 잔치를 베풀어 우대했는데, 누군가 고구려왕에게 "신라 사자는 보통 사람이 아닙니다. 이번에 온 것은 아마 우리 형세를 살피려는 것이오니 왕께서는 이자를 제거하여 후환이 없도록 하십시오."라고 했다.

'누군가'로 표현된 이 인물은 연개소문의 측근으로 보이며 모종의 정보망을 통해 입수한 정보나 첩보를 전했을 것이다. 고구려는 이러한 분석에 무게를 두고 청병의 대가로 마목령(지금의 조령)과 죽령을 되돌려달라는 요구를 했다. 김춘추로서는 당연히 이러한 요구를 들어줄 수 없었다. 사위 품석 사건 때문에 가뜩이나 궁지에 몰린 처지에 이런 요구를 수락할 만한 권한도 없었다. 또 당시에 고구려는 백제와 동맹관계여서 신라의 청병은 그 자체로 무리였다.

그렇다면 김춘추는 이런 사정을 알면서도 왜 고구려 행을 감행했을까? 이에 대해서는 박순교의 박사학위 논문 「김춘추의 집권과정 연구」에 잘 분석되어 있다. 이 논문에 따르면 김춘추의 고구려 행은 자신의 정치적 처지를 타개하고 동시에 당나라를 자극하기 위한 것이라고 했다. 즉 신라의 청병과 동맹 요구에 미온적인 태도를 보이는 당을 자극하여 보다 적극적인 나·당 동맹을 성사시키기 위한 외교적 포석이라는 주장이다. 고구려와 적대관계인 당으로서는 신라가 고구려와 동맹하는 것은 결코 바람직한 시나리오가 아니었다. 논문의 주장대로라면 김춘추의 고구려 행은 고도의 외교술이자 동시에 치밀한 첩보전이었다.

김춘추는 자신의 고구려 행을 과대포장했다. 김유신과 피를 나누어 마신 것이 그렇고, 60일 이내에 돌아오지 않으면 다시 못 만날 것이라고 한 말도 그렇다. 이는 고구려 행이 실패할 경우 쏟아질 비난을 모면하기 위한 여지를 사전에 마련한 것 같은데, 국내의 여론과 관심을 자신에게 집중시키는 고도의 정치술수였다. 그리하여 선덕왕은 김유신에게 결사대 1만을 조직하게 했다.【열전에는 결사대 성격이 짙은 3천 명으로 나오는데, 1만 중 3천을 가려 뽑은 것인지 별개의 군사인지는 확실치 않다. 김유신이 이를 계기로 사병적 성격이 강한 군사력을 휘하에 둔 것은 분명하다.】

김춘추는 김유신과 함께 고구려의 정세 변화를 예의주시했다. 고구려 내의 정변을 탐지했고 이에 따라 고구려 행을 감행한 것으로 보인다. 연개소문의 입장에서도 김춘추를 이용하여 악화된 여론을 돌리고 정치적 입지를 다질 수 있는 기회로 활용할 수 있었다. 경호를 엄중히 하여 김춘추를 국빈의 예로 맞이했고 별도로 두 사람만의 정상회담까지 마련했다. 그러나 예상한 대로 정상회담은 결렬되고 김춘추를 별관에 가두고 죽이려 했다.

이 긴박한 상황에서 김춘추는 고구려왕이 총애하는 선도해라는 자에게 청포 300발을 뇌물로 주고 빠져나갈 방안을 강구한다. 여기서 흥미로운 것은 '고구려왕이 총애하는 자'로 표현되어 있는 선도해라는 자와 그에게 뇌물로 준 청포(푸른 베) 300발이다.

먼저, 청포 300발에 관한 『삼국사기』「김유신열전」의 기록이다.

김춘추가 사간 훈신(訓信)과 함께 고구려에 사절로 가던 중 대매현에 이르자 고을 사람 사간 두사지(豆斯支)가 청포 300발을 주었다.

김춘추는 공식 사절로 고구려에 갔다. 당연히 고구려왕이나 실권자 연개소문에게 줄 예물을 적지 않게 마련했을 것이다. 그런데 대매현에서 건네받은 청포 300발은 공식 예물에 포함되어 있지 않은 것 같다. 말하자면 요긴한 상황에서 쓰려고 은밀히 마련해둔 로비 자금인 셈이다.【300발은 약 1800자, 필로 따지면 220필이 넘는다. 상당한 자금이다.】

다음으로 선도해(先道解)란 인물이다. 그는 위기에 처한 김춘추에게 '토끼와 자라' 또는 '토끼의 간'으로 잘 알려진 우화를 들려주었다. 그 의미를 알아챈 김춘추는 고구려왕에게 글을 올린다. 귀국하면 본국의 왕에게 청하여 고구려의 요구를 받아들이도록 최선을 다하겠다며 위기에서 벗어난다. 선도해라는 자는『손자병법』에서 말하는 첩자로서 적의 관직에 있는 자, 즉 '내간'의 성격이 짙다. 다시 말해 신라, 좀더 구체적으로 김유신이나 김춘추가 심어놓은 내간으로 김춘추의 고구려 행도 막후에서 그가 주선했을 가능성이 있다. 청포 300발은 성공하든 실패하든 김춘추의 고구려 행을 주선한 선도해의 사례금 성격이 짙다.

도식화하면 이렇다. 김춘추와 김유신은 사전에 고구려의 정세 변화에 대한 첩보【선도해에게 전달받았을 가능성이 있다.】를 듣고 선도해를 중간에 넣어 김춘추의 고구려 행과 연개소문【표면적으로는 고구려왕】과의 정상회담을 주선케 했다. 실패할 경우 쏟아질 비난을 모면하기 위해 고구려 행이 위험한 임무임을 과장하여 여론을 환기시켰다. 또 김춘추가 돌아오지 않을 경우를 대비해 결사대 1만을 김유신이 거느리도록 하였다.

고구려에는 선도해뿐 아니라 신라의 고정침투첩자도 있었던 것 같다. 협상이 결렬되고 김춘추를 감금하자 김춘추는 은밀히 사람을 시켜 신라왕에게 알리게 했다. 김춘추가 은밀히 보낸 '사람'이 자신을 수행한 수행원 중 한 사람인지 아니면 고구려에 침투해 있던 첩자인지 확실치 않지만, 즉각 본국에 알릴 정도라면 신라의 첩보망이 작동했다고 보는 편이 타당하다. 고구려왕이 총애한 선도해를 움직일 정도라면 신라 첩보망의 실력을 짐작할 수도 있을 것 같다.

그런데 동시에 고구려 역시 자체 첩보망을 가동했다. 연개소문은 김춘추를 정치적으로 활용하는 선에서 일을 마무리 짓는 쪽을 택했다. 김춘추를 죽여서 얻게 될 손익을 따져보지 않았을 리 없는 연개소문은 김유신이 결사대 1만과 함께 고구려 경계로 진격해 온다는 첩보를 접하고 김춘추를 돌려보냈다. 『삼국사기』의 관련 부분이다.

춘추가 가만히 사람을 보내 본국의 왕에게 사실을 알리자 왕이 대장군 김유신에게 결사대 1만을 거느리고 가도록 명령하였다. 유신의 군대가 한강을 지나 고구려 남쪽 경계에 이르자 고구려왕이 (이 소식을) 듣고 춘추를 놓아 돌려보냈다. 김유신을 압량주 군주에 임명했다. _[권5 「신라본기」 제5]

이때 고구려의 첩자인 승려 덕창이 이 일(김유신의 결사대가 고구려를 향해 떠났다는 소식)을 고구려왕에게 알리게 하였다. 고구려왕은 이보다 앞서 김춘추가 맹서하는 말을 들은데다 첩자의 말까지 듣고 보니 더 이상 김춘추를 억류시키지 못하고 후한 예로 대우하여 돌려보냈다. _[권41 「김유신열전」 제1]

642년 김춘추의 고구려 행은 김춘추의 사활을 건 승부수였다. 그러나 막연하게 요행을 바라는 무리수가 아니었다. 김유신과의 치밀한 모의가 있었고 첩보망을 총체적으로 작동시켜 사전준비를 마쳤다. 그런 후 고구려왕의 총애를 받는 '내간' 선도해를 이용하여 고구려 행과 정상회담을 주선하게 했다. 협상이 결렬될 경우 비난을 모면하기 위해 고구려 행의 위험성을 과대(?) 선전하여 여론을 환기시켰고 그 결과 결사대 1만을 김유신이 지휘하게 되는 성과를 얻어냈다. 위기상황에 대비해 청포 300발을 로비 자금으로 은밀히 마련해두는 등 준비를 마쳤다. 결과적으로 청포 300발은 요긴한 순간에 적절하게 사용되었다.

그 후 김춘추는 646년에 일본에 갔고, 648년에는 아들 김인문과 함께 당으로 가 외교를 성사시켰다. 이어 대당 외교의 후속 조치로 전면적인 정치개혁과 제도의 중국화를 단행하고, 654년 마침내 김춘추는 왕위에 오르는 데 성공했다.

김춘추가 즉위하는 과정에서 642년 고구려 행의 비중은 크다. 그것은 향후 대외 교섭에서 그의 비중과 지분을 높이는 계기가 되었고 김유신이 군권을 강화하는 정치적 배경으로 작용했다. 김유신은 김춘추가 돌아올 무렵 압량주(지금의 경상북도 경산) 군주에 임명되었던 것이다. 이 일련의 과정에서 647년의 귀족 반란인 '비담(毗曇)의 난'은 두 사람이 신라 정계를 장악하는 결정적인 내부 요인으로 작용했다. 비담의 난을 진압한 후 김춘추는 이듬해인 648년 대당 외교에 성공하여 사실상 후계자의 입지를 굳혔다.

첩자의 측면에서 볼 때 김춘추의 고구려 행은 신라의 첩보망이 정교하게 가동된 대표적인 사례. 동시에 고구려의 첩보망도 가동

됨으로써 양국 간에 치열한 접촉과 첩보가 오고갔다. 이를 개인적으로 특화시켜 보면 신라는 김유신의 첩보망이, 고구려는 연개소문의 첩보망이 가동되었다고 할 수 있다.

특히 고구려왕의 근신에게 접속한 신라의 첩보망을 잘 볼 필요가 있다. 642년의 고구려 행은 전방위 외교를 이용한 첩보 활동의 대표적인 사례였다. 김춘추가 고구려에 60일 이상 머물렀다는 건 무엇을 의미할까? 그 60일 동안 김춘추는 무엇을 했을까? 답은 위에서 언급한 내용에 다 함축되어 있으리라 본다.

청포 300발의 주인공 선도해, 김춘추 자신의 구금 사실을 알리라고 본국으로 보낸 '사람', 김춘추의 의도를 일찌감치 간파한 고구려왕의 측근인 '누구', 김유신의 결사대 소식을 전하게 한 고구려 첩자 덕창…. 이런 요소들을 종합하면 어떤 결론을 내릴 수 있을까? 상상의 나래를 한 번 펼쳐보시길.

당으로 방향을 바꾼 신라의 첩보망

삼국을 통합한 후 신라는 당의 침략 야욕에 맞서 첩보망의 방향을 당으로 돌려야 했다. 이른바 나·당 전쟁이 일촉즉발의 상황으로 치닫고 있었다. 『삼국유사』에는 '신라 고전'을 인용하여 당시 당의 야욕과 이에 대한 신라의 대응을 이렇게 기술했다.

소정방(蘇定方)이 이미 고구려와 백제 두 나라를 치고 다시 신라를 칠 목적으로 머물러 있었다. 이에 김유신이 그 계획을 알아차리고 당나라 군사에게 향응을 베풀고는 짐독(鴆毒)이란 독주를 먹여 모두

죽인 다음 땅에 묻었다. _[기이 제1 태종춘추공]

여기에서도 김유신의 첩보망이 위력을 발휘했다. 첩보를 통해 당의 야욕을 파악한 신라는 강경하게 맞섰다. 다음 기록은 이와 관련된 『삼국유사』의 내용이다.

이때 당나라 유병(游兵)과 여러 장병들 가운데 진영에 머물면서 기회를 보아 신라를 습격하려고 꾀하는 자가 있었다. 왕(문무왕)은 이 계획을 눈치 채고 군사를 일으켰다. _[기이 제2 문무왕 법민]

위 기록에 당의 '유병'은 흔히 유격병으로 해석하지만, 첩자와 관련시켜 보면 첩자의 별칭인 유사(游士) 내지 유정(游偵)이 떠오른다. 유사나 유정은 국내외를 돌며 선전과 정찰을 목적으로 한 군사나 사신을 말하는데, 『삼국유사』의 유병은 이와 같은 성격으로 볼 수 있다. 즉 당은 신라의 동태를 정찰하기 위한 전담병으로 유병과 정규병을 상당수 신라에 그대로 주둔시켜 기회를 엿보고 있었던 것이다. 신라는 이러한 상황을 첩보를 통해 확인하고 선수를 친 것이다. 668년 고구려를 멸망시킨 직후의 일이었다. 상황은 이것으로 끝나지 않았다.

이듬해인 669년 당 고종은 사신을 보내 김인문 등을 불러들여 어째서 군사 도발을 일으켰냐며 다그쳤다. 그러고는 김인문을 옥에 가두고 50만 군사를 훈련시켜 신라를 정벌할 준비를 갖추었다. 간신히 삼국을 통합한 신라로서는 엄청난 위기상황이 아닐 수 없었다. 당이 신라를 정벌하기 위해 대군을 훈련시키고 있다는 정보는 당에 유학가 있던 의상대사에 의해 전해진다. 의상대사가 김인문을 면회 갔다가 상황을 전달 받고 서둘러 귀국한 것이다. 신라는 의상대사의 첩보에 따라 대응책 마련에 들어갈 수 있었다. [『삼국유사』, 동상]

이렇듯 삼국 통합 후 신라는 얼마 전까지만 해도 우방이자 연합군이었던 당에 맞서지 않을 수 없었다. 이는 어떤 면에서는 통합 전쟁보다 더한 위기였다. 신라의 첩보망은 전방위로 작동되었고 그 역할은 전문 첩자 요원에게만 한정되지 않았다. 불법을 구하기 위해 당에 유학 갔던 승려 의상조차 위기에 처한 국가를 위해 서둘러 귀국하여 상황을 첩보했던 것이다.

의상대사의 사례에서 보듯 첩자, 첩보 조직, 첩보망은 궁극적으로 국가의 안위와 생존을 위해 작동하는 것임을 확인하게 된다. 극한 상황에서는 어느 누구든 첩자 역할을 할 수 있다는 점을 확인할 수 있다.

음험하기가 사나운 독수리 같았던 정치가, 김유신

"음험하기가 사나운 독수리 같았던 정치가."

이 말은 김유신에 대한 단재 신채호 선생의 평가의 일부다. 단재는 『조선상고사』(제11편)에서 김유신을 이렇게 평가했다.

『삼국사기』「김유신전」을 보면 유신은 전략과 전술이 다 남보다 뛰어난 백전백승의 명장이다. 그러나 대개 그의 패전은 휘닉(諱匿, 숨기다), 소승(小勝, 작은 승리)을 과장한 무록(誣錄, 엉터리 기록)이다. (중략) 김유신은 지용(智勇)이 있는 명장이 아니요, 음험하기가 사나운 독수리 같았던 정치가이며, 그 평생의 큰 공이 전장에 있지 않고 음모로 이웃나라를 어지럽힌 자이다.

단재는 신라가 외세를 끌어들여 같은 민족인 백제와 고구려를 멸망시킨 것을 반민족행위로 보았다. 때문에 김유신에 대해 결코 곱지 않은 평가를 내렸다. 그런데 단재의 평가 중에서 '음험'이니 '음모'니 하는 표현들이 눈길을 끈다. 이는 김유신의 첩자 활용과 첩보전 때문에 나온 것인데, 삼국시대라는 역사적 사실을 무시한다면 이런 평가가 그릇된 것만은 아닐 것이다. 그러나 첩자와 첩보전의 측면에서 보면 단재의 평가는 곧 김유신의 첩보 관련 역량이 뛰어났음을 반증해주는 것이 된다.

김유신은 이에 관한 한 최고의 전문가였다. 그는 젊은 시절부터 첩자에 대해 깊은 관심을 가지고 연구했다. 이 대목에서 첩보의 최고 전문가로서 김유신의 모습을 역사 기록들을 통해 재구성해본다. 신라가 삼국을 통합할 수 있었던 여러 요인 가운데 김유신의 첩보 조직이 상당히 큰 역할을 했다는 새로운 인식을 얻을 수 있을 것이다.

김유신은 젊은 날 고구려가 보낸 백석이란 고정첩자의 유혹에 넘어가 목숨을 잃을 뻔한 아찔한 경험을 했다. 필자는 앞에서 이 사건으로 김유신이 첩자에 관심을 가지고 깊이 있게 연구했을 것으로 추정했다. 이러한 추정은 훗날 그의 행적들로 입증된다.

김유신은 왜 첩자에 관심을 기울일 수밖에 없었을까? 무엇보다 그의 출신 배경이 작용했을 것이다. 김유신은 가락국 왕족 출신이다. 증조부는 가락국 마지막 왕인 구해(仇亥)다. 김유신의 직계 선조를 표시하면 다음과 같다.

김구해(증조부, 가락국의 마지막 왕) → 김무력(조부, 1위 관등 각간)

→ 김서현(부, 3위 관등 소판) → 김유신.

할아버지 김무력은 관산성에서 백제의 성왕이 이끄는 백제군을 격퇴한 인물로 신라 제1관등인 각간에까지 올랐다. 아버지 김서현은 신라왕실의 주요 인사인 갈문왕 입종(立宗)의 아들 숙흘종(肅訖宗)의 딸 만명(萬明)과 야밤 도주하여 신라왕실을 발칵 뒤집어놓은 스캔들의 주인공이기도 했다. 김서현은 김춘추의 아버지 김용춘과 함께 전투에 출전하는 등 각별한 관계를 맺었는데, 이러한 관계는 김유신 대에도 이어져 김춘추 집안과 혈연으로 얽히게 된다. 그러나 아버지 김서현의 관등은 3위 소판에 머물렀다.

김유신 집안은 아웃사이더로서 신라 정계의 중심으로 진입하기 위해 무던 애를 써왔다고 할 수 있다. 그 결실로서 김유신 대에 김춘추 가문과 결합할 수 있었지만, 당시 김춘추 집안 역시 할아버지 진지왕이 쫓겨난 이후 왕위 계승에서 배제된 채 주변을 맴돌고 있는 형편이어서 두 사람의 앞날은 그리 밝지 않았다. 그러나 두 사람은 이해관계라는 면에서 서로를 원했다. 특히 김유신은 누이동생을 김춘추에게 접근시켜 유부남이던 김춘추와 야합하게 하고, 머뭇거리는 김춘추를 압박하기 위해 여동생을 불에 태워 죽이려는 일을 꾸며 선덕여왕의 중매로 혼인을 성사시켰다. 첩보와 책략 등에 능했던 김유신이 여동생 문희를 이용해 김춘추에 접근한 것 역시 그의 책략에서 나왔을 가능성이 크다.

첩보와 관련해 김유신이 남다른 능력을 지녔던 것은 이렇듯 집안의 내력과 화랑 시절의 경험이 크게 작용했다. 물론 타고난 자질도 큰 몫을 했을 것이지만 당시 국제정세가 김유신이 두각을 나타내게 된 유리한 조건이었다. 삼국 간의 충돌과 동아시아 국제질서를 재편하려는 당의 야욕 등이 맞물리면서 생존을 위협받는 상황에서 무와 지략을 겸비한 김유신이란 존재는 말 그대로 준비된 '인재'였다. 이 방면에 관한 한 김유신은 타의추종을 불허하는 전문가였다. 이제 생사존망을 건 싸움에서 김유신의 첩보망이 어떻게 작동했고 첩자 활용이 어떤 결과를 가져왔는지 알아보자.

김유신의 능력이 가장 돋보인 경우는 649년(진덕왕3)에 있었던 백제와의 도살성(충남 천안?) 전투였다. 『삼국사기』의 기록이다.

가을 8월, 백제의 장군 은상이 무리를 거느리고 와서 석토 등 일곱 성을 공격하여 함락했다. (신라)왕은 대장군 유신, 장군 진춘, 죽지, 천존 등에게 나가 막도록 명령했다. 십여 일 동안 전투를 벌였지만 승부가 나지 않자 도살성 아래에 주둔했다. 김유신은 여러 사람들에게, "오늘 틀림없이 백제가 정탐하러 올 것이니 너희들은 모른 체하고 아무 말도 하지 말라."고 말했다. 그러고는 군대를 돌아다니며, "(적이) 튼튼한 벽처럼 꿈쩍도 않으니 내일 원군이 오길 기다렸다가 결전을 벌이도록 하겠다."고 말했다. 첩자가 이를 듣고는 돌아가 은상에게 보고했다. 은상 등은 적병이 늘 것이라고 수군거리며 의심하면서도 두려워하지 않을 수 없었다. 이를 틈타 김유신 등이 진격하여 대패시켰다. _[권5 「신라본기」 제5 진덕왕3년(649) 조]

김춘추가 고구려에 가 있는 동안 김품석 부부의 뼈를 되찾고 악성 등 12개의 성을 빼앗는 전공을 세워 이찬으로 승진한 상주행군대총관 김유신이 649년의 이 전투를 지휘했고, 백제는 좌평(백제 16품 관위 중 최고 1품관) 은상(殷相)이 맞섰다. 양국을 대표하는 장수가

맞붙은 전투였다. 「김유신열전」에서 보듯 이 전투는 시신이 들판에
널리고 방패가 피에 떠내려갈 정도로 치열했다. 양국의 국운이 걸린
중대한 일전이었던 것이다.

열흘 넘도록 전투는 승부가 나지 않았다. 전투가 교착상태에 빠
지자 김유신은 염탐한 끝에 적의 첩자가 신라 군영에 잠입할 것이라
는 첩보를 입수한다. 유신은 부하들에게 동요하지 말라고 명령한 다
음, 백제 첩자가 들을 수 있도록 군영을 돌면서 구원병이 온다는 허
위정보를 흘렸다. 첩보를 접한 백제 군대는 동요했고 그 틈을 타서
신라군이 맹공하여 대승을 거두었다. 전투가 교착상태에 빠진 상태
에서 김유신은 백제의 첩자를 역이용하는 반간계를 구사하여 적 진
영을 교란하고 대승을 거둔 것이다. 이와 관련하여 「김유신열전」은
좀더 구체적인 상황을 전하고 있다.

2년 가을 8월에 백제 장군 은상이 석토 등 일곱 성을 공격했다. 왕
은 유신과 죽지(竹旨), 진춘(陳春), 천존(天存) 등 장군에게 나아가 막
도록 명령했다. 3군(軍)을 5도(道)로 나누어 공격하였으나 피차 이기
고 지고 하면서 10여 일이 지나도록 끝나지 않았다. 이에 시체는 들
판에 가득 차고 절구공이가 둥둥 뜨도록 피가 흘렀다. 이에 (신라군은)
도살성 아래에 주둔하여 다시 거병할 수 있도록 말을 쉬게 하고 군사
들을 배불리 먹였다. 이때 물새가 동쪽으로 날아와 유신의 군막을 지
나갔다. 장사들이 이를 보고는 불길하다며 수군거렸다. 유신은 이상
할 것 없다며 여러 사람들에게, "오늘 틀림없이 백제인이 정탐하러 올
것이니 너희들은 모른 체하고 누구냐고 묻지 말아라."고 말했다. 그러
고는 군대를 돌면서, "(적이) 튼튼한 벽처럼 꿈쩍도 않으니 내일 원군

을 오길 기다렸다가 결전토록 한다."고 말했다. 첩자가 이 말을 듣고는 돌아가 은상에게 보고했다. _[권42 열전 제2 「김유신열전」(중)]

본기에 드러나지 않았던 신라 쪽 첩자의 첩보술로 '새'가 등장한다. 이는 전통적인 첩보술이다. 이와는 조금 성격이 다르지만 이 전투에 앞서 647년 비담의 난을 진압하는 과정에서 김유신은 특이한 전술을 선보였다. 연을 이용하여 반란군을 교란시켰는데, 양쪽 모두 김유신의 기발한 용병술을 잘 보여주는 사례다.

649년 도살성 전투는 양군이 막상막하의 군사력으로 혈전을 거듭했지만 결국은 정보력에서 우세를 보인 신라의 승리로 끝났다. 백제의 좌장 은상도 첩보전을 구사했지만 김유신의 방첩망과 반간계의 벽을 넘지 못했다. 이 전투는 마치 전력이 비슷할 때 정보력에서 승부가 나는 현대전의 양상을 방불케 한다.

김유신의 첩보 조직, 첩보망에 대해 알아보자. 김유신의 첩보망이 어느 정도인지는 짐작할 수 있을 것이다. 첩보와 관련된 정보는 김유신 외에는 누구도 몰랐던 것 같다. 『손자병법』 「용간」 편에, "따라서 군대 전체의 일 중에서 간첩만큼 친밀하게 대해야 하는 것도 없고, 간첩에게 주는 상보다 더 후한 상은 없으며, 간첩의 운용만큼 비밀을 요하는 일도 없다."고 했는데 김유신은 이 핵심 사상을 완벽하게 체현하고 있었다. 그만큼 병법에 정통했다는 의미다. 다음 사료도 김유신의 첩보망의 수준을 잘 보여준다.

유신이 일찍이 중추절 밤에 자제들을 이끌고 대문 밖에 서 있는데 문득 서쪽에서 웬 사람이 왔다. 유신은 그자가 고구려 첩자인 줄 알고

는 앞으로 불러, "너희 나라에 무슨 일이 있는가?"라고 물었다. 그자
는 몸을 굽히면서 감히 대꾸하지 못했다. 유신은 "두려워 말고 사실을
말하기만 하면 된다."고 했다. 역시 말이 없었다. 유신은 그자에게 "우
리나라 국왕은 위로는 하늘의 뜻을 어기지 않으며 아래로는 인심을
잃지 않으매 백성들이 기뻐하고 모두 즐겁게 자신들의 일에 종사하고
있다. 지금 네가 본 대로이니 가서 너희 나라 사람들에게 알려라."고
말해주었다. 그러고는 마침내 살려 돌려보냈다. 고구려 사람들이 이
이야기를 듣고는 "신라가 나라는 작으나 유신과 같은 재상이 있는 한
가볍게 여길 수 없다."고들 했다. _[권42 열전 제2 「김유신열전」(중)]

　　이 사건의 연대는 열전의 앞뒤 내용으로 보아 660년 이후로 추정
된다. 8월 보름날 자제들을 데리고 달구경을 나온 김유신이 서쪽에
서 오는 사람을 보고 단번에 첩자인 줄 알아채고 그를 불러 훈계한
다음 다시 고구려로 돌려보냈다는 내용이다. 이 대목이 김유신의 신
통력을 말하려는 것이 아니라면 적국의 첩자에 대응하는 김유신의
방첩망(대항 스파이망)이 얼마나 치밀했는지 잘 보여주는 기록으로
이해할 수 있다. 김유신은 첩자를 붙잡아 고구려로 돌려보내면서 첩
자가 본 것 그대로 전하게 했다. 이는 대적국 홍보 전략의 일환으로
적국의 첩자를 활용한 사례다. 고구려 첩자는 김유신의 방첩망에 놀
랐을 것이고, 이에 대한 보고를 받은 고구려 고위층도 김유신의 첩
보망에 놀랐을 것으로 추정된다.
　　김유신의 첩자 조직의 근간은 무엇이었을까? 김유신과 관련된
첩자 기록들은 국가적 차원에서 이루어진 것이 아닌, 개인 차원의
성격이 짙다. 결국 김유신은 휘하에 별도의 첩자 조직을 두었다는

것인데 이 조직의 구성원들이 궁금하지 않을 수 없다. 이와 관련하여 박순교가 「김춘추의 집권 과정 연구」에서 언급한 다음 대목을 주목하지 않을 수 없다.【표현의 일부를 문맥에 손상이 가지 않는 범위 안에서 수정했음.】

642년 겨울 김유신이 고구려에 갇힌 김춘추를 구출하기 위해 동원하였던 보·기병 1만은 비담의 난이 진압된 이후인 647년 10월 백제군과 싸우는 김유신의 주된 무력 기반이었다.[권5 「신라본기」제5 진덕왕 원년 조] 이처럼 642년 김춘추를 구출한다는 이유로 거느린 1만의 군사는 647년 상주장군이 되어서도 거느렸던, 사적 지휘와 훈령 체계하에 있는 사병적 군단으로서의 성격을 강하게 보여준다. 이런 사적 군단으로서의 성격은 공적인 훈령 체계가 아닌, 오로지 김유신과의 개인적 신임과 유대관계 때문에 여러 명이 목숨을 바치거나 어려운 임무를 마다하지 않은 사실에서도 확인된다. 예컨대 비녕자(丕寧子)의 아들 거진(擧眞), 종 합절(合節)이 같은 전투에서 다 함께 전사한 것이나 [권47 열전 제7 「비녕자열전」], 조미압이 김유신의 특명에 따라 첩자로 활동한 것[권42 열전 제2 「김유신열전」(중)] 등은 모두 김유신과의 개인적 믿음을 바탕으로 한 것이었다. 특히 비녕자는 자신을 알아주는 사람(즉, 김유신)을 위해, 아들 거진은 아버지를 위해, 종 합절은 주인을 위해 죽었으나 결과적으로는 모두 김유신의 승리를 위해 목숨을 바쳤다는 점에서 동일하다.[권43 열전 제3 「김유신열전」(하)] 또한 김유신이 당시의 엄격한 신분제에 구애받지 않고 신분이 다른 합절을 포함한 세 사람을 모두 합장한 점은 이들의 사병적 성격을 더욱 뚜렷하게 드러낸다. 일가의 부자와 가노가 동시에 출전했다는 사실도 김유신과의 유대관계에 따라 김유신을 축으로 하는 주력군에 속한 것으로 볼 수 있다. 더욱이 김유신은 휘하의 구근(仇近)이나 열기(裂起)에게 직접 급찬 벼슬을 내렸고, 왕에게 사찬 벼슬까지 주도록 간청하였다. _[권47 열전 제7「열기열전」]

김춘추의 고구려 행 이후 김유신은 사병적 성격이 강한 군대를 거느렸고 이들 중에서 결사대나 첩자 등을 뽑아 훈련시킨 것으로 보인다. 김유신과 관련한 첩자 기록 대부분이 642년 김춘추의 고구려 행 이후라는 사실은 이러한 추측을 뒷받침한다. 642년까지만 해도 국가적 차원의 첩자 조직을 활용해왔으나 그 후 개인적 차원의 첩보 조직과 첩보망을 구축한 것이다. 첩보의 중요성을 체험한 김유신이 견제를 받지 않는 자신의 첩보 조직을 거느리게 되었고 여러 방면에서 큰 성과를 냈다.

이제 살펴볼 조미압(租未押)의 경우는 김유신의 첩자 양성과 활용을 잘 보여준 예이다. 김유신의 첩보망이 백제 지도층 깊숙이 침투해 있었고 그 활동은 백제를 멸망시키는 데 중요한 작용을 했다는 사실이 확인된다. 사료가 좀 길지만 꼼꼼하게 음미할 만하다.

이에 앞서 급찬 조미압이란 자가 부산현 현령으로 있었는데, 백제에 포로로 잡혀가 좌평 임자(壬子)의 집에서 종노릇을 하고 있었다. 부지런히 일하면서 게으름을 피우는 법이 없었다. 임자가 그를 의심하지 않고 마음대로 출입하게 했다. 이에 도망쳐서 돌아와 유신에게 백제에서의 일을 알렸다. 유신은 조미압이 충성스럽고 정직한 것이 쓸 만하다고 판단하여, "듣자 하니 (좌평) 임자가 백제의 일을 전담하고 있다는데 함께 의논하고 싶어도 계제가 없었다. 네가 나를 위해 다시 돌아가서 내 말을 전해라."고 말했다. (조미압은) "공께서 저를 불초하게 여기시지 않고 일을 시키시니 죽어도 후회하지 않겠습니다."라고 답했다. 그러고는 다시 백제로 들어가 임자에게, "제가 이미 이 나라 국민이 되었으니 나라의 습속을 알아야 하겠다고 생각해서, 나가서 수십일 동안 돌아다녔습니다. 그러나 개와 말이 주인을 생각하는 마음을 견딜 수 없어 다시 돌아왔습니다."라고 말했다. 임자는 이 말을 믿고 나무라지 않았다. 틈을 보던 조미압은, "지난번에는 벌을 받을까봐 감히 바로 말씀을 드리지 못했사옵니다. 사실은 신라에 갔다가 돌아왔사온데, 유신이 저에게 다시 가서 공께 '나라의 흥망이란 미리 알 수 없는 일이니, 그대의 나라가 망하면 그대가 우리나라에 의지하고, 우리나라가 망하면 내가 그대의 나라에 의지하도록 하는 것이 어떠냐?'고 전하라 했습니다." 임자는 듣기만 하고 말이 없었다. 조미압은 황공해 물러나와 벌이 떨어지기를 기다렸다. 두어 달이 지난 다음 임자가 불러, "지난번 네가 전한 유신의 말이란 것이 어떤 것이었지?"라고 물었다. 조미압은 놀라움 반 두려움 반으로 전에 말한 대로 대답해주었다. 임자는, "네가 전한 말을 잘 알았으니 가서 (유신에게) 알리도록 해라."라고 말했다. 마침내 (조미압은) 돌아와서는 (백제의) 이런저런 일들을 소상하게 알리니 (백제를) 합병할 계획을 더욱 서둘러 추진했다. _[권42 열전 제2 「김유신열전」(중)]

위 기록은 백제의 최고 관직에 있는 좌평 임자를 포섭하는 내용인데 이 과정에서 김유신은 조미압이란 첩자를 이용한다.

김유신은 백제에 포로로 잡혔다가 탈출한 조미압을 특별 훈련을 시켜 다시 백제로 돌려보낸다. 이때의 특별 훈련이란 사상교육을 비롯하여 첩자가 갖추어야 할 기본기 같은 것을 말한다. 떠나기에 앞서 조미압이 보여준 결의는 철저한 사상교육의 결과일 테고, 조미압이 백제의 좌평 임자를 포섭하는 과정을 보면 그가 언변을 비롯하여 첩자의 소양을 철저하게 학습한 것으로 보인다. 또 김유신의 놀라운 제안을 임자에게 전달한 조미압이 임자의 즉각적인 반응이 없음에도 불구하고 탈출하지 않고 두 달 이상을 더 기다렸다는 것도 조미압이 첩자 교육과 훈련을 철저히 받았음을 보여주는 부분이다.

이렇듯 백제의 최고층까지 침투해 있던 김유신 첩보망의 목적은 말할 것도 없이 백제를 합병하기 위해서였다. 그로부터 얼마 후 백제가 무기력하게 무너진 것을 보면 백제의 지배층에 대한 김유신의 첩보전이 주효했다는 것을 알아볼 수 있다. 성충과 같은 백제의 충신들이 별다른 까닭없이 옥에 갇힌 것도 신라 첩자들의 이간 활동에 따른 결과가 아닐까 하는 생각을 해본다. 『손자병법』이나 『육도』 모두 적의 고위층을 상대로 한 첩자 활동을 중시하고 강조한 것은 결국은 그것이 국가의 안위와 관련되어 있기 때문이다.

당시 신라왕인 김춘추는 김유신의 이 같은 첩보 상황에 맞게끔 대응책을 강구했다. 『삼국유사』의 "신라의 태종(김춘추)은 백제에 괴변이 많다는 말을 듣고는 경신년(660년)에 김인문을 당나라에 사신으로 보내 군사를 청하게 했다."[기이 제1 태종춘추공]는 내용은 백제 통치층 내부에 대한 첩보를 바탕으로 한 조치였을 것이다.

'음험하기가 사나운 독수리 같았던' 김유신과 그의 첩보망이 백제를 무너뜨리고 고구려를 쓰러뜨렸다. 김유신에 대한 단재 신채호의 평가는 시각을 달리해서 보면 정확하게 정곡을 찌른 것이다.『삼국유사』 태공춘추공 조에 "왕(김춘추)은 김유신과 함께 신통한 꾀와 힘을 합하여 삼한을 통일했다."고 했는데, 여기에서 '신통한 꾀'는 단재가 말한 '음험'이니 '음모'니 하는 표현과 일맥상통한다. 이는 결국 필자가 강조한 김유신의 남달랐던 첩자 활용과 첩보술의 다른 표현이다.

정치는 현실이다. 특히 생사존망이 걸린 투쟁의 와중에서는 그 현실을 누가 더 절박하게 받아들이느냐에 따라 승부가 갈릴 수밖에 없다. 그런 점에서 김유신의 첩자 활용을 주목할 필요가 있다. 다양한 시선에서 평가가 내려져야 할 연구 테마인 것이다.

그 밖의 다양한 신라의 첩자들

신라의 첩자 활동에 관한 기록은 김유신이 큰 부분을 차지한다. 이는 역사 기록상의 한계다. 삼국을 통합하는 데 절대적인 역할을 한 김유신에 대한 기록은 역사적 사실로서뿐만 아니라 각종 설화와 전설로 윤색되고 과장되어 전해졌기 때문에, 고려시대에 편찬된 『삼국사기』와 『삼국유사』에서 이런 요소를 다 걸러내기는 힘들었을 것이다. 또 그사이에 인멸된 자료도 상당했다. 그럼에도 살펴본 바대로 신라의 첩자 기록이 다양하고 흥미로운 요소들을 내포하고 있는 것 또한 사실이다. 이제 단편적으로 남은 신라의 첩자 관련 기록들을 보며 신라 첩자에 대한 검토를 마치려 한다.

■ 첩자 실습을 자청한 거칠부

거칠부는 내물왕의 5대손이자 진흥왕 때 장군으로 활약한 인물이다. 545년에는 왕명으로 『국사(國史)』를 편찬하는 일을 주관했다. 진흥왕순수비 중 황초령비와 마운령비에 그의 이름이 보이는데, 이로 보아 진흥왕 대에 상당한 영향력을 발휘한 인물로 짐작된다. 576년 진지왕이 즉위하면서 최고 관등인 상대등에 올라 국정을 주관하다 579년에 죽었다.

거칠부는 특이한 이력의 소유자다. 왕족 출신으로 출세가 보장되어 있었음에도 젊은 날 승려가 되어 천하를 유람하다 고구려의 상황을 살피는 모험을 감행했다. 그는 고구려에서 법사 혜량을 만나 그를 스승으로 모셨다. 혜량은 거칠부의 신분이 탄로 날 것을 우려해 귀국을 종용하며 훗날 군대를 이끌고 오게 되면 자신을 돌봐달라고 당부했다. 훗날 거칠부는 장수가 되어 고구려의 10개 군을 차지했고 이때 스승 혜량을 신라로 모셔왔다.

『삼국사기』 거칠부의 열전에는 그가 '고구려를 정찰하기 위해' 고구려 경내에 들어갔다고 했다. 원문에는 '첩(覘)'으로 표현했는데 이 글자는 첩자와 관련이 있다. 아무튼 거칠부는 왕족의 신분으로 첩자를 자청한 특별한 인물이었고, 이때 수집한 정보와 경험이 훗날 상당한 영토를 확보하는 데 도움이 되었을 것이다.

■ 고구려와 내통한 내간 비삽

660년(태종무열왕7) 백제가 멸망했다. 위기를 느낀 고구려는 그해 11월 신라의 칠중성(파주 적성)을 공격했다.【「필부열전」에는 10월로 나온다.】 신라는 고전을 면치 못했고 급기야 군주 필부(匹夫)가 전사했다. 신라가 패배한 데에는 내부 첩자의 역할이 컸다. 고구려와 내통한 대나마 비삽이 몰래 사람을 고구려에 보내 성안의 식량 사정 등을 알렸다. 퇴각하려던 고구려는 이 정보를 바탕으로 재차 맹공을 퍼붓고 승리했다. 필부는 비삽이 첩자임을 알고 목을 베어 병사의 사기를 북돋우고 결사 항전했지만 워낙 전력이 크게 손상된데다 고구려의 화공을 견디지 못하고 장수들과 함께 전사했다.

칠중성 전투에는 첩자가 개입되었다. 17관등 중 10위인 대나마 벼슬에 있는 자를 고구려가 포섭한 것이다. 치열했던 첩보전을 보여주는 사례다.

> 고구려는 신라 관리를 내간으로 이용하여 요충지 칠중성을 차지 할 수 있었다. _『삼국사기』 권47 열전 제7 「필부열전」_

신라는 고구려에 빼앗긴 칠중성을 7년 뒤인 667년 당과 함께 탈환했다. 공교롭게 이때도 첩자가 등장한다.

당의 대총관 이적이 고구려의 요동을 공격한다는 소식을 접한 문무왕은 직접 한산주까지 와서 군사를 북쪽 경계(고구려의 남쪽 경계)로 보내 상황을 살피게 했다. 남과 북에서 고구려를 협공할 준비를 한 것이다. 그러나 당의 움직임이 확실치 않은 상황에서 섣불리 고구려 경내로 들어갈 수 없어 '세작(細作)'을 세 차례 고구려로 보내 염탐하여 당나라 군사가 평양에 이르지 않았음을 확인한다. '세작'이란 첩자의 다른 이름이다. 이에 신라군은 먼저 칠중성을 공격하여 길을 열고 당군을 기다렸다.

신라가 보낸 세작은 적의 형편이나 지형 등을 살피는 척후의 성격이 강하다. 척후 역시 첩자의 다른 이름으로 첩자의 범주에 포함된다. 『삼국사기』 등 우리 쪽 기록에 '세작'이 등장하는 경우는 이때

가 유일하다. _[이상, 『삼국사기』 권7 「신라본기」 제7 문무왕7년 조]

■ 치정을 이용한 첩자

김춘추의 고구려 행에 영향을 준 사건으로 백제와 신라의 대야성 전투를 거론한 바 있다. 이 전투에서 신라는 김춘추의 사위인 도독 김품석과 그 가족이 몰살하는 등 참패를 당했다. 그런데 신라와 김춘추에게는 그 패배보다 더 치욕스러운 일이 있었다. 품석이 참모 검일의 아내를 탐해 불륜을 저지르고, 이에 분노한 검일이 신라인으로서 백제로 도망친 모척(毛尺)과 공모하여 백제와 내통함으로써 대야성이 함락당한 것이었다.

이 사건은 김춘추에게는 곤혹스러운 일이었다. 그 후 김춘추는 역경을 딛고 정치적 입지를 더욱 강화한 다음 왕위에 올랐고, 즉위하고 7년째 되던 660년 8월 2일 백제를 멸망시켰다. 바로 그날 김춘추는 딸과 사위를 죽음으로 몬 그때의 두 원흉(?)을 처형함으로써 원한을 갚았다.

일찍이 도독 품석은 (자신의) 막객 검일의 예쁜 아내를 보고는 빼앗은 적이 있었다. 검일은 이 일에 한을 품었다. 이에 (적과) 내통하여 창고를 불 지르고…. (하략) _[권47 열전 제7 「죽죽열전」]

이날(8월 2일) 모척의 목을 베었다. 모척은 본래 신라 사람인데, 백제로 도망가서는 대야성의 검일과 함께 짜고 성을 함락케 했기 때문에 목을 벤 것이었다. 또 검일을 잡아서는, "너는 대야성에서 모척과 함께 짜고 백제병을 끌어들인 다음 창고를 불살라 성안의 식량을 끊어지게 함으로써 (우리를) 패배케 한 것, 이것이 그 첫 번째 죄다. 품석 부부를 윽박질러 죽인 것, 이것이 두 번째 죄다. 또 백제와 더불어 본 국을 공격한 것, 이것이 세 번째 죄다."라고 죄목을 낱낱이 열거하고 는 사지를 찢어 시체를 강에 던져버렸다. _[권5 「신라본기」 제5 무열왕7년 조]

대야성 사건은 치정이 얽힌 스캔들이었지만 거기에도 첩자가 개 입되어 있었다. 신라인으로 백제의 첩자 노릇을 하고 있던 모척이 품석에게 한을 품은 검일을 포섭하여 창고에 불을 질러 백제가 대야 성을 함락시키는 데 결정적인 도움을 주었다. 품석의 사사로운 욕심 이 큰 화를 부른 것이다.

대야성 전투는 '첩자가 파고들지 못할 틈은 없다'는 평범한 원칙 을 확인시켜준 사건이었다. 그 틈이란 자기 통제에서 벗어난 인간의 본능, 욕심과 관련이 있다. 그 틈이 커질 경우 국가는 내분에 빠지고 멸망으로 직결된다.

■ 향간의 사례

『손자병법』「용간」 편에서는 첩자의 종류를 다섯 가지로 분류하 고 '향간(鄕間)'을 첫 번째로 꼽았다. 향간이란 연고지(고향)의 사람 을 활용하는 경우나 첩자를 말한다. 『삼국사기』에 향간으로 보이는 기록이 드물게 남아 있다. 김유신이 고구려를 공격하다 식량 부족으 로 위기에 빠진 소정방의 군대에게 식량을 보급할 때인 662년(문무 왕2)이다.

유신 등이 행군하여 양오(지금의 강동)에 당도하여 한 노인을 만나 물으니, 노인은 적국(고구려)의 소식을 상세히 말해주었다. 이에 옷감을 주었으나 사양하고 받지 않은 채 떠났다. _[권42 열전 제2 「김유신열전」(중)]

'노인'으로 표현된 이 인물은 향간일 가능성이 크다. 군량 부족으로 곤경에 처해 있던 소정방에게 군량을 전달하기 위해 고구려 땅으로 들어간 김유신으로서는 적진의 상황 파악이 시급했다. 이때 김유신은 향간으로 짐작되는 노인에게 정보를 얻어 무사히 군량을 전했다. 그런데 김유신의 동정이 고구려 척후병이나 첩자들에게 탐지되었던 것 같다. 이어지는 기록에 본국으로 귀환하는 김유신의 군대를 고구려 복병들이 기습을 가했다고 되어 있기 때문이다.

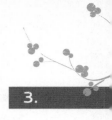

짧지만 굵은 백제의 첩자 기록

고구려와 신라의 첩자 활동에 관한 기록들을 검토함으로써 당시 삼국 간에 얼마나 치열한 첩보전이 전개되었는지 유추해보았다. 특히 김유신이 첩자, 첩보전의 중요성을 심각하게 인식하고 있었음도 알아보았다. 이러한 인식은 기록상의 차이만 있을 뿐 서로 마찬가지였을 것이다. 따라서 사료의 많고 적음, 사료에 나타난 정보의 치밀성 여부로 삼국의 첩보 수준을 비교해서는 곤란할 것이다.

그럼에도 백제에 관한 기록은 안쓰러울 정도로 열악하다. 그나마 그 내용도 고구려나 신라에 당한 것들이 대부분이어서 표면적으로 백제는 한참 뒤떨어지는 것처럼 보인다. 사료상의 한계다. 달리 보면 첩보에 성공한 한쪽의 기록이 남아 있다는 것은 곧 실패한 다른 쪽의 기록이 남아 있었다는 것과 같다. 신라 쪽에 유리한 기록이 많을 수밖에 없는 한계를 전제하고 백제의 경우를 보아야 할 것이다.

줄타기 외교와 고구려를 상대로 한 첩보 활동

백제는 위덕왕 때인 598년, 수 왕조가 고구려를 공격한다는 정보를 듣고 향도를 자청한 바 있다. 향도는 군대를 안내하는 길잡이를 말한다. 위덕왕은 고구려를 효과적으로 공격하기 위해 길 안내 역할을 자청했는데 여기에는 고구려에 대한 첩보 활동도 포함되었을 것이다. 그러나 백제의 제안은 수나라가 고구려에 패하는 바람에 유야무야되었고, 그 후 이 사실을 알게 된 고구려의 공격으로 백제는 큰 곤경에 처하게 되었다.

수와 고구려의 1차 전쟁은 598년 6월이고 백제의 향도 역할 제안은 그해 9월이었다. 고구려의 백제 공격은 이와 동시에 이루어졌던 것 같은데 그만큼 고구려의 정보력이 뛰어났음을 보여주는 대목이라 할 수 있다.

13년 뒤인 611년(무왕12) 고구려와 수 사이에 2차 전쟁의 분위기가 무르익을 무렵 백제는 또 수에 고구려 토벌을 요청하고, 수 양제는 백제에 고구려의 동정을 엿보는 첩보 활동을 요구한다. 무왕은 지난번 교훈을 거울삼아 수 양제의 허영심을 만족시켜주는 한편, 고구려와도 내통하는 줄타기 외교로 만약의 사태를 비켜갔다.

이상은 중원 정권과 관련하여 백제의 첩보 활동을 엿보게 하는 단편적 기록이다. 그런데 고구려에 대한 백제의 첩자 활동은 훨씬 이전으로 거슬러 올라간다.

(근구수왕이 태자이던 시절) 고구려인 사기(斯紀)는 본래 백제인으로 나라에서 쓰는 말의 발굽을 상하게 하는 잘못을 범하여 죄를 받을까 두려워 고구려로 도망쳤는데, 이때 다시 돌아와 태자에게 "고구려

군사가 많기는 하나 모두 수만 채운, 군사 같지 않은 군사일 뿐입니다. (하략).”_『삼국사기』 권24 「백제본기」 제2 근구수왕 즉위년(375) 조

사기라는 자가 고구려로 도망쳤다가 다시 돌아와 고구려의 상황을 첩보하는 내용이다. 사기가 죄를 얻어 고구려로 도망쳤다고 하지만 다시 돌아와 고구려 군대의 상황을 보고한 것으로 보아 위장으로 보인다. 어쨌거나 이 기록은 4세기 후반 백제의 첩자 활동의 단편을 보여준다.

치열했던 신라를 상대로 한 첩자 활동

신라를 상대로 한 백제의 첩자 및 첩보 기록은 신라 쪽에서 이미 보았는데, 649년 도살성 전투에서 백제의 장군 은상이 보낸 첩자가 김유신의 방첩망에 걸려 반간으로 역이용당한 사례가 그것이다.

백제의 첩보 활동에서 성공한 사례는 김춘추의 사위 김품석을 죽인 대야성 전투다. 김품석은 참모인 검일의 아내를 탐해 불륜관계를 맺는다. 검일은 품석에게 원한을 품고 백제의 첩자인 모척은 검일을 포섭한다. 모척과 검일은 대야성의 창고에 불을 질렀고, 백제병은 대야성에 입성한다. 백제는 품석과 그의 아내, 아들의 목을 베었다. 신라는 장수 죽죽과 용석까지 잃는 등 참패하고 만다.

이 사건은 백제의 첩자 활동이 돋보인 사례다.

이 전 과정은, 적국의 망명자 수용 → 첩자로 양성 → 적국으로 파견 → 요충지(이 경우 대야성)나 요인(이 경우 품석) 감시·염탐 → 중요한 첩보 확인 → 관련자 포섭·매수 → 내통 → 군사 공격 → 승리

에 이르는 전형적인 첩보전이다.

훗날 백제를 멸망시킨 김춘추는 모척과 검일을 처형하여 원한을 갚지만 그렇다고 대야성에서 벌어진 치정과 백제의 첩보 활동으로 인한 대야성 함락이라는 수치가 말끔히 씻어질 리 없다

왜에도 첩자를 심어놓다

신라가 왜에 첩자를 보냈다는 기록은 『일본서기』를 통해 확인한 바 있다. 박제상의 행적에서도 왜에 침투해 있는 백제 첩자의 존재를 볼 수 있다.

> (박제상이) 바로 왜국으로 들어가서 (본국을) 배반하고 온 사람처럼 했는데 왜왕이 의심하였다. 백제인으로 전에 왜에 들어가 신라가 고구려와 더불어 왜왕의 나라를 침공하려 한다는 일을 일러준 적이 있는데, 왜가 군사를 보내 신라 국경 밖에서 순찰을 하게 했다. 그런데 마침 고구려가 와서 왜의 순찰군을 모두 잡아 죽이니 왜왕은 이에 백제인의 말을 사실로 여겼다. 또 (왜왕은) 신라왕이 미사흔과 제상의 가족을 가두었다는 말을 듣고 제상을 정말 신라를 배반한 사람으로 여겼다. _『삼국사기』 권45 열전 제5 「박제상전」

위 사료에 보이는 '백제인'은 틀림없는 첩자다. 이 백제인 첩자는 표면적으로는 왜를 위하여 일한 것처럼 보인다. 그런데 신라가 제공한 박제상에 관한 거짓정보도 흘리는 등 비교적 자유롭게 이쪽저쪽으로 정보를 전달한 것 같다. 프리랜서에 가까웠다고나 할까? 백제

의 첩자 활용이나 첩보력이 만만치 않았음을 보여주는 자료다.

부흥군의 첩자 사마 예군

백제의 첩자 활동은 나라가 망한 뒤에도 계속되었다. 단편적인 첩보 기록이지만 다음 사료는 멸망 후에도 백제의 첩보망이 작동되고 있었음을 보여준다.

문무왕10년(670) 7월, 왕이 백제의 남은 무리가 반발할까 의심하여 대아찬 유돈(儒敦)을 웅진도독부에 보내 화의를 청하였으나 듣지 않고 사마(司馬) 예군(禰軍)을 보내 엿보게 하였다. _[『삼국사기』 권6 「신라 본기」 제6 문무왕10년 조]

문무왕이 부흥군의 움직임에 민감하게 반응하여 고위직 관리 유돈을 보내 무마시키려 했으나 부흥군은 오히려 첩자 사마 예군을 보내 신라의 상황을 염탐하게 했다. 이것이 어떤 결과를 가져왔는지 알 수 없지만 어쨌든 백제는 멸망한 후에도 첩보 활동을 계속하며 저항했음을 알 수 있다.

제2장

첩자에 대한 역사의 기록들

첩자의 정의

역사의 영원한 조연

첩자의 역사는 동서양 모두 약 4천 년 전으로 거슬러 올라간다. 하지만 그보다 훨씬 더 오래전, 어쩌면 인간에게 비밀이란 것이 생겨나고 그것을 캐기 위한 행위가 이루어진 그 순간이 첩자의 역사가 시작된 때일지도 모른다. 혹자는 더 나아가 인간의 본능이란 관점에서 출발하여 지구상에 사람이 존재하기 시작함과 동시에 첩자 행위가 나타났다고 주장하기도 한다. 그러나 이렇게 볼 경우 첩자 행위가 갖는 사회적·정치적 의미는 축소되고 정치적 목적 및 계급성도 가려지고 만다. 이런 결정론은 무기력에 빠지기 쉽다. 첩자의 행위가 밥 먹는 행위나 배설하는 행위와 같은 선상에 놓이기 때문에 진지하게 연구할 필요조차 없어지게 된다

첩자는 사회생산이 어느 정도 발전한 단계 이후의 산물이다. 사유재산이 출현하고 계급이 나누어지고서야 모습을 드러냈는데 특히 전쟁의 필요에 따라 본격적으로 출현했다. 전쟁이 단순한 힘겨루기에서 총체적 지혜 겨루기를 중시하는 쪽으로 변하면서 첩자의 중

요성은 더욱 부각되었다. 이에 따라 첩자는 계급사회에서 국가나 집단 간 대외 정치투쟁의 중요한 수단이 되었다. 역사적으로 보아도 뛰어난 정치가와 군사 전략가들은 예외 없이 첩자 활용의 전문가들이었다. 알렉산드로스, 카이사르, 나폴레옹, 칭기즈칸 등이 그렇다. 성서에는 첩자와 관련한 대목들이 100곳 이상 나온다. 모세가 가나안으로 보낸 여호수아 12정찰대, 삼손에게 접근하여 머리카락을 잘라버린 데리라 등이 대표적인 사례다.

동양에서는 중국의 기록에서 많은 정보를 얻을 수 있다. 서양에서는 첩자가 고대에 단편적으로 등장하다 상당 기간 공백을 보이는 데 비해 중국의 기록은 명맥이 이어지고 있어서 첩자의 역사 연구에 큰 도움이 된다. 『좌전(左傳)』에 약 4천 년 전, 하나라의 첩자 여애(女艾)의 행적이 짤막하게 남아 있는데 이를 중국 최초의 첩자 기록으로 본다. 춘추전국시대를 겪으면서 첩자의 활동상은 더욱 다양하게 전개되고 중요성도 커졌다. 그리고 춘추 후기 손무(孫武)라는 군사 전문가가 체계적인 이론을 세우기에 이르렀다. 약 2,500년 전이다. 손무의 『손자병법』이 최고의 병법서로 평가받듯 그의 첩자 이론과 사상 역시 탁월한 인식을 보여준다.

첩자의 중요성이 커지면서 그 반대급부도 커졌다. 자리가 주어지고 조직이 만들어졌다. 그러나 성격상 첩자는 '은밀'할 수밖에 없어서 대부분 이름이 남겨지지 않았다. 조직도 임시성이 강해 확실한 증거를 남기지 않는다. 그러나 전쟁의 승부는 물론 조직·국가·민족의 운명을 결정짓는 마지막 일격을 가하곤 했다.

첩자는 여러 이름으로 불려왔다. 단 한 번도 고정된 명사로 불려본 적이 없다. 시대에 따라, 상황에 따라 수십 가지로 불렸다. '익명'

의 비애랄까? 어떤 상황에서도 자신을 밝힐 수 없었다. 첩자의 근원은 고독이다. 매 순간 목숨을 걸어야 하는 드라마틱한 존재들이지만 역사는 단 한 번도 그들을 주인공으로 발탁한 적이 없다. 들키면 목숨을 내놓고 임무에 성공하더라도 조용히 사라져야 하는 존재, 그들은 영원한 조연이었다. 〈007시리즈〉에 나오는 제임스 본드와 같은 로맨틱한 첩자는 환상이다. 첩자라는 존재는 현실 속의 가상이었다.

수천 년 동안 바뀌어온 이름

첩자(諜者)라는 단어에서 첫 글자 '첩'은 동사다. '첩하는 자'란 뜻이다. 그럼 '무슨 의미를 갖고 있을까? 중국의 가장 오랜 옥편이라 할 수 있는 『설문(說文)』에 '첩'은 '군대의 반간(反間)이다'라고 풀이되어 있다. '첩'을 첩자와 같은 뜻으로 본 것이다. 이는 비교적 후대의 개념을 반영한 뜻풀이다. '반간'은 첩자의 한 종류로 '이중 간첩'과 비슷하다. 아무튼 『설문』에서는 첩자를 군대와 연계시켰다.

동사로 사용될 경우 '첩'은 몰래 '엿본다', '살핀다' 뜻이다. 손무는 아주 간결하게 '간(間)'이라 했는데 여기서 '간첩(間諜)'이란 말이 파생되었다. '틈을 엿보거나 살피는 자'란 뜻이다. 어느 것이 되었건 첩자의 성격은 틈을 엿보는 것이다. 여기에서 '이간(離間)'이란 첩자의 또 다른 기능이 파생되었다.

순우리말에서는 첩자를 '발쇠꾼' 또는 '샛꾼'이라 한다. 남의 비밀을 살펴 다른 사람에게 넌지시 알려주는 행위를 발쇠라 하며 그런 일을 하는 사람을 발쇠꾼이라 하는데, 행위를 나타낼 때는 '발쇠를 서다'라고 표현한다.

영어권의 용어도 다양한 편이다. 가장 많이 알려진 단어로 spy, espionage, intelligence, agent, secret service 등이 있고, 스페인 내전에 참전했던 헤밍웨이의 1938년 소설 『The Fifth Column and the First Fortynine Stories』에서 '제5열'(The Fifth Column, 조직 내부에 숨어 있는 첩자)이란 용어가 파생되기도 했다. 이밖에 우리 현대사를 어둡게 만들었던 프락치【fraktsiya, 러시아어로 정당이 대중단체 속에 심은 당원 조직을 가리키는 용어인데 밀정이나 첩자와 같은 뜻으로도 쓰인다.】란 단어도 있다.

첩자를 나타내는 이름은 첩자의 역사를 파악한다는 측면에서 상당히 중요한 의미가 있다. 첩자와 관련된 이름들은 여기저기 흩어져 있고 또 책마다 달라서 이를 한데 모아 검토하는 일이 필요하다. 그 어원과 역사적 연혁을 살피면 연구에 좋은 자료가 될 것이다.

중국 측 기록에는 첩자와 관련된 단어들이 아주 다양하다. 하지만 이렇게 수없이 바뀌어온 이름들을 하나하나 다 검토하기란 너무 번거로워 알아보기 쉽게 표로 만들어 이 책 뒤편에 달아두었다. 이 표는 우리 삼국시대 첩자를 이해하는 데 도움이 될 것이다.

이 밖에 첩보 공작을 하는 자와 적과 내통하는 첩자를 잡아들이는 일을 맡은 '환인(環人)'이란 직책이 『주례(周禮)』 「하관(夏官)」 편에 나온다. 『주례』에는 환인 외에 반란을 일으킨 자나 첩자를 잡아 목을 베는 '장륙(掌戮)'이란 직책과, 때도 아닌데 돌아다니는 자와 이상한 복장에 이상한 물건을 들고 다니는 자를 조사해서 금지시키는 '야로씨(野廬氏)'란 직책이 있다. 모두 첩자를 색출하고 처리하는 직책으로 추정된다.

다음으로 우리 기록과 중국 기록에 나타나는 우리 첩자들과 관련된 용어들인데, 다양성에서는 중국 측 기록에 비해 떨어지지만 용어와 뜻은 대체로 일치한다. 이것도 표로 정리하여 부록으로 붙여두었다.

우리 기록의 첩자 관련 용어는 중국보다 빈약하다. 하지만 삼국의 성립에서 삼국 통합까지 약 700년에 한정되어 있다는 사실을 감안하면 결코 만만치 않다. 한정된 시기임에도 다양하게 나타나는데 그중에서 '첩자'라는 용어가 가장 많다. 우리 기록에서 눈에 띄는 것은 첩자들의 활동이 7세기에 집중되었다는 점이다. 동아시아 국제질서를 다시 짜는 치열한 실력대결의 시기가 바로 7세기였기 때문이다.

2.

첩자를 본격적으로 다룬 역사의 기록

중국에서 최초의 첩자는 4천 년 전, 하나라까지 거슬러 올라간다. 그 후로도 여러 기록에서 첩자를 언급하고 있기 때문에 단절 없이 비교적 계통이 서 있는 편이다. 춘추전국이라는 무한경쟁 시대를 거치면서 첩자는 보편적인 개념으로 정착되었다. 이에 따라 이전의 경험과 이론을 종합한 첩자 이론과 사상이 출현하기에 이르렀는데 대표적인 것이 『손자병법』과 『육도』다. 이 두 병법서는 각각 춘추시대와 전국시대의 병법서를 대변하며, 두 책의 내용과 사상은 우리나라 삼국시대에 영향을 주었을 것으로 보인다.

여기에서는 이 두 병법서를 통해 첩자와 관련된 이론과 사상의 내용을 살펴보려고 한다.

『육도』 이후로도 첩자에 관한 많은 이론서들이 출현했지만 삼국시대와 그다지 연관이 없어 보이므로 간략한 표로 정리하여 참고하는 선에서 그쳤다.

『손자병법』— 첩자 이론의 교과서

　『손자병법』「용간」편은 고대 첩자 이론의 원조이자 체계적이고 깊이 있는 이론이다. 이후 많은 사람들이 다양한 첩자 이론을 제시했다. 손자의 이론에 주석을 다는 것으로 시작된 첩자 이론은 삼국 시대 조조(曹操)에 의해 개시되었다. 조조는 '첩자전을 이용한 군사학'이라 할 '간전병학(間戰兵學)'을 제창했다. 이후 명맥이 끊어졌다가 당나라 때 이른바 '二李二杜(이정·이전·두우·두목)'에 의해 이론이 계승되고, 송나라 때 첩자 이론이 제2의 전성기를 구가하게 된다. 이후 금·원·요·서하가 교체되는 격렬한 변동기 속에서 변화와 숱한 전쟁을 겪으면서 침체를 면치 못하다 명·청 시대에 우후죽순처럼 등장하게 되고, 병법을 거론할 때는 반드시 첩자를 거론해야 한다는 풍조가 정착되었다. 제3의 전성기를 맞이한 것이다. 첩자 전문서로서 최초라 할 수 있는 주봉갑(朱逢甲)의 『간서(間書)』가 청나라 때에 편찬되어 대미를 장식하기에 이르렀다.

　첩자 이론은 정치·군사·외교·경제 등에서의 심각한 경험과 교훈, 풍부한 실전적 소재를 기반으로 하고 있으므로 그 역사가 유구하고 종류가 복잡하며, 내용이 풍부하고 체제가 다양할 뿐 아니라 철학적 성격이 강하고 실용성이 크다는 특징이 있다. 여기에 독창성까지 갖추고 있기 때문에 사람들이 이 부분에 주목하여 수많은 이론을 제기했다. 그중에서도 『손자병법』의 영향이 가장 크다는 점은 공인된 사실이다. 이 책은 경험과 이론을 결합한 군사학의 바이블이다.

　춘추전국 약 550년 동안 614차례의 크고 작은 전쟁과 전투가 발생했다. 춘추에서 384차례, 전국에서 230차례였다. 두우(杜佑)의 『통전(通典)』에 따르면 춘추 경전에 기록된 나라가 170개였는데 이렇게 많은 나라들이 생존을 위해 전쟁과 전투를 치렀고, 자고 나면 나라 하나가 없어지는 상황에 처해 있었다. 이 격렬한 투쟁에서 너나할 것 없이 생존을 위해 첩자를 양성하고 활용했다. 『손자병법』과 그 마지막 편인 「용간」 편은 이러한 시대의 산물이다. 「용간」 편은 최초의 첩자 이론으로서 한 시대의 획을 긋는 의의를 갖는다. 즉 세계 군사학과 첩자 이론에 중대한 영향을 미쳤고, 모범적인 이론서의 선구가 되었다.

「용간」 편은 『손자병법』의 13편 중 마지막 편이다. 『손자병법』 연구자들은 대부분 이 「용간」 편을 손자 용병법의 토대로 본다. 손자의 핵심 용병법은 한마디로 표현하면 '지피지기(知彼知己)'다. 이를 위해 '첩자'를 활용하므로 「용간」 편은 『손자병법』의 대미를 장식하는 결론이라 할 수 있다.

「용간」 편은 내용에 따라 크게 다섯 단락으로 나눌 수 있다. 차례로 내용과 그 의미를 분석해본다.

① 손자는 다음과 같이 말한다. 10만의 병력을 일으켜 천 리에 걸쳐 출정하자면 백성들의 전비 부담과 정부의 재정 조달 때문에 날마다 천금의 돈이 소요된다. 안팎이 소란해지고 도로를 보수하는 일 등이 뒤로 밀리며 생업을 제대로 유지할 수 없는 집이 70만 호에 이른다. 적과 수년 동안 대치했다가 단 하루로 승리를 다투게 되는 중대한 일인데도 관직 주기를 꺼리고 녹봉으로 주는 백금이 아까워 적의 정황을 모르게 된다면 이는 백성들을 아끼지 않는 극치이니 백성들의 진정한 장수가 아니며, 군주에 대한 진정한 보좌가 될 수 없으며, 승리의 주인이 될 수 없다. 따라서 명석한 군주와 현명한 장수가 군대를

움직여 적을 이기고 여러 사람들보다 뛰어난 공을 세우는 것은 먼저 적의 정세를 알기 때문이다. 적의 정세를 먼저 안다는 것은 귀신에게 의지해서도, 일의 표면에 나타나는 것만 보고 판단해서도, 추측으로 검증하려 해서도 안 되며 반드시 사람을 통해서 적의 정세를 알아야 한다는 뜻이다.

위 제①단락은 '첩자 활용의 이해관계와 중요성 및 그 의의'를 논한 부분이다. 특히 자리나 비용을 아끼려고 첩자를 활용하지 못해 적의 정황을 파악하지 못했다간 훨씬 더 큰 대가를 치를 것이라는 경고는 첩자 활용의 가장 기본적인 철학을 표명한다. 또 특별히 강조하고 있는 '선지(先知)'는 첩보와 그 내용을 포괄하는 핵심 개념이며 정보의 중요성을 지적한 것이다.

손자는 첩자 활동을 통한 정보수집의 의미와 중요성을 인식했다. 첩자와 정보가 전쟁이 승부를 가를 수 있기 때문에 자질 높은 첩자가 중요하다. 미신성 정보, 피상적 정보, 추측성 정보를 철저히 경계한다. 정보의 생명이 정확성에 있다는 점을 손자는 명쾌하게 간파했다.

② 그러므로 간첩을 활용하는 데는 다섯 가지가 있다. 향간(鄕間)·내간(內間)·반간(反間)·사간(死間)·생간(生間)이 그것이다. 다섯 종류의 간첩이 동시에 활동하기 때문에 적은 그 활용법을 알 수 없는 것이다. 이를 일컬어 '신기(神紀, 귀신같은 방법)'라 하며 이것이 군주의 보물이다. '향간'이란 연고지(고향)의 사람을 활용하는 것이다. '내간'이란 적의 관직에 있는 자를 이용하는 것이다. '반간'이란 적의

간첩을 역이용하는 것이다. '사간'이란 거짓정보를 국경 밖으로 흘려 우리 쪽 간첩이 이를 알고 적에게 전하게 하는 것이다. '생간'이란 돌아와 적의 정세를 보고하는 것을 말한다.

제②단락은 '첩자의 종류와 그 작용'에 관한 전문적인 논의다. 또 「용간」 편의 핵심 부분이기도 하다. 이 부분은 더하거나 뺄 것이 없을 정도로 지금 보아도 대단히 과학적인 첩자 분류 이론이다. 후대에 나타나는 고정간첩, 이중간첩, 전향간첩, 암살자(Assassin), 두더지(Mole, 적과 내통하는 간첩) 등의 첩자들은 모두 이 유형에 포함되거나 파생된 것들이다.

다섯 종류의 첩자들 중 내 쪽에서 파견한 첩자는 사간과 생간 둘 뿐이다. 나머지 향간·내간·반간은 전부 적진에서 첩자를 활용하는 것이다. 이는 첩자 이론과 사상의 발전에서 대단히 중요하다. 적진의 고위층 인사를 포섭하거나 적의 간첩을 역이용하는 첩보술은 현대 첩보전에서나 볼 수 있는 것들인데, 2500년 전에 그 이론이 정립되었다는 점이 놀랍다.

향간·내간·사간·생간의 작용은 일방적이다. 손자는 쌍방에 작용하는 반간을 특별히 중시한다. 이 이론은 이중간첩 사상의 원조가 되었다. 손자는 첩자의 작용에도 분석을 가해 각 첩자 유형의 장점과 한계를 지적하고 '동시에 모두 활용할 것'을 주장했다. '반간' 위주로 하되 '오간을 동시에 구사하라'는 손자의 주장은 그의 용병 사상 중에서도 핵심이다. 서양에서는 방첩 또는 반간에 대해 심각하게 인식한 시기가 19세기 말, 20세기 초반이었다.

전쟁이나 국가 간 무한경쟁에서 상황 변화는 늘 가변적이어서 예측하기 힘들다. 따라서 첩자 활용이 단선적이어서는 안 되며 내 쪽에서 보낸 첩자의 활동과 첩보만으로는 충분치 않을 수도 있다. 이런 점에서 반간과 오간을 동시에 구사하여 변화에 대비하고 일의 전개를 예측하라는 것이다.

③ 따라서 군대 전체의 일 중에서 간첩만큼 친밀하게 대해야 하는 것이 없고, 간첩에게 주는 상보다 더 후한 상은 없으며, 간첩의 운용만큼 비밀을 요하는 일도 없다. 사람을 알아보는 고도의 지혜를 갖추지 못하면 간첩을 활용할 수 없고, 극진한 애정과 의리를 보여 사람을 감복시키지 못하면 간첩을 움직일 수 없으며, 치밀하게 비교·평가하지 못하면 간첩에게 얻은 첩보 중에서 진짜정보를 골라낼 수 없다. 미묘하고 미묘하여 간첩을 활용할 수 없는 일이란 없다. 간첩을 보내기도 전에 이런 내용이 흘러나가면 간첩과 함께 이에 관련된 일을 들은 사람도 모두 죽여야 한다.

제③단락은 '첩자 활용의 원칙 또는 수칙'이다. 손자는 첩자 활용의 원칙을 '친(親, 친밀)'·'후(厚, 후한 보상)'·'밀(密, 비밀 유지)' 세 글자로 요약한다. 첩자를 활용하지 못하는 곳이 없다는 논리를 군사영역에만 한정시키지 않고 다른 영역으로까지 넓히고 심화시킨다는 뜻이다. 이는 현대 첩보전의 영역이 확대되고 있는 것과 맥을 같이한다.

첩자 활용의 원칙과 관련해서 손자는 극도의 비밀 유지를 강조하면서, 만에 하나 비밀이 새어나갔을 경우는 첩자를 포함한 관련자 모두를 죽여야 한다고 말한다. 이는 잔혹하긴 하지만 춘추 후기, 당시의 상황에서 충분히 설득력을 가졌을 것이며 지금까지 불문율처럼 그 영향을 남기고 있다.

첩자 활용의 첫 번째 원칙/수칙인 '친'은 첩자와 첩자를 활용하는 자와의 관계를 가리킨다. 이와 관련하여 원말명초 때 사람으로 『무경칠서직해(武經七書直解)』를 편찬한 유인(劉寅)은 "국군(國君)과 간첩 사이는 서로 의심해서는 안 된다. 국군이 간첩을 의심하면 '배가 뒤집히는 재앙'이 생겨날 수 있고, 간첩이 국군을 의심하면 '자신의 몸을 해칠 수' 있기 때문이다."라고 말했다. 제③단락에서 손자는 첩자를 활용하는 자의 자질까지 언급하며 첩자 활용의 가장 기본적인 수칙으로 '친'을 먼저 제시한다.

두 번째 원칙/수칙인 '후'는 첩자에 대한 대우를 말한다. 앞의 제①단락에서 재물이나 자리가 아까워 첩자를 제대로 대우하지 않았다가는 대사를 그르치게 된다고 한 말과 같은 맥락이다. 이는 현대 첩자 이론에서 말하는 첩자가 되는 4가지 동기, 즉 MICE【Money돈, Ideology이념, Compromise약점 조성 , Ego자아 · 신념】 중 'Money'와 관련된다. 동시에 첫 번째 원칙/수칙인 '친'에서 말하는, 애정과 의리 등으로 감복시켜 첩자로 활용해야 한다는 부분은 얼핏 첩자를 대상으로 한 Ideology교육을 연상시킨다. 요컨대 첩자의 제반 여건을 파악하여 딴마음을 먹지 않도록 대우하라는 것과 흡사한 맥락으로 보인다.

세 번째 원칙/수칙인 '밀'은 첩자 활용에서 가장 중요하다. 이는 첩자의 '근원적 속성'을 말하는데, 이 때문에 기밀 유지를 위해 당사자 및 관련 인물 모두를 제거해야 한다는 논리에 근거를 제공한다. 이 원칙은 후대에 지대한 영향을 미쳤고 동시에 엄청난 비판과 비난의 빌미가 되었다. 그러나 비판과 비난은 이 원칙을 악용했을 경우에 해당되었지 원칙 자체에 대한 비판은 아니었다.

④ 공격하고자 하는 군대와 공격하고자 하는 성, 그리고 죽이고자 하는 사람이 있으면 반드시 먼저 그 장수, 좌우 측근, 조언자, 성문 감시자, 집사 등의 이름을 알아두고 우리 쪽 간첩에게 이들을 살피도록 한다. 한편 적의 간첩으로 우리 쪽에 와서 활동하는 사람을 찾아내어 이들에게 솔깃한 것을 주어 끌어들이고 편안한 집으로 이끈다. 이렇게 반간을 얻어 이용할 수 있다. 이를 통해 적의 사정을 알고, 그렇게 함으로써 향간과 내간까지 얻어 이용할 수 있게 되는 것이다. 또 이를 통해 적의 사정을 더 깊게 알게 된다. 사간에게 우리가 만든 허위정보를 흘려 적에게 알리게 할 수도 있다. 또 이렇게 해서 생간에게 기일 내에 돌아와 보고할 수 있게 한다. 군주는 오간의 활용법에 능숙해야 한다. 그리고 이런 활동 모두가 반간을 통해 이룰 수 있으므로 반간은 후하게 대접하지 않을 수 없다.

제④ 단락은 '첩자의 임무 내용과 반간 활용'을 중점적으로 다룬 부분이다. 손자는 첩자에 대한 활동 지침서이자 구체적인 반간 활용법을 제시했다. 첩자의 임무로 적군의 관련자에 관한 정보를 수집할 것을 요구하고, 우리 쪽 첩자의 정체가 탄로 나 역이용될 위험성을 감안하여 반간을 적극 활용할 것을 제안한다. 반간을 제대로 활용하게 되면 향간과 내간까지 포섭할 수도 있기 때문이다. 또 거짓정보를 흘려 우리 쪽 첩자(생간)가 무사히 돌아와 적의 상황을 보고할 수 있는 상황 조성도 강조한다.

여기에는 현대 정보전에서나 볼 수 있음직한 논리가 또 등장한다. 허위정보를 흘린다거나, 정해진 기일 내에 반드시 돌아와 정보를 보고하게 하고, 적의 구석구석을 상세히 파악하여 적진의 사람들을 포섭하는 다양한 방법까지 손자는 대단히 고차원적인 첩보 이론을 제시하고 있다.

특히 반간의 중요성을 매우 강조하고 있다. 이는 첩자 활용에 따른 위험성까지를 감안한 고도의 논리다. 어찌 보면 반간은 첩자의 출현과 동시에 나타난 일란성 쌍생아다. 이 둘은 서로 대립되면서 의존하는 한 쌍의 '자웅동체'로서 첩자 이론의 정수를 구성한다.

⑤ 옛날 은나라가 흥한 것은 이지(이윤[伊尹])가 하나라에 있었기 때문이고, 주나라가 흥한 것은 여아(呂牙, 강태공)가 은나라에 있었기 때문이다. 그러므로 오로지 명석한 군주와 현명한 장수만이 남다른 지혜로 간첩을 써서 대업을 성취할 수 있다. 이는 용병의 요체이므로 전군이 이에 의지하여 움직이는 것이다.

마지막 제⑤ 단락은 '첩자 활용의 사례와 결론'이다. 손자는 과거의 첩자 활용 사례를 소개하면서 첩자가 궁극적으로는 국가의 생사존망과 관계된다는 점을 암시한다. 또 첩자 활용은 용병의 요체이므로 군대 전체가 첩자와 그 활용에 의존할 수밖에 없는 특수성을 부각시킨다. 이는 궁극적으로 손자병법의 '지피지기'와, '싸우지 않고 이기는 것이 최상'이라는 핵심적 사상을 달리 표현한 것이자 결론이라 할 수 있다.

손자는 아울러 첩자 활용자의 자질 문제를 함께 거론한다. 구체적인 사례로 하나라의 멸망과 은나라의 흥기에는 이윤이라는 인물의 첩자 활동이, 은나라의 몰락과 주나라의 성립에는 강태공이란 인물의 첩자 활동이 있었음을 들고 있다. 국가의 흥망과 첩자를 연관시킨 손자의 논리는 그 후 숱한 역사적 사실들로 입증되었다.

『손자병법』 「용간」 편의 사례들

13편으로 구성된 『손자병법』의 마지막 편인 「용간」은 첩자의 의미, 종류, 대우, 중요성, 사례 등 첩자에 관한 거의 모든 내용을 언급한 전문 이론이다. 손무는 첩자가 한 나라의 흥망까지 결정할 수 있는 중요한 존재임을 강조하고, 다양한 유형의 첩자들을 유기적·복합적으로 활용하라고 제안한다. 역대로 유능한 통치자나 장수들은 모두 첩자 활용의 전문가들이었다. 첩자를 활용할 때 극도의 기밀을 유지했고 늘 후하게 대접했다는 점도 강조한다. 기밀이 발각될 조짐이 보이거나 탄로 났을 때에 취하는 냉정한 대처는 극단적이지만 지극히 현실적인 논리가 돋보인다.

손무는 첩자의 유형을 모두 다섯으로 나누어 그 특징을 기술하고 있다. 첩자의 역사적 의미나 중요성 등과 관련하여 중국사에 나타나는 사례 몇 가지를 더 살펴봄으로써 첩자의 일반적인 인상을 확인해 보자.

■ 존망을 뒤바꾼 첩자

기원전 284년 제나라는 연나라에서 보낸 소진(蘇秦)의 첩자 행위로 큰 곤욕을 치렀다. 제나라는 연나라의 명장 악의(樂毅)가 이끄는

6국 연합군의 공격을 받아 즉묵성(卽墨城)과 거성(莒城) 두 곳만 남기고 영토 대부분을 잃는 처참한 지경에 빠졌다. 제나라 민왕(湣王)은 소진을 거열형에 처했지만 사태를 돌이킬 수는 없었다.

5년 뒤인 기원전 279년, 연나라 군대가 즉묵성을 공격하자 제나라의 멸망은 초읽기에 들어갔다. 이때 제나라 사람들은 이 난관을 타개할 인물로 전단(田單)을 추천했다. 전단은 첩자 활용과 기발한 책략을 잘 구사하는 장수였다. 그는 임명되자 첩자를 연나라로 보내 정보를 수집했다. 이 무렵 연나라는 장군 악의를 지지하던 소왕(昭王)이 죽고 혜왕(惠王)이 즉위해 있었다. 혜왕과 악의는 사이가 좋지 않았다.

전단은 첩자를 연나라 곳곳에 침투시켜 '선전' 활동을 시작했다. 제나라 민왕이 죽었는데도 악의가 즉묵성과 거성을 격파하지 못하고 있고, 이 때문에 문책을 받을까봐 연나라로 돌아가지 못할 것이며, 그래서 다른 군대와 연합하여 제나라에서 자신이 왕이 되려고 했는데 제나라 사람들이 반대하는 바람에 일부러 즉묵성을 공격하지 않은 채 기회를 엿보고 있다는 것이었다. 평소 악의를 탐탁지 않게 여기던 혜왕은 이 유언비어를 사실로 믿어 악의를 파면시키고 기겁(騎劫)이란 장수를 보냈다. 돌아갔다간 죽음뿐이라는 것을 안 악의는 조나라로 망명했다.

전단은 다음 단계로 기겁에 대한 정보 수집에 들어갔다. 기겁은 용기는 있지만 지략이 없는 장수라는 사실이 파악되자 3단계의 전략을 수립하고 실행에 옮겼다.

먼저, 첩자를 연나라의 군영으로 잠입시켜 제나라 군사들이 두려워하는 것은 연나라가 제나라 포로들의 코를 베는 것이라는 말을 퍼뜨리게 했다. 아니나 다를까, 기겁은 제나라 포로들의 코를 모조리 베었다. 이 소문을 접한 제나라 병사들은 분노에 치를 떨며 전의를 불태웠다.

전단은 두 번째 단계에서도 첩자를 이용했다. 이번에는 강도를 좀더 높였다. 제나라 군대가 두려워하는 것은 즉묵성 밖 제나라 사람들의 선조 무덤을 파헤치는 것이라는 유언비어를 퍼뜨리게 했다. 예상대로 기겁은 무덤을 마구 파헤치게 했고, 제나라 병사들의 분노와 전의는 하늘을 찔렀다.

마지막 단계로 즉묵성의 부자들을 불러 기겁과 연나라 장수들에게 즉묵성이 곧 항복할 것 같으니 안전을 보장해달라며 금은보화를 바치게 했다. 연의 장수들은 기뻐하며 뇌물을 받았고 이로 인해 연나라 군대의 사기가 이완되었다.

공격 시기가 무르익었음을 확인한 전단은 황소들을 모두 모아 용을 그린 붉은 천을 입히고 소뿔에 날카로운 칼을 매달고는 꼬리에 기름을 잔뜩 묻힌 짚을 묶었다. 밤이 이슥해지자 황소 꼬리에 불을 붙이게 한 후 정예병으로 하여금 연나라 군영을 기습하게 했다. 즉묵성에 남은 노약자들에게는 기물을 두드리며 고함을 지르게 했다. 아무런 방비가 없던 연나라 군대는 불이 붙은 채 미친 듯 달려드는 무시무시한 '화우진(火牛陣)'에 혼비백산하여 도망치기에 바빴고 기겁은 혼전 중에 피살되었다. 이 전투로 제나라는 잃었던 70여 성을 모두 수복하고 멸망의 위기에서 벗어났다.

유능한 장수라면 첩자를 잘 활용한다는 『손자병법』의 논리를 전단은 입증해주었다. 그는 세 단계, 다섯 차례에 걸쳐 적절한 시기와 고비 때마다 첩자를 파견하여 극적인 효과를 거두었다. 전단의 책략으로 연나라는 최후의 승리 일보직전에서 역전패하고 말았다. 즉묵성 전투는 절체절명의 순간에 첩자의 활용이 승부에 얼마나 중요하게 작용하는지 잘 보여주는 사례다.

■ 반간계의 전형

손무는 첩자의 유형 다섯 가지 중 '반간'의 중요성을 특별히 강조한다. 반간이란 상대의 첩자를 역이용하는 방법 또는 그렇게 이용하는 첩자를 말한다. 이는 현대 첩보전에서도 누누이 강조한다. 반간계(反間計)의 가장 유명한 사례는 '적벽대전'이다.

208년 북방을 통일한 조조는 80만 대군을 이끌고 유비·손권의 연합군과 적벽에서 대치했다. 오나라 손권은 34세의 젊은 주유(周瑜)를 사령관으로 임명했다.

조조는 첩자를 이용하여 젊은 주유를 흔들 계획을 세웠다. 비밀리에 양주(揚州)로 가서 최고의 변사로 평가받고 있는 장간(蔣干)을 만났다. 조조의 밀명을 받은 장간은 평복 차림으로 오나라 군영에 잠입하여 주유를 만나러 왔다며 면담을 요청했다. 주유는 장간이 온 의도를 단번에 알아차렸다. 장간은 이런저런 구실로 주유에게 유세하려 했으나 주유는 장간의 의도에 말려들지 않았다.

강남의 수질이 맞지 않아 병사들이 풍토병에 시달리는 등 고전을 면치 못하던 조조는 주유에 대한 이간책이 실패로 돌아가자 초조해졌다. 여기에 강풍이 불어 배들이 뒤집히는 일이 자주 발생하자 쇠사슬로 배들을 연결하고 목판을 깔았다. 이런 상황을 예의 주시한 주유의 부장 황개(黃蓋)는 바람을 이용한 화공을 포함한 하나의 계책을 건의했다.

황개가 건의한 계책이란 그 자신이 조조에게 '거짓항복'한 다음 기회를 봐서 조조의 군대를 공격하는 것이었다. 주유는 황개의 건의를 받아들여 이른바 '고육지책(苦肉之策)'을 구사했다. 황개는 사람을 조조에게 보내 항복 의사를 밝혔다. 장간 등 오나라 군영에 침투해 있던 첩자들은 이 사실을 조조에게 보고했고, 조조는 황개의 항복을 사실로 받아들였다. 동남풍이 부는 어느 날, 황개는 어유(魚油)를 잔뜩 부은 짚더미를 붉은 천으로 덮고 그 위에 투항 깃발을 꽂고는 조조 진영으로 배를 몰았다. 조조 진영은 투항해 오는 황개의 배들을 반갑게 맞이했다. 배들이 조조의 군함에 접근하는 순간 황개는 불화살을 날렸다. 불이 붙은 황개의 배들이 쇠사슬로 묶여 있던 조조의 전함들과 충돌했고 동남풍을 업고 날아드는 불화살 공격에 조조 군은 속수무책이었다. 조조는 간신히 북방으로 도주했다.

적벽대전은 첩자로 시작해서 첩자로 끝난 전투다. 주유는 반간계로 전력의 열세를 딛고 완승을 끌어냈다. 반면 조조는 장간을 이용한 첩보전을 구사한 것까지는 좋았으나 주유라는 인물에 대해 정확한 정보를 입수하지 못한 채 서둘렀고, 또 장간을 지나치게 신뢰하는 바람에 주유의 반간계에 걸려들고 말았다. 당나라 때 이정(李靖)은 『이정병법』에서 "물은 배를 띄울 수도 있고 배를 엎을 수도 있다. 첩자 역시 성공할 수 있지만 지나치게 믿으면 실패할 수 있다."고 했다. 적벽대전은 반간계의 중요성을 잘 보여준 사례다.

첩자 활용의 3가지 원칙

손무는 첩자를 활용하는 데 친·밀·후라는 세 가지 요소가 가장 중요하다고 했다. 신뢰와 비밀, 후한 대우를 말한다. 이와 관련된 사례를 소개한다.

첩보전에 있어서 비밀 유지, 즉 보안은 절대적이다. 그러나 그만큼 반(反)보안 활동도 치열하다. 비밀과 보안을 유지하기 위해서는 첩자의 활동 상황과 첩보 범위 등을 최소화하고 그 내용은 최고위층에 한정시켜야 한다. 이것이 바로 명말청초 때 게훤(揭暄)의 『병경백자(兵經百字)』에 나오는, "한 사람의 일이 두 사람에게 새어나가서는 안 된다."는 의미다.

송나라 때 종세형(種世衡. 충세형)은 자신의 부하장수를 고문하여 적국에 첩자로 보내는 계획을 세우면서 자신과 당사자만 알게끔 극도의 보안을 유지했다. 이 사례는 바로 뒤에서 언급하겠다.

삼국시대 때 22세의 급번(急蕃)이란 자가 위나라에서 오나라로 망명했다. 손권이 그와 이야기를 나눠보니 식견이 보통이 아니었다. 특히 송사나 감옥에 관한 일에 정통하여 손권은 그를 정위감에 임명했다. 급번은 자신의 직위를 이용해 오나라의 충성스러운 관리들을 모함하여 파면시키고 좌장군 주거(朱據), 정위 학보(郝普) 등을 매수하여 자신을 보호하는 우산으로 삼았다. 그의 집에는 매일 손님들로 가득 찼다. 급번과 그의 집은 한순간에 첩보망의 거점이 되었으나 마침내 급번의 첩자 활동이 드러나고 말았다. 그는 고문을 당했지만 동료들을 토설하지 않았다. 손권은 "어째서 목숨을 버리면서까지 패거리를 지키려 하느냐."며 구슬렸다. 이에 급번은 "대장부가 큰 사업을 도모함에 있어 어찌 동료가 없겠습니까. 그러나 이 몸이 죽을지언정 다른 사람을 끌고 들어갈 수는 없습니다."고 했다. 손권은 급번을 죽였지만 그가 누구의 명을 받고 어떤 자와 무슨 첩보 활동을 했는지 알아내지 못했다. 구천에까지 비밀을 간직하고 간 경우다. 첩보 활동은 은밀할수록 안전하고 성공 확률이 높아진다.

『손자병법』에서는 "상을 내림에 있어서 첩자에 대한 상만큼 후한 것은 없어야 한다."고 했다. 전국시대의 곽외(郭隗)라는 사람이 '천금으로 말뼈를 산다'는 명목으로 연나라 소왕으로 하여금 충분한 보수를 주고 유능한 인재들을 모으도록 한 것이 한 예이다. 첩자를 모집하고 교육시키고 활용할 때도 마찬가지다. 전국시대 때 진(晉)나라 지백(智伯)의 모사 지과(智過)는 한(韓)·위(魏)나라가 정변을 일으키려는 정황을 파악하고 첩자를 한·위의 실세들에게 보내 '1만 호의 땅'으로 매수하라고 건의했다. 지백은 자기 몫이 줄어든다며 받아들이지 않았고 결국 전투에서 패하고 목숨을 잃었다.

첩자는 자신의 목숨은 물론 가족의 안위까지 무릅쓴다. 발각되거나 체포되어 가족까지 목숨을 잃는 경우가 비일비재했다. 이들에 대한 대우가 남달라야 하는 이유다. 적이 우리 편 첩자를 매수하여 반간으로 이용하게 될 경우 그로 인해 받게 될 타격은 엄청나다.

역대로 유능한 지휘관은 첩자를 최고로 우대했고 친밀함을 유지하는 데 최선을 다했다. 하지만 믿되 완전히 믿어서는 안 된다. 이 때문에 '첩자를 완전히 신뢰할 바에는 차라리 첩자가 없는 것이 낫다'는 격언이 나왔다. 원 세조 쿠빌라이는 자신의 부장 장대열(張大悅)이 적과 내통하고 있다는 정보를 보고받았다. 그러나 이 보고를 맹신하지도 부정하지도 않았다. 쿠빌라이는 다른 루트로 사람을 보내 정황을 파악하게 했다. 그리하여 양쪽의 정보를 비교, 검토한 끝에 장대열이 남송의 심복이라는 결론을 내렸다. 그러나 쿠빌라이는 장대열을 바로 잡아들이지 않고 반간으로 이용했다.

손무는 첩자의 신분이나 첩자 활용 계획이 사전에 탄로 날 경우 관련자 모두를 제거함으로써 비밀을 지켜야 한다고 했다. 대단히 잔혹하지만 첩자의 세계에서는 불문율이다.

남북조시대에 진(陳) 무제 진패선(陳霸先)은 부장 후안도(侯安都), 주문육(周文育), 두릉(杜稜)을 불러 양나라를 기습 공격하는 문제를 상의했다. 다른 사람들은 모두 찬성했으나 오직 두릉만이 반대했다. 진패선은 수건으로 두릉의 입을 막아 기절시키고 그날 밤 양나라를 기습 공격했다.

남송 때 금나라 첩자 진회(秦檜)는 '혹 있을지도 모른다'는 뜻의 '막수유(莫須有)'라는 죄명으로 내부 사정을 잘 알고 있던 홍호(洪皓)를 축출하고, 명장 악비(岳飛)의 억울함을 호소하는 우고(牛皋)를 죽였다. 진회는 입을 막거나 아예 없애버리는 수법으로 자신의 진상이 드러나는 것을 막았다.

반간첩, 즉 방첩이란 각도에서 보자면 적은 최선을 다해 첩자의 입을 살려두려 한다. 따라서 우리 편 첩자들은 언행에 절대로 신중해야 한다. 특히 적국에 침투한 첩자가 적의 비밀 정보를 입수했을 때는 전혀 모르는 것처럼 해야 한다. 발각되면 영원히 입을 닫게 할 것이기 때문이다.

첩자의 전형

반간 활동이 첩자 활동의 백미이지만 전형적인 첩자의 유형은 생간(生間)과 사간(死間)이다. 그중에서도 생간이 전형이다. 손무는 "돌아와 적의 정세를 보고하는 것을 말한다."고 생간을 정의했다.

한편 사간은 매우 드라마틱한 존재다. 『손자병법』에는 "거짓정보를 국경 밖으로 흘려 우리 쪽 첩자가 이를 알게 하여 적에게 전하게 하는 것이다."라고 되어 있다. 사간은 활동 과정에서 목숨을 잃는 경우가 많아 가장 위험스럽다.

춘추시대 오나라 왕 합려(闔閭)는 전임 국왕 료(僚)를 암살하고 정권을 탈취했다. 그런데 료의 아들 경기(慶忌)가 위나라로 망명해 원수를 갚고자 무리를 모으고 있었다. 합려의 입장에서 경기는 당연히 눈엣가시일 수밖에 없었다. 합려의 근심거리를 눈치 챈 오자서(伍子胥)는 요리(要離)라는 인물을 소개했고, 요리는 경기를 제거하겠다고 자청했다.

합려는 요리가 모반을 꾀한다며 그를 잡아들이라는 명령을 내렸다. 요리는 도주했다. 병사들은 요리의 집에 들이닥쳐 아내와 자식들을 죽이고 뼛가루를 사방에 뿌렸다. 합려는 수배령을 내리고 이 사실을 전국에 알렸다. 요리는 위나라로 망명하여 경기에게 접근했다. 요리에 대한 소문을 들은 경기는 요리와 침식을 같이할 정도를 그를 신임했다. 기회를 보던 요리는 경기에게 합려를 공격할 기회가 왔다고 건의했고, 이를 받아들인 경기는 합려를 공격하기 위해 배를 타고 오나라로 향했다. 이윽고 배가 흔들리는 틈을 타서 요리는 숨기고 있던 칼로 경기의 가슴을 깊숙이 찔렀다. 경기는 죽기 전에 자신을 해친 요리를 호걸이라며 살려 보내라고 했다. 요리는 무사히 돌아와 합려에게 암살 성공을 보고했다. 합려는 상을 내리고자 했으나 요리는 자신이 식구를 죽게 한 패가망신의 대죄인이라며 목숨을 끊었다. 사건이 너무 극적이라 진실성을 의심받지만, 책의 내용으로만 보자면 요리는 사간의 전형이다.

생간은 기민하고 활동성이 넘치는 유형이다. 주요 임무는 수집한 정보를 돌아와 보고하는 것이다. 북송 때의 종세형이 청간성(靑澗城)에 주둔해 있을 때 사소한 일로 부하 장수 하나를 나무라며 곤장까지 쳤다. 다른 장수들이 이구동성으로 용서해달라고 애원했지만 종세형은 끝까지 용서하지 않았다. 그 부하 장수는 원한을 품고 적국인 서하(西夏)로 도망쳤다. 그는 서하 군주 이원호(李元昊)에게 송나라 군대의 비밀 정보를 제공했다. 이원호는 그를 철석같이 믿어 중앙 군사기구인 추밀원까지 드나들게 했다. 1년 뒤 이 부하 장수는 서하의 1급 비밀 정보를 가지고 송으로 돌아왔다. 그때서야 다른 장수들은 그가 종세형이 보낸 '생간'임을 알게 되었다.

이상은 『손자병법』의 「용간」 편의 내용에 맞추어 역사적 사례를 소개한 것들이다. 첨단 장비만 제외하고 모든 면에서 현대 스파이의 활동상과 하나 다를 바 없이 생생하다.

수천 년간 이어 내려온 첩자의 역사는 고비 때마다 결정적인 역할을 수행한 첩자들로 인해 생생하게 살아 움직이고 있다.

『육도』— 첩자 이론의 체계화

『육도』는 흔히들 강태공으로 잘 알려진 서주 초기 여상(呂尙)이 지은 것으로 알려져 있지만 신빙성은 없고 대체로 전국시대 중후기의 군사 전문가가 강태공의 이름을 빌려 지어낸 것으로 본다. 춘추시대를 대표하는 것이 『손자병법』이라면 전국시대를 대표하는 군사 전문서가 바로 이 『육도』다. 이 책은 북송 연간에 『무경칠서(武經七書)』에 편입됨으로써 군사학이나 병법을 연구하는 필독서로 자리를 잡았다.

『육도』의 첩자 관련 이론에서 눈에 띄는 것은 대외·대내 첩자와 반간은 상호 대립하면서도 의존적인 관계임을 밝혔다는 점이다. 또 구체적인 인원 배치, 조직, 기술까지 전문적으로 언급하고 있다. 먼저 관련 대목들을 몇 항목으로 나누어 제시한다.

① 그러므로 장수에게 자신의 팔다리나 날개와 같은 72인이 있어 천도에 응하는 것이다. _「「용도龍韜·왕익王翼」]【이하, 특별한 언급이 없으면 모두 같은 편에서 인용한 것임.]

위 ①단락은 장수가 거느리고 있는 전문 부서의 관련 직책 72인을 말한 것인데, 그중 24인이 첩자 활동과 직접 관련을 가진다.

② 복기고(伏旗鼓) 3인은 깃발과 북을 멈추고 눈과 귀를 밝게 하며 부인(符印)을 위조하고 호령(號令)을 속여 남모르게 소리 없이 왕래하니 그 출입을 아무도 모르게 하는 일을 맡아본다.
③ 이목(耳目) 7인은 왕래하면서 말을 듣고 변화를 보며 사방의 일과 군중의 실정을 관찰하는 일을 맡아본다.
④ 우익(羽翼) 4인은 군의 명예를 선전하여 먼 곳과 사방의 변경을 진동하게 만들어 적의 마음을 약하게 만드는 일을 맡아본다.
⑤ 유사(游士) 8인은 적의 음모를 살피고 변화를 감시하며 인정(人情)을 이리저리 움직여 적의 뜻을 엿보는 등 첩자가 하는 일을 맡아본다.
⑥ 술사(術士) 2인은 속임수와 거짓선전을 주로 하는데, 귀신을 동

원하는 등 유언비어로 대중의 마음을 현혹시키는 일을 맡아본다.

『육도』의 첩자 관련 이론은 『손자병법』보다 구체적이다. 특히 그 첩자의 직책과 분담된 일의 내용이 그렇다. 우선 '복기고' 3인은 군사의 기밀을 요하는 통신과 거짓정보를 만들어 적을 기만하는 일을 담당한 것으로 보인다. '이목' 7인은 각 방면의 정찰을 맡은 인원인데, 주로 아군의 내부 상황를 감시해 변화를 방지하는 일을 담당한다. '우익' 4인은 적의 심리를 흔드는 심리전에 투입되는 첩자로 선전공세가 주된 임무이다. '유사' 8인은 적의 정보를 탐문·정찰하며 반간 및 적의 내간을 매수하는 일을 맡는다. '술사' 2인은 적의 투지를 와해시키거나 아군의 투지를 격려하는 일을 맡는다.

이 24인은 군대의 지휘계통에서 첩자의 일을 전문적으로 담당한 인원이자 그에 상응하는 고정된 조직기구를 말한다. 이런 점에서 『육도』는 첩자와 관련된 기구를 언급한 최초의 첩자역사 기록이다.

『육도』에는 장병을 선발하는 세밀하고 엄격한 기준인 '팔징법(八徵法)'이 기록되어 있는데 첩자와 모종의 연관을 지닌 것으로 보인다. 강태공은 인재의 수준을 어떻게 알아내느냐는 무왕의 질문에 사람의 외양과 내면이 상응하지 못하는, 즉 겉과 속이 다른 경우 15가지를 나열하고 이런 것들을 검증하는 8가지 방법을 제시했다. 겉과 속이 다른 15가지 경우다.

(1) 겉으로 보기에는 어진 것 같으나 실제로는 생각이 없고 착하지 못한 자.

(2) 겉으로 보기에는 온순한 것 같으나 실제로는 도적질하는 자.

(3) 겉으로는 공경하는 척하면서 속으로는 교만한 자.

(4) 겉으로는 겸손하고 삼가는 것 같아 보이지만 마음에 그런 뜻
이 없는 자.

(5) 치밀하지만 인정머리가 없는 자.

(6) 물처럼 담박해 보이지만 실제로는 성의가 없는 자.

(7) 일은 잘 꾸미지만 결단성이 없는 자.

(8) 과감해 보이지만 사실은 무능하고 실천력이 없는 자.

(9) 성실하게 보이지만 신의가 없는 자.

(10) 어리석어 보이지만 사실은 충실한 자.

(11) 괴이한 것을 좋아하고 과격한 언동을 하지만 실제로는 효과
를 얻는 자.

(12) 용감한 척하지만 사실은 겁을 내는 자.

(13) 엄숙하고 성실한 것 같지만 마음속으로 남을 업신여기는 자.

(14) 엄하고 냉혹한 것 같지만 차분하고 성실한 자.

(15) 위신이 없어 보이고 풍채도 보잘 것 없지만 무슨 일이든 주도
면밀하게 제대로 완수하는 자.

이상, 표리부동한 15가지 경우에는 부정적인 경우와 긍정적인 경
우가 함께 들어 있기 때문에 이런 인물들을 살필 때는 여간 주의해
서는 안 된다. 그래서 강태공은 이를 확인하기 위한 8가지 감별법을
제시했다.

첫째, 문제를 내어 그 하는 말을 들어보고 그 상세함 여부를 살핀다.
둘째, 궁색할 때 그 언행이 어떠한지 변화를 살핀다.

셋째, 간첩을 보내 그 성의를 본다.

넷째, 분명한 사실을 물어서 그 덕을 본다.

다섯째, 돈을 주어 일을 시켜 청렴 여부를 살핀다.

여섯째, 미녀로 시험하여 그 정절을 본다.

일곱째, 어려운 일을 맡겨 그 용기를 본다.

여덟째, 술에 취하게 하여 그 태도를 본다. _[이상, 「용도·선장(選將)」]

이상의 관찰법은 장수를 비롯하여 군대에 필요한 인원을 선발할 때나 작용하고, 첩자를 모집하여 배양하고 살필 때 그 기준으로 활용되었을 것이다. 이러한 추측은 『육도』의 다른 기록들을 통해서도 간접적으로 입증되는데, 반간으로 적을 무너뜨리는 12가지 방법을 언급한 대목이 특히 참고할 가치가 있다. 이는 무력을 쓰지 않고 적을 이기는 방법을 논한 「무도(武韜)·문벌(文伐)」편에 나온다. 이 12가지 방법의 핵심을 요약하면 아래와 같다.

1) 순(順) : 적의 기분을 맞추어 교만하게 만든다.

2) 분(分) : 적국의 중신과 친분을 맺어 적국 군주의 권위를 갈라 놓는다.

3) 뢰(賂) : 적국 군주의 측근들에게 뇌물을 주어 내 쪽으로 끌어들인다.

4) 오(娛) : 미인계 등 음란한 놀이로 적국 군주의 마음을 흩어놓는다.

5) 유(留) : 적국의 사신을 오래 머물게 하여 적국 군주가 자기 신하를 의심하게 한다.

6) 간(間) : 적국의 신하를 매수하는 등 적국의 군신 간 관계를 이 간한다.

7) 수(收) : 적국 충신들의 마음을 매수하거나 이익을 암시하여 생산을 게을리 하게 하고 내 쪽으로 기울어지게 한다.

8) 이(利) : 귀한 보물 등을 적국 군주에게 뇌물로 주고, 공동으로 영리를 꾀하여 상대방이 이익을 얻게 하여 나를 믿게 만든다.

9) 존(尊) : 적국 군주를 치켜세우고 그에 순종하는 척하여 마음을 흩어놓는다.

10) 신(信) : 자신의 몸을 낮추어 적국의 군주에게 신뢰를 사서 그 마음을 얻는다.

11) 새(塞) : 적국의 신하들을 매수하고, 각종 유언비어를 퍼뜨려 적국을 총체적으로 흔들어 군주의 손발을 묶고 판단력을 흐리게 한다.

12) 미(迷) : 적국의 난신들을 길러서 적국의 군주를 어둡게 만들고 동시에 미인계 등으로 군주를 음탕한 놀이에 빠지게 만든다.

『육도』의 이 이론은 『손자병법』의 「용간」 편을 더 심화시킨 것이다. 이러한 추측은 「무도(武韜)·삼의(三疑)」 편에 보이는 '이친이친(以親離親)'이란 대목에서 뒷받침된다. 이는 적국의 최고층 내부에 대한 첩자 활동의 정수를 언급한 내용으로, '적의 최측근을 이간하려면 이 최측근의 최측근을 매수해야 한다'는 것이다.

이밖에 『육도』에는 첩자가 입수한 정보를 전달하는 은밀한 수단도 언급하는 등 첩자 이론과 반간 이론이 성숙한 단계에 접어들었음을 보여준다. 「용도·음부(陰符)」 편과 「용도·음서(陰書)」 편에 은밀한 수단이 보이는데, 이런 은밀한 정보 전달 방식은 현대 첩보전의 암호의 기원이라는 점에서 그 의의가 있다.

『육도』의 수준이 『손자병법』을 초월한다고까지는 말할 수 없지만 첩자 활용술과 방식이란 면에서 크게 진화했음은 분명해 보인다. 그런 점에서 『육도』는 고대 첩자 이론사에서 중요한 이정표라 할 수 있다.

첩자의 역사를 통해본 첩자 조직

우리 삼국시대 첩자 조직이나 기구에 대한 직접적인 기록은 전무하지만 그 대신에 첩자의 기술에 대한 정보는 꽤 있다. 다양한 첩보술은 첩자 기구 내지 첩자 직위를 전제로 한다. 이 점에 비추어 첩자 기구와 첩보술에 관한 정보를 사전에 공유함으로써 삼국시대 첩자 사례에 대한 인식을 심화시키는 자료로 삼고자 한다.

삼국시대 첩자 기구, 첩자 직위의 존재 여부를 추론하거나 첩보술을 보편적 용어로 확인하기 위해서는 중국 측 기록을 간접 방증자료로 활용할 수밖에 없는 한계가 있지만, 삼국 각국이 보여준 생생한 첩보 활동과 첩보술은 이러한 한계를 상쇄해준다.

우선, 중국 쪽 첩자의 변천사를 검토해보자. 이와 관련해서 부록 편에 첩자 이론서와 관련된 정보표를 제시해두었으니 참고하길 바란다.

첩자를 위한 전문적인 자리, 즉 직책이나 직위는 첩자의 원초적 한계와 은밀성 때문에 극도로 조심스러운 문제였다. 그래서 기록에도 모호한 점이 많다. 또 첩자 용어들 중 상당수가 직위의 명칭과 중복된다. 『육도』에는 첩자 관직이나 기구로 상정되는 단서들이 나타나 있고 그밖에 고문헌과 사서, 각종 기록에 유추할 수 있는 단서들이 제법 있다. 특히 『손자병법』의 「용간」편은 첩자 기구를 전제하지 않고는 생각할 수 없는 내용들이므로 이런 점을 근거로 첩자와 관련된 전문적인 직위, 기구, 조직이 늦어도 전국시대에는 출현했을 것이다.【춘추시대 진(晉)나라가 설치한 후정(候正)이나 후엄(候奄)과 같은 직위는 첩자와 관련된 직위로 상당히 높은 자리였다.】

확실한 문헌자료로 입증되는 첩자 기구는 중국 삼국시대의 '패부교사(覇府校事)'와 '중서성(中書省)'이다. 패부교사는 조조에 의해 설립되었는데, 주로 막료가 중심이 된 '패부(覇府)'라는 기구 안에 첩보와 통신을 책임진 '사인(舍人)', '교사(校事)'라는 관직을 두면서 시작되었다. 동오에서는 그것을 '중서(中書)'라고 불렀다. 이들 기구는 신료나 민간에 대한 감시와 정탐을 주로 담당하여 통치자의 눈과 귀 노릇을 했다.

남북조시대에는 '전첨(典簽)'이란 기구(직위)가 있었다. 이는 지방의 군사도시에 파견된 왕들이나 자사들을 감시하고 통제하기 위한 것이었다. 당연히 황제가 신임하는 측근이 임명되어 황제의 눈과 귀 노릇을 했는데 간혹 권력을 남용하는 바람에 반발을 불러오기도 했다. 남북조시대 첩자의 특징은 필체를 모방하거나 편지를 위조하는 일이 많았다.

수나라는 황제가 직접 통제하는 공개적이고 독립적인 감찰기구인 어사대(御史臺)를 설립하여 감시했다. 이 기구는 조선시대 암행어사 제도의 기원이 되었다. 군사 방면에서는 좌우무후(左右武候)를 두어 황제의 경비, 방첩, 황제의 행차와 관련한 정찰 임무를 맡게 했다. 수나라는 불과 37년 존속했지만 치밀한 첩자 활동은 다음 왕조인 당나라에 큰 영향을 미쳤다. 앞에서 말한 바 있는 배구라는 인물은 문자정보와 군사용 지도를 통합하여 첩보 분야를 새로운 단계로 끌어올렸다. 배구에 의해 탄생된 실용적인 첩자 논리는 641년, 고구려에 보낸 사신 진대덕(陳大德)이 고구려 관리들을 매수하여 곳곳의 지리 형세를 염탐한 경우와 연관이 있다. 우리나라 삼국시대에 관한 기록에도 고구려에 대한 수나라의 첩자 활동이 나온다.

당나라는 주로 불만을 품은 문무 관원을 탄압하기 위해 비밀 사찰기구를 설치했다. 주로 환관이 세력을 장악했을 때 설치되었는데, 이런 기구에서 활동한 첩자를 '찰사청자(察事廳子)' '찰사청아(察事廳兒)'라 했다. 줄여서 '찰자(察子)'로 불렀다. 어사대의 찰원(察院)도 황제의 눈과 귀 역할을 했다. 755년 안사의 난 이후에는 '비상관(非常官)' '감군(監軍)'을 설치해 군대를 감시했다. 그다지 알려져 있지 않지만 이 시대에는 방대한 첩자 기구인 '진주원(進奏院)'이 있었다. 지방 번진(藩鎭)의 세력이 중앙을 압도하면서 만들어졌는데, 번진 세력들이 중앙정부에 보고한다는 명목으로 장안에서 정보를 수집하던 조직이었다. 흥미로운 사실은 이 기구의 출현으로 최초로 「개원잡보(開元雜報)」라는 뉴스 정보지가 만들어졌다는 점이다. 진주원 관계자가 편집한 이 정보지의 내용은 주로 정치와 군사에 관한 것이었다. 이는 정보 신문의 원조였고, 첩보 정보를 공개 문서의 형식으로 만드는 시초가 되었다. 이정의 『이정병법』, 이전(李筌)의 『신기제적태백음경(神機制敵太白陰經)』, 그리고 두우 등이 『손자』에 주석을 달아 펴냄으로써 첩자 이론과 관련해서 두 번째의 전성기를 맞이했다.

송나라에서는 태조 조광윤이 981년에 당나라 때 설립된 '무덕사

(武德司)'를 '황성사(皇城司)'로 고쳐서 전문 첩자 조직으로 만들었고, 남송 때 금나라의 첩자 진회는 황성사를 통제하면서 특무 공포 통치를 자행하기도 했다. 이 송나라 시기는 중국의 첩자 발전사에서 고도로 성숙한 단계로 평가받는다. 첩자 활동이 전략성을 갖추기 시작한 점, 첩자의 지위가 크게 향상된 점, 암호·도청 등 첩보 기술 방면에 새로운 돌파구가 열린 점, 첩자 이론 및 기구가 한 단계 발전한 점 등이 이러한 평가를 뒷받침해준다. 이론서로는 허동(許洞)의 『호검경(虎鈐經)』, 화악(華岳)의 『취미북정록(翠微北征錄)』, 시자미(施子美)의 『무경칠서강의(武經七書講義)』 등과 『손자병법』에 관한 여러 주석서들이 출현했다.

원나라는 워낙 넓은 지역을 통치했고 대외 교류가 발전한 시기였다. 아시아, 유럽의 상인과 선교사들이 중국으로 들어왔으므로 첩자 활동을 한 사람들이 적지 않았을 것이다. 중국 첩자의 역사가 국제성을 띤 시기였다. 원은 일본, 안남, 고려, 자바, 버마 등을 원정하기 위한 폭넓은 정보 수집 활동을 벌였다. 이러한 현상은 새로운 단계, 즉 대외교 첩자와 반간첩(방첩)의 시기로 진입했음을 보여준다.

명나라의 첩자 조직은 악명이 높다. 주원장은 조조의 '패부교사'를 모방하여 검교관(檢校官)을 설치한 데 이어 첩자 특무기구인 금의위(錦衣衛, 정식 명칭은 금의위친군지휘사사)를 만들어 신료와 백성을 감시, 통제했다. 여기에는 전담 법정과 감옥이 설치되어 사람들을 가두었는데 날조와 고문으로 숱한 사람들이 죽어나갔다. 중기 이후로는 환관들이 나대면서 '삼창(三廠, 동창·서창·내행창)'이 설립되었다. 이 기구들은 전문적인 첩자 특무기구로 신료와 백성에 대한 사찰은 물론, 수단방법을 가리지 않고 서로를 견제하면서 정치를 암흑으로 몰아넣었다. 그러나 이렇듯 지독한 첩자 특무기구로도 명 정부는 국가의 안정을 강화하지 못해 내부의 분열과 생산력 침체, 통치력 약화, 계급과 민족 간의 갈등을 야기했다. 이는 첩자 기구 및 그 활동이 기형적으로 발전한, 필연적인 산물이었다.

부정적 측면에도 불구하고 명나라 때에는 첩자 수단이 새로워지고 수준도 높아졌다. 특히 향간과 반간을 이용한 점, 상인을 대량으로 활용한 점, 농민 봉기군의 첩자 활용 수준이 높아진 점 등이 주요한 특징이다. 이와 함께 첩자 이론도 발전해 유인(劉寅)의 『무경칠서직해(武經七書直解)』, 조본학(趙本學)의 『손자서교해인류(孫子書校解引類)』, 무명씨의 『초려경략(草廬經略)』 등이 출현했다.

만주족이 세운 청나라는 명나라의 특무기구가 초래한 부작용을 의식하여 표면적으로는 첩자 기구를 두지 않았으나 통제와 사찰은 여전했다. 옹정제는 이 방면에서 남다른 재주를 보여 각지에 '나찰(邏察)'이라는 심복들을 보내 신료와 민간의 언행을 감찰하고 보고하게 했다. 강희제는 '밀절언사(密折言事)'라는 비밀 첩보를 제도화했는데, 첩자 활동을 정부 관리의 직능에다 포함시켜 거대한 비밀 첩보망으로 각급 정부기구를 낱낱이 감시했다. 함풍제는 태평천국의 반란을 진압하기 위해 '정보채편소(情報采編所)'를 두었다.

19세기 말, 서구 열강과 일본의 침략으로 체면을 크게 구긴 청 정부는 현대화된 첩자 기구인 '군자처(軍咨處)' 제2청을 설치해 대외 각국에 대한 첩자, 방첩 활동을 전문적으로 맡겼다. 이 제2청은 조직이 치밀하고 업무가 확실하게 구분되어 있었다. 대상 국가별로 5과로 나누어 전담하게 했다. 일본-조선과, 러시아과, 영국-미국 등 영어를 사용하는 국가과, 독일-오스트리아 등 독일어를 사용하는 국가과, 프랑스-이탈리아 및 불어를 사용하는 국가과가 그것이다.【이보다 조금 늦게 조선은 1902년 6월에 제국익문사(帝國益聞社)라는 비밀 정보기관을 설치했다. 이는 우리나라 최초의 근대적 첩자 관련 기구다.】

이상, 간략하게 중국의 첩자와 조직의 역사를 훑어보았다.

한편 전문적인 첩자 조직의 특징은 크게 4가지로 정리된다. 첫째, 첩자 조직은 군이나 정치에 종속되고 감찰기구와 첩자 기구가 대부분 하나로 통합되었다. 둘째, 내 쪽의 첩자 활용과 상대의 첩자를 역이용하는 반간의 구분이 없다. 셋째, 여러 조직이나 기구가 서로를 동시에 감시하고 견제한다. 넷째, 첫 번째 특징과 관련한 것으로 임시성을 들 수 있다. 첩자 활동은 대부분 군대나 정부의 수뇌부가 임시로 모집하여 진행하거나 사안별로 비밀리에 파견하는 경우가 많기 때문이다.

첩자 기구의 발전 맥락을 보면 전문적인 첩자 직위를 설치하는 것에서 점차 전문적인 첩자 기구를 조직하는 것으로 진행되고 있다. 이는 시대적 상황을 반영한 것으로 보이는데, 전국시대처럼 여러 나라가 패권을 쟁탈하는 국면에서는 개체가 중시되어 그런 방향으로 첩자의 직위가 주로 설치되었다. 그렇다고 첩자 기구나 조직이 없던 것은 아니었다. 반면에 진나라가 전국을 통일한 이후로는 개체보다는 조직(국가)을 중시하는 방향으로 바뀌면서 직위보다는 기구를 조직하는 쪽으로 변화되었다. 동시에 내부를 감시하는 방향으로 조직이 재편성되고, 외국을 상대로 한 대외 기구는 별도로 마련되었던 것 같다.

조직을 위주로 한 첩자 기구는 통일국가의 통제력이 약화되고 지방 세력이 발호할 때 성격이 다시 변하여 첩자 개체를 중시하는 경향을 보인다. 이때는 첩자의 고유성과 군사적 성격은 희미해지고 지방 세력의 맹주에 속한 사조직의 한 요소로 변질되며, 첩자와 고유한 용어들도 사라지거나 변화한다. 이러한 변화는 공식적인 기록이나 문건에는 제대로 반영되지 않는데, 이는 첩자가 갖는 익명성과 은밀성에서 기인한 것으로 첩자가 권력의 하수인이나 소모품으로 전락한 때문인 듯싶다.

요약하면, 첩자와 관련된 직위나 기구 조직은 시대의 성격에 따라 변하고 발전하며 때로는 변질된 모습으로 그 편린을 드러낸다. 그런 점에서 첩자 연구는 시대상과 사회상의 단면을 심층 이해할 수 있는 흥미로운 주제다. 하지만 똑같은 이유로 연구의 어려움과 필요성이 동시에 존재하는 것도 사실이다. 우리나라 삼국시대 첩자 기구와 직위의 변화상도 이러한 맥락에서 적용시켜 살펴볼 수 있다. 신라가 삼국을 통합한 이후 첩자 기록이 거의 보이지 않고 지방 군진 세력의 사조직 형태로 변질된 것도 그 한 증거다. 사료의 한계로 더이상의 추론은 힘들지만 삼국시대 전반에 걸쳐 활발하게 전개된 첩자의 활동상을 염두에 둔다면 이 같은 연구 작업이 단지 추론에만 머물지 않을 것이다.

다양하고 기발한 고대 첩보술

삼국시대 첩자 직위나 기구에 대한 구체적인 상황은 확인하기 힘들다. 반면에 첩자의 활동 내용에 관해서는 상대적으로 많은 정보를 얻을 수 있다. 첩보술에 관한 일반론과 그 내용을 봄으로써 삼국시대 첩자 활동과 첩보술에 대한 인상을 정리해보자.

첩보술은 첩보 기술의 줄임말이다. 첩자 활동의 필요에 따라 생겨나고 발전한 기술이라 정의할 수 있다. 그러나 그 내용이 제대로 남아 있지 않다. 또 유교의 명분주의를 중시했던 동양사회에서 유교 이념의 강화로 은밀한 활동을 경시하여 서양에 뒤떨어지는 결과를 초래했다.

중국 측 첩보술 기록을 개관해보면 현대의 스파이들이 사용하는 모든 첩보술이 망라되어 있다. 첩보술의 3대 기본 요소로 미행·추적·감시를 든다. 이 3요소는 한데 어우러져 복합적·입체적으로 구사된다. 이 과정에서 동원되거나 사용되는 첩보술이 이 책의 부록의 표에 열거된 항목들이다. 그중 몇 가지를 현대 스파이가 활용하는 첩보술과 간단하게 비교해본다.

먼저 전형적인 첩보술인 '절청(竊聽)'이다. 글자 그대로 '훔쳐듣기', 즉 '도청(盜聽)'을 말한다. 지금은 최첨단 장비로 동작이나 음성을 탐지하거나 감청하지만 고대에는 숨어 엿듣거나 땅을 파거나 땅속에 항아리를 묻고 들어가 엿들었다.

'통신(通訊)'은 수집한 정보를 일정한 방법으로 전달하는 것을 말한다. 우편, 역마, 봉수를 이용하는 것은 일반적인 전달 방식이었다. 물에 흘려보내는 방법, 연을 띄우거나 화살을 날려 보내는 방법도 있었다. 647년 비담의 난 때 김유신이 연을 이용하여 반란군 진영을 교란시켰다는 기록이 있다. 잘 훈련된 동물을 이용하기도 했다. 실제로 비둘기는 1차 세계대전 때까지 각국 정보기관이나 첩자의 주요한 통신수단이었다. 김유신이 백제와의 도살성 전투에서 새를 이용하여 정보를 교환했다는 기록도 남아 있다.

'밀마(密碼)'·'대호(代號)'·'비어(秘語)'는 모두 현대의 '부호와 암호'에 해당하는 첩보술이다. 한자 문화권에서는 한자가 갖는 다의(多義)적 특성을 이용하는 등 방법도 있었다. 앞에서 살펴본 당나라 이적의 군대가 접수한 '이합시'가 여기에 해당된다.

그 밖의 첩보술도 현대 첩보전에 거의 예외 없이 등장하는데 어떤 면에서는 더 다양하고 기발하다. 상세한 정보를 원하시면 부록의 표를 참고하시기 바란다.

에필로그

본연의 첩자, 그 이후

삼국시대 이후 첩자는 우리 역사에서 거의 자취를 감춘 것처럼 보인다. 이는 우선 상대가 없어졌기 때문이지만 그렇다고 첩자 행위 자체가 사라진 것은 아니다. 첩자의 본질은 엿보기와 이간(離間)이다. 이는 인간의 근원적인 욕망의 일부이니 이런 행위 자체가 소멸될 리 없다. 첩자와 그 행위는 인간의 욕망을 국가·이념·개인적 신념 따위로 묶은 결과물이다. 따라서 첩자는 인간의 근원적 욕망을 일정한 시스템을 통해 억제된 형태로 대리 분출하는 존재라 정의할 수 있다. 이것이 첩자의 건강성이라면 건강성이다. 그러나 건강성을 상실했을 경우, 다시 말해 국가·통치자·권력이 건강성을 잃었을 때 첩자의 성격은 변질된다. 이때의 '근원적인 욕망'은 내부로 향하게 된다.

삼국시대 이후 첩자의 건강성은 퇴색되었다. 후기로 갈수록 신라의 통치계급은 사병을 확대하고 지방 세력이 중앙에 맞서면서 외부를 겨냥했던 첩자 조직이 내부로 방향을 돌리게 된다. 첩자들은 일개 가신의 성격으로 타락하여 사익을 추구하는 존재로 변질되었다. 염장(閻長)이라는 자가 장보고(張保皐)를 암살하는 대가로 내세운 조건이 "조정에서 자신의 말(요구)만 들어준다면"이었다. 국가·충성·신념이 사라지고 사욕만 남은 모습이다.

후삼국에 오면 상호간의 투쟁은 물론, 중국 정권들과의 대외관계도 필요했기 때문에 본래의 모습으로 환원되었으리라는 추측은 해보지만 사료상의 한계와 필자의 역량 부족으로 더 이상은 언급하기 힘들다. 그리고 고려를 거쳐 조선에 이르면 지금까지 우리가 살펴본 첩자의 모습은 거의 발견되지 않는다. 첩자 행위 자체를 깔보는 유교식 사고방식이 가장 큰 원인일 테지만 사대주의에 안주한 채 넓은 세상을 보려 하지 않았던 의식 형태가 건강한 첩자의 존재마저도 허락지 않았던 것이다. 오죽했으면 외국에 대한 정보조차 제대로 수집하고 분석하려 하지 않았을까? 그 증거로는 임진왜란 직전 일본에 파견된 통신사들이 돌아와 올린 상반된 보고를 들 수 있겠다.

조선은 정보력 부재로 망했다고 해도 틀린 말이 아니다. 밖으로 발산해야 할 절제된 욕망은 내부의 자국민에게 고삐가 풀린 채 마구 발산되었다. 그 결과 백성을 절망과 도탄에 빠뜨렸고, 정쟁과 권력 다툼으로 날을 보냈다. 조선은 임진왜란을 기점으로 망해야 했다. 역사적 수명을 다한 정권이 외부의 침략을 발판으로 기사회생한 것이 우리 역사의 불행이다. 이후 집권 세력은 더욱 광분했다. 지배층은 서로 죽고 죽였으며, 백성을 탄압하고 갈취하기를 주저하지 않았다. 일부 깨어 있는 왕의 안간힘도, 뜻있는 이들의 몸부림도 모두 허사였다. 귀신과 싸울 수는 없는 노릇 아닌가? 결국 조선은 자신 손으로 재건할 기회를 잃고 남의 손에 구조조정을 맡기는 꼴로 제2의 수명을 다하고 말았다.

적폐가 제대로 청산되지 않은 채 해방을 맞이한 우리 현대사도 비극의 연속이었다. 이념투쟁과 요인 암살로 수라장이 되자 여기서 첩자(간첩)가 삐뚤어진 모습으로 재등장했다. 이번에는 외세까지 개입하니 그 양상은 더욱 비참했다. 이후 간첩이 정권 유지에 이용되기 시작했다. 날만 새면 터져 나오는 온갖 간첩 관련 사건들이 우리를 놀라게 했다. 혹시 내가 나도 모르는 사이에 간첩과 접선한 적은 없는지, 그런 불안과 공포 속에서 우리 세대는 젊은 날을 보냈다. 모든 시대는 그 시대만의 전쟁을 갖는 모양이다. 우리 세대는 정말이지 허구한 날 간첩과 전쟁을 벌인 것 같다. 의식적으로든 무의식적으로든. 사회현상과 인간을 판단하는 잣대에 간첩이 동원되었고, 영혼은 치유할 수 없는 상처 속에서 시름시름 앓았다. 간첩이 국가권력과 독재자의 야욕에 이용될 때, 간첩의 시선이 외부가 아닌 내부를 향할 때 얼마나 비참하고 비극적인 결과를 가져오는지 경험을 통해 똑똑히 보았다. 아직도 많은 사람이 그 상처 속에서 신음하고 있다. 이런 점에서 첩자(간첩)는 우리 현대사의 왜곡된 그림자이자 일그러진 우리 사회의 자화상이다.

익명의 존재를 위한 레퀴엠

첩자의 고유하고 기본적인 작용을 한마디로 요약하면 '이간(離間)'이다. 이간을 위해 '염탐'해야 한다. 그리고 이를 위해 사람을 '포섭'한다. 대상이 포착되면 첩자는 면밀한 파악과 '정보수집'에 들어간다. 그런 다음 갖은 방법을 동원한다. 설득(사상과 이념을 동반한)과 뇌물로 '회유'와 포섭 대상의 약점을 파악하고 '협박'한다. '여색(미인계)'을 이용하기도 한다. 이런 점에서 첩자를 수식하는 단어들은 대부분 부정적인 이미지를 준다. 하지만 첩자는 철저하게 '중성(中性)'적이다. 첩자라는 단어에 부정적인 뜻은 애당초 없었다. 첩자를 부정적인 이미지로 받아들이게 된 역사적·사회적 원인은 무엇인가? 권력에 의한 왜곡 때문이다. 국가안보, 민족, 애국으로 포장한 지배 세력의 기만적 권력욕에 악용 또는 오용 당하는 과정에서 첩자는 극악무도한 존재로 낙인찍혔다. 첩자라는 사회 역사적 존재가 독재정권을 지탱해주는 도구로 이용되어 국민과 민족을 이간시키는 현상을 우리는 실제로 경험했다. 우리 현대사의 비극 중 하나다.

고대의 첩자들은 철저하게 중성으로 남아 있다. 첩자를 부정적으로 보는 인식은 기록 어디에도 찾아볼 수 없다. 오히려 때때로 그들의 영웅적 행위가 심금을 울리기까지 한다. 물론 이중첩자의 노릇도 있고 매국적 행위도 했다. 그러나 그 모두가 첩자의 고유성이다. 적어도 거기에는 인간성은 남아 있을지언정 추악한 권력욕이나 탐욕은 보이지 않는다. 첩자를 관음증의 산물로 보는 서양의 시각은 우리 기록에 남겨진 고대의 첩자들에게는 적용되지 않는다. 서양의 논리는 자신의 역사에 투영된 첩자에 대해 인간 본능의 취약한 부분을 악용하는 존재, 다시 말해 국가가 허가한 관음증의 부산물 정도로만 보려는 또 다른 폭력적 논리의 연장일 뿐이다.

첩자는 시대에 따라 변한다. 그럴 수밖에 없는 운명이다. 수동의 개념에 지배되고 그에 수반되는 되는 존재라는 점에서 첩자는 역사에 등장했던 수많은 보통의 직업들 가운데 하나다. 첩자에 관한 다양한 평가가 있지만, 그것이 정치·경제·문화·군사 등 우리 사회 모든 다른 분야의 직업들 가운데 하나로 취급될 때 본연의 또렷한 의미를 되찾게 될 것이다. 역사에서 인간의 작용은 어떤 직업을 가졌든 긍정과 부정이라는 측면 모두에서 발휘되는데 첩자도 마찬가지다. 다만 정도의 차이, 균형, 자아통제, 자기절제의 차이가 있을 뿐이다. 편견과 선입견에 지배당해 온 처지를 감안하면 이제부터라도 첩자라는 영역은 본격적으로 연구되어야 마땅하다.

이 작업이 익명으로 살다간 첩자들의 사회 역사적 의미를 복권시키는 데 그런대로 쓸 만한 주춧돌 하나가 되었으면 하는 바람이다.

제2부

첩자에 관한 연구

논문 1.

고대 첩자고 [1]

1) 김영수, 「고대첩자고」, 『군사』 27호, 1993.
이 책의 전체 맥락을 파악하려는 독자는 가장 먼저 작성된 이 논문부터 읽으면 도움이
될 것이다.

때는 서기 650년[2] 신라의 승려 두 사람이 당으로 불법을 구하기 위해 국경을 넘으려 요동 땅에 발을 들여 놓는다.[3] 그 두 사람은 원효와 의상이었다. 그런데 두 사람은 국경을 지키던 군사에 의해 수십일 동안 감금당했다가 간신히 되돌아온다. 이 두 사람은 '첩자'라는 혐의를 받고 수십 일을 갇혔던 것이다.[4]

얼핏 뜻있는 종교인이 구법(求法)을 하는 과정에서 당한 시련의 하나쯤으로 치부할 수도 있는 대목이긴 하다. 그러나 관심을 구법승 두 사람이 아니라 그들을 수십일 동안 낯선 땅에 감금시킬 수 있게 한 그 혐의, 즉 '첩자' 쪽에 둔다면 뜻밖의 흥미 있는 사실들을 확인해 나갈 수 있다. 당장 위의 원효와 의상 이야기에서 우리는 그 당시에 승려의 신분으로 '첩자' 활동을 벌이는 경우가 있었다는 사실을 유추해낼 수 있기 때문이다.[5] 구법의 길을 떠날 때 두 사람은 이미

---

2) 두 사람이 당으로 구법의 길을 떠난 시기에 대해서는 몇 가지 이설이 있지만, 대체로 진덕왕 4년인 650년으로 본다.(金東華,『韓國歷代高僧傳』, 三星文化文庫38, 1973, 120쪽.)
650년을 전후한 시대 상황을 보면, 고구려와 당의 전쟁이 장기전에 돌입하고 삼국 간에 치열한 전투가 벌어진다. 한편 삼국은 당을 놓고 치열한 외교전도 전개한다. 신라는 고구려와 백제의 협공에 곤욕을 치르고 대당외교에 사활을 걸고 있던 때였다.(『삼국사기』 권5 「신라본기」5 선덕왕·진덕왕 조; 권22 「고구려본기」9 보장왕 조; 권28 「백제본기」6 의장왕 조 참고)

3) 행로가 육로인지 해로인지 분명치는 않지만 육로일 가능성을 배제할 수 없다. 그렇다면 고구려 땅을 거쳐야 하는데, 그들의 신분상의 특이성 때문인지 아니면 당시 3국 사이에 통용되던 통행증 같은 것이 발행되어 통행이 가능했는지, 그도 저도 아니면 잠행했는지 생각해볼 문제다.

4) 遂與元曉道出遼東邊, 戍邏之爲諜者, 囚閉者累旬, 僅免而還.(『삼국유사』 권 제4 義湘傳教)

머리를 깎고 출가한 상태였고 따라서 승려임이 쉽게 확인될 수 있는데도 '첩자'라는 혐의 때문에 수십일 동안을 감금당하지 않았는가?

이 글은 바로 원효와 의상에게 씌워졌던 혐의, 즉 '첩자', 그것도 고대[6] '첩자'에 관한 작은 연구다. 제한된 사료를 통해 첩자의 온전한 실체를 재확인하기란 불가능에 가깝지만 가능하다면 고대사회에서 '첩자'가 어떤 기능을 수행했으며, 또 그것을 뒷받침하는 제도적 장치 및 그 운영의 메커니즘은 어떠했는지를 엮어내 보고 싶다. 그것을 통해 첩자의 역사성을 생각해보고, 아울러 첩자가 갖는 고유한 성격인 익명성(匿名性)[7]이란 점에 착안하여 '자객(刺客)'이나 '협(俠)'[8]과의 관련성을 짚어보고, 앞으로 이에 대한 연구가 가능한가에 대해서도 전망할 수 있었으면 한다. 물론 '첩자' 개인의 운명성도 함께 언급될 수 있다면 바랄 나위가 없겠다. 바로 그 점이 역사 속에서 '첩자'가 인식될 수 있기 때문이다. 자료의 성격이 엄연히 다른데도 불구하고 별다른 거리낌 없이 활용할 수 있었던 것도 '첩자'가 갖는 거의 운명적인 공통점 때문이었다.

모르긴 해도 '첩자'를 가장 포괄적이고도 상세하게 다루고 있는

---

5) 이 글의 방향과는 다르지만, 백제 개로왕 대의 역사와 무왕 대의 大役事가 고구려와 신라의 승려가 주축이 된 첩보전의 결과라는 연구가 있어 참고가 된다. 金福順, 「三國의 諜報戰과 僧侶」, 『韓國佛敎文化思想史』(卷上: 伽山李智冠스님華甲紀念論叢), 1992.

6) 여기서 고대란 이른바 삼국시대를 가리키며 간혹 삼국 통합 후 신라까지를 포함하는 뜻으로 사용하고자 한다.

7) '익명성'이란 우선 이름이 밝혀지지 않은 것을 말한다. 그리고 신분과 역할 등이 모두 감추어져 있거나 다른 것으로 위장되어 있는 경우도 포함한다. 신분과 이름이 밝혀진 채 첩자 활동을 한 승려의 경우는 예외적이다. 승려로서 첩자 활동을 한 경우에 대해서는 별도의 연구가 필요하다. 아쉬운 대로 김복순의 앞의 글이 적지 않은 참고가 된다.

8) '刺客'과 '俠'에 대해서는 뒤에서 검토할 것이다.

가장 오랜 기록이라면『손자병법』일 것이다. 이 밖에 '첩자'와 관련된 각종 용어들을 여러 고대 기록들에서 단편적이나마 확인할 수 있다. 이제 그런 기록들을 가지고 '첩자'의 일반성을 확인해 나가도록 하겠다.

2.

'첩자(諜者)'라는 단어에서 중요한 글자는 말할 것도 없이 '첩 (諜)' 자다. 이 '첩' 자에 대한『설문(說文)』의 풀이를 먼저 보자.

첩(諜)은 군대의 반간(反間)이다.(諜, 軍中反間也.)

군대의 '반간(反間)'이 '첩'이라면, '첩(자)'과 '반간'은 비슷한 말이 된다.『설문』의 이 풀이만으로는 첩자의 기본 개념을 파악하기어렵다.『좌전』에는 '첩'에 관한 기록이 몇 군데 눈에 띈다.

① 환공12년(기원전 700년): 교국(絞國)을 정벌하는 이번 전역에서 초국(楚國) 군대는 여러 조로 나뉘어 팽수(彭水)를 건넜다. 나국(羅國) 사람들은 이 기회를 틈 타 그들을 공격하려고 백가(伯嘉)를 파견해 몰래 엿보게 했는데, 세 번씩이나 헤아려 겨우 초국 군대의 수를 알아냈다.(伐絞之役, 楚師分涉於彭, 羅人欲伐之, 使伯嘉諜之, 三巡數之.)

② 선공8년(기원전 601년): 선공8년 봄, 백적(白狄)과 진(晉)이 화평했다. 여름에 백적은 진과 함께 진(秦)을 정벌했고, 진인(晉人)이 진(秦)의 첩자를 잡았다. 진의 수도 강(絳)의 저잣거리에서 그를 죽였는데 6일 만에 부활했다.(八年春, 白狄及晉平. 夏, 會晉伐秦. 晉人獲秦諜, 殺諸絳市, 六日而蘇.)

③ 성공16년(기원전 575년): 극지(郤至)가 정백(鄭伯)을 뒤쫓자 극지의 우군(右軍) 불한호(茀翰胡)가 "빨리 탐마(探馬, 정탐에 쓰이는 말)를 보내 정백의 수레를 막으십시오. 그러면 제가 뒤에서 몰래 그의 수레로 올라가 그를 사로잡겠습니다."라고 했다.(郤至從鄭伯, 其右茀翰胡曰: "諜輅之, 余從之乘而俘以下.")

④ 애공원년(기원전 492년): 여애(女艾)를 시켜 요(澆)를 정탐케 했다.(使女艾諜澆.)

이 기록들에서 우리는 '첩'이 상대를 몰래 엿본다, 또는 정탐한다는 뜻을 가진다는 점을 확인할 수 있다.(①, ③, ④) 그리고 사료②에 보이는 '진첩'은 '진(秦)의 첩자'란 뜻이다. 첩자의 존재가 확인되긴 한다. 『좌전』 기록들에 보이는 '첩'이란 글자는 상대[敵]의 동정을 '엿본다'는 뜻과 '엿보는 자' 모두로 쓰이고 있다.[9]

그런데 『주례』의 기록이 뜻밖에 흥미로운 사실을 알려준다.

---

9) 『國語』에 단편적으로 보이는 '첩'자도 같은 뜻으로 쓰이고 있다. 다만 『國語』에는 '엿본다'는 뜻의 '間'자도 함께 보인다.
①魯語 下 : 昔欒氏之亂, 齊人間晉之禍, 伐取朝歌.
②晉語 4 : 自衛過曹, 曹共公亦不禮焉, 聞其駢脅, 欲觀其狀, 止其舍, 諜其將浴, 設微薄而觀之.
③晉語 4 : 文公伐原, 令以三日之糧. 三日而原不降, 公令疏軍而去之. 諜出曰: "原不過一二日矣!"

① 화관(夏官) · 환인(環人): …첩보 공작을 하는 자와 적과 내통하는 간인(奸人)을 잡다… (…搏諜賊…)

② 추관(秋官) · 사사(士師): 사법관[掌士]의 여덟가지 법[判例] 중에서 첫째는 국가의 기밀을 정탐하는 것이고, 둘째는 반란을 일으키는 것이고, 셋째는 나라를 위해 첩자 활동을 하는 것이다.(掌士之八成, 一曰邦汋、二曰邦賊、三曰邦諜…)

③ 추관(秋官) · 장륙(掌戮): (장륙은) 반란을 일으킨 자나 첩자를 잡아 목을 벤 후 옷을 벗기고 능지처참하는 일을 담당한다.(掌斬殺賊諜而搏之.)

④ 추관(秋官) · 야로씨(野廬氏): 또 때도 아닌데 다니는 자와 이상한 복장에 이상한 물건을 들고 다니는 자를 조사해 금지시킨다.(且以幾禁行作不時者·不物者.)

사료①의 환인(環人)은 군사와 관련된 직으로 '박첩적(搏諜賊)'은 정보를 적에 제공하는 반간, 즉 첩자와 적과 내통하며 모반을 꾀하는 자를 잡아들인다는 뜻이다. ②는 사법을 담당한 8조법을 얘기하는 중에 나오는 대목이다. 국가의 기밀을 빼내는 '작(汋)'과 다른 나라를 위해 활동하는 '첩(諜)' 등을 말하고 있는데, '첩'은 첩자 내지는 간첩을 가리킨다. ③의 장륙(掌戮)은 ①의 환인과 거의 같은 일을 담당하는 직이다. 한편 ④는 이상한 복장과 이상한 물건을 들고 다니는 자를 경계한다는 뜻으로 첩자의 행색에 대한 설명으로 볼 수 있다.

『주례』라는 사료의 시기가 문제로 되겠지만[10] 위 기록들은 '첩자'를 방지하기 위한 기구 내지는 직책이 제도적으로 마련되어 있었음을 말해준다. '첩자'를 방지하기 위한 기구 내지 직책이 마련되어 있었다는 사실은 첩자가 조직적으로 활동하고 있었음을 반증하는 것이다.

『회남자(淮南子)』에는 다른 기록들에서는 찾아보기 힘든 '간첩 (間諜)'이란 용어가 나오고 있어 주의를 끈다.

> 병략훈: 간첩을 잘 활용해야 하는데, 적의 허실을 잘 살펴 풀이나 나무 같은 것을 마련해 그 모습을 숨겼다가 불의에 나타나 적병이 제 때에 대비할 수 없게 하는 것, 이것이 이른바 지권(知權)이다.(兵略訓: 善用間諜(言軍之反間也), 審錯規慮, 設蔚施伏, 隱匿其形, 出於不意, 敵 人之兵, 無所適備, 此謂知權.)

그런데 『회남자(淮南子)』에서는 군사 전술적인 측면에서 '간첩' 을 이야기하고 있어 주목된다. 여기서 말하는 '간첩'이 '첩자'나 '반 간'과 같은 의미임은 물론이다.

'첩자'에 대한 가장 상세한 기록은 역시 『손자병법』이다. 우리는 이를 통해 '첩자'의 보편적인 성격을 비교적 넉넉하게 엿볼 수 있

---

10) 『周禮』는 원명이 『周官』으로 고대 관직을 전문적으로 기록한 政典이다. 저자와 연대에 대해 역대로 설이 분분하다. 古文學者들은 周公이 지은 것이라 하고, 今文學者들은 漢代 劉歆의 僞作이라 한다. 『周禮』를 믿느냐 안 믿느냐 하는 문제는 古今文 투쟁에 있어서 하나의 초점 이 될 정도였다. 일반적으로 비교적 늦게 나온 것으로 인정하는데, 주공의 저작도 유흠의 위 작도 아닌, 戰國時代 儒家에서 商, 西周, 春秋 시기의 官制에 대해 유가의 정치이념을 가미하 여 편찬한 것으로 본다. 東漢의 古文學家 鄭玄이 주를 단 이후 널리 펴졌다. 淸 말기 孫詒讓 의 『周禮正義』는 『주례』의 학문을 집대성한 것으로 광범위한 자료 수집, 치밀한 고증 등으로 대단히 참고 가치가 높은 것으로 평가된다.(許凌雲, 『讀史入門』, 北京出版社, 1984, 122쪽 및 余嘉錫, 『四庫提要辨證』, 中華書局, 1974, 47-50쪽 참고)

다. 단, 『손자병법』에서는 '첩(諜)'이나 '첩자(諜者)' 대신 '간(間)'이란 표현을 사용하고 있다. 다소 길지만 『손자병법』의 맨 마지막 편인 제13「용간」편의 전문을 인용해본다.[11]【번역문과 상세한 분석은 제1부 제2장 pp.135~142 참고.】

① 孫子曰:凡興師十萬, 出征千里, 百姓之費, 公家之奉, 日費千金, 內外騷動, 怠于道路, 不得操事者, 七十萬家, 相守數年, 以爭一日之勝, 而愛爵祿百金, 不知敵之情者, 不仁之至也, 非人之將也, 非主之佐也, 非勝之主也.

② 故明君賢將, 所以動而勝人, 成功出于衆者, 先知也. 先知者, 不可取于鬼神, 不可象于事, 不可驗于度; 必取于人, 知敵之情者也.

③ 故用間者有五:有鄕間, 有內間, 有反間, 有死間, 有生間. 五間俱起, 莫知其道, 是謂神紀, 人君之寶也. 鄕間者, 因其鄕人而用之. 內間者, 因其官人而用之. 反間者, 因其敵間而用之. 死間者, 爲誑事于外, 令吾間知之, 而傳于敵. 生間者, 反報也.

---

11) 종래에는 孫武(孫子 : 春秋 말기 齊나라 사람)와 孫臏(戰國 중기 齊나라 사람)의 병법을 놓고 많은 사학자들이 혼동했다. 그러나 1972년 山東省 臨沂縣 銀雀山의 西漢 전기 무덤에서 『孫臏兵法』과 『孫子兵法』을 기록한 竹簡이 동시에 나옴으로써 그동안의 논란이 완전히 해결되었다. 『손자병법』은 모두 13편으로 이루어진 현존하는 중국 최초의 군사전문서이자 병서로 춘추 말기 및 그 이전의 작전 경험을 총결하고 있다. 『손빈병법』은 『손자병법』의 군사사상을 계승, 발전시킨 전국 중엽 이전의 작전 경험을 총결한 군사전문서다. 이상에 대해서는 다음 문헌들을 참고하면 좋다.
許凌雲, 앞의 책, 131쪽.
余嘉錫, 앞의 책, 583-586쪽.
高振鐸主編, 『中國歷史要籍介紹及選讀』, 黑龍江人民出版社, 1982, 18-19쪽.
許獲, 「略談臨沂銀雀山漢墓出土的古代兵書殘簡」, 『文物』 74-2.
山東省博物館臨沂文物組, 「山東臨沂西漢墓發現'孫子兵法'和'孫臏兵法'等竹簡的簡報, 『文物』 74-2.

④ 故三軍之事, 親莫親于間, 賞莫厚于間, 事莫密于間. 非聖智不能用間, 非仁義不能使間, 非微妙不能得間之實, 微哉, 微哉, 無所不用間也. 間事未發而先聞者, 間與所告者皆死.

⑤ 凡軍之所欲擊, 城之所欲攻, 人之所欲殺; 必先知其守將, 左右, 謁者, 門者, 舍人之姓名, 令吾間必索知之. 必索敵間之來間我者, 因而利之, 導而舍之, 故反間可得而使也. 因是而知之, 故鄕間內間可得而使也. 因是而知之, 故死間爲誑事, 可使告敵. 因是而知之, 故生間可使如期. 五間之事, 王必知之, 知之 必在于反間, 故反間不可不厚也.

⑥ 昔殷之興也, 伊摯在夏; 周之興也, 呂牙在殷, 故明君賢將, 能以上智爲間者, 必成大功, 此兵之要, 三軍之所恃而動也.

편의상 여섯 부분으로 나누어 내용을 살펴보고자 한다. ①은 '용간(用間)'의 중요성(필요성을 포함한)을 말하기 위해 전쟁의 엄청난 소모성을 나열한 대목이다. ②는 ①과 관련하여 '간(間)'(첩자)의 필요성을 제기한다. ③은 '간'의 종류를 다섯 가지 나열하고 그 각각의 개념과 역할을 말하고 있다. ④는 '용간'의 비결과 방법을, ⑤는 그에 부연하여 '오간'의 역할과 그것의 중요성을 재차 상기시킨다. ⑥은 '용간'의 역사적 실례들을 들고 있다.

위 사료를 간략하게 요약해보면 이렇다.

전쟁에는 많은 인력과 물자가 동원된다. 따라서 인민의 부담은 커진다. 수년 동안 적과 아군은 단 하루의 승리를 얻기 위해서 이런 대가를 지불한다. 따라서 현명한 군주와 장수는 적의 정세를 구체적으로 잘 파악해야 한다.

'첩자'에는 향간(鄕間)·내간(內間)·번간(反間)·사간(死間)·생간(生間)의 다섯 종류가 있다. 향간은 자기 나라 사람을 적국에 살게 하며 첩자 활동을 하게 하는 것이다.[12] 내간은 적국의 관민을 첩자로 이용하는 것이다.[13] 반간은 적의 첩자를 우리 쪽에서 이용하는 것이다.[14] 사간은 우리 쪽 첩자를 이용하여 가짜정보를 적에게 흘리게 하거나 적국에 가서 돌아올 기약 없이 공작하는 것이다. 생간은 우리 쪽 첩자를 적국에 밀파하여 수시로 정보를 보고하도록 하는 것이다.[15]

따라서 삼군(三軍)에서 가장 믿어야 하고 가장 후한 상을 내려야 할 대상은 첩자다. 또 가장 은밀한 기밀을 부여받는 것도 첩자다. 현명한 자가 아니면 첩자를 활용할 수 없다. 첩자가 기밀을 누설하면 첩자와 그 기밀을 전한 자는 모두 사형에 처한다.

적을 공격하여 승리를 얻기 위해서는 적의 내부 상황(인물들에 관한 각종 정보)을 우리 첩자로 하여금 잘 파악하게 해야 한다. 특히 적의 첩자를 색출해서 후한 상으로 매수해서 그들을 역으로 이용하는 것이 중요하다.

옛날 상(商)나라가 흥기할 수 있었던 것은 이윤(伊尹)이 하(夏)나라에서 관리 생활을 했기 때문이고, 주(周)나라가 흥기할 수 있었던 것은 강상(姜尙)이 은(殷) 왕조에서 일했기 때문이다. 현명한 군주와 장수가 지혜로운 인재를 등용하여 정보공작에 투입하면 틀림없이

---

12) 현대적 용어를 빌자면 '고정간첩'과 같은 성격을 띤다.
13) '포섭간첩'이라고 표현할 수 있다.
14) '이중간첩'의 성격을 띤다.
15) '死間'과 '生間'이야말로 첩자의 전형이라 할 수 있다.

성공할 것이다. 그것이 용병의 유일한 요결이며 삼군의 작전은 이에 의존해 행동에 옮긴다.

손자는 춘추 말기의 인물이었고, 『손자병법』이 탄생한 데에는 춘추 말 중국의 정세와 무관하지 않을 것이다. 아무튼 고대에 '첩자'에 관해 이렇게 상세한 기록을 남긴 예는 없다. 전국에 들어서면 중국은 더욱 혼란에 빠지고 그에 따라 '첩자'의 중요성은 더욱 커졌을 것으로 보인다. 그런데 전국 이후 '첩자'는 거의가 '반간'이란 용어로 나타난다.[16]

---

16) 『史記』를 중심으로 몇몇 예를 참고로 들어 둔다.
   (1) 趙策 4 : 王翦惡之, 乃多與趙王寵臣郭開等金, 使爲反間, 曰:"李牧·司馬尙欲與秦反趙, 以多取封于秦."(『戰國策』)
   (2) 燕策 2 : (燕)惠王卽位, 用齊人反間, 疑樂毅, 而使騎劫代之將.(『戰國策』)
   (3) (易王 10년)蘇秦與燕文公夫人私通, 懼誅, 乃說王使齊爲反間, 欲以亂齊.(『史記』 권34-1555 : 燕召公世家)
   (4) 大王誠能出捐數萬斤金, 行反間, 間其君臣, 以疑其心, 項王爲人意忌信讒, 必内相誅. … 陳平旣多以金縱反間於楚軍…(권56-2055 : 陳丞相世家)
   (5) 而秦相應侯又使人行千金於趙爲反間, 曰:"秦之所惡, 獨畏馬服子趙括將耳, 廉頗易與, 且降矣." 趙王旣怒廉頗軍多失亡, 軍數敗, 又反堅壁不敢戰, 而又聞秦反間之言, 因使趙括代廉頗將以擊秦.(권73-2334 : 白起列傳)
   (6) 惠王自爲太子時嘗不快於樂毅, 及卽位, 齊之田單聞之, 乃縱反間於燕, 曰:"…" 於是燕惠王固已疑樂毅, 得齊反間, 乃使騎劫代將, 而召樂毅.(권80-2429 : 樂毅傳)
   (7) 日擊數牛饗士, 習射騎, 謹烽火, 多間諜, 厚遇戰士. … 趙王遷七年, 秦使王翦攻趙, 趙使李牧·司馬尙禦之. 秦多與趙王寵臣郭開金, 爲反間, 言李牧·司馬尙欲反.(권81-2451 : 李牧列傳)
   (8) 頃之, 燕昭王卒, 惠王立, 與樂毅有隙. 田單聞之, 乃縱反間於燕, 宣言曰:"齊王已死, 城之不拔者二耳. 樂毅畏誅而不敢歸, 以伐齊爲名, 實欲連兵南面而齊王. …" … 田單又縱反間曰:"吾懼燕人掘吾城外塚墓, 僇先人, 可爲寒心."(권82-2454 : 田單列傳)
   (9) 夏四月, 項羽圍漢滎陽, 漢王請和, 割滎陽以西者爲漢. 亞父勸項羽急攻滎陽, 漢王患之. 陳平反間旣行, 羽果疑亞父.(『漢書』 권1상-40:高帝紀 上)
   (10) 上乃下詔曰:"樓蘭王安歸嘗爲匈奴間, 候遮漢使者, …"(권70-3002 : 傅介子傳)
   (11) 遷爲大司農, 藏餘, 左小法, 左遷犍爲太守. 先是南蠻若兒數爲寇盜, 博厚結其昆弟, 使爲反間, 襲殺之, 郡中淸.(권83-3403 : 朱博傳)

춘추전국시대를 거쳐 한대까지 첩자는 주로 '간(間)' 또는 '반간(反間)', 간혹 '간첩(間諜)'으로 표현되고 있음을 알 수 있다.

한대 이후 당대 이전까지 첩자와 관련한 기록들은 좀처럼 보이지 않는다.[17] 『삼국지(三國志)』에 '간첩'으로 표현된 용례가 보일 정도다.[18]

당대 이후 중국 역사서에는 첩자(諜者)[19]·첩인(諜人)[20]·정자(偵者)[21]·세작(細作)[22] 등의 용어로 나타나고 있다. 첩자라는 용어가 쓰이기는 당대 무렵이 아닌가 추측해본다.

──────────

(12) 或者設爲反間, 欲因而生隙, 受之適合其策, 使得歸曲而直責. 此誠邊境安危之原, 師旅動靜之首, 不可不詳也.(권94-3808 : 匈奴傳 下)

(13) 翁指據險爲壘, (陳)立使奇兵絶其饒道, 縱反間以誘其衆.(권95-3845 : 西南夷列傳)

(14) 後復爲匈奴反間, 數遮殺漢使.(권96-3878 : 西域傳 上 鄯善樓蘭)

17) 魏晉南北朝時代의 幕府體制의 성립과 함께 첩자의 역할은 상당히 중시되었을 것으로 보이나, 구체적인 諜者·反間·間 등으로 표현된 용례를 찾아보기 힘들다. 물론 이 시대를 기술하고 있는 각종 기록들을 다 검토한 것이 아니기 때문에 확언할 수는 없다. 그리고 이 시기에 '첩자'와 관련한 기록들이 보인다 해도 그 성격에 대해서는 달리 파악할 필요가 있을 것이다. 이와 관련하여 남북조시대의 중국적 세계질서 속에서 고대 한국의 막부제의 가능성을 검토한 金翰奎, 「南北朝時代의 中國的 世界秩序와 古代韓國의 幕府制」(『韓國 古代의 國家와 社會』, 一潮閣, 1985)가 주목된다. 그런데 이 논문에서는 지금 우리가 다루고 있는 첩자와는 직접적인 관련은 없지만, 삼국 통합 이후 신라 귀족계급 내의 정치적 알력과 幕府 開設 속에서 변질되어간 '첩자'의 성격을 이해하는 데 자못 시사적이다. 이 문제는 우리나라의 경우 삼국 통합 이후 '첩자'가 기록에 나타나지 않는 것과도 연관되는데, 결국 첩자의 개념에 대한 인식 및 성격 변화와 관련될 것으로 보인다.

18) 車騎將軍劉纂曰: "天生五才, 誰能去兵? 譎詐相雄, 有自來矣. 若其有闕, 庸可棄乎? 宜遣間諜, 以觀其勢." 皓陰納纂言…(권48-1166)

19) 『資治通鑑』권189-5912:諜者告曰: "建德伺唐軍芻盡, 牧馬於河北, 將襲武牢."(唐 高祖 武德4년[621]),

『五代史』권66-873~874 : 其後, 戶部尙書李鏻得吳諜者, 言: "徐知誥欲奉吳國以稱藩, 願得安公一言以爲信." 鏻卽引諜者見重誨. 重誨大喜, 以爲然, 乃以玉帶與諜者, 使遣知誥爲信, 其直千緡.

20) 『資治通鑑』권215-6863-6864 : 軍中日夜思戰, 忠嗣多遣諜人伺其間隙, 見可勝, 然後興師, 故出必有功.(唐 玄宗 天寶3년[744])

21) 『資治通鑑』권220-7033 : 賊伏精騎於陳東, 欲襲官軍之後, 偵者知之, …(唐 肅宗 至德2년[757])

22) 『舊唐書』권95-2987 : 晙上疏曰: "… 日月漸久, 姦詐逾深, 窺邊間隙, 必爲患難. … 臣問沒蕃歸人云, 却逃者甚衆, 南北信使, 委曲通傳, 此輩降人, 飜成細作. …"(王晙列傳)

첩자 내지 그와 관련된 '첩'의 기원은 기록상으로는 상당히 오래고 또 특정한 제도적 장치에 의해 뒷받침된 것으로 나타나지만, 군사전략[23]의 차원에서 구체적으로 활용되기는 『손자병법』에 와서다.[24] 시기는 춘추전국, 특히 전국으로 보아도 크게 어긋나지는 않을 것이다. 『손자병법』에 '용간'으로 표현된 첩자의 군사 전술적 활용은 전국시대 이후 한대에 이르기까지 사서에 단편적으로 그 실례들이 보인다. 여러 가지 용어로 표현되고 있지만 모두 첩자라 부를 수 있는 것들이다. 첩자라는 용어가 사용된 시기는 당대로 추측된다.

3.

이제 위에서 검토한 '첩자'에 관한 몇 가지 지식을 참고로 하면서 『삼국사기』에 나타나는 '첩자'와 직접 관련이 있는 기록들을 시대 순으로 검토하도록 하겠다. 『삼국유사』에 '첩자'라고 표현된 경우는 앞에서 살펴본 원효와 의상과 관련된 부분이 유일하다.

---

[23] 전략(strategy)이란 전쟁 목적을 달성하기 위한 종합적인 준비, 계획, 병력의 조직적 운용의 방법을 가리키는 뜻으로, 낱낱의 국면에 대처하는 전술에 비하여 대국적인 것을 이른다. 반면에 전술(tactics)은 전력을 성공시켜 최대한의 성과를 올리기 위한 구체적인 전투 진행의 한 방법을 말한다. '첩자'를 활용한 '첩보전'은 '전술'에 가깝다고 할 수 있겠다. 그러나 첩보전이 치밀한 사전준비와 상대에 대한 정보수집 등에 따라 움직일 수밖에 없다는 점에서는 전략의 성격도 다분하다고 할 수 있다.

[24] 『회남자』에도 군사전략의 차원에서 첩자가 언급되고 있지만 『손자병법』만큼 구체적이지 못하다.

(1). 권 제25 『백제본기』 제3 개로왕21년(475)

　　앞서 고구려 장수왕은 백제를 은밀히 도모코자 백제에 보낼 간첩
을 구했다. 이때 승려 도림이 응모하며, "어리석은 저로서는 불도를
알 길은 없고 나라의 은혜에 보답하는 길을 생각해 왔사오니, 왕께서
는 신을 불초하다 여기지 않으시고 일을 맡겨 주시면 명을 욕되게 하
지 않을 것입니다."라고 말했다. 장수왕은 기뻐하며 그를 백제로 몰래
보내어 백제를 속이게 했다. 이때 도림은 죄를 짓고 도망 온 것으로
위장하고 백제로 들어갔다.[25]

　　위는 백제 개로왕과 고구려 승려 도림에 얽힌 유명한 내용이다.
이 일련의 극적인 사건은, 이보다 앞서 개로왕이 취한 대중국정책
과 관련이 있는 것 같다. 개로왕은 고구려의 침입을 북위(北魏)의 군
사로 막아보려는 의도를 가졌다.(472년) 백제의 이러한 의도는 고구
려를 크게 자극시켰고, 일순 북위와 고구려는 긴장상태로 돌입한다.
460년대 이후 서로의 필요성에 의해 개선된 양국 관계에 첫 마찰이
빚어진 것이다.[26] '475년 고구려는 백제의 수도인 위례성을 공격,
개로왕을 살해한다. 그러나 더 이상 남진하지 않고 회군하는 단기
전으로 마무리지었다.' 이는 '긴장된 북위와의 관계를 고려한' 조치
이기도 했을 것이나 북위로서도 양국 관계에 개입할 의사가 없었

---

25) 先是, 高句麗長壽王陰謀百濟, 求可以間諜於彼者. 時浮屠道琳應募曰 : "愚僧旣不能知道, 思有
　　以保國恩. 願大王不以臣不肖, 指使之. 期不辱命." 王悅密使謠百濟, 於是道琳佯逃罪, 奔入百濟.
26) 당시(5, 6세기)의 국제정세에 대해서는, 盧泰敦, 『5-6세기 동아시아의 국제정세와 고구려의
　　대외관계』(『東方學志』44, 1984)에 자세하다. 5, 6세기 동아시아 국제정세에 대한 서술은 이
　　논문에 따른다.

던 것으로 보인다.

백제로서는 국가 존망의 위기에 처해 있었던 셈인데 백제를 존망의 위기상황으로 몰고 간 데는 고구려의 승려 '간첩' 도림의 역할이 단연 컸다고 할 수 있다. 도림은 개로왕을 설득하여 궁궐의 증축 등 각종 역사(役事)를 일으켜 백제에 상당한 타격을 가한 다음, 고구려로 돌아와 장수왕에게 보고한다. 개로왕이 도림이 고구려로 도망간 후 자신의 실수를 후회하면서 도림을 간인(姦人)이라고 욕하고 있는 것으로 보아 도림이 백제에 가한 타격은 적지 않은 것이었다.[27]

이 일련의 사건을 통해 몇 가지 점을 생각해보자.

첫째, 승려의 신분으로 첩자 활동을 한 점이다. 이는 우리가 처음 원효와 의상의 이야기에서도 생각해본 바다. 종교인으로서 첩자 활동을 했다는 것은 종교인이 갖는 특수성으로 인해 첩자 활동을 은폐할 수 있다는 이점이 있었기 때문일 것이다.

둘째, 장수왕은 적국에 보낼 첩자를 모집했고 도림은 그 모집에 응모했다.

셋째, 도림이 백제로 파견되기 전에 사전준비가 취해졌다. 즉 고구려에 죄를 짓고 도망 온 것으로 위장하고 있다. 이를테면 도림은 '위장간첩'인 셈이다.

---

27) 승려의 첩자활동에 대해 김복순은 다음과 같이 말하고 있다. "삼국은 … 국가적 차원에서 불교를 전파시켰다. 이에 따라 승려들은 자연 우대되어졌고 이들은 국가를 위해 일정한 봉사를 하는 양상이 나타나게 되었다. 삼국시대 승려들에 있어 불교 본연의 구도적인 측면에서의 수행과 교화 활동 이외에, 이들이 국가와 관련되어 나타나는 활동이 적극성을 띠고 드러난 것이다."(앞의 글, 144쪽)

(2). 권 제41 열전 제1 김유신(상)(642년 김춘추의 고구려 행)

이때 고구려 첩자 부도(=승려) 덕창은 (이 사실을) 왕에게 보고 하 도록 했다. (고구려) 왕은 앞서 김춘추가 맹세한 말을 들은데다가 또 첩자의 말을 듣고 보니 더 이상 붙잡아둘 수 없어 후한 예물로 돌려보 냈다.[28]

사료(2)는 김춘추가 고구려에 들어간 후 돌아오지 않자 김유신은 결사대를 조직하고, 이 사실을 고구려 첩자가 보고한다는 내용이다. 이 사료에서 주목되는 점은 고구려 첩자가 역시 승려라는 점과, 그 자신이 직접 '첩보'하지 않고 다른 사람을 시켜 보고하게 했다는 점 이다. 첩자 조직의 일단을 추측해볼 수 있는 대목이다.

(3). 권5 「신라본기」 진덕왕3년(649)

가을 8월, 백제의 장군 은상이 무리를 거느리고 와서 석토 등 일곱 성을 공격하여 함락했다. (신라) 왕은 대장군 유신, 장군 진춘, 죽지, 천존 등에게 나가 막도록 명령했다. 십여 일 동안 전투를 벌였지만 해 결되지 않자 도살성 아래에 주둔했다. 김유신은 여러 사람들에게, "오 늘 틀림없이 백제가 정탐하러 올 것이니 너희들은 모른 체하고 아무 말도 하지 말라."고 말했다. 그러고는 군대를 돌아다니며, "(적이) 튼 튼한 벽처럼 꿈쩍도 않으니 내일 원군이 오길 기다렸다가 결전을 벌 이도록 하겠다."고 말했다. 첩자가 이를 듣고는 돌아가 은상에게 보고

---

28) 時高句麗諜者浮屠德昌使告於王. 王前聞春秋盟辭, 又聞諜者之言, 不敢復留, 厚禮而歸之.

했다. 은상 등이 적병이 늘 것이라며 수군대며 의심하면서도 두려워하지 않을 수 없었다. 이를 틈타 김유신 등이 진격하여 대패시켰다.[29]

(4). 권42 열전2 김유신(중)(649년)

2년[30] 가을 8월에 백제 장군 은상이 석토 등 일곱 성을 공격했다. 왕은 유신과 죽지, 진춘, 천존 등 장군에게 나아가 막도록 명령했다. 3군(軍)을 5도(道)로 나누어 공격하였으나 피차 이기고 지고 하면서 10여 일이 지나도록 끝나지 않았다. 이에 시체는 들판에 가득 차고 절구공이가 둥둥 뜨도록 피가 흘렀다. 이에 (신라군은) 도살성 아래에 주둔하여 다시 거병할 수 있도록 말을 쉬게 하고 군사들을 배불리 먹였다. 이때 물새가 동쪽으로 날아와 유신의 군막을 지나갔다. 장사들이 이를 보고는 불길하다며 수군거렸다. 유신은 이상할 것 없다며 여러 사람들에게, "오늘 틀림없이 백제인이 정탐하러 올 것이니 너희들은 모른 체하고 누구냐고 묻지 말아라."고 말했다. 그러고는 군대를 돌면서, "(적이) 튼튼한 벽처럼 꿈쩍도 않으니 내일 원군을 오길 기다렸다가 결전토록 한다."고 말했다. 첩자가 이 말을 듣고는 돌아가 은상에게 보고했다. _[이하, 위 사료 참고][31]

---

29) 秋八月, 百濟將軍殷相率衆來, 攻陷石吐等七城. 王命大將軍庾信·將軍陳春·竹旨·天存等出拒之. 戰鬪經旬不解, 進屯於道薩城下. 庾信謂衆曰: "今日必有百濟人來諜, 汝等佯不知, 勿敢誰何." 乃使徇于軍中曰: "堅壁不動, 明日待援軍, 然後決戰." 諜者聞之, 歸報殷相. 相等謂有加兵, 不能不疑懼. 於是庾信等進擊, 大敗之.

30) 이 기록의 연대 고증에 대해서는 李丙燾, 『三國史記』下(乙酉文化社, 1983), 304~305쪽 참고.

31) 二年秋八月, 百濟將軍殷相來攻石吐等七城. 王命庾信及竹旨·陳春·天存等將軍出禦之. 分三軍爲五道擊之. 互相勝負, 經旬不解. 至於僵屍滿野, 流血浮杵. 於是屯於道薩城下, 歇馬餉士, 以圖

사료(3), (4)는 같은 사실을 기록한 것인데 내용에서 미묘한 차이를 보이고 있다. 이 사료는 김유신이 백제의 첩자가 오리라는 것을 알고는 거짓정보를 흘려 상대를 교란시킨 다음 일거에 공격하여 대승을 거두는 내용을 담고 있다.

이 두 기록에서도 몇 가지 흥미로운 점을 발견할 수 있다. 우선, 김유신이 백제의 첩자가 오리라는 것을 알고 있었다는 것은, 역으로 신라 쪽에서도 첩자를 이용해 그 정보를 미리 입수하고 있었다는 말이다. 그리고 이와 관련하여 열전의 기록인 사료(4)에 보이는 물새가 동쪽에서 날아와 김유신의 막사 위를 날아가자 부하들이 불길하게 여겼으나 김유신은 오히려 이상할 것 없다며, 조만간 백제 첩자가 올 것이라고 말한 대목이다. 이 대목은 그 내용이나 앞뒤 상황으로 미루어 심상치 않다. 지나친 추측일는지는 몰라도, 여기서 말하는 물새는 연락용 새 내지는 백제 쪽에 침투해 있던 신라 첩자가 날린 모종의 암호를 띤 새라는 혐의가 짙다. 그리고 김유신 휘하의 '장사(將士)'들은 이러한 사실을 전혀 모르고 있었다는 대목이다.

이 역시 첩자의 역할이나 운용에 관한 어떤 시사를 준다. 우리가 앞에서 살펴본 『손자병법』의 한 대목인 '故三軍之事, 親莫親于間, 賞莫厚于間, 事莫密于間'을 연상하지 않을 수 없다. 그리고 김유신이 거짓정보를 흘려 적을 교란시킨 것은 첩보전의 양상을 방불케 하는 대목이 아닐 수 없다.

再擧. 時有水鳥東飛, 過庾信之幕. 將士見之以爲不祥. 庾信曰, 此不足怪也, 謂衆曰:"今日必有百濟人來諜, 汝等佯不知, 勿敢誰何." 乃使徇于軍中曰:"堅壁不動, 待明日援軍至, 然後決戰." 諜者聞之, 歸報殷相. 殷相等謂有加兵, 不能不疑懼. 於是庾信等一時奮擊, 大克之.

(5). 권 제42 열전 제2 김유신(중) (660년 이후)

당인(唐人)이 우리가 대비하고 있다는 것을 첩보해 알고는…[32]

사료(5)는 당이 신라 쪽 상황을 첩보하여 알고 있다는 내용인데 연합군을 형성하고도 상대의 정세를 첩보하고 있다는 점에서 첩보전의 냉혹함을 엿보게 한다. 당시 삼국들 사이에서뿐만 아니라 당과도 첩보전을 전개했다는 방증의 하나가 될 것이다. 원효와 의상의 이야기에서도 그 가능성을 엿볼 수 있고, 다음 『삼국사기』와 『자치통감』의 기록으로도 짐작이 가는 바다.

봄 3월, 한솔 연문진을 수에 보내 조공하게 했으며, 또 좌평 왕효린을 보내 조공케 하면서 고구려 토벌을 청하니, 수 양제는 이를 허락하고 고구려의 동정을 엿보게 했다.[33]

(고구려에서 돌아왔다) 연개소문이 교만방자한 것이 비록 사신을 보내 표를 받들기는 하나 그 언행이 터무니없었고, 당나라 사자를 대하는 것이 거만하기 짝이 없었으며, 늘 변경에서 틈을 엿보고 있었다.[34]

---

32) 唐人諜知我有備, …

33) 春三月, 遣扞率燕文進入隋朝貢, 又遣佐平王孝隣入貢, 兼請討高句麗. 煬帝許之, 令覘高句麗動靜.(『삼국사기』권 제27 「백제본기」 제5 무왕8년[607])

34) (上自高麗還) 蓋蘇文益驕恣, 雖遣使奉表, 其言率皆詭誕; 又待 唐使者倨慢, 常窺伺邊隙.(『資治通鑑』권198-6241:唐 太宗 貞觀20년[646])

(6). 『삼국사기』 권42 열전 제2 김유신(중)(660년 이후)

유신이 일찍이 중추절 밤에 자제들을 이끌고 대문 밖에 서 있는데, 문득 서쪽에서 웬 사람이 왔다. 유신은 그자가 고구려 첩자인 줄 알고는 앞으로 불러, "너희 나라에 무슨 일이 있는가."라고 물었다. 그자는 몸을 굽히면서 감히 대꾸하지 못했다. 유신은, "두려워 말고 사실을 말하기만하면 된다."고 했다. 역시 말이 없었다. 유신은 그자에게, "우리나라 국왕은 위로는 하늘의 뜻을 어기지 않으며 아래로는 인심을 잃지 않으매, 백성들이 기뻐하고 모두 즐겁게 자신들의 일에 종사하고 있다. 지금 네가 본 대로니 가서 너희 나라 사람들에게 알려라."고 말해주었다. 그러고는 마침내 살려 돌려보냈다. 고구려 사람들이 이 이야기를 듣고는 "신라가 나라는 작으나 유신과 같은 재상이 있는 한 가볍게 여길 수 없다."고들 했다.[35]

사료(6)은 김유신이 생포한 고구려 첩자를 살려 보내어 대(對)적국 홍보 전략의 일환으로 역이용하고 있음이 주목된다. 어느 모로 보나 김유신은 첩자 활용에 관해 상당한 식견을 가지고 있었음은 물론, 자신의 막하에 첩자를 운용할 수 있는 조직을 거느렸으리라는 추측을 가능케 하는 방증자료의 하나라 할 수 있다.

---

35) 庾信嘗以中秋夜, 領子弟立大門外, 忽有人從西來. 庾信知高句麗諜者, 呼使之前曰 : "而國有底事乎?" 其人俯而不敢對. 庾信曰:"無畏也, 但以實告." 又不言. 庾信告之曰:"吾國王上不違天意, 下不失人心, 百姓欣然, 皆樂其業. 今爾見之, 往告而國人." 遂慰送之. 麗人聞之曰:"新羅雖小國, 庾信爲相, 不可輕也."

(7). 권 제22 「고구려본기」 제10 보장왕25년(666)

25년에 왕이 태자 복남(福男)(『신당서』에는 남복[男福]으로 되어 있다)을 당에 보내 태산의 봉선(封禪)에 따라 가게 했다. 연개소문이 죽고 맏아들 남생이 대를 이어 막리지가 되었다. 처음 국정을 맡아 여러 성을 순수하러 나가면서 동생 남건과 남산에게 뒷일을 맡게 했다. 그런데 웬 자가 두 동생에게, "남생은 두 동생이 (자신의 자리를) 빼앗을까 두려워 (당신들을) 제거하려 하니 먼저 도모하는 것이 좋을 것이요."라고 말했다. 두 동생은 처음에는 믿으려 하지 않았다. 그런데 또 웬 자가 (이번에는) 남생에게, "(당신의) 두 동생은 형이 돌아와 정권을 빼앗을까 두려워 형을 막고 들여보내지 않으려고 하오."라고 고했다. 이에 남생은 몰래 친한 자를 평양에 보내어 동정을 엿보게 했는데 두 동생이 (그자를) 붙잡고는 왕명이라 하여 남생을 불러들였다. 남생은 감히 돌아오지 못했다. 남건은 자기가 막리지가 되어 군사를 일으켜 남생을 토벌했다. 남생은 국내성으로 도망가 그곳을 거점으로 삼고, 아들 헌성(獻誠)을 당으로 보내 구원을 요청했다.[36]

사료(7)을 검토해보자. 이 기록은 이해에 연개소문이 죽고 고구려가 내분에 돌입하고 있음을 보여주는 것이다. 연개소문 아들들 사이에 알력이 증폭되고 여기에 첩자가 개입한 인상이 짙기에 관심을 끈다.

---

36) 二十五年, 王遣太子福男(新唐書云男福)入唐, 侍祠泰山. 蓋蘇文死, 長子男生代爲莫離支. 初知國政, 出巡諸城, 使其弟男建·男産留知後事. 或謂二弟曰: "男生惡二弟之逼, 意欲除之, 不如先爲計." 二弟初未之信. 又有告男生者, 曰: "二弟恐兄還奪其權, 欲拒兄不納." 男生潛遣所親(권 제49 열전 제9 '男生遣諜往'), 往平壤伺之. 二弟收掩得之, 乃以王命召男生, 男生不敢歸. 男建自爲莫離支, 發兵討之. 男生走據國內城, 使其子獻誠, 詣唐求哀.

위 내용으로 보면 남생은 애초부터 당과 모종의 관계를 맺고 있었다는 혐의가 짙다. 그가 국내성으로 도망가서 당에 구원을 청한 것이나 두 동생이 그를 친 것 등에서 그가 고구려의 대당노선과는 상당히 거리를 둔 것이 아닌가 한다. 이후 그의 행적을 보면 충분히 납득이 간다. 이 내용에서는 우선 남생이 몰래 평양으로 파견하여 동정을 엿보게 한 인물이 주목된다. 「연개소문열전」을 보면 이 인물이 첩자로 나오기 때문이다.[권 제49 열전 제9 '男生遣諜往'] 그러나 그보다 더 눈길을 끄는 것은 '웬 자가 두 동생에게 말하길(或謂二弟曰)'이라는 대목과 '또 웬 자가 남생에게 고하길(又有告男生者)'이라고 표현된 정체불명의 인물이다. 앞뒤 기사들을 연결해서 이해할 때 이자(복수일 가능성도 있다)는 당과 관련된 인물일 혐의가 짙다. 막리지가 되어 대당 강경노선을 고수하던 남건은 군사 일을 부도(승려) 신성이란 자에게 맡겼는데, 이자는 오사·요묘 등과 짜고 당으로 몰래 사람을 보내 내응하여 평양성을 함락케 한다.[37] 이렇게 본다면 당(혹은 친당적 고구려 지배 세력)은 일찍부터 현지인 첩자들을 고구려 권력층 내부에 깊숙이 잠복시켜 두었을 가능성이 크다. 남생 형제의 분열은 결국 이런 관계의 일단이 드러남으로써 촉진되었고 남건도 결국은 당의 첩보전에 무릎을 꿇고 말았다. 물론 첩보전이 승리의 주 원동력이라고 하기에는 증거 부족이지만 그것이 한 요소로 작용했다는 점은 수긍해봄직하다.

---

37) 男建以軍事, 委浮圖信誠. 信誠與小將烏沙、饒苗等密遣詣勣, 請爲內應.

(8). 권 제7 「신라본기」 제7 문무왕11년(671)

건봉2년(667)에 대총관 영국공(이적)이 요동을 친다는 말을 듣고 모(문무왕)는 몸소 한성주로 가서 군사를 보내려 북쪽 경계에 모았다. 신라 병마 단독으로 들어갈 수 없어 먼저 세작(細作)을 세 번씩이나 보내고 배를 차례로 띄워 보내 대군의 동정을 살피게 했다. 세작이 돌아와 대군이 아직 평양에 이르지 않았다고 보고하므로, 우선 고구려의 칠중성을 쳐서 도로를 열고, …38)

위 사료(8)은 '세작'에 관한 유일한 기록이다. '세작'은 이미 말한 대로39) '첩자'와 비슷한 말이다. '세작'이란 표현은 우리 기록에서는 이것이 유일한 보기다. 그 의미나 활동이 첩자의 그것과 다름이 없다.

(9). 권 제47 열전 제7 소나

말갈의 첩자가 이를 알고는 돌아가 추장에게 보고하니…40)

위 기록은 말갈에서도 신라에 첩자를 파견해 동정을 보고했다는 내용을 전하고 있다. 말갈의 정체가 의심스럽지만 상대가 누가 되었든 간에 첩보 활동이 이루어졌던 것은 분명하다 할 수 있다.

이상 『삼국사기』를 중심으로 '첩자'와 직접 관련이 있는 기록들

---

38) 乾封二年, 聞大摠管英國公征遼, 某往漢城州, 遣兵集於界首. 新羅兵馬不可獨入, 先遣細作三度, 船相次發遣, 覘候大軍. 細作廻來, 並云, 大軍未到平壤, 且打高麗七重城, 開通道路, ….
39) 주22)의 『舊唐書』 기록 참고.
40) 靺鞨諜者認之, 歸告其酋長 ….

을 검토해보았다. 첩자가 군사 전술 내지 전략의 일환으로 상당히 중요하게 활용되어야 할 것이라고 한 『손자병법』의 보편적 논리를 비교적 어렵지 않게 확인할 수 있었다. 그리고 『손자병법』에 분류된 각종 첩자의 유형도 거의 모두가 나타나고 있다.[41] 삼국의 대립과 당까지 가세한 국제전적인 성격으로까지 전개된 당시 상황에서 첩자들이 암약했으리라는 것은 상식적으로도 생각해볼 수 있는 문제다. 따라서 위 기록들에 대한 검토는 그러한 상식을 새삼스럽게 확인해본 것에 지나지 않는다.

다만, 위 기록들을 검토한 결과 좀더 우리가 생각해보고 또 주목해야 할 몇 가지 점들이 있는 것 또한 사실이다.

첫째, 첩자 활동을 벌이는 사람들은 대체로 신분(정체)이 은닉되기 마련인데, 유달리 승려들이 첩자로 많이 활동했다는 사실이다. 종교인으로서 첩자 활동을 했다는 것은 종교인이 갖는 특수성으로 인해 첩자 활동을 은폐할 수 있다는 이점이 있었기 때문일 것이다. 따라서 이들의 첩자 행위는 다분히 공공연히 진행된다. 문제는 공공연한 첩자 활동을 그들이 어떤 방법으로 위장했느냐에 있다. 도림의 경우는 바둑이라는 잡기를 통해 왕에게 접근하고, 그것으로 적국 왕의 신임을 얻은 다음, 각종 역사를 권하고 그것으로 적국을 교란시키는 방법을 쓰고 있다. 가장 구체적인 예라 할 수 있다.

둘째, 첩자의 활용[用間]을 『손자병법』에서는 군주와 장군들이 활용하는 전술이라고 했다. 『삼국사기』의 기록에서도 그 점은 어렵

---

41) 우리 기록들에 보이는 첩자들을 『孫子兵法』의 경우처럼 유형별로 분류할 필요성도 있으나, 이 글에서는 첩자라는 존재를 부각시키려는 본래의 목적에 충실하기 위해 생략했다. 앞으로 보완이 필요하다고 생각한다.

지 않게 확인된다. 특히 삼국시대 장군을 중심으로 한 막부체제(幕府體制)[42]와 관련하여 막하(幕下)에 첩보전을 전문으로 담당하는 직책 내지는 기구가 존재했을 가능성도 타진된다. 첩자에 관한 기록이 김유신과 관계되어 나타나는 부분이 유별나게 많고, 또 김유신의 첩자 활용을 보면 이런 추측도 꽤 설득력을 가질 것으로 보인다. 첩자의 유형도 다양하게 나타난다.

셋째, 첩자 조직이다. 기록 검토를 통해서는 단편적으로밖에 확인되지 않는다. 김유신의 결사대 조직을 고구려에 보고한 고구려 승려첩자 덕창은 그 사실을 자신이 직접 보고하지 않은 것으로 보인다. 그 아래에 연락 내지는 보고를 전문적으로 담당하는 또 다른 첩자가 있지는 않았을까? 김유신이 백제 첩자가 올 것이라는 사실을 미리 알고 있었던 것도 결국은 신라 첩자의 보고에 의한 것일 텐데, 이는 일정한 조직망 내지 연락망을 구축하지 않고서는 불가능하지 않았을까?

조직이 있었다면 그것의 운영이 또한 문제다. 위 김유신의 경우에서 짐작해본 문제로, 김유신이 막하의 첩자를 백제에 보내 정보를 캐게 하고 그것을 전달받는 수단으로 새를 이용했을 것이라고 추측했다. 그런데 휘하의 장수들과 군사들은 그 사실을 아무도 모르고 있었다. 이는 첩자의 활용에 있어서 가장 중요한 기밀의 유지라는 원리를 김유신이 정확하게 파악하고 있음을 말해주는 대목이 아닐수 없다. 『손자병법』에서도 삼군(三軍)의 일에 이보다 더 기밀을 유지해야 할 것은 없다고 했고, 또 기밀을 누설한 자는 물론 그 기밀을

---

42) 金翰奎, 앞의 글, 159~167쪽 참고.

전한 자는 사형에 처한다고도 하지 않았던가.

넷째, 단편적인 기록들이었지만 고구려·신라·당은 각각 상대국에 첩자를 파견해 동정을 엿보고 있었다. 그 전개상을 자세히 알 수는 없지만 국제적인 첩보전의 윤곽은 그려볼 수는 있겠다.

4.

첩자의 활동 영역 내지 활동 내용, 즉 적국을 불리하게 하고 아국을 유리하게 하는 모든 활동이라는 면만을 놓고 볼 때, 첩자라 부를 수 있는 대상의 포괄 범위는 무한하다고 할 수 있다. 첩자가 갖는 고유한 익명성으로 해서 첩자로 기록되지 않았지만 첩자의 행위로 볼 수 있는 경우도 적지 않을 것이다. 첩자에 관한 기록들이라는 것이 첩자를 성공적으로 활용했거나 아니면 적의 첩자 활동을 성공적으로 저지한 경우에만 한정되어 나타나고 있어, 한 개인으로서의 첩자의 운명이나 첩자의 활동을 이념적으로 뒷받침해주는 이데올로기

---

43) '첩자'로 기록되어 있지 않으면서 그에 준하는 행위를 한 경우를 '첩자 행위'란 표현으로 포괄하기에는 무리가 따른다. 전략 전술적 차원에서 모종의 임무를 띠고 자국의 이익을 위해 상대를 교란 또는 음해하는 '첩자'의 행동과, 역적 등의 이적행위는 구분되어야 하기 때문이다. 이적행위는 개념 자체에서 첩자와는 대비될 뿐만 아니라 다분히 즉흥적이다. 물론 이적행위도 상대의 조종에 의해 사전에 치밀하게 준비될 수 있고, 그럴 경우 상대의 입장에서는 첩자 활용의 한 방편이 된다. 이 글에서는 이런 인식하에서 넓은 의미로 첩자 활동에 포함시킬 수 있는 사료를 분석했다. 주안점은 첩자가 갖는 신분상의 특수성을 확인하고자 하는 데 있다.

같은 것을 확인할 길은 막막하다.

이러한 점들에 대해서는 잠시 후 별도로 검토하기로 하고 여기서는 먼저 명백히 첩자라고는 표현하고 있지는 않지만 첩자 활동[43]을 한 기록들을 검토할까 한다. 우리는 이 검토를 통해 첩자적인 행위에도 불구하고 첩자로 기록되어 있지 않은 경우를 통해서, 역으로 첩자가 갖고 있는 특수성의 단서를 찾아내길 기대해본다. 말하자면 첩자의 신분이란 점을 생각해보려는 의도다. 먼저 『삼국사기』의 기록부터 검토한다.

① 이날 (8월 2일) 모척의 목을 베었다. 모척은 본래 신라 사람인데, 백제로 도망가서는 대야성의 검일과 함께 짜고 성을 함락케 했기 때문에 목을 벤 것이었다. 또 검일을 잡아서는, "너는 대야성에서 모척과 함께 짜고 백제병을 끌어 들인 다음 창고를 불살라 성 안의 식량을 끊어지게 함으로써 (우리를) 패배케 한 것, 이것이 그 첫 번째 죄다. 품석 부부를 윽박질러 죽인 것, 이것이 두 번째 죄다. 또 백제와 더불어 본국을 공격한 것, 이것이 세 번째 죄다."라고 죄목을 낱낱이 열거하고는 사지를 찢어 시체를 강에 던져버렸다.(653년)[44]

② 일찍이 도독 품석은 (자신의) 막객 검일의 예쁜 아내를 보고는 빼앗은 적이 있었다. 검일은 이 일에 한을 품었다. 이에 (적과) 내통하여 창고를 불 지르고…[45]

---

44) 日(八月二日), 捕斬毛尺. 毛尺本新羅人, 亡入百濟, 與大耶城黔日, 同謀陷城, 故斬之. 又捉黔日, 數曰:"汝在大耶城與毛尺謀, 引百濟之兵, 燒亡倉庫, 今日城乏食致敗, 罪一也. 逼殺品釋夫妻, 罪二也. 與百濟求攻本國, 罪三也." 以四肢解, 投其尸於江水.(『삼국사기』 권5 「신라본기」5 진덕왕7년[653])

①과 ②는 같은 내용을 전하는 기록인데 이 두 기록을 합쳐 검토해보면, 검일은 품석에 대한 개인적 원한으로 번민하던 중 일찍이 백제로 망명한 모척에 포섭되어 백제가 대야성을 함락하는 데 결정적인 역할을 담당하게 된다. 검일의 개인적 원한을 잘 알고 있었을 모척은 백제의 조종을 받고 활동했다고 보아도 무리는 없을 것이다. 모척은 결국 첩자 행위로 참수당하고, 검일은 이적행위를 한 죄목 등으로 능지처참을 당하여 시신은 강물에 버려졌다.

③ 고구려가 그 일을 낱낱이 알고는 병사로 국경을 침략했다.[46]

위 기록은 백제가 598년 9월에 수에 사신을 보내 수가 고구려를 치는 데 군도(軍導)가 되기를 청한 사실을 고구려가 알고 백제를 공격한 내용을 말하고 있다. 첩자의 첩보 없이는 고구려가 백제의 움직임을 상세히 알기란 힘들었을 것이다.

④ 이에 앞서 급찬 조미압이란 자가 부산현 현령으로 있었는데, 백제에 포로로 잡혀가 좌평 임자의 집에서 종노릇을 하고 있었다. 부지런히 일하면서 게으름을 피우는 법이 없었다. 임자가 그를 의심하지 않고 마음대로 출입하게 했다. 이에 도망쳐서 돌아와 유신에게 백제에서의 일을 알렸다. 유신은 조미압이 충성스럽고 정직한 것이 쓸 만하다고 판단하여, "듣자 하니 (좌평) 임자가 백제의 일을 전담하고 있다

---

45) 先是, 都督品釋見幕客舍知黔日之妻有色, 奪之. 黔日恨之. 至是, 爲內應, 燒其倉庫 … (동상 권 47 列傳 제7 竹竹傳)

46) 高句麗頗知其事, 以兵侵掠國境.(동상 권 제27 「백제본기」 제5 위덕왕45년[598])

는데 함께 의논하고 싶어도 계제가 없었다. 네가 나를 위해 다시 돌아가서 내 말을 전해라."고 말했다. (조미압은) "공께서 나를 불초하게 여기시지 않고 일을 시키시니 죽어도 후회하지 않겠습니다."라고 답했다. 그러고는 다시 백제로 들어가 임자에게, "제가 이미 이 나라 국민이 되었으니 나라의 습속을 알아야 하겠다고 생각해서, 나가서 수 십일 동안 돌아다녔습니다. 그러나 개와 말이 주인을 생각하는 마음을 견딜 수 없어 다시 돌아왔습니다."라고 말했다. 임자는 이 말을 믿고 나무라지 않았다. 틈을 보던 조미압은, "지난번에는 벌을 받을까봐 감히 바로 말씀을 드리지 못했사옵니다. 사실은 신라에 갔다가 돌아왔사온데 유신이 저에게 다시 가서 공께 '나라의 흥망이란 미리 알 수 없는 일이니, 그대의 나라가 망하면 그대가 우리나라에 의지하고 우리나라가 망하면 내가 그대의 나라에 의지하도록 하는 것이 어떠냐?'고 전하라 했습니다." 임자는 듣기만 하고 말이 없었다. 조미압은 황공해 물러나와 벌이 떨어지기를 기다렸다. 두어 달이 지난 다음 임자가 불러, "지난번 네가 전한 유신의 말이란 것이 어떤 것이었지?"라고 물었다. 조미압은 놀라움 반 두려움 반으로 전에 대로 대답해주었다. 임자는, "네가 전한 말을 잘 알았으니 가서 (유신에게) 알리도록 해라."라고 말했다. 마침내 (조미압)은 돌아와서는 (백제의) 이런 저런 일들을 소상하게 알리니 (백제를) 합병할 계획을 더욱 서둘러 추진했다.[47]

---

47) 先是租未押級湌爲夫山縣令, 被虜於百濟, 爲佐平任子之家奴. 從事勤恪, 曾無懈慢. 任子憐之不疑, 縱其出入. 乃逃歸, 以百濟之事告庾信. 庾信知租未押忠正而可用, 乃語曰: "吾聞任子專百濟之事, 思有以與謀而末由. 子其爲我再歸言之." 答曰: "公不以僕爲不肖而指使之, 雖死無悔." 遂復入於百濟, 告任子曰: "奴自以謂, 旣爲國民, 宜知國俗, 是以出遊累旬不返, 不勝犬馬戀主之誠, 故此來耳." 任子信之不責. 租未押伺間報曰: "前者畏罪不敢直言. 其實往新羅還來. 庾信諭我, 來告於君曰, '邦國興亡, 不可先知. 若君國亡則君依於我國. 我國亡則吾依於君國'." 任子聞之,

위 기사는 백제의 고급 관리 좌평 임자를 포섭하려는 김유신의 첩자 활용법이 돋보이는 내용을 담고 있다. 김유신은 부산현령 급찬 조미압과 백제의 좌평 임자를 심리적으로까지 이용하고 있다. 김유신에게 이용당하고 있는 조미압은 위장첩자 내지는 이중첩자의 성격마저 띠고 있다.

⑤ 역신 대내마 비삽이 몰래 사람을 파견해 적에게 알리길…[48]

대내마 비삽이 몰래 파견한 인물은 특정한 조직에 의해 훈련된 첩자는 아니지만 적에게 동정을 알리는 명을 받은 첩자의 역할을 다하고 있다. 이와 비슷한 경우가 호동왕자와 낙랑공주의 고사에 나온다. 낙랑에게 고각을 찢으라는 밀지를 몰래 전하도록 호동이 파견한 인물[潛遺人]도 첩자로서의 면모를 보인다.[49]

⑥ 거칠부는 젊어서부터 사소한 일에 신경을 쓰지 않고 원대한 뜻을 품어 머리를 깎고 중이 되어 사방으로 유람했다. 고구려를 정탐하려고 그 국경에 들어갔다가…[50]

嘿然無言. 租未押惶懼而退, 待罪數月. 任子喚而問之曰："汝前說庾信之言若何?" 租未押驚恐而對, 如前所言. 任子曰："爾所傳, 我已悉知, 可歸告之." 遂來說兼及中外之事, 丁寧詳悉. 於是愈急幷吞之謀.(동상 권 제42 열전 제2 김유신[중])

48) 逆臣大奈麻比歃, 密遣人告賊 … (권47 열전 제7 필부)

49) 이 고사에 대한 『삼국사기』 細註의 내용이 보다 현실적인데, 이에 의하면 호동과 낙랑은 낙랑을 차지하려는 고구려의 야망에 의해 희생된 희생양의 성격이 차라리 짙다. 그리고 낙랑공주는 아예 죽음을 각오한 첩자 아닌 첩자로 묘사되고 있다.(或云：欲滅樂浪, 遂請婚, 娶其女爲子妻, 後使歸本國, 懷其兵物.)

50) 居柒夫少跅弛有遠心, 祝髮爲僧, 遊觀四方. 便欲覘高句麗, 入其境 … (동상 권 제44 열전 제4 거칠부전)

젊은 날 머리를 깎고 승려가 되어 고구려의 동정을 엿본 거칠부의 행동은 위에서 우리가 보아온 승려 첩자와 관련하여 자못 의미심장한 면을 보여준다.

이 밖에 첩자 행위로 볼 수 있는 기록들로는 다음과 같은 것들을 들 수 있다.

① 관구검의 침입 때 항복을 가장하고 적장을 살해하여 위기를 극복한 고구려 동부인 유유. _[권 제17 「고구려본기」 제5 동천왕20년(246)]

② 적의 허실을 살피기 위해 항복을 가장하고 적진에 단신으로 뛰어든 고구려의 명장 을지문덕. _[권 제20 「고구려본기」 제8 영양왕23년(612) 및 권 제44 열전 제4 을지문덕전]

③ 642년 고구려에 들어간 김춘추. _[권 제41 「열전」 제1 김유신(상)][51]

④ 641년 고구려에 와서 관리를 매수하여 곳곳을 정탐하고 돌아간 당나라 사신 진대덕(陳大德)의 경우. _[권 제20 「고구려본기」 제8 영류왕24년(641)][52]

⑤ 김유신에게 적국의 소식을 자세히 알려준 정체불명의 노인. _[권 제42 「열전」 제2 김유신(중)]

---

51) 김춘추의 고구려 행이 어떤 목적을 띠고 있었는가는 김유신에 대한 고구려 쪽의 다음과 같은 평가 내지 반응으로도 짐작이 가는 바다. : 或告麗王曰: "新羅使者非庸人也. 今來殆欲觀我形勢也. 王其圖之, 俾無後患."(『삼국사기』 권41 열전1 김유신[상])

52) 김춘추의 경우도 비슷하지만, 陳大德의 경우는 공식적인 첩자 활동의 전형적인 보기다. 외교관계를 통한 첩보 활동의 가능성은 언제나 열려 있는 것이 아닌가? 다만 그것이 얼마나 조직적으로 또 어떤 상황에서 어떤 필요성에서 행해졌는가는 당시 국내외 상황으로 간접적으로 짐작할 수 있는 바다.

『삼국유사』에서는 고구려인 추남의 고사와 관련하여 김유신 밑으로 들어가 수년간 동정을 엿보다 잡혀 죽는 백석이란 인물의 경우를 첩자로 볼 수 있는 기록으로 꼽을 수 있다.[53]

이상의 기록들은 첩자로 표현되고 있지는 않지만 첩자 행위로 볼 수 있는 보기들이다. 사실 이 기록들을 첩자와 관련시켜 이해하기에는 무리가 따를 수도 있다. 행위가 첩자의 그것과 비슷하다고 해서 모두 첩자로 볼 수 없기 때문이다. 요컨대 위 기록들에 보이는 첩자 행위를 한 인물들은(사료(3) 제외) 첩자와는 구별되고 있다는 말이 될 것이다. 그렇다면 이들이 첩자와 구별되는 점은 무엇인가? 첩자의 존재를 가정하지 않고는 불가능한 사료(3)은 어쨌거나 첩자가 등장하지 않는다는 점에서 논의의 대상에서 제외하기로 하자. 그리고 명백하게 첩자로 보이는 백석도 제외하자. 또 신라의 역신 대내마 비삽이 몰래 파견한 인물도 그 행위를 엿볼 수 없으므로 제외하고, 호동이 낙랑공주에게 몰래 보내 고각을 찢으라는 호동의 밀지를 전한 인물도 사료의 이중성 문제도 있고 하니 역시 논의의 대상에서 제외한다. 말하자면 명백하게 첩자로 볼 수 있는 경우나 첩자를 상정할 수 있는 경우는 제외한다. 첩자로 표현될 수 없는 경우와 존재들에 우리의 관심을 집중시켜 보자.

그럴 경우 모든 경우의 인물들이 정체가 분명해진다. 신라 모본인 출신 모척, 품석의 막객 검일, 부산현령 급찬 조미압, 거칠부, 고구려 동부인 유유, 을지문덕, 김춘추, 당나라 사신 진대덕 모두가 정체

---

53) 『삼국유사』의 해당부분을 참고로 제시하면 다음과 같다. : 時有白石者, 不知其所自來, 屬於徒中有年. 郎以伐麗濟之事, 日夜深謀. 白石知其謀, 告於郎曰: "僕請與公密先探於彼, 然後圖之如何?" 郎喜, 親率白石夜出行 …. (권 제1 김유신)

가 분명한 존재들이다. 익명성의 첩자와는 엄연히 질을 달리한다고 하겠다. 요컨대 이들의 행위는 첩자적이라고는 할 수 있을지언정 첩자의 행위라고는 볼 수 없다.[54]

그렇다면 이쯤에서 우리가 좀더 심각하게 생각해볼 것은 앞서 제기한 첩자의 신분문제가 되겠다. 첩자 기록으로는 그들의 신분을 확인할 길이 없지만, 첩자 행위를 한 이상의 인물들을 첩자로 기록하지 않고 있는 점에서 우리는 첩자의 신분이 명백하게 이들과는 달랐음을 유추해볼 수 있다, 승려라는 특수한 신분은 제외한다면.

첩자의 신분이 천민이었는지 평민이었는지 단언하기 힘들지만 일단 지배 신분은 아니었다고 확언해도 괜찮을 것으로 보인다. 이럴 경우 생기는 당연한 의문점은, 평민이나 천민 신분으로서의 첩자들이 과연 기본적인 군사지식과 상대에 대한 첩보 등 상당한 지적 능력을 요구하는 정보들을 습득하고 소화해낼 수 있었을까 하는 것이다. 여기서 우리는 두 가지의 경우를 상정하지 않을 수 없다. 첫째는 앞서 내린 첩자의 신분에 대한 확신성 추측을 취소하고 첩자 신분에 제한을 두지 않는 것이다. 즉 문화적으로나 교육적으로 혜택을 누렸을, 그래서 상당한 지적 소양을 갖춘 지배 신분으로까지 그 가능성을 확대하는 것이다. 둘째는 앞의 추측을 견지하면서 전문적으로 첩자를 양성하는 모종의 조직을 상정해보는 것이다. 이 점은 우리가 앞에서도 그 가능성을 타진해본 바 있다. 왕의 직속이나 장군의 막하에 전문적으로 첩자를 양성하는 기구가 설치되었을 가능성을 배

---

[54] 몰락한 지배 신분은 아니더라도 특별한 개인 사정으로 인해 첩자의 길을 선택했을 경우도 충분히 생각해볼 수 있다.

제할 수는 없을 것이다. 여기서 필자는 뒤의 가능성을 기본 전제로 하여 다음과 같이 절충하고 싶다. 기본적으로 첩자를 전문적으로 양성하는 모종의 조직이 존재한 위에, 대체적으로 평민이나 천민 신분의 사람들이 역시 모종의 능력시험을 거쳐 전문적인 소양교육을 받고 첩자로 배출되었고, 간혹 몰락한 지배 신분의 사람들도 같은 과정을 거쳐 첩자로 양성되었을 가능성도 배제할 수 없다.

그럼에도 불구하고 첩자라는 꽤나 특수한 존재를 이해하려 할 때는 위 두 가지 가능성이 모두 그럴듯해 보인다. 한 인간으로서의 첩자의 운명을 생각해볼 때 그 인간이 첩자가 되기까지의 역정을 우리가 기록으로는 도저히 알 수 없기 때문이다. 그리고 그 운명이라는 것이 신분을 염두에 두지는 않을 것이기 때문이다. 첩자의 존재를 확인하고 연구함에 있어서 정작 우리가 눈길을 돌려야 할 부분이다.

익명성은 적지 않은 신비감과 매력을 가져다주지만 그 이면에는 아주 착잡한 역사적 상황이 펼쳐지고 있었음을 알아야 할 것이다. 삼국 간의 치열한 대립, 여기에 당이라는 국제적인 강대국까지 적극 가담하여 전개된 동아시아 국제정세라는 거대한 역사의 흐름 뒤에 바로 이 익명의 첩자들이 국경을 넘나들며 자국의 이익을 위해 희생을 아끼지 않았다.

그렇다면 첩자들은 무엇을 위해 기꺼이 자신들의 목숨을 걸었는가? 한 인간으로서 걸어온 자신들의 인생 역정과 필연적으로 관계될 수밖에 없는, 그리하여 자신을 첩자로 만들게 한 그 요인은 무엇인가? 다음으로 생각해볼 점이다.

5.

애초에 어떤 한 개인이 첩자가 되기까지에는 다분히 개인적인 동기가 중요하게 작용했으리라고 생각한다. 개인적 불운을 겪었거나 불운한 처지에 처한 자,[55] 범죄자 등이 첩자로 될 가능성이 많았다고 할 수 있다. 물론 모종의 제도적 장치에 따라 선발되었을 경우와 어떤 개인적 신념에 따라 첩자를 자청한 경우도 있었을 것이다. 후자의 대표적인 보기를 우리는 장수왕의 첩자 선발에 응모한 승려 도림에서 볼 수 있다. 이 점에 대해서는 조금 후 다시 생각해보기로 하겠다.

사료만을 놓고 볼 때 우리는 첩자가 된 개인적 동기를 전혀 알아낼 수 없다고 할 수 있다. 첩자를 자원한 승려 도림의 경우에도 그 동기가 다분히 이데올로기적이기에 개인적 동기로 보기에는 마음이 내키지 않는다. 그렇다면 개인적 동기는 보편적 상식선에서 생각할 수밖에 없다. 그래서 여기서는 먼저, 첩자의 행동을 뒷받침했을 것으로 보이는 이념, 달리 말해 이데올로기의 성격을 생각해볼까 한다. 첩자를 활용하고자 한다면 그들에게 모종의 이념을 주입시키는 일은 필수적인 것이 아니었겠는가? 활용의 주체가 왕 또는 국가였다면 왕 또는 국가에 대한 충성과 사명감을 고취시켰을 것이고, 김유신의 경우처럼 막부체제하에 조직된, 그래서 장군이 활용의 주체

---

55) 개인적 불운에는 인간에게 일어날 수 있는 모든 불행이 다 포함될 수 있을 것이다. 그러나 그중에서도 첩자로 만드는 데 가장 크게 작용할 수 있는 요인은 경제적·사회적인 것이 아닌가 한다. 사회적이라 함은 범죄행위에 따른 전과자의 배출을 말한다. 경제적 요인과 사회적 요인은 그래서 뗄 수 없는 관계다.

일 경우라도 국가나 장군에 대한 충성심과 사명감을 고취시켰을 것이다. 첩자에게, 특히 모종의 특수한 소양교육을 거친 첩자에게 자의적 판단은 예나 지금이나 절대 금물이었을 것이다. 앞서 검토한 바 있는 승려 도림의 경우를 다시 한 번 보자.

> 앞서 고구려 장수왕은 백제를 은밀히 도모코자 백제에 보낼 간첩을 구했다. 이때 승려 도림이 응모하며, "어리석은 저로서는 불도를 알 길은 없고 나라의 은혜에 보답하는 길을 생각해 왔사오니, 왕께서는 신을 불초하다 여기지 않으시고 일을 맡겨주시면 명을 욕되게 하지 않을 것입니다."라고 말했다. 장수왕은 기뻐하며 몰래 그를 백제로 보내어 백제를 속이게 했다. 이때 도림은 죄를 짓고 도망 온 것으로 위장하고 백제로 들어갔다.

간첩을 자청한 도림이 내세운 명분은 '나라의 은혜에 보답한다'는 것이었다. 이 명분이 도림 자신의 신념의 발로인지 아니면 고구려라는 국가 또는 장수왕이 선발의 명분으로 내세운 것인지 선뜻 판단이 서지는 않지만, 첩자의 행동을 뒷받침하는 이데올로기적 성격은 어렵지 않게 확인된다 하겠다.

여기서 필자는 지금까지 검토를 미루어놓았던 또 하나의 기록을 들추어낼까 한다. 그것은 고구려와 왜에 밀파되어 신라 왕자들을 구해내고 장렬하게 죽어간 박제상에 관한 기록이다. 박제상을 첩자라고 말할 수는 없지만 그가 보여준 행동은 첩자의 그것을 방불케 하는 것이고, 특히 그의 장렬한 죽음은 『손자병법』에서 분류한 생사를 기약할 수 없는 '사간'과 흡사하다. 첩자라 부를 수 없는 신분, 즉 분명한 정체성 때문에 첩자로 기록되어 있지 않지만 박제상의 행동은 첩자와 그것과 여러 면에서 통한다. 첩자의 특수성을 역으로 확인하는 좋은 자료가 아닐 수 없다. 그리고 간접적이나마 첩자의 행위를 뒷받침하는 명분의 일면도 짐작해볼 수 있다. 『삼국사기』와 『삼국유사』의 기록을 천천히 검토·분석해보자.[56]

먼저 박제상의 발탁 과정이다. 『삼국사기』를 보자. 눌지왕은 자신의 두 아우를 맞이해 올 수 있는, 말 잘하는 '변사'를 구한다. 이때 수주촌간의 벌보말 등 세 사람의 현인을 수소문하여 불러들이니 이들은 '강용'하고 '지모'가 있는 삽량주간 제상을 추천한다. 『삼국유사』의 박제상 발탁 대목은 이와는 차이를 보인다. 눌지왕은 군신(群臣)들과 나라 안의 '호협(豪俠)'들을 불러 모아 놓고 잔치를 베푸는 자리에서 자신의 염원을 피력했고, 이에 백관들은 '지용'을 겸비한 삽라군 태수 제상을 추천한다. 여기서 무엇보다도 우리의 눈길을 끄는 대목은 '호협'으로 표현된 존재들이다. 이에 대해서는 잠시 후 언급하기로 하겠다.

다음으로는 박제상의 고구려 행에 관한 대목이다. 『삼국사기』에는 그가 정식으로 예를 갖추고 고구려로 들어가서 고구려 장수왕을 설득하여 복호(卜好)와 함께 귀국한다. 발탁 과정에서 눌지왕이 원했던 '변사'로서의 능력을 유감없이 발휘했다고 할 수 있다. 그런데 『삼국유사』는 이와는 사뭇 다른 사정을 전한다. 박제상은 '변복(變服)'을 하고 바닷길[北海路]로 고구려에 잠입하여 보해(寶海, 『삼국사

---

56) 『삼국사기』 권 제45 「열전」 제5 박제상 ; 『삼국유사』 권 제1 내물왕 「김제상전」 참고. 기록이 길기도 하거니와 서술의 편의상 원문 인용이나 번역문을 생략하고 기록을 근간으로 이해하기 쉽게 엮어나가는 방식을 취하겠다.

기』의 복호)와 함께 야밤에 고구려군의 추적을 따돌리고 도망 나온 다.『삼국유사』의 박제상의 행동은 첩자의 그것을 방불케 한다.

그다음은 박제상의 왜국 행에 관한 대목이다. 이 대목은 앞의 고구려 행에 대한 대목과는 대조적이어서『삼국사기』쪽이 훨씬 첩자적 성격을 강하게 띤다. 즉 박제상이 왜국으로 건너가기에 앞서 신라에서는 박제상을 배반한 인물로 꾸며 보내는데, 이 부분이 대단히 치밀하게 안배되어 있기 때문이다. 반면에『삼국유사』에는 간단하게 신라왕이 자신의 가족들을 까닭 없이 죽였기 때문에 도망 왔노라는 박제상의 말을 왜왕이 별다른 의심 없이 믿는 것으로 나온다. 이러한 차이에도 불구하고 어느 쪽이나 왜국으로 침투해 들어가는 박제상의 행적은 첩자의 그것을 방불케 한다. 이후 박제상의 장렬한 죽음에 대해서는『삼국유사』의 경우 그 죽음이 지나치게 극적이어서 검토를 생략하겠다.

박제상 고사에서 우리가 정작 면밀히 검토해볼 대목은 고구려와 왜국으로 자신을 아끼지 않고 종횡무진 활약한 박제상이 내뱉은 말들이다. 즉 박제상의 행위를 뒷받침한 신념의 문제라 하겠다. 이 점에서『삼국사기』의 기록은 사뭇 냉정을 유지한 편이다. 박제상에 관한 기록 전체를 놓고 보아도『삼국사기』는『삼국유사』에 비해 한결 차분하다.『삼국사기』에서 박제상의 개인적 신념을 확인해볼 수 있는 대목이라면, 추천을 받고 왕 앞에서 한 말과 왜국으로 떠나기 전에 한 말이 전부라 해도 과언이 아니다.

신이 어리석고 불초하나 어찌 명을 받들지 않겠습니까?[57]

신이 비록 노둔한 재주로나마 이미 몸을 나라에 바쳤으니 끝내 명을 욕되게 하지 않을 것입니다.[58]

내가 왕명을 받아 적국으로 들어 가게 되었으니, 당신이 나를 다시 볼 기약은 없을 것 같소.[59]

박제상의 행위를 뒷받침한 것은 왕명 그것이 전부였다. 그런데 『삼국유사』는 이와는 달리 다소 장황한 편이다.

신이 듣기로는 임금에게 근심이 있으면 신하가 욕을 당하고, 임금이 욕을 당하면 신하는 목숨을 내놓는다고 했습니다. 일의 쉽고 어려운 것만 따져 살기만을 생각한 다음 행동한다면 그것은 용기가 없는 것입니다. 신이 비록 불초하오나 왕명을 받들어 행하길 원하옵니다.[60]

왜왕: 너는 어찌하여 네 나라 왕자를 몰래 탈출시켰느냐?
박제상: 나는 계림의 신하지 왜국의 신하가 아니다. 이제 우리 임금의 소원을 이루어 드렸으니 이 일을 당신에게 왜 말해야 되는가?
왜왕: 너는 이미 내 신하가 되어 놓고 계림의 신하라고 말하는가?
박제상: 차라리 계림의 개돼지가 될지언정 왜국의 신하가 되지 않겠다.[61]

---

57) 臣雖愚不肖, 敢不唯命祗承.(『삼국사기』 권45 열전 제5 박제상)
58) 臣雖奴才, 旣以身許國, 終不辱命.(동상)
59) 我狀命入敵國, 爾莫作再見期.(동상)
60) 臣聞, 主憂臣辱; 主辱臣死. 若論難易而後行, 謂之不忠. 圖死生而後動, 謂之無勇. 臣雖不肖, 願受命行矣.(『삼국유사』 권 제1 내물왕김제상)

『삼국유사』의 박제상은 우국충절에 충만한 인물로 묘사되고 있다. 물론 왕명에 충실한 면은 두 기록이 모두 차이가 없다.

직접적인 첩자의 기록에서 그들의 신념이나 행위를 뒷받침하는 이데올로기를 확인할 길은 없지만, 위에서 검토해본 승려첩자 도림과 첩자적 행동을 한 박제상의 경우에서 그 일면을 짐작해볼 수 있겠다.

이제 잠시 미루어놓았던 '호협'에 관해 검토해보고, 아울러 '자객'에 대해서도 잠깐 언급할까 한다. 사실 '첩자'나 '호협' 그리고 '자객'을 동일선상에 놓고 비교하기란 힘들다. 이 존재들에 있어 유일한 공통점이라면 그 행동의 극적인 면과 그 익명성에 있다. 이 점에 착안하여 이들의 존재성에 대한 주의를 환기시키고 나아가 역사성의 가능성을 제기하는 정도에서 그친다.

'협'은 중국 역사에 고유한 존재로 춘추전국과 같은 난세에 활약하다 동한 이후 역사에서 자취를 감춘 것으로 파악되고 있다.[62] 사마천은 이 '협'과 관련하여 「유협열전」(권124)이란 역사기록을 남기기까지 했다.[63] 그런데 이 '협'은 반정부적이어서 늘 정부에 의해 제

---

61) 問曰 : "汝何竊遣汝國王子耶?" 對曰 : "臣是鷄林之臣, 非倭國之臣. 今欲成吾君之志耳. 何敢言於君乎!" 倭王怒曰 : "今汝已爲我臣, 而言鷄林之臣? … " 對曰 : "寧爲鷄林之犬㹠, 不爲倭國之臣子. … "(동상)

62) 陳平原, 『千古文人俠客夢−武俠小說類型研究』(人民文學出版社, 1992)은 이에 관한 좋은 연구서다. '俠(客)'은 동한 이후 역사의 무대에서 사라진 후로도 끊임없이 문인들의 관심의 대상이 되었고, 그것이 문학적으로는 당대 이후 발생한 것으로 평가되는 '무협소설'이라는 통속문학의 한 유형으로 집중 표출되었다.

63) 班固도 司馬遷을 이어 『漢書』에 「游俠傳」을 마련하고 있지만, 서술의 관점은 이미 변화하고 있다. 班固 이후 역사가들은 더 이상 '유협'을 대상으로 열전을 만들지 않았다.

거의 대상이 되었다고 한다.[64] 요컨대 중국사에 있어서 '협'은 제도
가 미비하고 기강이 문란한 난세에 활동하다가 황제권이 확립된 이
후 그 역사성을 상실한 존재였다.

그런데 『삼국유사』에 '호협'이란 존재가 느닷없이 출현하고 있
다. 여기의 '호협'을 중국 고유의 '유협'과 본질적으로 비교할 수는
없다. 그러나 눌지왕이 자신의 동생을 구출할 수 있길 희망하는 자
리에서 '나라 안의 호협'들을 불러 모았다는 사실은 만만히 보아 넘
길 대목은 아닌 것 같다. 안타깝지만 현재로서는 앞으로의 연구과제
로 남겨놓을 수 밖에 없다.[65] 열전에 보이는 박제상의 발언들은 국
가관보다는 주종관계의 본질을 보여준다는 점에서 주의를 요한다.
그러나 본래 무정부주의적이고 독존적인 고유한 '협'의 형상과는
일정한 거리를 유지하고 있다. 물론 통치자계급에 의해 구사되어 그
들을 위해 봉사한 본래의 '협'과 질을 달리하는 '협'도 존재했다.

'협'과 함께 역시 앞으로 연구해봄직한 존재는 '자객(刺客)'이다.
'자객'에 대해서는 사마천이 역시 「자객열전」(권86)을 마련해 그 역
사적 의미를 부여한 바 있지만, 그 후로는 역사가들의 눈에서 완전

---

64) 陳平原, 앞의 책, 7~14쪽.
65) 시대는 다르지만 조선 후기 민간에서의 游俠 숭상과 유협전의 성립을 검토한 연구가 있
    다.(박희병, 「조선 후기 민간의 유협 숭상과 유협전의 성립」, 『한국 고전 인물전 연구』, 한길
    사, 1992.) 이 글에는 중국 유협에 관한 인식의 변화와 연구 경향이 요령 있게 정리되어 있
    다. 이 글에 따르면 중국사에 보이는 '游俠'에 관한 연구들로 다음과 같은 것들이 있다.
    勞幹, 「論漢代的游俠」, 『文史哲學報』1, 1950.
    宮崎市政, 「游俠について」, 『アジア史研究』1, 1952.
    增淵龍夫, 『中國古代の社會と國家』, 弘文堂, 1960.
    민두기, 「漢代의 任俠的 習俗에 대하여」, 『사학연구』9, 1960.
    司馬遷의 『史記』에 보이는 '游俠傳'에 대한 간단한 평가에 대해서는, 侯外廬의 「司馬遷의 사
    상 및 그 사학」(朴惠淑 編譯, 『司馬遷의 歷史認識』, 한길사, 1988)이 적절한 참고가 된다.

히 벗어난 존재다. 『삼국사기』나 『삼국유사』에 자객에 대한 기록은 『삼국사기』 권 제24 「백제본기」 제2 사분왕7년(304) 조의 "봄 2월에 몰래 군사를 보내 낙랑 서쪽 현을 습격 탈취했다. 겨울 10월, 왕이 낙랑태수가 보낸 자객에 의해 살해되어 돌아갔다.(春二月, 潛師襲取 樂浪西縣. 冬十月, 王爲樂浪太守所遣刺客賊害薨.)"란 기록이 유일한 것으로 보이는데, 왕이나 유력자가 살해당한 기사는 적지 않기 때문에 [66] 전문 살수(殺手)로서의 자객의 존재를 고려해봄직하다.

'첩자'와 함께 '협'과 '자객'을 거론해본 까닭은 이들이 행위가 갖는 극적인 측면과 익명성이란 공통점 때문이었다. '첩자'는 국익을 위해 기꺼이 자신을 희생하는 존재로서 그 행위의 옳고 그름을 떠나 일정한 역사성을 확보하고 있다. 그렇다면 '협'이나 '자객'은 어떤 점에서 역사성을 담지하고 있는가? 첩자의 그것과는 어떻게 다를까? 앞으로 연구해볼 문제들이라고 생각하기에 무리를 무릅쓰고 거론해보았다.[67]

---

66) 신라의 삼국 통합 이전에 해당하는 몇 가지 보기를 들어 보면 아래와 같다.
  ① 解仇의 사주를 받은 도둑에게 살해당한 백제 文周王(『삼국사기』 권26 「백제본기」 4 문주왕)
  ② 苔加의 사주를 받은 자에게 살해당한 백제 東城王.(동상 동성왕)
  ③ 杜魯에게 살해당한 고구려 慕本王.(동상 권14 「고구려본기」 2 모본왕)
  ④ 明臨荅夫의 주도하에 살해당한 고구려 次大王.(동상 권15 「고구려본기」 3 차대왕)
  ⑤ 淵蓋蘇文의 주도하에 살해당한 고구려 榮留王.(동상 권20 「고구려본기」 8 영류왕)
  이 보기들에서 차대왕과 영류왕이 각각 명림답부와 연개소문에게 시해 당하는 것으로 기록은 전하지만, 그보다는 그들이 보낸 刺客에게 살해당했다고 보는 쪽이 타당할 것 같다. ①, ②의 경우는 자객을 상정해도 틀림없을 기록들이다.
67) 박제상은 혹 존재했을지도 모르는 우리나라 '유협'의 최후 모습이자 그 본질에서 왜곡된 '유협'의 모습이라는 생각도 든다. 협은 본래 반국가적이며 난세에 나타난다. 한국 역사가 갖는 특수성 때문에 '유협'의 존재가 보이지 않는지도 모른다. 그것은 '자객'에 대한 기록이 거의 없는 것과도 관련을 가질 것으로 보인다. 물론 刺客性의 기록은 우리가 바로 앞에서 검토

'첩자'는 자신을 희생함으로써 어떤 대가를 얻었는가? 『손자병법』에 따르건대 후한 경제적 보상을 생각할 수 있다. 그러나 지금까지 검토해 온 기록 어디에도 이들에게 돌아간 구체적인 보상의 형태는 확인되지 않는다. 다만 박제상의 죽음은, 사후 박제상에게 주어진 대아찬 벼슬, 왕제 미사흔에게 시집간 둘째딸, 그리고 가족들에게 내려진 후한 물품으로 보상되었다.[68] 신분이 분명한 박제상에게 대아찬이란 벼슬이 추증되는 것은 어찌 보면 당연하기까지 하다. 그러나 신분상 문제가 있는 전문 첩자들에게는 이런 신분과 결부되는 보상은 없었을 것으로 생각된다. 다만 그 가족들에게 후한 경제적 보상 정도가 돌아가지 않았을까? 첩자의 익명성은 기록되어 있지 않은 보상이란 점에서도 어렵지 않게 확인된다.

첩자의 존재를 뒷받침하는 관념이나 명분은 무엇이었던가? 국가 간 내지 민족 간에 존재하는 이질감이나 갈등적 요소를 극대화한 지점에 첩자의 존재가 자리 잡고 있었던 것은 아니었는가? 이런 의문점을 되새기면서 삼국 통합 이후 변화되었을 첩자의 모습을 추측하면서 첩자의 역사성과 그 의의를 진단해보는 것으로 이 글을 마무리하고자 한다.

해본 정도지만. 요컨대 역사성을 갖는 존재로서의 '유협'과 '자객'은 도태되어 있다. 이는 결과적으로 한국 고대문학의 부진함과도 연관을 가질지도 모른다.

68) 『삼국유사』에는 박제상의 부인도 국대부인(國大夫人)이란 명예직을 받은 것으로 기록되어 있다. 그리고 박제상 가문과 직접 관련되는 것은 아니지만 전국에 대사면령이 내렸다고 기록되어 있다.

6.

삼국 통합 후 첩자는 기록에서 사라진다.[69] 그 이유가 없지는 않
았을 것이다. 기록상 첩자는 그 시대성과 역사성이 뚜렷하기 때문
이다.

신라의 제3기는 장군제의 쇠퇴기로서 효소왕 대부터 정강왕 대까
지가 여기에 해당한다. 이 시기는 국가적 차원에서 이루어지는 군사
활동의 필요성이 격감된 반면, 귀족 세력 상호간의 군사적 충돌이 격
증된 시기였다. 따라서 사병 조직은 크게 발달된 반면, 국가의 정규적
군사조직은 사실상 형해화 하였다. 장군제 역시 형식이나 내용에 있
어 모두 변질되었다. 이 시기에 대한『삼국사기』등의 기사에는 정규
군단의 장군명은 거의 보이지 않는 반면, 평동장군(平東將軍)·진해장
군(鎭海將軍)·표기장군(驃騎將軍) 등의 특수한 이름의 장군이 출현
하는데, 이들의 실체가 지방에 분산된 독립적 군사 세력이었음이 더
욱 주목된다.

제4기는 제3기의 변질 과정이 더욱 심화되어 제2기의 장군과는
전혀 상위한 성격의 장군이 출현하는 시기로서, 진성왕 대 이후 신라
말기, 즉 후삼국시대가 여기에 해당한다. 이 시기의 장군은 모주(某
州)·부(府)·현장군(縣將軍)의 형태로 지방에 분산되어 있었는데, 당
시의 주부현(州府縣) 등이 성(城)의 형태를 갖추고 있었으므로 성주

---

69) 고려시대의 기록은 검토하지 않았기 때문에 신라의 멸망까지를 말한다.

장군(城主將軍)이라 통칭되었다.… 지방에 분산된 독립적 군사 세력들이 군호의 형식을 빌어 신라의 통치체제에 형식적으로 참여함과 동시에 기득의 주부현에 대한 점유권을 공식적으로 인정받을 수 있었을 것으로 이해함이 타당할 것이다. 막부체제가 본연의 기능을 수행할 수 있는 상황적 조건은 신라 하대에 이르러서야 갖추어졌음을 알 수 있다.[70]

삼국 통합 이후 신라 하대를 통해 끊임없이 반복된 왕실과 지배 귀족 세력 내의 음모와 암투는 '첩자'의 존재가치를 재확인시킬 수 있는 기반이 되는 것이었지만, 활동 영역은 이전에 비해 훨씬 좁아들었고 고유한 기능인 군사적 기능도 사라졌다. 다만 이 치열한 내부 음모의 전개는 첩자의 존재를 보다 조직화하여 효율적이고도 음험하게 부릴 필요성을 인식하게 한 것 같다. 그들의 정체성을 유일하게 대변하는 '첩자'니 '간첩'이니 하는 용어가 사라지고 없음을 보라. 그것은 왜인가? 우선, 그들을 그렇게 부를 필요성이 없어졌기 때문이다. 즉 고유한 기능을 상실했기 때문이 아닌가 한다. 둘째는 각종 모반과 지배 세력 간의 알력에 첩자가 필요했지만, 지배 세력 자체 내의 구조적 모순으로 모반의 비밀이 굳게 지켜지는 것은 근본적으로 불가능했기 때문이었다. 다시 말해 이제는, 목숨을 바쳐가며 비밀을 지키고 상대의 정보를 캐내 오던 그 저력을 뒷받침하는 명분(이데올로기)이라 부를 수 있는 그 무엇도 없어진 상태에서, '첩자'라는 용어상의—그렇지만 가장 중요한—정체성은 폐기될 수밖에

---

70) 金翰奎, 앞의 글, 163~164쪽.

없었다. 진정한 첩자는 영원히는 아닐지라도 사라진 것이다. 삼국의 해체와 함께 첩자, 아니 첩자라는 용어가 일단 퇴장한 것으로 보인다. 결국 그들은 소모품이었다. 을지문덕, 김춘추 등을 첩자로 분류할 수 없음도 이 때문이다. 첩자가 인정되지 않는 시대가 온 것이다. 그 시대는 일견 평화스러워 보이기도 하지만, 지배 세력은 한결 사악한 형태로 음험하게 암투를 벌인 시기이기도 했다. 그것은 거의 모든 통로를 통해, 모든 상황에 걸쳐 존재하는 변질된 모습으로 나타났을 것이다.

국가 간 그것도 주로 군사적 활동의 하나로 간주된 첩자의 활동은, 국가 간 활동의 필요성이 소멸된 상황에서는 다분히 개인적인 은원에 관여하는 것으로 그 활동상이 변질되었을 가능성이 크다. 우리는 그 한 보기를 장보고를 살해한 염장의 이야기에서 엿보게 된다. 특히 그가 내세운 조건을 상기해보라. 그가 장보고를 살해하는 대가로 내세운 것은 "조정에서 자기의 말만 들어준다면(朝廷幸聽臣)"[71]이라고 하는, 지극히 막연하지만 당돌하기 짝이 없는 것이었다. 이런 점에서 난세가 협객들의 활동무대였다는 사실을 연관시켜볼 때, 삼국 통합 이후 나타나는 염장 등과 같은 존재는 본연의 자존심을 상실한 '유협'의 성격이 짙다. 아니 차라리 '자객'에 가깝다. 또 『삼국사기』「금양열전(金陽列傳)」에 보이는 '모사(謀士)'[72]가 주목되는데, 이 모사 집단에 의해 종래 '첩자'와 같은 성격의 간인(間人)들이 활약했을 가능성도 있다. 이제 '첩자'는 명분도 자존심도 상실한

---

71) 『삼국사기』 권11 「신라본기」11 文聖王8년 조.
72) 『삼국사기』 권44 열전4 金陽傳.

채, 귀족 간의 세력 다툼의 와중에서 개인의 이익만을 추구하는 지극히 현실적인 존재로 왜곡된 채로 그 모습을 역사 속에 투영하고 있는 것이었다. 일시적일지는 몰라도 무대가 사라지고 사회가 변질됨에 따라서 첩자는 역사의 무대에서 그 명분과 정체성을 감춘 채 사라졌고, 그 기능만이 변화된 상황에 맞게 흡수되어 남게 되었다. 고대 첩자의 고유성은 바로 여기에서 찾을 수 있다. 그리고 그 고유성은 오늘날에도 그대로 적용되리라 생각한다. '협'이나 '자객'의 존재에 대해서도 진지하게 고려해보아야 할 필요성도 여기에서 찾아진다.[73]

지금까지 어지럽게 다루어온 '첩자'는, 역사에 있어서 상식선에서 추측이 가능하나 기록에 없는—기록할 수도 없고 또 기록하려 하지도 않은—익명성의 문제를 제기하는 존재로서 가치를 가질 것이다. 기록된 것보다 기록되지 않은, 그리고 기록되지 않는 사실들이 훨씬 많다는 것도 상식에 속하지 않는가? 협이니 자객이니 첩자니 하는 것들이 가지는 고유성, 즉 익명성이 역사 전개에 있어 어떤 작용을 한 것인지, 역사를 연구함에 있어서 이 익명성을 어떻게 이해할 것인지, 우리 앞에 놓인 문제다.

---

73) '첩자'를 국가적 차원에서 파악하고, 첩자로 표현되지는 않았지만 사적인 조직 아래서 활동한 정보원 같은 존재를 달리 상정할 수도 있다. 막부체제하에서의 정보조직 및 정보원도 이렇게 볼 때 어렵지 않게 이해될 수 있다. 다만, '첩자'가 과연 그러한 구분을 가능하게 할 수 있는 용어냐 하는 것이 문제로 된다. 좀더 면밀한 검토가 필요하다.

논문 2.

고대 첩자연구 시론*

* 위 논문은 앞 논문을 이은 연구 결과다. 여기에 첩자라는 존재를 기록으로 담보하고 있는 병법서를 삼국이 어떻게, 어느 정도 수용·인식하고 있었는가를 처음으로 짚어보았다.

1. 머리말

인간에게 비밀이 존재한 이래 그 비밀을 캐기 위한 행위와 행위자, 즉 첩자가 존재했다고 말할 수 있다. 이것이 첩자의 기원이라면 기원이다. 기록상에 보이는 첩자는 동·서양을 막론하고 그 연원이 상당히 오래되었다.

신성(神聖)문자로 불리는 히에로글리프(hieroglyph)에 보면 이집트 통치자 파라오의 명을 받아 국경을 순찰 중이던 바눔이라는 장군이 적정을 탐지한 내용이 지금껏 전하고 있는데 이것이 가장 오래된 첩보 기록으로 약 4천 년 전이었다. 또 구약성서에 나오는 모세가 가나안으로 보낸 여호수아 12정찰대 등 성경에는 100건 이상의 스파이 혹은 첩보 수집과 관련된 사례가 언급되어 있다. 이밖에도 트로이전쟁의 오디세우스, 그리스의 알렉산드로스대왕, 로마의 율리우스 카이사르, 프랑스의 나폴레옹, 몽고의 칭기즈칸 등은 첩자를 잘 활용한 대표적인 인물들로 꼽힌다.[1]

중국의 경우는 하(夏)나라의 소강(少康)이 여애(女艾)를 한착(寒浞)의 아들 요(澆)에게 보내 첩자 활동을 하게 했다는 기록이 『좌전』

---

[1] 손관승, 『우리는 그들을 스파이라 부른다』(여백, 2003), 18~72쪽.
우리 역사 속의 첩자와 관련된 연구서로는 강준신, 『우리가 몰랐던 삼국시대 스파이』(아름다운책, 2004)가 있을 뿐인데, 본격적인 연구서로 보기에는 힘들다. 첩자 연구와 관련하여 참고할 만한 개설서들은 몇 종 출간되어 있지만 일반론이나 현대 첩자를 다룬 것들이다.
어니스트 볼크먼/이창신 역, 『스파이의 역사1』(이마고, 2003).
운노 히로시/안소현 역, 『스파이의 세계사』(시간과공간사, 2005).
클라이브 기포드/임정희 역, 『스파이』(더북컴퍼니, 2005).

애공원년 조에 보이는데, 이를 대체로 중국 최초의 첩자 기록으로 인정하고 있다.[2] 중국의 첩자 기록은 그 후로도 끊임없이 등장하고 있으며, 춘추시대 손무는 이전까지의 실천적 경험과 이론을 바탕으로 마침내 『손자병법』「용간」편에서 전문적인 첩자 사상과 이론을 정립하기에 이르렀다.[3]

우리의 첩자 관련 기록은 고대의 경우 삼국시대에 집중적으로 나타난다. 사료상으로는 『삼국사기』에 주로 나타나는 편이고, 이밖에 중국 측 일부 사료들에 단편적으로 보일 뿐이다. 사료의 절대 부족과 단편성 때문인지 첩자와 관련된 본격적인 연구도 전무한 편이다.[4]

첩자는 처음부터 있었던 것이 아니라 사회생산이 일정한 단계로까지 발전한 이후의 산물로, 사회에 사유재산이 출현하고 계급이 나누어진 다음 출현하였다. 특히 전쟁의 필요에 따라 본격적으로 출현

---

2) 최근 중국은 '하상주단대공정'이라는 대형 프로젝트를 통해 하나라의 건국 연대를 기원전 2070년으로 확정했다. 따라서 소강 때의 첩자 기록은 약 4,000년 전의 것으로 추정할 수 있으며, 이 연대는 이집트 히에글리프의 기록과 거의 비슷하다.
    夏商周斷代工程專家組, 『夏商周斷代工程 1996-2000年階段成果報告(簡本)』(世界圖書出版公司, 2000), 86쪽.
3) 중국의 첩자 관련 연구로는 아래 연구서들을 참고할 수 있다.
    孫厚洋, 『中國古代用間術』(河北人民出版社, 1990).
    褚良才, 『中國古代間諜史話』(中州古籍出版社, 1998).
4) 우리 역사 속의 첩자와 관련된 본격적인 연구 논문으로는 필자의 졸고가 한 편 발표되었고, 그밖에 부분적으로 다룬 연구 논문 한 편과 일본 학자에 의한 개괄적 검토 논문이 한 편 있는 정도에 지나지 않는다. 본고는 필자의 첫 논문에 이어 고대 첩자에 관한 보다 체계적인 검토와 연구의 필요성 때문에 작성되었다.
    졸고, 「고대 첩자고」, 『군사』 제27호(국방군사연구소, 1993).
    金福順, 「三國의 諜報戰과 僧侶」, 『韓國佛教文化思想史』(卷上 : 伽山李智冠스님華甲紀念論叢, 1992).
    直木孝次郎, 「古代朝鮮における間諜について」, 『橿原考古硏究所論集』5(吉川弘文館, 1992).

하였다. 전쟁이 힘겨루기 중시에서 지혜 겨루기 중시로 넘어가면서 첩자의 중요성은 더욱 부각될 수밖에 없었다. 따라서 첩자는 계급사회에서 국가나 집단이 벌이는 대외 정치투쟁의 중요한 수단의 하나로 자리 잡았다.

첩자는 전쟁 과정에서 시간과 공간의 제약을 받으며 전쟁의 처음과 끝을 같이한다. 전쟁 준비 단계는 물론 전쟁이 진행되는 단계에서도 첩자와 분리될 수 없다. 첩자는 전쟁의 승부, 군사행동의 성패 내지 민족의 안위 그리고 국가의 흥망에 직접 영향을 미치기도 한다. 때문에 역대 유능한 통치자와 군 지휘관들은 거의 예외 없이 첩자 활용에 주목했다. 그 활용 여부가 성패를 결정지었기 때문이다. 따라서 첩자는 사회 역사의 범주에 속한다.

본고는 이런 관점을 바탕으로 삼국시대 첩자와 관련된 사료를 분석하여 그 내용과 성격의 일단을 밝히고자 한다. 사실 첩자와 관련된 전문적인 기록이 전무한 상태에서 당시 첩자의 활동 상황과 그것의 역사적·사회사적 의미를 끌어낸다는 것은 결코 쉬운 일이 아니다. 그러나 첩자가 집단은 물론 국가의 흥망까지도 좌우할 정도로 중대한 역할을 했다는 점에서 첩자 연구는 반드시 필요하다. 이에 사료의 근본적 한계에도 불구하고 기록을 보다 입체적으로 분석하여 삼국시대 첩자와 그 활동상이 갖는 기본적인 의미를 끌어내고자 한다.

삼국시대에는 적지 않은 첩자들이 국경을 넘나들며 활약했다. 이는 삼국이 서로 생존을 위해 격렬하게 투쟁했기 때문이고, 여기에 각국의 명운과 국제정세 전반을 좌우하는 강대국 수나라나 당나라의 동향을 면밀히 살펴야 할 필요성 때문이었을 것이다. 요컨대 삼국시대 첩자의 활동은 삼국의 존망에 영향을 줄 만큼 중요하게 그리고 심각하게 작용했던 것이다.

2. 삼국시대 병법서와 군사 이론 수용 상황

삼국시대에 적지 않은 첩자들이 활약했음은 사료로도 입증되며, 필자는 이 기록들을 바탕으로 초보적인 연구를 행한 바 있다. 그에 따르면 당시 삼국은 폭넓게 그리고 상당히 치밀하게 첩자를 활용하고 있었다. 삼국시대 첩자 활용을 보면 『손자병법』 「용간」 편의 첩자 이론이나 사상을 상당한 수준에서 체득하고 있음을 알 수 있다.[78] 이는 달리 말해 삼국시대 각국이 『손자병법』을 비롯한 병법서들을 수용하여 적극 활용했음을 의미한다. 따라서 첩자 이론과 사상이 삼국시대에 얼마나 보급되었고 또 그 수준은 어느 정도였는지 비교, 검토해보고자 한다. 사실 이와 관련된 직접적인 사료는 전무하다고 해도 과언이 아니다. 다만 『삼국사기』 등에 보이는 간접적이고 단편적 기록들을 통해 당시 군사 이론과 사상이 어느 정도 보급되었는지 짐작해보고, 이를 통해 첩자 이론의 활용 수준을 추론해볼 수 있을 것으로 기대한다.

먼저 병법서의 보급 문제다. 군사적 충돌이 치열했던 삼국시대에

---

78) 졸고, 앞의 논문, 7~11쪽.

각국은 군비 증강을 비롯하여 군대 정비에 총력을 기울였다. 여기에 북방 민족들과 중원 초강대국 수·당이 동아시아 세력 편성에 뛰어들면서 군사(軍事)는 각국의 생존을 좌우하는 가장 중요한 요소가 되었다. 특히 삼국은 각자 나름대로 대(對)중국 관계를 설정하여 문물을 입수하고 교류하는 데 적지 않은 힘을 기울였다. 이 과정에서 군사와 관련된 병법서나 군사 이론서가 수입되었을 가능성이 크다고 보아야 할 것이다.

우리 측 기록에 병법서가 언급되기로는 단 네 군데에 불과하다. 『삼국사기』에 두 군데, 『삼국유사』에 두 군데 보이는데 그 관련 대목은 아래와 같다.

① (원성왕2년[786]) 대사 무오(武烏)가 병법 15권과 화령도(花鈴圖) 2권을 바치매 무오를 굴압현 현령에 임명했다.[5]

② 여가에 육진병법(六陣兵法)을 가르치니 모두들 편하게 여겼다.[6]

③ 각간 대공의 집 배나무 위에 참새가 수없이 모여들었는데 안국병법(安國兵法)에 이르기를 이런 일이 있으면 전국에 큰 난리가 난다고 하여 이에 왕은 죄수들에게 대사면을 내리고 자기반성과 몸조심을 했다.[7]

④ 가슴속에는 육도(六韜)와 삼략(三略)이 들어 있고 (하략)[8]

---

5) 『삼국사기』10 「신라본기」10 원성왕2년(786) 조.
6) 『삼국사기』43 열전3 김유신(하).
7) 『삼국유사』기이 제2 혜공왕.
8) 『삼국유사』기이 제2 김부대왕.

사료①은 가장 확실한 병법 관련 기록이다. 다만 이 병법이 어떤 병법서인지는 알 수 없다. 이 병법서가 만약 중국 병법서라는 가정하에서 막연하게 추측해본다면 그 권수로 보아『손빈병법(孫臏兵法)』일 가능성이 있다.[9]『손빈병법』은『손자병법』의 군사 사상을 계승, 발전시킨 전국시대 중엽 이전의 군사작전 경험을 총결한 군사 전문서다. 여전히 논란 중이긴 하지만 대체로 그 권수를 15권으로 보고 있다.[10] 15권의 병법과 함께 언급한『화령도』에 대해서는 추측할 만한 어떤 방증자료도 없다.

사료②는 김유신의 손자 김윤중(金允中)의 서손 김암(金巖)의 행적을 기술하는 중에 언급된 내용이다. 김암은 젊어서 당에 건너가 방술, 음양가의 법술, 둔갑술을 배웠으며, 둔갑에 관해서는 책을 지어 자신을 가르친 스승을 놀라게 하여 스승이 감히 제자로 대하지 못했다는 일화를 남기기도 했다. 당 대종 대력 연간인 766년에서 779년 사이에 귀국하여 양주태수 등을 역임했는데 가는 곳마다 백성들을 편하게 잘 보살폈다고 한다. 이때 그는 농번기를 피하여 백성들에게 '육진병법'을 가르쳐 만약의 사태에 대비한 것으로 보인

---

9) 종래에는 손무(孫武, 춘추 말기 제나라 사람으로 흔히 손자로 알려진 군사병법 전문가)와 손빈(孫臏, 전국 중기 제나라 사람으로 손무의 후손)의 병법을 놓고 모두『손자병법』이라 하여 혼동했다. 그러나 1972년 산동성(山東省) 임기현(臨沂縣) 은작산(銀雀山)의 서한(西漢) 전기 무덤에서『손빈병법』과『손자병법』을 기록한 죽간(竹簡)이 동시에 나옴으로써 그동안의 논란이 완전히 해결되었다.
許獲,「略談臨沂銀雀山漢墓出土的古代兵書殘簡」,『文物』74-2.
山東省博物館臨沂文物組,「山東臨沂西漢墓發現'孫子兵法'和'孫臏兵法'等竹簡的簡報」,『文物』74-2.

10) 李零主編,『中國兵書名著今譯』(軍事譯文出版社, 1992), 34~35쪽, 1992.
徐勇主編,『先秦兵書通解』(天津人民出版社, 2002), 141~148쪽, 2002.

다. 이 육진병법이 병법서나 군사서를 기초로 하여 백성들에게 가르친 군사 훈련법인지, 아니면 병법서 없이 그저 자신의 지식이나 경험을 바탕으로 가르친 진법인지는 알 수 없다. 그러나 어느 쪽이 되었건 김암이 병법서나 군사서를 체득했을 가능성은 높다고 하겠다.

사료③은 신라 혜공왕 때의 사건에 언급된 병법서에 관한 것이다. 여기에서 말하는 '안국병법'은 일반적으로 우리 문헌으로 추정하는 병서인데, 인용된 내용으로 보아서는 순수한 병법서라기보다는 나라의 통치 방략까지 포함하는 종합적인 성격의 치국 방략서로 추정되지만 어디까지 추정일 뿐이다. 아무튼 이 사료는 중국의 병법서뿐만 아니라 삼국 자체(신라의 병법서일 가능성이 커 보인다) 병법서의 존재를 알려준다는 점에서 의미를 가진다.

사료④는 고려에 투항한 신라의 마지막 왕 경순왕 김부가 죽자 고려 조정에서 내린 고문(誥文)의 일부로, 중국 서주(西周)시대 강태공(姜太公)과 전설 속 황석공(黃石公)이 지은 것으로 전하는 『육도』와 『삼략』에 대한 언급이다. 사료의 연대가 다른 기록들에 비해 후대이긴 하지만 이들 병법서가 수용되었던 것으로 보아 크게 틀리지 않을 것이다.

직접적으로 병법서를 언급하고 있진 않지만 『삼국사기』 기사 중에는 병법서에 나오는 중요한 대목을 그대로 인용하고 있는 부분이 적지 않다. 이는 병법서의 존재뿐만 아니라 당시 무장이나 지휘계통에 있는 자들이 병법서에 상당히 해박했음을 입증하고 있기 때문에 대단히 중요한 기록이다. 먼저 관련 사료들을 제시한다.

① (대무신왕11년[28]) 가을 7월, 요동태수가 병사를 이끌고 쳐들

어왔다. 왕은 신하들을 모아 놓고 싸움을 막을 계획을 논의했다. 우보 송옥구(松屋句)가 다음과 같이 말했다. "(상략) '험한 곳을 의지하다가 기습 공격하면' 틀림없이 적을 깨뜨릴 수 있습니다." 좌보 을두지(乙豆智)는 이렇게 말했다. "'작은 군대를 가지고 대규모의 적에 강하게 만 맞서면 적에게 사로잡힙니다.' (중략) 힘으로 이길 수 없으니 '모벌(謀伐, 모략)'로 치는 것이 옳습니다." 왕이 "모벌이라면 어떤 모벌을 말하는가"라고 묻자 이렇게 답했다. "한의 군대는 지금 '먼 길을 달려 와서 싸우는 것이기 때문에 그 예봉을 당할 수는 없습니다.' 대왕께서는 '성문을 닫고 굳게 수비하면서 적이 지치기를 기다렸다고 공격하는 것'이 좋겠습니다."[11]

② (신대왕8년[172]) 11월에 한이 대군으로 우리(고구려) 나라를 쳐들어왔다. 왕은 신하들에게 맞아 싸우는 쪽과 방어하는 쪽 중 어느 쪽이 나은가를 물었다. (중략) 명림답부(明臨答夫)는 이렇게 말했다. "한은 나라가 크고 사람이 많아 지금 '강병을 이끌고 멀리 와서 싸우므로 그 예봉을 당하지 못한다.' 그리고 '군사가 많으면 나가 싸우고 적으면 지키는 것'이 병가의 일반적 원칙이다. 지금 한의 군대는 '천 리 먼 길에 식량을 운반해야 하므로' 오래 버틸 수 없을 것이다. 우리가 못을 깊이 파고 '성루 높이 쌓고 들을 비워놓고 기다리면' 그들은 열흘이나 한 달을 넘지 못하고 굶주림 때문에 철수할 것이므로 그때 우리가 강력한 병력으로 밀어붙이면 뜻을 이룰 것이다."[12]

③ (실성왕7년[408]) "험준한 곳에 관문을 설치하고 적이 쳐들어오

---

11) 『삼국사기』14 「고구려본기」2, 대무신왕11년(28) 조.
12) 『삼국사기』16 「고구려본기」4, 신대왕8년(172) 조.

면 막아 들어오지 못하게 하고, 우리가 유리할 때 나아가 적을 사로잡느니만 못한 듯하니, 이것이 이른바 '적을 나의 의도대로 움직여야지 적의 의도에 말려들지 않는다'는 것으로 이것이 상책입니다."[13]

④ (눌지왕28년[444]) 4월에 왜병이 금성을 열흘 동안 포위했다가 식량이 떨어져 돌아가매 왕이 군사를 내어 이를 추격하려 했다. 그러자 좌우에서 이를 말리며 "병가의 말에 '궁한 도적을 쫓지 말라'고 했으니 왕께서는 그만 두십시오."라고 했다.[14]

⑤ (의자왕16년[656]) "(상략) 신이 항상 시세의 변화를 살펴보건대 틀림없이 전쟁이 있을 것입니다. 무릇 용병에는 반드시 그 지리를 살펴 택해야 할 것이니, (강의) 상류를 차지하여 적을 맞이한 다음에라야 안전을 보장할 수 있습니다. (하략)"[15]

⑥ (의자왕20년[660]) 달솔 상영 등이 말했다. "그렇지 않다. 당의 군대는 멀리서 왔기 때문에 속전속결할 마음을 가지고 있으므로 그 예봉을 당하지 못할 것이지만, 신라 군대는 앞서 아군에게 여러 번 패한 바 있으므로 우리의 병세를 보고는 두려워 할 것이다. (하략)"[16]

먼저 사료①은 고구려 대무신왕11년(28) 요동태수의 공격을 맞이하여 조정 회의에서 나온 전략의 일부다. 여기에는 '기(奇, 기습 내지 기습병)', '모벌(謀伐=벌모)', '견벽(堅壁)' 등과 같은 구체적이고 전문적인 군사 전략전술을 어렵지 않게 확인할 수 있다. '기', '벌모'

---

13) 『삼국사기』3 「신라본기」3, 실성마립간7년(408) 조.
14) 『삼국사기』3 「신라본기」3, 눌지마립간28년(444)조.
15) 『삼국사기』28 「백제본기」6, 의자왕16년(656) 조.
16) 『삼국사기』28 「백제본기」6, 의자왕20년(660) 조.

232 제2부 첩자에 관한 연구

는『손자병법』제3「모공」편의 핵심을 이루는 개념이자 사상이다.[17] 또 '작은 군대로…' 부분도「모공」편에서 같은 내용을 확인할 수 있고,[18] '먼 길을 달려와서…' 부분은 제7「군쟁」편에서 확인할 수 있는 내용이다.[19] '성문을 굳게 닫고…' 부분은 고구려 군대가 초기부터 멸망할 때까지 가장 많이 활용한 전술 가운데 하나로 흔히 '견벽청야(堅壁淸野)', '청야견벽(淸野堅壁)' 또는 '청야수성(淸野守城)' 등으로 불리는 전술이다.[20]

이상의 분석으로 볼 때 고구려는 초기부터『손자병법』등 병법서를 수용하여 실제 전투와 전쟁에 구체적으로 활용하고 있었다. 사료 ② 역시 사료①에서 확인된『손자병법』의 전술을 새삼 확인할 수 있으며, '견벽청야' 전술이 보다 분명하게 언급되어 있다. 특히 고구려는 적군과 아군의 식량 사정을 충분히 고려하여 확실한 대응책을 마련하여 승리를 거두고 있는 점이 주목된다. 군사에 있어서 식량문제는 대단히 중요한 것으로, 이는『손자병법』제2「작전」편의 핵심 내용이자『손자병법』전체에서도 대단히 중요한 군사적 요소로 언

---

17) 『손자병법』의 관련 대목은 이렇다 : "무릇 전쟁의 수행은 정병(正兵)으로 적과 대치하고 기병(奇兵)으로 승리를 얻는 것이다. 그러므로 (정병과 함께) 기병을 잘 쓰는 것은 그 방법이 천지의 변화처럼 무궁하고 강과 바다처럼 마르지 않는다."

18) 『손자병법』의 관련 대목은 이렇다 : "그렇기 때문에 열세한 군대가 힘을 고려하지 않고 적에게 정면으로 맞서 대응하면 대군에게 사로잡히게 되는 것이다."

19) 『손자병법』의 관련 대목은 이렇다 : "그러므로 용병을 잘 하는 사람은 적의 사기가 왕성할 때는 공격을 피하고, 나태해져 쉬고 싶어 하는 적을 공격한다."

20) 이 전술은『삼국지』「순욱전」과『진서』「석륵전」에 전형적인 사례가 보이며, 그 후로 많은 장수와 군사 전문가들에 의해 재활용된 전형적인 방어술로, 먼 길을 온 적이 아군의 식량을 얻지 못하도록 식량이 널린 들을 완전히 태우거나 비우는 한편, 우리의 성벽이나 보루를 단단히 쌓아 적이 지치기를 기다리는 전술이다. 이 전술이『손자병법』에서는 '산지(散地) 전략'으로 나타나고 있다. 고구려가 '청야견벽' 전술을 구체적으로 활용한 사례에 관해서는, 김용만, 『새로 쓰는 연개소문전』(바다출판사, 2003), 164~172쪽, 371·383쪽을 참고.

급되어 있다. 요컨대 고구려는 일찍부터 『손자병법』을 비롯한 병법서나 군사서를 수용하여 상당히 깊게 연구하고 이를 실제 전투나 전쟁에 활용하고 있었다.

신라도 상당히 일찍부터 『손자병법』 등을 받아들인 것 같다. 사료③은 왜인의 침입에 대한 대비책을 논의하는 과정에서 나온 것으로, 내용 전체가 마치 『손자병법』의 핵심을 그대로 옮겨놓은 것 같다. 특히 '적을 나의 의도대로 움직여야지 적의 의도에 말려들지 않는다'는 부분은 제6 「허실」편의 유명한 구절을 그대로 인용하고 있다. 사료④의 '궁한 적은 쫓지 말라'는 부분 역시 제7 「군쟁」편의 '궁지에 몰린 적은 지나치게 압박하지 말라'는 '궁구물박(窮寇勿迫)'의 재현이다.[21] 신라 역시 일찍부터 『손자병법』을 비롯한 병법서에 대한 인식 수준이 상당했음을 충분히 알 수 있다.

백제도 병법을 일찍부터 입수하고 이를 실제 상황에 적응한 것으로 보이지만, 『삼국사기』 기록에는 위 사료⑤, ⑥의 의자왕 말년에 감옥에 갇힌 성충(成忠)이 의자왕에 올린 직간과, 나·당 연합군의 공격에 대한 대책회의에서 상영이 의자왕에게 올린 대책의 한 대목에서 확인되는 정도다. 다만 성충이 직간한 내용을 분석해보면 그가 『손자병법』에 대해 상당히 해박했음을 알 수 있다. 그의 짤막한 언급에 「허실」(제6), 「행군」(제9), 「지형」(제10) 편의 핵심 내용들이 요약되어 있기 때문이다.[22]

---

21) 『삼국사기』의 원문에는 '궁구물추(窮寇勿追)'로 나오지만 그 의미는 같다.

22) 백제의 경우는 사료 부족으로 더 이상의 확인은 힘들지만, 『일본서기(日本書紀)』 제27권 「천지기(天智紀)」에 663년 일본에 망명한 후 백촌강 전투에 투입된 백제 달솔 곡나진수, 목소귀자, 억례복유, 답본춘초 등이 모두 병법을 익힌 인물로 기록되어 있는 것으로 보아 백제 의

이상『삼국사기』에 기록된 병법서와 그를 활용한 군사 전술과 전략을 통해 삼국시대 병법 이론과 사상적 수준이 어느 정도였는지를 『손자병법』의 관련 대목을 비교함으로써 유추해보았다. 단편적이긴 하지만 삼국이 모두『손자병법』을 구체적으로 활용하고 있었음을 확인할 수 있다. 특히 삼국이 모두 자신들에게 맞는 전술을 구사하고 있는 것으로 보아『손자병법』을 단순히 수용하는 선에서 머무른 것이 아니라 실정에 맞게 적용한 듯하다. 이는 삼국이 병법과 군사 이론 및 사상에서 일정한 수준을 갖추고 있었음을 의미한다 하겠다. 따라서 삼국은『손자병법』의 한편을 이루는「용간」편의 첩자 이론에 대해서도 나름대로의 인식과 수준을 갖추고 있었다고 보아도 무방할 것이다. 이는 앞으로 검토하게 될, 상대적으로 풍부한 첩자 관련 기록들에 대한 구체적인 분석을 통해보다 확실하게 입증될 것으로 기대한다.

3. 삼국시대 첩자 관련 자료 분석

이제 삼국시대 첩자 및 그 활동과 관련된 자료들을 차례로 분석하여 지금까지 검토한 첩자와 관련된 여러 방면의 일반적 이론과 첩

군사 전문가들이 일본으로 건너가 일본에『손자병법』등 병법서를 전수했을 가능성이 커 보인다. 그렇다면 백제 역시 비교적 일찍부터 병법서를 받아들여 연구하고 이를 실제 전투에 활용했을 것으로 추측된다.(김광수,『손자병법』[책세상, 1999], 459~460쪽.)

보술 등을 확인하기로 하겠다. 앞서 살펴본 바와 삼국시대 각국은 『손자병법』 등과 같은 병법서를 입수하여 이미 상당한 수준의 병법 이론과 군사 사상을 실제 상황에 적용하고 있었다. 이러한 사실은 각국이 첩자를 활용했을 것이라는 추측을 충분히 뒷받침하며 또 실제로 첩자 관련 기록은 곳곳에서 확인할 수 있다. 첩자와 관련된 직접 기록들은 삼국시대 당시 첩자 활동이 상당히 폭넓고 치밀하게 전개되었음을 보여준다. 우리는 관련 자료에 대한 분석을 통해 첩자와 관련된 여러 가지 정보를 확인함과 동시에, 삼국시대 사회상의 한 단면을 이해하는 단서로서의 '첩자라는 역사적 개념'에 주목하게 될 것이다.

논지 전개의 편의를 위해 자료는 나라별 연대순으로 하나씩 검토하도록 하겠다.[23] 첩자 활동의 시기, 해당국과 상대국의 첩자 활동 내용, 기타 관련 용어 등을 검토하고 그 의미를 분석했다.

1. 고구려

고-①. 유리왕11년(기원전9) (선비 문제 대한 대책을 논의하는 자리에서 부분노가 한 말) "사람을 시켜 반간(反間) 계책으로 선비에 들어가서 거짓으로 우리는 땅이 작고 군사가 약하여 겁을 먹고 움직이기를 싫어한다고 하면, 선비는 틀림없이 우리를 업신여겨 방비를 소홀히

---

23) 나라별로는 첩자 활동의 사례가 가장 이른 고구려를 먼저 검토의 대상으로 삼았다. 고구려는 초기부터 중국의 여러 정권들과 국경을 접하고 있었기 때문에 첩자 활동이 삼국 어느 나라보다 먼저 그리고 활발하게 전개되었을 것이다. 아울러 특별한 경우가 아니면 사료의 원문은 앞서와 마찬가지로 인용을 생략했음을 밝혀둔다.

할 것입니다."[24]

위 기록은 고구려 초기 적대적인 관계에 있던 선비에 대한 대처 방안을 강구하는 군신 회의에서 부분노가 제안한 계책의 일부로, 부분노는 명백하게 '반간계'를 제안하고 있다. 반간이란 앞서 살펴본 대로 적의 첩자를 이용하여 거짓정보를 적에게 흘리게 함으로써 아군의 의도대로 적을 유도하는 첩자의 한 유형이자 첩보 행위다. 유리왕은 부분노의 제안대로 실행하여 선비를 항복시키는 데 성공한다. 유리왕이 사용한 반간계에서 또 한 가지 눈에 띄는 것은 거짓정보를 적국에 흘리는 고등 첩보술이다. 이처럼 고구려는 일찍부터 상당히 수준 높은 첩자 활용과 첩보술을 보여주고 있다.

　고-②. 대무신왕15년(32) 호동이 귀국하여 비밀리에 사람을 보내 최씨 딸에게 이르기를 (하략).
　(세주) 혹은 말하기를 고구려왕이 낙랑을 멸망시키려고 혼인을 빙자하여 그 딸을 며느리로 삼은 다음 며느리를 친정 나라에 돌려보내 병기를 파괴하게 한 것이라고도 한다.[25]

위 사료는 저 유명한 호동왕자와 낙랑공주의 비극을 기록한 대목이자 첩자 문제와 관련하여 많은 정보를 제공하는 중요한 사료라 할 수 있다. 대무신왕의 아들 호동은 적자는 아니었지만 왕의 총애를 받

---

24) 『삼국사기』13 「고구려본기」1, 유리왕11년(기원전9) 조.
25) 『삼국사기』14 「고구려본기」2, 대무신왕15년(32) 조 및 이 부분의 細註.

는 왕자로 일찍이 옥저와 낙랑 등을 유람하면서 각국의 정세를 탐문하고 있었다.[26] 이때 낙랑국의 공주와 혼인을 약속했다. 귀국한 호동은 은밀히 사람을 보내 공주에게 낙랑국의 비밀무기 고각(鼓角, 경보기의 일종)을 망가뜨리게 한다. 그런 다음 낙랑을 습격하여 항복시키는데 이 과정에서 공주는 아버지 최리에게 죽임을 당했다.

그런데 『삼국사기』의 세주에는 이와는 다른 설이 제시되어 있다. 여기에는 고구려왕이 낙랑을 멸망시키기 위해 아들 호동과 며느리 낙랑공주를 이용한 것처럼 묘사되어 있어 설화적 성격이 강한 원문보다는 한결 현실적이다.[27]

어느 쪽이 되었건 고구려는 왕자 호동과 며느리 낙랑공주까지 첩자로 활용하고 있다. 여기에 호동이 낙랑공주에게 은밀히 보낸 익명의 인물 역시 첩자로 보아도 무방할 것이다. 자국의 이익을 위해서라면 아무리 가까운 사람도 첩자로 이용하는 첩자 세계의 냉혹함을 위 사료에서 확인할 수 있는데, 이런 점 때문에 역대로 첩자 이용을 하책으로 평가절하한 사람도 적지 않았던 것이다.[28] 그러나 첩자 활용은 국가의 존망이 달린 중대한 군사행위의 하나란 점에서, 위 사료는 고구려가 일찍부터 첩자와 그 활용의 중요성을 인지하고 있었

---

26) 호동의 이런 행위는 넓은 의미의 첩자 행위로도 볼 수 있다. 이는 앞으로 검토하게 될 당의 사신 진대덕(陳大德)이 벌인 첩자 행위와도 비교되는데, 공식 사절로 와서 첩자 행위를 벌인 경우가 역대로 적지 않았던 것으로 보인다.(사료 고-⑨, 이 책 247쪽 참고) 이는 오늘날 정식 외교관계를 통해 각국에 공식적으로 설치된 대사관이나 영사관의 주재 인원이 첩보 활동을 하는 것과도 비교될 수 있는 첩자 행위로 그 연원이 매우 오래되었음을 알 수 있다. 어니스트 볼크먼/이창신 역, 앞의 책, 12~14쪽 참고.
27) 호동설화의 역사적 의미에 관해서는, 졸고, 「한국 시조설화와 그 역사 지평」(『한국학보』, 1993)을 참고.
28) 김광수, 앞의 책, 423~4쪽.

음을 적나라하게 보여주는 것이라 할 수 있다.

아울러 위 사료는 앞으로 검토하게 될 장수왕54년(466)의 기사와도 연관되는데, 고구려는 주변 세력 및 타국과의 혼인관계를 자국의 정치적 이해관계와 연계시키는 외교정책을 일찍부터 시행해 온 것으로 보인다.[29]

> 고-③. 동천왕20년(246) 유유가 위나라 군대에 거짓으로 항복하여 (중략) 위의 장수가 항복을 받으려 할 때 유유는 식기 속에 칼을 감추고 앞으로 나아가 칼을 빼어 위나라 장수의 가슴을 찌르고 그와 함께 죽었다.[30]

위 기록은 246년 유주자사 관구검이 이끄는 위나라 군대의 침공을 받아 대패한 고구려가 절체절명의 위기를 벗어나기 위한 대책의 일환을 보여주는 것이다. 여기서 동부 사람 유유는 왕의 항복의사를 위 장수에게 전달하는 한편, 군대를 위로하기 위한 음식을 함께 보냈다. 항복을 받는 순간 유유는 식기에 숨겼던 칼로 적장을 찔러 죽이고 자신도 자결한다. 고구려는 장수를 잃은 위의 군대가 혼란에 빠진 틈을 타서 위의 군대를 퇴각시키고 위기에서 벗어났다.

사실 위 기록만을 놓고 볼 때 유유의 행위는 첩자의 그것보다는 자객에 가깝다. 다만 그가 거짓으로 고구려 동천왕의 항복의사를 전달하고 있다는 점은 첩자 행위에 가깝다고 하겠다. 암살이나 자살

---

29) 유리왕이 왕비로 맞이한 한인(漢人) 치희(雉姬)의 존재가 대표적인 경우다.
　　『삼국사기』13 「고구려본기」1, 유리왕3년(기원전17) 조.
30) 『삼국사기』17 「고구려본기」5 동천왕20년(246) 조 및 45 열전5 '밀우·유유' 조 참고.

역시 전형적인 첩자 행위이기 때문이다.

> **고-④.** 장수왕54년(466) 어떤 사람이 왕에게 권하되 "위가 전에 북
> 연과 혼인을 맺고 얼마 있다가 연을 정벌한 일이 있는데 이는 행인(行
> 人)이 연의 지리를 두루 알아냈기 때문입니다. 이런 사례가 바로 얼마
> 전에 있었으니 방법을 강구하여 거절하십시오."라고 했다.[31]

위 기사는 장수왕54년인 466년에 북위 문성제의 황후 문명태후
(풍태후)가 후궁감으로 고구려의 왕녀를 요구한 일에 대해 조정 대
신의 한 사람으로 추정되는 '어떤 사람'이 북위의 의도를 간파하고
그에 대한 대책을 촉구한 내용이다. 장수왕은 이 사람의 지적이 옳
다고 판단하여 마땅한 왕녀가 없다고 북위의 요구를 거절하면서 시
간을 끌다가 북위 황제가 죽음으로써 사건이 마무리되었다.

이 기사에 나오는 '행인'은 첩자의 별칭이다.[32] 즉 북위가 일찍이
북연과 혼인관계를 맺으면서 혼인에 따른 수행 인원인 '행인'을 첩
자로 활용하여 북연의 지리적 상황을 상세히 파악한 다음 북연을 정
벌했다는 것이다. 고구려는 북위가 이러한 의도로 왕녀를 요구한 것
으로 파악하여 이런저런 구실을 달아 그 요구를 거절했고, 북위는
이를 의도적인 것으로 의심하여 강경한 외교적 조치를 취하는 등 양
국의 관계가 악화될 무렵 북위 황제가 사망함으로써 자연스럽게 문
제가 해결되었다.

---

31) 『삼국사기』18 「고구려본기」6 장수왕54년(466) 조.
32) 첩자와 관련한 유사 용어들에 대해서는, 졸고, 「고대 첩자고」, 4~13쪽. 또는 이 책 403쪽 부
　　록2의 표2 〈삼국시대 첩자 관련 용어표〉 참고.

고구려는 혼인관계를 이용한 첩자 활동의 예를 상당히 정확하게 간파하고 있었던 것은 물론, 고구려 자신도 혼인관계를 이용하여 상대국의 정보를 입수하고 있었음은 앞서 호동왕자의 사례에서도 확인한 바 있다. 이는 고구려가 첩자와 그 활동에 관해 상당한 인식 기반을 갖추고 있었음을 뜻한다고 하겠다.

고-⑤. 개로왕21년(475) 앞서 고구려 장수왕은 백제를 은밀히 도모코자 백제에 보낼 '간첩'을 구했다. 이때 승려 도림이 응모하며 "어리석은 저로서는 불도를 알 길은 없고 나라의 은혜에 보답하는 길을 생각해 왔사오니, 왕께서는 신을 불초하다 여기지 않으시고 일을 맡겨 주시면 명을 욕되게 하지 않을 것입니다."라고 말했다. 장수왕은 기뻐하며 그를 백제로 몰래 보내어 백제를 속이게 했다. 이때 도림은 죄를 짓고 도망 온 것으로 위장하고 백제로 들어갔다.[33]

위 사료는 장수왕의 백제 정벌과 관련된 것으로, 백제는 고구려 승려 도림의 첩자 활동에 말려들어 개로왕이 죽는 등 나라가 거의 망할 뻔했다. 이 일련의 극적인 사건은 이보다 앞서 개로왕이 취한 대중국정책과 관련이 있는데, 개로왕은 고구려의 침입을 북위의 군사로 막아 보려는 의도를 가졌다.(472년) 백제의 이러한 의도는 고구려를 크게 자극시켰고, 일순 북위와 고구려는 긴장상태로 돌입한다. 460년대 이후 서로의 필요성에 의해 개선된 양국 관계에 첫 마찰이 빚어진 것이다.[34] 고구려는 백제의 수도인 위례성을 공격하고 개로

---

33) 『삼국사기』25 「백제본기」3 개로왕21년(475) 조.

왕을 살해한다. 그러나 더 이상 남진하지 않고 회군하는 단기전으로 마무리 지었다. 이는 긴장된 북위와의 관계를 고려한 조치이기도 했을 것이나 북위로서도 양국 관계에 개입할 의사가 없었던 것으로 보인다.

백제로서는 국가 존망의 위기에 처해 있었던 셈인데, 백제를 존망의 위기상황으로 몰고 간 데에는 고구려의 승려 '간첩' 도림의 역할이 단연 컸다고 할 수 있다. 도림은 개로왕을 설득하여 궁궐의 증축 등 각종 대규모 사업을 일으켜 백제에 상당한 타격을 가한 다음 고구려와 돌아와 장수왕에게 보고한다.

이 일련의 사건은 첩자와 관련하여 다음 몇 가지 사실을 알려준다.

첫째, 승려의 신분으로 첩자 활동을 한 점이다. 종교인으로서 첩자 활동을 했다는 것은 종교인이 갖는 특수성으로 인해 첩자 활동을 은폐할 수 있다는 이점이 있었기 때문이다.[35]

둘째, 장수왕은 적국에 보낼 첩자를 모집했고 도림은 그 모집에 응모했다. 이는 장차 백제 공격을 위한 사전 조치를 염두에 둔 치밀한 전략에 따른 것으로 고구려의 첩자 활용술이 대단히 돋보이는 부분이기도 하다.

셋째, 도림을 백제에 첩자로 침투시키기에 앞서 고구려는 도림이

---

34) 이 당시(5~6세기)의 국제정세에 대해서는, 盧泰敦, 「5-6세기 동아시아의 국제정세와 고구려의 대외관계」(『東方學志』44, 1984)에 자세하다.

35) 김복순, 앞의 글, 144쪽. 삼국시대에는 승려들이 첩자로 활동한 경우가 적지 않은데, 고구려가 특히 많이 활용한 것으로 보인다. 위의 도림의 경우가 대표적이며, 「김유신열전」에 보이는 고구려 승려 덕창도 첩자였다. 또 『삼국유사』4 의해5 '의상전교'에는, 650년 원효와 의상이 중국으로 불법을 구하러 가다가 요동(고구려)에서 국경수비대에 의해 '첩자' 혐의를 받고 수십 일 동안 구금당하는 기사가 있다. 고구려가 승려를 첩자로 많이 활용하고 있었기 때문에 원효와 의상도 첩자로 의심하여 상당 기간 구금했던 것이다.

,고구려에서 죄를 짓고 도망친 것처럼 위장하는 전형적인 첩보술을 보여준다. 도림은 첩자의 유형 중 가장 전형적인 첩자인 '생간'이자 '위장간첩'이었다.

넷째, 도림은 첩자에 응모하면서 그 이유로 '나라의 은혜에 보답하기 위한' 것임을 제시하고 있는데, 이는 첩자가 되는 전형적인 네 가지 유형의 하나인 '이념(신조, Ideology)에 해당한다.[36] 이는 고대 첩자의 성격을 이해하는 데 중요한 일면을 제시하는 기사라 할 수 있다.

고구려는 신라에 대해서는 고정첩자도 활용한 것으로 보인다. 아래 『삼국유사』 기록을 보자.

　　고-⑥. 이 당시 백석(白石)이란 자가 있어 어디에서 왔는지 내력을 알 수 없었는데 여러 해 동안 화랑의 무리에 속해 있었다.[37]

고구려 첩자 백석은 몇 년 동안 화랑 무리에 섞여 첩자 활동을 하면서 김유신을 유인하여 고구려로 데려가려다 신령의 도움을 받은 김유신의 추궁에 신분이 발각되어 처형당한 인물이다. 위 기사는 설화적 색채가 다분하기 때문에 그대로 믿을 수 없다는 사료상의 한계는 있으나 고구려가 진작부터 신라에 고정첩자를 안배해놓고 신라

---

36) 첩자에 관한 개설적 연구에서는 첩자가 되는 이유를 대체로 4가지로 압축하고 있는데, 영문의 첫글자를 따서 MICE로 나타낸다. 즉 돈(Money), 이념 내지 신조(Ideology), 협박 및 약점 조성(Compromise), 자의식 내지 자존심(Ego)의 4가지를 말한다. 도림의 경우는 전형적인 '이데올로기 유형'이지만 '에고'의 요소도 완전 배제할 수 없다고 본다.
37) 『삼국유사』 기이2 김유신.

의 동향을 살폈다는 사실은 긍정해도 좋을 듯하다. 이 기사에 대해서는 좀더 논의가 필요하다.

고-⑦. 영양왕23년(612년, 고구려-수의 전쟁)

㉮ 영양왕이 대신 을지문덕을 시켜 수나라 군영에 가서 거짓항복하게 하니 사실은 적의 허실을 정탐하기 위해서였다.

㉯ 을지문덕이 다시 사람을 보내 거짓항복하며 우문술에게 청하길 (하략)

㉰ (수의 군대가) 마침내 거짓항복을 믿고 돌아갔다.

㉱ 처음(전년 611년)에 백제왕 장(무왕)이 사신을 보내 고구려 토벌을 요청하니 양제는 백제를 시켜 고구려의 동정을 엿보게 했다. 이때 장은 고구려와 안으로 몰래 내통했다.[38]

위 기사들은 고구려와 수나라의 전쟁과 관련한 것으로 고구려의 대응 전략과 을지문덕의 용병술이 돋보이는 대목이다. 수 양제는 고구려를 침공하기에 앞서 발표한 조서에서 "중국의 망명자들을 끊임없이 꾀어내고, 변방에 척후(斥候)를 배치하여 (수의) 봉후(烽候, 봉수대)를 수고롭게 하니 (하략)"[39]라고 하여 고구려의 첩보 활동, 즉 '척후'를 나무라고 있다.

이 전쟁에서 을지문덕은 여러 차례 거짓항복으로 수의 진영을 교

---

38) 『삼국사기』20 「고구려본기」8, 영양왕23년(612) 조 및 44 열전4 을지문덕 참고.
39) 『삼국사기』의 이 기록은 『수서(隋書)』권4 「양제기(하)」 4-80 부분을 축약한 것이다.(중국 정사와 『자치통감』 기록의 면수는 중화서국과 평업서국 표점교감본에 따르고 권과 면수만 표시함.)

란시키는 한편, 치고 빠지는 전략으로 저 유명한 '살수대첩'을 끌어냈던 것이다. 당초 수 양제는 대장군 우중문에게 고구려왕이나 을지문덕을 만나면 반드시 사로잡으라는 밀지를 내렸음에도 불구하고 을지문덕의 거짓항복에 속아 그를 돌려보냈는데, 여기에는 위무사로 함께 와 있던 상서우승 유사룡의 적극적인 만류가 크게 작용했다. 황제의 밀지에도 불구하고 우중문이 유사룡의 만류로 을지문덕을 돌려보낸 것은 쉽게 납득이 가지 않는다. 어쩌면 고구려 쪽에서 진작 유사룡에게 매수와 같은 모종의 조치를 취한 것은 아닌지 의심이 드는 대목이다.

아무튼 이 전쟁에서 고구려와 을지문덕이 보여준 전략과 전술은 고도의 첩보술을 방불케 한다. 특히 을지문덕의 용병술은 발군인데, 적진에서 돌아온 뒤 우중문에게 조롱의 시[40]까지 보낸 것은 현대전에서 중요하게 활용하고 있는 '심리전'의 성격마저 띠고 있다. 심리전 역시 첩보술의 중요한 부분이다.[41]

위 ㉮사료에서 또 한 가지 눈길을 끄는 것은 백제의 태도라 할 수 있다. 백제는 수에 고구려 토벌을 요청하면서도 안으로는 고구려와 내통하면서 상황의 추이를 지켜본 것 같다. 첩자와 관련해서는 수가 백제를 시켜 고구려의 동정을 엿보게 한 대목인데, 이 무렵 백제는 신라와 함께 고구려의 침공으로 위협을 느끼고 수에 잇따라 고구려

---

40) 을지문덕이 수의 대장군 우중문에게 보낸 시는 『수서』(60-1455)와 『삼국사기』「을지문덕열전」모두에 실려 있는 것으로 보아 사실로 보아야 할 것이다.
41) 용병술과 그것의 중요한 일부인 첩보술에 대해서는 별도의 연구가 필요하다. 『삼국사기』는 이와 관련하여 단편적인 정보들을 제공하고 있는데, 그중에서도 김유신과 을지문덕의 용병술이나 첩보술이 특히 주목된다.

토벌을 요청하는 한편 고구려의 상황을 첩자를 통해 살피고 있었던 것으로 보인다.[42] 그러나 이러한 백제의 움직임은 고구려에 의해 상세히 파악되고 있었고, 이를 파악한 고구려는 백제의 국경을 공격하기까지 했다.[43]

> **고-⑧.** 보장왕4년(645) 8월 갑진일(8일)에 막리지의 첩자 고죽리 (高竹離)를 잡았다.[44]

위 기록은 려·당 전쟁의 와중에 고구려 첩자, 좀더 구체적으로는 막리지 연개소문이 보낸 '고죽리'라는 첩자가 당의 척후병에게 사로잡힌 사실을 기록한 것이다. 당 태종 이세민은 고죽리를 직접 심문한 다음 먹을 것을 주게 하고 다시 고구려로 돌려보내 연개소문에게 자신의 말을 전하게 했는데, 이는 명백한 '반간계'라 할 수 있다. 이렇듯 려·당 전쟁에서는 양국이 모두 활발하게 첩자를 활용하고 있었다.[45] 이런 사실은 다음 기사로도 확인된다.

---

42) 백제는 607년(무왕8)에, 신라는 608년(진평왕30)에 각각 수에 사신을 보내 고구려 토벌을 요청했고, 백제는 고구려와 수의 전쟁 한 해 전인 611년에도 고구려 토벌을 수에 요청했다.

43) 백제는 위덕왕45년인 598년에 수에 사신을 보내 수가 고구려를 토벌할 경우 자신들이 길을 안내하는 '군도(軍導=향도)'가 되겠노라 요청하기도 했는데, 고구려는 이러한 전모를 모두 파악하고 백제의 국경을 공격하고 있다.『삼국사기』권 제27「백제본기」제5 위덕왕45년(598) 조. 이러한 사실은 고구려의 첩보 능력이 대단함을 잘 보여준다.

44) 이 기사는『자치통감』198-6227의 정관19년(645) 조에 보인다. 이와 같은 기사가『신당서』220-6193에도 보이는데 고구려 첩자의 이름은 밝혀져 있지 않다. 두 기사를 종합해보면 당 태종은 기병을 위주로 한 척후병들을 많이 배치하여 당 진영을 염탐하려는 고구려 군사들을 적지 않게 잡은 것으로 보이며, 고죽리는 연개소문이 직접 보낸 첩자로 사로잡혔기 때문에 그 이름이 남은 것 같다. 다만『신당서』에는 '첩자'라는 용어 대신 첩자의 별칭인 '첩인(諜人)'을 사용하고 있다.

고-⑨. 영류왕24년(641) 당 태종이 고구려 태자의 입조와 관련하여 직방낭중 진대덕(陳大德)을 보내 답례케 했다. 진대덕은 고구려 경내에 들어와서 지나는 성읍마다 그 관리자들에게 예물(뇌물)을 듬뿍 주며 "내가 산수를 좋아하니 이곳에서 경치 좋은 곳을 보고 싶다."고 하였다. 관리자들은 그를 인도하여 고루 돌아다녔다. 이로써 진대적은 자세한 지리를 알게 되었다. (중략) 진대덕은 사신으로 와서 고구려의 허실을 엿보았건만 고구려는 그를 알지 못했다. 대덕이 돌아가 보고하니 태종이 기뻐했다.[46]

위 기사에 따르면 당은 고구려를 침공하기 전부터 나름대로 사전 준비를 해왔고, 거기에는 진대덕의 경우처럼 공식 외교관을 통한 첩보 활동도 포함된 것으로 추측된다. 진대덕은 고구려 관리들을 뇌물로 매수하여 고구려의 지형을 비롯한 각종 정보를 염탐하고 수집한 다음 돌아가 보고한 전형적인 '생간'이었다.

고구려의 첩자 관련 기록은 이밖에 연개소문 사후 그 아들들 사이에 벌어진 권력 쟁탈 과정에서도 수시로 보이는데, 이는 고구려

---

45) 고구려는 중국의 정세를 놓치지 않고 정탐하고 있었고, 특히 연개소문은 첩자를 잘 활용했던 것으로 보인다. 이름이 밝혀져 있는 첩자만도 억류된 김춘추를 구하기 위해 신라 결사대가 출동할 것임을 보고한 승려첩자 덕창과 위 기사의 고죽리가 있을 정도다. 려·당 전쟁에서 당은 고구려의 첩자 활동을 막기 위해 척후병들을 많이 배치했다.
   『삼국사기』21 「고구려본기」9 보장왕5년(646) 조 ; 42 열전2 김유신(중) ;『자치통감』196-6241.
   김용만, 앞의 책, 331-344쪽.
46) 『삼국사기』20 「고구려본기」8 영류왕24년(641) 조 및 『자치통감』196-6169 참고. 『삼국사기』의 기록은 『자치통감』의 기록을 축약한 것이나, 중간에다 "진대덕은 사신으로 와서 … " 라는 대목은 『삼국사기』 찬자가 삽입한 것인데, 이는 진대덕의 행위를 명백한 첩자의 행위로 보았기 때문일 것이다. 진대덕의 첩자 활동을 『삼국사기』는 '첩(覘)'으로 표현했다.

내부의 문제라는 성격이 강하므로 검토를 유보해둔다.[47]

2. 신라

신라의 첩자 관련 사료는 비교적 늦은 시기에 나타난다. 이는 고구려가 중국과 국경을 접한 관계로 일찍부터 이들과의 관계에 대비한 첩자 활동을 활발하게 벌인 반면, 신라는 상대적으로 타국과의 군사적 충돌의 가능성이 적었기 때문으로 보이지만 이는 어디까지나 사료에 나타난 현상에 지나지 않는다. 신라 역시 가야나 왜와의 충돌 과정에서 첩자를 활용하거나 역으로 상대국 첩자에 활용 당했을 가능성을 보여주는 기록이 남아 있기 때문이다.

먼저 지마니사금4년(115) 7월, 가야를 직접 공격하던 지마니사금이 황산하(黃山河)에서 매복하고 있던 가야군의 공격을 받아 곤경에 처했다는 기록[48]은 가야의 사전 첩보 가능성을 시사한다. 또 지마니사금11년(122) 수도 사람들이 유언비어를 퍼뜨려 왜병이 크게 쳐들어온다고 하여 다투어 산속으로 도망쳤다는 기록[49]은 왜가 신라 수도에 첩자를 잠입시켜 유언비어를 퍼뜨렸을 가능성을 보여준다. 한편, 신라도 상대국에 대한 첩자 활동을 통해 보고를 받고 있었던 것

---

47) 이 권력투쟁 과정에 당이 개입하고 있는 정황이 발견된다. 당은 남생 형제간의 알력을 이용하여 고구려의 상황을 모조리 보고 받고 이에 적절히 대처함으로써 고구려의 멸망을 가속화시킨다. 이는 고구려 멸망에 치명적으로 작용했는데, 지배층의 내분과 배신 및 적의 첩자 노릇을 하는 등 이적행위가 망국에 결정적인 타격을 가한다는 사실을 잘 보여준다. 권 제22 「고구려본기」 제10 보장왕25년(666), 27년(668) 조 및 권 제49 열전 제9 연개소문전 참고. 졸고, 「고대 첩자고」, 20~22쪽.

49) 동상 11년(122) 조.

으로 보이는데, 유례니사금6년(289) 5월에 왜병이 쳐들어온다는 소문을 듣고 배를 수리하고 갑옷과 병기를 수선하여[50] 준비를 갖춘 것은 신라가 파견한 첩자의 첩보에 따른 것일 가능성이 커 보인다.[51] 실제로 그로부터 3년 뒤 왜가 신라를 대거 침공했기 때문이다.[52]

신라의 본격적인 첩자 활동은 고구려와 왜에 건너가 왕자들을 구출해오는 박제상 관련 기록을 통해서 확인할 수 있다. 박제상과 관련한 기록은 『삼국사기』 그의 열전[53]과 『삼국유사』[54]에 비교적 자세한데, 내용이 상당히 길기 때문에 인용문을 생략하고 기록을 바탕으로 그 줄거리를 요약하는 방식으로 서술하고자 한다.

먼저 박제상의 발탁 과정이다. 『삼국사기』를 보자. 눌지왕은 자신의 두 아우를 데리고 올 수 있는, 말 잘하는 '변사'를 구한다. 이때 수주촌간의 벌보말 등 세 세 사람의 현인을 수소문하여 불러들이니 이들은 '강용'하고 '지모'가 있는 삽량주간 제상을 추천한다. 『삼국유사』의 박제상 발탁 대목은 이와는 약간의 차이를 보인다. 눌지왕은 군신들과 나라 안의 '호협'들을 불러 모아놓고 잔치를 베푸는 자리에서 자신의 염원을 피력했고, 이에 백관들은 '지용'을 겸비한 삽라군태수 제상을 추천한다.

---

50) 『삼국사기』2 「신라본기」2 유례니사금6년(289) 조.
51) 이러한 사례는 권 제3 「신라본기」 제3 실성니사금7년(408) 조에도 보인다. 이때는 첩보 내용이 좀더 구체적이어서 "왜가 대마도에 군영을 두고 병기와 군수품을 비축하여 우리(신라)를 습격하려 함을 듣고 (하략)"라고 되어 있다.
52) 동상 9년(293) 조.
53) 『삼국사기』45 열전5 박제상 조. 이와 관련하여 『삼국사기』3 「신라본기」3 눌지마립2년(418) 조에는 간략하게 "왕의 동생 복호(내물왕의 아들)가 고구려에서 (박)제상 내마와 함께 함께 돌아왔다. 이해 가을에 왕의 동생 미사흔이 왜국에서 도망쳐 돌아왔다."고만 되어 있다.
54) 기이 제2 내물왕과 김제상.

다음으로는 박제상의 고구려 행에 관한 대목이다.『삼국사기』에는 그가 정식으로 예를 갖추고 고구려로 들어가서 고구려 장수왕을 설득하여 복호와 함께 귀국한다. 발탁 과정에서 눌지왕이 원했던 '변사'로서의 능력을 유감없이 발휘했다고 할 수 있다. 그런데『삼국유사』는 이와는 사뭇 다른 사정을 전한다. 박제상은 '변복'을 하고 바닷길 북해로 고구려에 잠입하여 보해(『삼국사기』의 복호)와 함께 야밤에 고구려군의 추적을 따돌리고 도망 나온다.『삼국유사』의 박제상의 행동은 영락없는 첩자다.

　그다음은 박제상의 왜국 행에 관한 대목이다. 이 대목은 앞 고구려 행에 대한 대목과는 대조적이어서『삼국사기』쪽이 첩자의 성격이 강하다. 즉 박제상이 왜국으로 건너가기에 앞서 신라에서는 박제상을 신라를 배반한 인물로 꾸며 보내는데, 이 부분이 대단히 치밀하게 안배되어 있기 때문이다. 반면에『삼국유사』에는 간단하게 신라왕이 자신의 가족들을 까닭 없이 죽였기 때문에 도망 왔노라는 박제상의 말을 왜왕이 별다른 의심 없이 믿는 것으로 나온다. 이러한 차이에도 불구하고 어느 쪽이나 왜국으로 침투해 들어가는 박제상의 행적은 첩자에 다름 아니다. 이후 박제상의 장렬한 죽음에 대해서는『삼국유사』의 경우 그 죽음이 지나치게 극적이어서 검토를 생략하겠다.

　박제상 행적에서 한 가지 더 검토해볼 대목은 고구려와 왜국으로 자신을 아끼지 않고 종횡무진 활약한 박제상 자신이 내뱉은 말들이다. 즉 박제상의 행위를 뒷받침한 신념의 문제라 하겠다. 이 점에서『삼국사기』의 기록은 사뭇 냉정을 유지하는 편이다. 박제상에 관한 기록 전체를 놓고 보아도『삼국사기』는『삼국유사』에 비해 한결 차분하다. 『삼국사기』에서 박제상의 개인적 신념을 확인해볼 수 있는 대목이라면, 추천을 받고 왕 앞에서 한 말과 왜국으로 떠나기 전에 한 말이 전부라 해도 과언이 아니다.

신이 어리석고 불초하나 어찌 명을 받들지 않겠습니까?
신이 비록 노둔한 재주로나마 이미 몸을 나라에 바쳤으니 끝내 명을 욕되게 하지 않을 것입니다.
내가 왕명을 받아 적국으로 들어가게 되었으니, 당신이 나를 다시 볼 기약은 없을 것 같소.

박제상의 행위를 뒷받침한 것은 왕명 그것이 전부였다. 그런데 『삼국유사』는 이와는 달리 다소 장황한 편이다.

신이 듣기로는 임금에게 근심이 있으면 신하가 욕을 당하고, 임금이 욕을 당하면 신하는 목숨을 내놓는다고 했습니다.[55] 일의 쉽고 어려운 것만 따져 살기만을 생각한 다음 행동한다면 그것은 용기가 없는 것입니다. 신이 비록 불초하오나 왕명을 받들어 행하길 원하옵니다.

박제상이 왜병에게 붙잡혀 왜와 앞에 끌려온 다음 그와 나눈 대화도 박제상의 같은 맥락이다.

왜왕 : 너는 어찌하여 네 나라 왕자를 몰래 탈출시켰느냐?

---

55) 이 대목은 중국 측 사료인 『사기(史記)』에서 인용한 것으로 보이는데, 권41 「월왕구천세가」 의 권79 「범수채택열전」이다.

박제상 : 나는 계림의 신하지 왜국의 신하가 아니다. 이제 우리 임금의 소원을 이루어 드렸으니 이 일을 당신에게 왜 말해야 되는가?

왜왕 : 너는 이미 내 신하가 되어 놓고 계림의 신하라고 말하는가?

박제상 : 차라리 계림의 개돼지가 될지언정 왜국의 신하가 되지 않겠다.

『삼국유사』의 박제상은 우국충절에 충만한 인물로 묘사되고 있다. 물론 왕명에 충실하다는 점에서 두 기록은 별다른 차이를 보이지 않는다. 직접적인 첩자의 기록에서 그들의 신념이나 행위를 뒷받침하는 이데올로기나 신념 등을 확인할 길은 없지만, 앞서 검토한 바 있는 고구려 첩자 승려 도림과 박제상의 경우에서 그 일면을 짐작해볼 수 있겠다.

박제상은 지방 관리 출신으로 신분상 첩자라 할 수 없다. 그러나 그의 행동은 첩자의 행위와 다를 바 없었다. 더욱이 그가 왕의 모집에 추천을 받은 인물이란 점과 그가 보여준 신념 등에서 고구려 장수왕 때 모집에 응한 승려첩자 도림과 여러 모로 흡사하다고 하겠다. 더욱이 그는 왕자들을 구해내고 장렬하게 죽음으로써 후대에 적지 않은 영향을 남겼다. 이런 점에서 박제상의 기록은 첩자에 관련한 입체적인 연구를 위해 훌륭한 자료를 제공하고 있다.[56]

신-①. 선덕왕11년(642) (고구려 들어간) 춘추가 몰래 사람을 보내

---

56) 『삼국사기』 「박제상열전」의 기록은 첩자 행위에 따른 보상이 어떠했는가를 보여준다. 이는 『손자병법』에서 "첩자에게 주는 상보다 더 후한 상은 없다."고 한 대목과 연계된다. 게다가

본국의 왕에게 알리자 왕이 대장군 유신에게 결사대 1만을 거느리고 가도록 명령했다.[57]

　　신-②. 이때 고구려 첩자인 승려 덕창이 이 일을 그 왕에게 보고하게 하였다. 왕은 앞서 김춘추가 맹서하는 말을 들은데다 첩자의 말까지 듣고 보니 더 이상 (김춘추를) 억류하지 못하고 후하게 예우하여 돌려보냈다.[58]

　　위 기사는 백제의 맹공에 시달리던 신라가 김춘추를 고구려에 보내 군사를 요청하는 과정에서 나온 사실들이다. 고구려는 과거에 신라가 빼앗은 죽령 서북 땅을 먼저 돌려달라고 요구하여 협상은 결렬된다.[59] 고구려는 김춘추를 감금했다. 이에 김춘추가 몰래 사람을 보내 본국에 상황을 알리자 고구려 첩자 덕창이 첩보하여 본국인 고구려에 보고한 상황이다.

　　이 일련의 과정은 매우 긴박하게 진행되었는데, 우선 감금상태에 있는 김춘추가 몰래 사람을 보냈다는 대목이 눈길을 끈다. 이는 고구려 내부에 접촉 가능한 은밀한 접촉자(신라 첩자)가 있었음을 시사한다. 또 「김유신열전」에 따르면 김춘추는 고구려로 가던 도중 대가

박제상이 지방 관리였기 때문에 그의 희생에 따른 보상은 공식적인 것이었고 또 그 정도 또한 상당했다. 사후 박제상에게는 대아찬 벼슬이 추증되고, 둘째 딸은 왕의 동생 미사흔에게 시집갔으며, 가족들에게는 후한 물품이 보상되었다. 『삼국유사』에는 박제상의 부인도 '國大夫人'이란 명예직을 받은 것으로 기록되어 있다. 그리고 박제상 가문과 직접 관련되는 것은 아니지만 전국에 대사면령이 내렸다고 기록되어 있다.

57) 『삼국사기』5 「신라본기」5 선덕왕11년(645) 조.
58) 『삼국사기』41 열전1 김유신 (상).
59) 위 「김유신열전」에 따르면, 고구려는 김춘추가 자신들의 정세를 살피러 왔을 것으로 추측하고 있다. 고구려는 김춘추의 고구려 행을 첩자 활동의 일환으로 파악한 것이다.

현 사람 두사지 사간(豆斯支沙干)이 준 청포 300보(步)를 고구려왕이 총애하는 선도해에게 주어 위기 탈출의 묘책을 얻었는데[60], 이로 볼 때 김춘추가 본국으로 은밀히 보낸 사람은 선도해의 주선에 의한 것일 수도 있다. 한편 신라에 잠입해 있던 고구려의 첩자 승려 덕창은 김유신의 결사대 조직을 첩보하여 사람(첩자)을 시켜 본국에 보고하고, 고구려는 사태 악화를 염려하여 김춘추를 살려 보낸다.

이상의 사실들은 고구려와 신라가 치열한 첩자전을 전개했음을 보여준다. 고구려는 김춘추가 고구려를 방문하기 전부터 그 이후의 상황을 첩자 덕창의 첩보를 통해 보고받고 있었고, 신라는 신라대로 고구려 내부 사람을 매수하거나 고구려 내부에 침투해 있던 자국의 첩자를 통해 김춘추의 상황을 보고한 것으로 보인다.

신-③. 진덕왕3년(649) 가을 8월, 백제의 장군 은상이 무리를 거느리고 와서 석토 등 일곱 성을 공격하여 함락했다. (신라)왕은 대장군 유신, 장군 진춘, 죽지, 천존 등에게 나가 막도록 명령했다. 십여 일 동안 전투를 벌였지만 해결되지 않자 도살성 아래에 주둔했다. 김유신은 여러 사람들에게 "오늘 틀림없이 백제가 정탐하러 올 것이니 너희들은 모른 체하고 아무 말도 하지 말라."고 말했다. 그러고는 군대를 돌아다니며 "(적이) 튼튼한 벽처럼 꿈쩍도 않으니 내일 원군이 오길 기다렸다가 결전을 벌이도록 하겠다."고 말했다. 첩자가 이를 듣고는 돌아가 은상에게 보고했다. 은상 등이 적병이 늘 것이라며 수군대며 의심하면서도 두려워하지 않을 수 없었다. 이를 틈타 김유신 등이 진

---

60) 위와 같음.

격하여 대패시켰다.[61]

신-④. 2년(649) 가을 8월에 백제 장군 은상이 석토 등 일곱 성을 공격했다. 왕은 유신과 죽지, 진춘, 천존 등 장군에게 나아가 막도록 명령했다. 3군을 다섯 길로 나누어 공격하였으나 피차 이기고 지고하면서 10여 일이 지나도록 끝나지 않았다. 이에 시체는 들판에 가득 차고 절구공이가 둥둥 뜨도록 피가 흘렀다. 이에 (신라군은) 도살성 아래에 주둔하여 다시 거병할 수 있도록 말을 쉬게 하고 군사들을 배불리 먹였다. 이때 물새가 동쪽으로 날아와 유신의 군막을 지나갔다. 장사들이 이를 보고는 불길하다며 수군거렸다. 유신은 이상할 것 없다며 여러 사람들에게, "오늘 틀림없이 백제인이 정탐하러 올 것이니, 너희들은 모른 체하고 누구냐고 묻지 말아라."고 말했다. 그러고는 군대를 돌면서 "(적이) 튼튼한 벽처럼 꿈쩍도 않으니 내일 원군을 오길 기다렸다가 결전토록 한다."고 말했다. (백제) 첩자가 이 말을 듣고는 돌아가 은상에게 보고했다.[62]

위 두 기사는 모두 같은 사건을 기록한 것으로 신라, 백제 양국이 모두 첩자를 상대국에 잠입시킨 사실이 확인된다. 특히 김유신의 첩자 활용술이 돋보이는데, 김유신은 백제의 첩자가 침투해 있음을 확인하고는 이를 역이용했다. 또 본기에는 없는 열전의 "물새가 동쪽으로 날아와 유신의 군막을 지나갔다."는 대목은 김유신이 첩보술의 방편인 '통신'수단의 하나로 동물, 구체적으로 비둘기와 같은 새 종

---

61) 『삼국사기』5 「신라본기」5 진덕왕3년(649) 조. 여기에서 진덕왕3년은 2년의 잘못으로 보인다. 이와 같은 사건을 보다 자세히 기록한 「김유신열전」에는 2년으로 나와 있다.
62) 『삼국사기』42 열전2 김유신(중).

논문 2. 고대 첩자연구 시론   255

류를 활용하였을 가능성을 보여준다. 또한 김유신의 이러한 첩자 활용을 병사는 물론 직속 장수들도 전혀 모르고 있었다는 점도 확인할 수 있는데, 이는 『손자병법』에서 말하는 "첩자의 운용만큼 비밀을 요하는 일도 없다."는 원칙을 철저하게 지킨 것이다. 이처럼 김유신은 첩자 운용 원리를 정확하게 숙지하면서 시기적절하게 첩자를 활용하여 이 전투를 대승으로 이끌었다. 무엇보다 김유신이 전투가 교착상태에 빠지자 그 타개책으로 첩자를 활용한 것은 그가 군사에 있어서 첩자의 중요성을 제대로 인식했기 때문에 가능했을 것이다. 백제의 장군 은상은 첩보전에서 김유신에게 완패했다.

신-⑤. 이에 앞서 급찬 조미압이란 자가 부산현 현령으로 있었는데, 백제에 포로로 잡혀가 좌평 임자의 집에서 종노릇을 하고 있었다. 부지런히 일하면서 게으름을 피우는 법이 없었다. 임자가 그를 의심하지 않고 마음대로 출입하게 했다. 이에 도망쳐서 돌아와 유신에게 백제에서의 일을 알렸다. 유신은 조미압이 충성스럽고 정직한 것이 쓸 만하다고 판단하여, "듣자 하니 (좌평) 임자가 백제의 일을 전담하고 있다는데 함께 의논하고 싶어도 계제가 없었다. 네가 나를 위해 다시 돌아가서 내 말을 전해라."고 했다. (조미압은) "공께서 나를 불초하게 여기시지 않고 일을 시키시니 죽어도 후회하지 않겠습니다."라고 답했다. 그러고는 다시 백제로 들어가 임자에게, "제가 이미 이 나라 국민이 되었으니 나라의 습속을 알아야 하겠다고 생각해서 나가서 수십일 동안 돌아다녔습니다. 그러나 개와 말이 주인을 생각하는 마음을 견딜 수 없어 다시 돌아왔습니다."라고 말했다. 임자는 이 말을 믿고 나무라지 않았다. 틈을 보던 조미압은, "지난번에는 벌을 받을까

봐 감히 바로 말씀을 드리지 못했사옵니다. 사실은 신라에 갔다가 돌아왔사온데, 유신이 저에게 다시 가서 공께 '나라의 흥망이란 미리 알 수 없는 일이니 그대의 나라가 망하면 그대가 우리 나라에 의지하고, 우리 나라가 망하면 내가 그대의 나라에 의지하도록 하는 것이 어떠냐?'고 전하라 하였습니다."라고 말했다. 임자는 듣기만 하고 말이 없었다. 조미압은 황공해 물러나와 벌이 떨어지기를 기다렸다. 두어 달이 지난 다음 임자가 불러, "지난번 네가 전한 유신의 말이란 것이 어떤 것이었지?"라고 물었다. 조미압은 놀라움 반 두려움 반으로 전에 대로 대답해주었다. 임자는 "네가 전한 말을 잘 알았으니 가서 (유신에게) 알리도록 해라."라고 말했다. 마침내 (조미압)은 돌아와서는 (백제의) 이런저런 일들을 소상하게 알리니 (백제를) 합병할 계획을 더욱 서둘러 추진했다.[63]

긴 사료를 전문 인용한 까닭은 이 기사가 김유신의 첩자 활용술을 가장 잘 보여주고 있기 때문이다. 김유신은 백제에 포로로 잡혀가 백제 고위직에 있는 좌평 임자의 집에서 오랫동안 종노릇을 하면서 신임을 얻은 조미압이 탈출해 오자 그를 다시 백제로 돌려보내 첩자 임무를 수행하게 한다. 김유신은 조미압에게 기회를 봐서 주인 임자를 포섭하라는 중대한 임무를 주는데, 그 내용이 대단히 놀랍다. 누가 되었건 나라가 망하면 서로를 돌봐주기로 약속한 것이 그

---

63) 『삼국사기』42 열전2 김유신(중). 이 기록은 영휘6년, 즉 655년 유신이 백제를 공격한 기사 다음에 나오는데, 유신이 백제를 공격하기에 앞서 이러한 일이 있었다고 한 것으로 655년 이전의 일이다. 김유신은 조미압과 포섭된 백제 좌평 임자의 첩보를 바탕으로 655년 백제 도비천성을 공격하여 승리한 다음 왕에게 백제에 대한 본격적인 정벌을 제의하고 있다.

것인데, 이는 자칫 반역에 해당할 정도로 위험천만한 행위가 아닐 수 없다. 김유신은 이런 대담한 첩자 활용술을 통해 백제의 정세와 관련된 고급 정보를 입수했고, 이를 참고로 백제 합병에 박차를 가했던 것이다.

사료만을 놓고 볼 때 김유신의 첩자술은 가히 독보적이라 할 수 있다. 백제 고위층 임자를 포섭하는 과정도 치밀하기 짝이 없다. 위 사료를 잘 음미해보면 김유신은 오랫동안, 그것도 백제 최고위층 관리의 집에 있으면서 백제 상황에 밝은 조미압을 선발하여 사상교육을 비롯한 철저한 첩자 훈련을 시킨 다음 다시 백제로 돌려보낸 것으로 보인다.[64] 김유신은 조미압에게 임자에게 전할 자신의 밀지를 주는데, 증거가 남을 수 있는 문서가 아닌 구두로 전달하는 치밀함도 보이고 있다.

김유신의 첩자 활용술은 자국 내에 침투해 있던 타국의 첩자들을 탐지하고 물색하는 데에도 탁월한 능력을 보이고 있다. 이는 젊은 날 그가 하마터면 고구려 첩자 백석의 회유에 넘어가 고구려로 끌려갈 뻔했던 경험과 무관하지 않을 것 같다.[사료 고-⑥ 참고] 다음 기사는 김유신의 '방첩(防諜)'이 어느 정도였는지 잘 보여준다.

신-⑥. 유신이 일찍이 중추절 밤에 자제들을 이끌고 대문 밖에 서 있는데, 문득 서쪽에서 웬 사람이 왔다. 유신은 그자가 고구려 첩자인

---

64) 위 기사 중 조미압이 김유신에게 "공께서 저를 불초하게 여기시지 않고 일을 시키시니 죽어도 후회하지 않겠습니다."라고 한 부분이나, 조미압이 임자에게 돌아가 한 말 등은 사전 모의나 교육을 통해 준비된 언행으로 봐야 할 것이다. 더욱이 조미압은 급찬에, 부산현 현령이라는 관직에 있었던 인물이라 김유신의 의도를 잘 이해하고 따랐던 것으로 보인다.

줄 알고는 앞으로 불러 "너희 나라에 무슨 일이 있는가."라고 물었다. 그자는 몸을 굽히면서 감히 대꾸하지 못했다. 유신은 "두려워 말고 사실을 말하기만 하면 된다."고 했다. 역시 말이 없었다. 유신은 그자에게 "우리 나라 국왕은 위로는 하늘의 뜻을 어기지 않으며 아래로는 인심을 잃지 않으매, 백성들이 기뻐하고 모두 즐겁게 자신들의 일에 종사하고 있다. 지금 네가 본 대로니 가서 너희 나라 사람들에게 알려라."고 일렀다. 그러고는 마침내 살려 돌려보냈다. 고구려 사람들이 이 이야기를 듣고는 "신라가 나라는 작으나 유신과 같은 재상이 있는 한 가볍게 여길 수 없다."고들 했다[65].

위 기사는 김유신의 상대국 첩자들의 동향을 훤히 꿰뚫고 있었음을 보여준다. 얼굴만 보고도 고구려 첩자임을 알았다는 것은 평소 이들의 신상명세와 움직임을 주시하고 있었음을 뜻한다. 이상과 같은 김유신의 첩자 활동 상황을 놓고 볼 때 그의 첩자 활동 배후에는 전문적인 조직이나 기구의 존재가 뒷받침되고 있음에 틀림없다. 이런 점에서 김유신의 첩자 활용에 관해서는 보다 더 심도 있는 연구가 필요하다[66].

649년 당 태종의 고구려 침공을 시작으로 당이 삼국 관계에 군사력으로 개입하면서 삼국 통합은 급물살을 탔고 삼국 간의 군사적 투

---

65) 『삼국사기』42 열전2 김유신(중). 이 기록의 연대는 660년 이후로 추정된다.
66) 사실 『삼국사기』 「김유신열전」의 기록은 그의 첩자 활용을 중심으로 구성되어 있다고 해도 과언이 아닐 정도로 첩자와 관련한 많은 정보가 포함되어 있다. 본고는 김유신의 첩자 활용에 관한 별도의 연구가 필요하다는 지적과 함께 그와 관련된 사료 분석은 이 정도 선에서 그치고자 한다.

쟁은 더욱 치열해졌으며 이에 따라 각국의 첩보전도 가열되었다. 신라 역시 고구려와 백제에 대한 첩보 활동을 강화한 것으로 보이는데, 다음 기록은 이러한 추측을 잘 뒷받침한다.

　　신-㉑. 문무왕11년(671) 건봉2년(671)에 대총관 영국공(이적)이 요동을 친다는 말을 듣고 왕은 한성주에 직접 가서 군사를 보내어 북쪽 국경에 모은 다음, 신라의 군대만 고구려에 들어갈 수 없어 먼저 세작(細作)을 보내기를 세 번, 배를 차례로 보내어 대군을 엿보게 하였던 바, 세작이 돌아와 보고하기를 대군이 아직 평양에 이르지 않았다 하므로 우선 고구려의 칠중성을 쳐서 길을 열고 대군이 오는 것을 기다렸다.

이 기록은 첩자의 별칭인 '세작(細作)'이 유일하게 등장하는 사료인데, 신라가 고구려와 당군의 정황을 살피기 위해 첩자를 연속 세 차례 침투시키고 있음을 전한다.

3. 백제

백제의 첩자 관련 기록은 고구려나 신라에 비해 빈약하다. 이는 사료상의 근본적인 한계에서 비롯된 것일 뿐, 백제 역시 일찍부터 첩자를 활용하여 자기 방어와 상대 공격의 기초 자료로 삼았을 것이라는 추측은 충분히 가능하리라 본다. 이는 고구려와 신라의 백제에 대한 첩자 활동을 통해 역으로 입증될 수 있기 때문이다.

이미 살펴본 몇몇 기사에서처럼 백제는 중국의 요청으로 고구려의 동정을 엿보면서도 고구려와 내통하는 줄타기 외교와 첩보전을 보여주었고[사료 고-⑦], 또 장군 은상도 첩자를 활용하고 있음을 확인했다.[사료 신-④] 이와 함께 다음 사료들도 백제의 첩자 활용 사례를 보여준다.

백-①. 근구수왕(375년 이전) (근구수왕의 태자 시절) 고구려인 사기는 본래 백제인으로 나라에서 쓰는 말의 발굽을 상하게 하는 잘못을 범하여 죄를 받을까 두려워 고구려로 도망쳤는데, 이때 다시 돌아와 태자에게 "고구려 군사가 많기는 하나 모두 수만 채운, 군사 같지 않은 군사일 뿐입니다. …"라고 했다.[67]

이 기사는 근구수왕의 태자 시절에 있었던 일로, 백제 사람 사기가 죄를 얻어 고구려로 도망갔다가 다시 돌아와 고구려의 상황을 첩보하는 내용이다. 사기는 자원해서 첩자 노릇을 한 인물인 셈이다.

백-②. (653년) 이날 (8월 2일) 모척의 목을 베었다. 모척은 본래 신라 사람인데 백제로 도망가서는 대야성의 검일과 함께 짜고 성을 함락케 했기 때문에 목을 벤 것이었다. 또 검일을 잡아서는 "너는 대야성에서 모척과 함께 짜고 백제병을 끌어들인 다음 창고를 불살라 성안의 식량을 끊어지게 함으로써 (우리를) 패배케 한 것, 이것이 그 첫째 죄다. 품석 부부를 윽박질러 죽인 것, 이것이 둘째 죄다. 또 백제와

---

67) 『삼국사기』24 「백제본기」2 근구수왕 즉위년(375) 조.

더불어 본국을 공격한 것, 이것이 셋째 죄다."라고 죄목을 낱낱이 열거하고는 사지를 찢어 시체를 강에 던져버렸다.[68]

　백-③. 일찍이 도독 품석은 (자신의) 막객 검일의 예쁜 아내를 보고는 빼앗은 적이 있었다. 검일은 이 일에 한을 품었다. 이에 (적과) 내통하여 창고를 불 지르고 (하략)[69]

　위 두 기사는 같은 내용을 전하고 있는데 이 두 기록을 합쳐 검토해보면, 검일은 품석에 대한 개인적 원한으로 번민하던 중 일찍이 백제로 망명한 모척에 포섭되어 백제가 대야성을 함락하는 데 결정적인 역할을 담당하게 된다. 검일의 개인적 원한을 잘 알고 있었을 모척은 백제의 조종을 받고 첩자 활동을 했다고 보아도 무리는 없을 것이다. 모척은 결국 첩자 행위로 참수당하고, 검일은 이적행위를 한 죄목 등으로 능지처참을 당하여 시신은 강물에 버려졌다.

　백-④ 문무왕10년(670) 7월, 왕이 백제의 남은 무리가 반발할까 의심하여 대아찬 유돈을 웅진도독부에 보내 화의를 청하였으나 듣지 않고 사마 예군(백제인)을 보내 엿보게 하였다.[70]

　이 기록은 백제 멸망 이후의 상황이지만 백제의 부흥군 쪽에서 도리어 사마 예군을 첩자로 보내 신라의 상황을 염탐하게 했다는 것이다.

---

68) 『삼국사기』5 「신라본기」5 진덕왕7년(653) 조.
69) 『삼국사기』47 열전7 죽죽전.
70) 『삼국사기』6 「신라본기」6 문무왕10년(670) 조.

이상의 검토를 통해서 볼 때 사료상의 한계에도 불구하고 백제 역시 첩자 활동을 활발하게 벌였음을 알 수 있다.[71]

4. 맺음말

　　한국사에 있어서 삼국시대는 격렬한 상호 투쟁이 끊임없이 전개 되었던 시기다. 이에 따라 삼국은 각자 생존의 필요성에 따라 군사 력을 증강하고 상대에 대한 정보를 입수하기 위해 첩자를 활용했다. 여기에 수·당이 동아시아 국제질서 재편성에서 우위를 쥐기 위해 삼국 관계에 대규모 군사력으로 적극 개입함으로써 첩자전은 더욱 치열하고 치밀하게 전개되었다. 첩자의 활약상 여부에 따라 국가의 존망이 좌우되는 군사행동의 정점에서 삼국은 너나할 것 없이 총력 을 기울여 상대를 정탐했다. 삼국시대, 특히 말기는 한국사에 있어 서 첩자들이 가장 왕성하게 활약했던 유일한 시기이기도 했다.
　　본고는 고대 첩자가 갖는 의미를 탐구하고자 시도된 연구다. 첩

---

71) 이밖에도 『삼국사기』에는 첩자 내지 첩자 행위 등과 관련된 기록들이 군데군데 보인다. 젊은 날 고구려를 정탐하려고 고구려 경내로 들어갔던 거칠부(「거칠부열전」), 고구려와 내통하여 정보를 알린 신라인 대나마 필부(「필부열전」), 형제간의 권력 쟁탈 와중에 첩자를 보내 동생 남건에게 첩자를 보내 살피게 한 남생(「연개소문열전」) 등이 그러한 예들이다. 이밖에도 삼 국의 동정을 주도면밀하게 정탐하고 있었던 수·당의 첩보 행위나 「소나열전」에 단편적으로 언급된 말갈 첩자, 본문에서 간략하게 언급한 가야와 왜의 첩자 활동 등도 관련 기록들이다. 이런 기록들을 종합적으로 검토하면 삼국시대 첩자에 대한 보다 진전된 인식을 얻을 수 있 을 것으로 기대하며 향후 지속적인 연구를 기약하는 바다.

자에 관한 이론이나 의미를 파악하기 위해 우선 첩자 이론을 포함한 병법서의 수용과 그 활용 상황을 우선 검토했다. 이어 삼국의 첩자 관련 기록을 통해 첩자의 존재와 그 활용 및 첩보술의 양상 등을 다각도로 검토했다. 그 결과 본고는 다음과 같은 몇 가지 의미 있는 결론을 얻었다.

첫째, 첩자는 사회적 역사적인 개념이다. 이들의 존재는 특별한 경우를 제외하고는 절대 다수가 익명으로 남아 있다. 그러나 첩자는 계급사회에서 국가나 집단이 벌이는 대외적 정치투쟁의 중요한 수단의 하나였다. 특히 전쟁에서는 전쟁의 처음과 끝을 같이하며 승부에 직접적인 영향을 준다. 첩자는 사회 역사의 범주에 속하며 따라서 이에 대한 연구도 반드시 필요하다. 이에 따라 일찍부터 첩자에 관한 이론과 사상이 발전해 왔고, 그 결정체로서『손자병법』이 탄생했다.

둘째, 삼국은 모두 일찍부터 전문적인 병법서를 받아들였고 특히 최고수준의 병법서인『손자병법』의 이론과 사상을 폭넓게 활용하고 있음을 확인할 수 있었다. 또 단편적이긴 하지만 자체의 병법서를 소유했을 가능성도 있다.

셋째, 이와 관련하여 삼국은 첩자를 두루 활용했으며 그 방법 또한 다양했다. 고구려는 중국과 국경을 접한 관계로 일찍부터 중국 정권들에 대해 첩자를 통한 첩보를 시행했으며 승려를 첩자로 활용하거나 혼인관계를 통한 첩자술 활용도 남달랐다. 신라는 주변국들에 대해 비교적 이른 시기부터 첩자를 활용하고 있었으며 특히 김유신의 첩자 활용은 가장 돋보인다. 그는 첩자와 관련한 모든 이론과 실천을 숙지하고 있었고 특히 적국의 첩자를 역이용하는 '반간계'에 능했다. 기록에 남아 있는 김유신의 첩자 활용술은 별도의 연구가 필요하다. 백제 역시 일찍부터 첩자를 활용한 것으로 보이나 사료상의 한계 때문에 삼국 중 가장 빈약한 편이다. 하지만 일본 쪽 기록 등을 참고해볼 때 백제에도 상당한 수준의 군사 전문가들이 있었고 따라서 상당한 수준에 이르렀을 것으로 추정된다.

넷째, 첩자의 활용은 한 조직은 물론 한 민족, 나아가서는 한 국가의 흥망에 중대한 작용을 한다. 특히 외부의 침략과 내부의 분열이 동시에 일어날 때 첩자는 결정적인 역할을 한다. 고구려의 멸망을 통해 우리는 이 점을 분명히 확인할 수 있다.

이런 점에서 본고는 한국 고대사 연구의 지평을 확대하는 데 일조를 할 것이라 기대하며, 이와 관련하여 앞으로 더 다양하고 깊이 있는 연구를 고대해본다.

논문 3.

삼국시대 병법서의 수용과 그 활용*

---

* 본 논문은 앞 논문에서 제기한 삼국의 병법 수용과 그 활용 문제를 검토한 논문이다. 삼국 모두 병법서에 대해 상당히 깊게 인식하고 있음을 알 수 있다.

1. 머리말

삼국시대 각국은 일찍부터 자국의 문물제도를 정비하고 문화 방면의 수준을 높이기 위해 중국으로부터 선진 문화를 적극적으로 수용했다. 여기에는 각종 서적도 포함되어 있었는데, 중국 사서들은 단편적이나마 이와 관련한 기록을 전한다.[1]

고구려는 오경(五經)을 비롯하여 역사서 등 다양한 중국 서적을 수용했으며, 문지기나 말을 먹이는 사람 등 미천한 신분까지도 독서에 열중했다고 한다.[2]

백제 역시 오경을 비롯한 경전과 사서를 애독했으며 문장 짓기와 음양·오행도 이해했다는 기록들이 남아 있다.[3]

신라의 경우는 중국의 정사 열전에는 특별한 언급이 없다. 그러나 1940년 경주 현곡면 금장리 석장사지에서 발견된 '임신서기석(壬申誓記石)'에 "『시』『상서』『예전』(예기[禮記]의 별칭)을 3년에 걸

---

1) 이와 관련해서는 삼국시대 각국의 국가 형성 과정과 한자 수용(각종 서적 포함)의 관계를 다룬 다음의 논문이 많은 참고가 된다.
   이성규, 「한국 고대국가의 형성과 한자 수용」, 『한국고대사연구』32, 2003, 57~60쪽.
2) 고구려의 중국 서적 수용 상황과 독서 기풍을 전하는 중국 측 사료로는 다음과 같은 것들이 있다.
   『南齊書』 권58(東南夷)-1010.
   『周書』 권49(異域)-885. 『北史』도 같은 기록을 전한다.
   『舊唐書』 권199(東夷)-5320. 『新唐書』에도 이와 비슷한 내용이 축약되어 실려 있다.(중국 정사 기록들의 역문은 국사편찬위원회, 『중국정사 조선전』(역주 1·2권)에 따랐다. 원사료는 중화서국(中華書局) 표점교감본에 따라 권수(권명)와 면수만을 표시한다.)
3) 『周書』 권49(異域)-886. 『北史』도 같은 기록을 전한다.
   『隋書』 권81(東夷)-1818.
   『舊唐書』 권199(東夷)-5329. 『新唐書』의 기록은 소략하다.

처 차례로 습득하기로 맹서한다."⁴⁾는 대목이 있는 것으로 보아 신라의 지배층 사이에서 일찍부터 중국 서적들을 읽고 공부하는 습속이 비교적 보편화되었음을 알 수 있다.

그런데 고구려와 백제의 기록들에서 주목되는 점은, 중국의 각종 서적들을 읽고 공부한 것은 물론 활쏘기나 말 타기 같은 무예의 습득도 동시에 중시했다는 사실이다.⁵⁾ 신라의 경우도 '임신서기석'의 당사자를 화랑에 비정하는 설⁶⁾이 있고 보면 역시 문무를 함께 중시한 풍조를 엿볼 수 있다.⁷⁾

요컨대 삼국의 지배층은 오경을 위주로 한 유가 경전과 역사서 및 제자백서 등 다양한 서적을 수용하여 이를 읽고 습득했고, 무예를 익히는 일도 동시에 중시했던 것이다.⁸⁾ 따라서 문무를 함께 중시한 각국의 시대적 상황과 사회적 분위기로 볼 때 병법서⁹⁾에 관한 인지도도 상당히 높았을 것으로 충분히 유추할 수 있다. 그럼에도 불

---

4) '임신서기석'에 관해서는, 이병도, 「임신서기석에 대하여」, 『한국고대사연구』, 박영사, 1976, 685~693쪽.

5) 고구려의 경우는 경당에서 자제들이 결혼할 때까지 밤낮으로 독서와 활쏘기를 익혔다고 했으며(주2 『구당서』), 백제도 그 풍속이 말 타기와 활쏘기를 숭상했다고(주3 『구당서』) 되어 있다.

6) 이병도, 위의 글, 689쪽.

7) 이병도, 「백제 학술 및 기술의 일본 전파」, 위의 책, 581쪽.

8) 최근 인천 계양산성 발굴을 통해 백제시대(4세기 추정) 5각 목간이 출토되었다. 그런데 이 목간에는 유가 경전인 『논어』의 몇 구절이 해서체에 먹으로 쓰여 있었다. 이는 지금까지 발견된 가장 오랜 목간으로 당시 한자문화와 유교 경전 전래 문제와 관련하여 매우 귀중한 자료를 제공하는 것이자 당시 문무 관리들의 문화적 소양을 잘 보여주는 실물이다.
   선문대학교 고고연구소, 『인천 계양산성 동문지내 집수정 출토 목간 보존처리 결과 보고』 (2005년 6월 27일, 국립문화재연구소 서울·중부권문화유산조사단), 15쪽.

9) 본고에서 말하는 병법서란 내용상 주로 『손자병법』을 비롯한 중국의 병법서를 지칭하지만 『안국병법』과 같이 우리 측 병법서가 존재했을 가능성도 있기 때문에 '중국 병법서'로 표현하지 않았다.

구하고 정작 당시 삼국의 현실적 상황에서 가장 필요한 병법서에 대한 직접적인 언급이 없다. 백제가 수입한 서적들 중 제자서(諸子書)가 포함된 것으로 보아 여기에 병가의 병법서가 있을 수는 있으나, 이를 제외하고 중국 사서에는 구체적인 언급이 없기 때문에 삼국시대에 중국의 병법서가 수용되었다는 직접적인 기록은 없다고 해야 할 것이다.

그러나 중국 측 기록과는 달리 우리 측 기록인 『삼국사기』나 『삼국유사』에는 병법서의 수용을 확인할 수 있는 대목들이 적지 않은 편이다.[10] 이에 본고는 삼국시대 각국이 숱한 전쟁과 전투를 치르면서 당연히 활용했을 병법서의 존재에 착안하여 삼국의 병법서 수용과 활용 상황을 검토해보고자 한다.[11]

삼국시대 병법서의 수용이나 그 활용에 대한 전문적인 연구는 전무한 실정이다. 병법서를 다룬 논문에서도 삼국시대 병법서 문제를 그냥 지나치거나[12] 단편적 언급에 머무르고 있다.[13] 다만 병법서와 관련하여 전쟁의 실상을 지배하는 군사사의 배경적 요소가 되는 것들 중 하나로 병법서 연구의 필요성을 지적하거나,[14] 중국 병법서의

---

10) 사실 우리 측 기록들에도 중국 병법서 수용 사실을 직접적이고 구체적으로 지목하여 밝힌 대목은 없다. 이것이 기록상의 미비인지 아니면 병법서의 수용이 보편화되어 있어 따로 언급할 필요가 없어서인지 단정하기는 어렵다. 다만 본고를 통해 유추된 결론이 어느 정도 합리적인 추론을 가능케 할 것으로 기대한다. 삼국의 경우 고구려 대무신왕11년(28) 요동태수의 침공에 따른 대책회의에서 을두지가 『孫子兵法』 제3 「謀攻」편의 한 대목을 약간 변형된 형태로 인용하고 있는데, 이것이 병법서와 관련한 삼국 최초의 기록이다.(『삼국사기』 「고구려본기」 제2 대무신왕11년 조)
11) 김영수, 「고대 첩자연구 시론」, 『백산학보』77, 2007.
12) 송창기, 「고대병서잡록」, 『군사』14, 1987.
13) 정해은, 『한국 전통병서의 이해』, 국방부 군사편찬연구소, 2004, 20~21쪽.
14) 허중권a, 『신라 통일전쟁자의 군사학적 연구』, 국교원대학교 박사학위논문, 1995, 214쪽.

유입 가능성[15]과 신라 무관(소부대 리더)들의 사상적 기반의 하나로 '무가(武家)'적 요소를 언급하면서 무관의 병법서에 대한 숙지와 신라 자체 병법서의 존재 가능성을 시사한 연구[16]가 있어 좋은 참고가 된다.

주지하다시피 삼국시대는 전쟁의 시대라 부를 정도로 많은 전쟁과 전투가 벌어졌다.[17] 이 숱한 전투와 전쟁에서 각국은 모두 그 나름의 전략과 전술을 구사했을 것이다. 그리고 그 전략과 전술의 원천은 수준 높은 병법서에서 비롯된다. 따라서 삼국이 구체적으로 어떤 병법서를 수용하고 이를 실제 전투나 전쟁에서 활용했는가 하는 문제는 당시 전투와 전쟁의 실상 및 사회상을 이해하는 데 도움이 될 것이다.

2. 병법서 수용 상황

1. 삼국시대 수용 가능한 중국 병법서

신라가 삼국을 통합하기 이전까지 삼국이 수용할 수 있었던 병법

---

15) 허중권b, 「삼국시대 군사사상에 관한 연구(1) — 김유신의 군사사상과 전략전술」, 『3사교논문집』 제44집, 1997, 8~9쪽.

16) 허중권c, 「삼국시대 소부대 리더의 가치관과 전투에서의 역할 — 신라 삼국통일의 정신적 기반을 중심으로」, 『백산학보』 제52호, 1999b, 323~324쪽.

17) 연구에 따르면, 삼국 통합 이전 삼국이 치른 전쟁의 횟수는 459회에 이른다.(신형식, 『고구려사』, 이화여대출판부, 2003, 186쪽의 표5-3.)

서들을 개관해본다.

『한서』「예문지(藝文志)」에 소개된 춘추시대에서 한초 사이의 병가류 병서는 53가 790편 도43권에 이르는데,[18] 『오손자병법(吳孫子兵法)』(즉, 『손자병법』)[19] 등 몇 종만 전해지고 대부분 산실된 것으로 전한다.

이후 중국 역대 왕조들은 병법서의 보급과 활용에 관심을 가지고 병법서들을 수집·편찬하는 일을 게을리 하지 않았고, 그 중대한 결실의 하나로 송 신종(神宗) 원풍(元豊)3년인 1080년 무학(武學)을 고정된 제도로 확정하는 한편, 국자감사업(國子監司業) 주복(朱服)과 무학박사(武學博士) 하거비(何去非)의 주도로 『무경칠서』라는 무학의 교과서를 완성하기에 이르렀다.[20]

대략적인 통계이긴 하지만 중국 사지(史志)에 수록된 역대 병법서은 2천 부를 넘고 있으며, 지금까지 전해오는 것은 대략 100부 안

---

18) 권30(예문지)-1762.
19) 『오손자병법』은 『제손자병법(齊孫子兵法)』, 즉 『손빈병법(孫臏兵法)』과 구별하기 위한 이름이다. 『손빈병법』은 「예문지」에는 이 병서가 없어져 전하지 않는다고 했으나 최근 죽간의 발견으로 그 존재가 확인되었고 『손자병법』과 『손빈병법』을 둘러싼 논쟁도 해소되었다. 즉 종래에는 孫武(춘추 말기 제나라 사람으로 오나라로 건너간, 흔히 손자로 알려진 군사병법 전문가 인물)와 孫臏(전국 중기 제나라 사람으로 손무의 후손)의 병법을 놓고 모두 『손자병법』이라 하여 혼동했다. 그러나 1972년 山東省 臨沂縣 銀雀山의 西漢 전기 무덤에서 『손빈병법』과 『손자병법』을 기록한 죽간(竹簡)이 동시에 나옴으로써 그동안의 논란이 완전히 해결되었다.(許獲, 「略談臨沂銀雀山漢墓出土의 古代兵書殘簡」, 『文物』74-2.)
그러나 『손빈병법』은 반고가 『한서』를 편찬할 무렵 이미 실전되고 없었으며 따라 삼국시대에 전래되었을 가능성은 적다고 하겠다.
20) 李零主編, 『中國兵書名著今譯』, 軍事譯文出版社, 1992, 1쪽.
한편 우리나라에서 武學을 국학의 정식 과목으로 삼아 닦게 한 것은 고려 예종4년(1108)이다. 고려는 이 당시 국학에 七齋를 두면서 무학의 재를 講藝齋라 했다. 이는 "문무 양학이 국가 교화의 근원"이라는 취지에서 마련된 것이다.(『고려사』 권14 예종11년 조.)

팎이다.[21] 이처럼 방대한 병법서들 중 삼국시대에 소개되고 수용되었을 가능성이 큰 병법서들은 당나라 이전에 편찬되어 보급된 병법서들에 한정된다고 보아야 할 것이다. 삼국시대에 수용되었을 가능성이 있는 중국 병법서들을 보기 쉽게 표로 만들어 제시해둔다.

〈당 이전 중국 주요 병법서 일람표〉[22]

병법서명	찬자 (출신·활동국)	책 완성 시기	체제 및 주요 내용	비고
『孫子兵法』[23] (『吳孫子兵法』)	孫武 (齊-吳)	춘추 말기	현존 13편. 현존하는 가장 오래되고 완전한 병법서로 군사학 방면의 최고 이론서. 삼국시대 각국에 널리 보급된 것으로 추정.	『사기』「손자오기열전」;『한서』「예문지」;'한묘죽간손자병법'.『무경칠서』편입.
『吳子』 (『吳子兵法』『吳起』『吳起兵法』)	吳起 (衛-魯-魏-楚)	전국 초기	현존 6편. 문무겸전을 핵심으로 한 전쟁 군사 전문서로 『손자병법』과 나란히 '손오병법'으로 불림.	『사기』「손자오기열전」;『한서』「예문지」.『무경칠서』편입.

21) 李零主編, 위의 책, 1쪽.
22) 이 표는 『漢書』 권30 「藝文志」를 기초로 하고 다음과 같은 연구서들을 참고로 하여 작성되었다. 대부분의 병법서들이 오랜 세월을 거치면서 권수나 편수가 달라지는 등 적지 않은 개변을 겪었으나 이에 대한 상세한 설명은 생략했다.
  李零主編, 앞의 책.
  王兆春, 『中國古代兵書』, 藍天出版社, 2004, 1~140쪽.
  徐勇主編, 『先秦兵書通解』, 天津人民出版社, 2002.
  김광수 해석하고 씀, 『손자병법』, 책세상, 1999.
23) 『손자병법』보다 앞서는 병법서로는 西周 후기에 이루어진 것으로 추정하는 『軍志』와 『軍政』이 있었으나 책은 전하지 않는다. 다만 일부 대목들이 『손자병법』·『左傳』·『十一家注孫子』·『吳子』·『通典』에 남아 있는 것으로 고증되고 있다.(王兆春, 앞의 책, 16~23쪽.)

『司馬法』(『司馬兵法』『司馬穰苴兵法』『軍禮司馬法』)	司馬穰苴 (齊)	춘추 말기	현 3권 5편. 고대 군대 편제, 진법훈련, 군악 사용 등 군체제 연구에 귀중한 가치. 전국시대 여러 차례 개편됨.	『사기』「사마양저 열전」『무경칠서』 편입.
『六韜』(『太公六韜』)	傳姜太公呂尙	전국	60편. 현존 고대 병법서 중 최대 분량과 가장 풍부한 내용. 성숙한 군사이론과 병학 연구의 표지가 됨. 전국 말~진한 초 흩어진 자료를 모아 여상의 이름을 빌려 편찬함.	『장자』「잡편」; '한묘죽간' 잔편 출토. 『무경칠서』 편입.
『尉繚子』(『尉繚』)	尉繚子	전국 말	현 24편. 치국과 부국 및 강병의 관계를 변증적으로 인식하고 논증함.	『사기』「진시황본기」; '한묘죽간' 잔편 출토. 『무경칠서』 편입.
『三略』(『黃石公三略』)	傳黃石公	전국말~한초	현3권. 『태공병법(육도)』의 부연. 정치전략과 관련한 논술에 치중. 치국과 강국의 각도에서 승리를 위한 정치적 책략 검토.	『사기』「유후세가」; 『수서』「경적지」; 『무경칠서』 편입.

2. 병법서 관련 기록 검토

이제 우리 측 기록에서 직접 병법서를 언급한 기록들을 검토해 보자. 사실 현재까지 우리의 병법서로서 조선시대 이전의 병법서는 발견되지 않고 있다. 그러나 병학 연구나 병법서 편찬은 삼국시대에 이미 이루어졌던 것으로 보인다. 지금부터 검토할 기록들이 이러한

추측을 뒷받침할 것이다. 삼국은 중국의 병법서를 수용하여 각자의
실정에 맞게 적용하고 발전시켰을 것으로 추정된다.[24]

　　2-1. (원성왕2년[786]) 대사(大舍) 무오가 병법 15권과 화령도(花
鈴圖) 2권을 바쳤으므로 굴압현령의 관직을 주었다.[25]

　　위는 가장 확실한 병법서 관련 기록이다. 다만 이 병법서가 구체
적으로 어떤 병법서를 말하는지 알 수 없다. 15권이라 한 것을 보아
서는 상당한 체제를 갖춘 병법서로 추정된다.[26] 15권의 병법과 함께
언급한 '화령도'에 대해서도 추측할 만한 어떤 방증자료도 없다.[27]
　　그런데 다소 후대의 기록이긴 하지만 중국 병법서의 이름을 구체
적으로 지목한 대목이 『삼국유사』에 남아 있어 눈길을 끈다.

　　2-2. 풍요로움은 춘추에 있고 귀함은 봉토에 누렸으며, 가슴속에
는 『육도』와 『삼략』이 들어 있고 칠종오신(七從五申)을 손바닥에서
움직였다.[28]

------

24) 정해은, 앞의 책, 20~21쪽.
25) 『삼국사기』「신라본기」제10 원성왕2년 조.
　　『삼국사기』의 역문은 한국학중앙연구원이 펴낸 『역주삼국사기』(1997)에 따르며 특별한 경
　　우가 아니면 원문은 생략한다.
26) 『손자병법』은 총 13편이지만 그 체제나 내용면에서 가장 완벽하고 수준 높은 군사이론과 전
　　쟁론을 보여주고 있는 최고의 병법서다.
27) 그 이름으로 보아 지도 종류가 아닌가 하는데 역시 추측의 범위를 벗어나기는 어렵다.
28) 기이 제2 김부대왕 조.『삼국유사』 역문은 김원중 옮김, 『삼국유사』(을유문화사, 2002)에 의
　　거했다.

이 사료는 975년 고려에 투항한 신라의 마지막 왕 경순왕을 태조 왕건이 상보(尙父)로 책봉하는 고문(誥文)에서 경순왕을 칭송하는 내용의 일부다. 신라 말의 상황이긴 하지만 당시 사람들이 『육도』와 『삼략』을 인지하고 있었음을 보여주는 기록이다.

한편, 다음 기록은 신라가 자체의 병법서를 편찬했을 가능성을 보여주는 사료로 주목된다.

2-3. 각간 대공(大恭)의 집 배나무 위에 참새가 수없이 모여들었는데 안국병법(安國兵法)에 이르기를 이런 일이 있으면 전국에 큰 난리가 난다고 하여 이에 왕은 죄수들에게 대사면을 내리고 자기반성과 몸조심을 했다.[29]

위 사료는 신라 혜공왕 때의 사건을 기록한 내용에 언급된 병법서에 관한 것이다. 여기에서 말하는 『안국병법』은 일반적으로 우리 문헌으로 보는 병서인데,[30] 서명이나 인용된 내용으로 보아서는 순수한 병법서라기보다는 나라의 통치 방략까지를 포함하는 종합적인 성격의 치국 방략서로 추정할 수 있겠다. 이 사료는 우리(신라) 병법서의 존재를 알려준다는 점에서 의미를 가진다.[31]

이상이 병법서를 직접 언급한 사료들이다. 사료의 내용들이 군사

---

29) 『삼국유사』 기이 제2 혜공왕 조.

30) 정해은, 앞의 책, 21쪽.

31) 시대가 좀 뒤이긴 하지만 고려시대 숙종6년(1040)에 "서북면병마사가 『김해병서(金海兵書)』라는 병서는 무략의 요결을 밝힌 책이니 연주와 변주에 각각 1본씩 배포하자는 건의를 하여 숙종이 받아들였다."는 기록이 보인다.(『고려사』 권81 병지1 숙종6년 조) 『김해병서』는 현전하지 않으나 역시 우리 병서로 추정되고 있다.(허중권c, 앞의 논문, 324쪽)

나 전쟁과 관련된 것은 아니지만 삼국시대에 중국 병법서인 『육도』와 『삼략』이 수용되었거나 인지하고 있었을 가능성이 있으며, 우리 병법서의 존재도 확인할 수 있었다. 또 구체적인 이름은 알 수 없으나 15권의 상당한 체제를 갖춘 병법서의 존재를 확인할 수 있었다.

우리 기록에는 이밖에도 병법서의 존재를 상정하지 않고는 이해할 수 없는 기록들이 몇 군데 눈에 띤다.

> 2-4. 농사짓는 세 계절의 여가에 육진병법(六陣兵法)을 가르치니 모두들 유용하게 여겼다.[32]

이 사료는 김유신의 손자 김윤중의 서손 김암의 행적을 기술하는 중에 언급된 내용이다. 김암은 젊어서 당에 건너가 방술, 음양가의 법술, 둔갑술을 배웠으며 둔갑에 관해서는 책을 지어 자신을 가르친 스승을 놀라게 하여 스승이 감히 제자로 대하지 못했다는 일화를 남기기도 했다. 당 대종 대력 연간인 766년에서 779년 사이에 귀국하여 양주태수 등을 역임했는데 가는 곳마다 백성들을 편하게 잘 보살폈다고 한다. 이때 그는 농번기를 피하여 백성들에게 '육진병법'을 가르쳐 만약의 사태에 대비한 것으로 보인다. 이 육진병법이 병법서를 기초로 하여 백성들에게 가르친 군사훈련법인지, 아니면 병법서 없이 그저 자신의 지식이나 경험을 바탕으로 가르친 진법인지는 단정할 수 없다.[33] 그러나 어느 쪽이 되었건 김암이 병법서를 체득했

---

32) 『삼국사기』 열전 제3 김유신(하).
33) 허중권c, 앞의 논문, 324쪽에서는 설수진(薛秀眞)의 '육진병법'과 함께 이를 모두 병법서로 보고 있다.

을 가능성은 높다고 하겠다.

육진병법은 『삼국사기』에 또 한 대목이 전한다.

2-5. 영묘사 앞길에 나아가 군대를 사열하고 아찬 설수진(薛秀眞)의 육진병법을 관람하였다.[34]

위 기사는 문무왕14년(674), 신라와 당의 전쟁이 치열하던 와중에 문무왕이 군대를 사열하는 한편 설수진이 시범보인 육진병법을 관람한 내용을 전하는 것이다. 설수진은 『삼국사기』 열전 제6 「강수열전」에 따르면 문장이 뛰어난 인물로 기록되어 있다.[35] 뒤에서 다시 언급되겠지만 삼국시대 각국의 장수들 중 일부는 무는 물론, 유가를 비롯한 인문적 소양을 겸비한 인물들이었는데 설수진 역시 그러했던 것 같다.

김암과 설수진이 보인 '육진병법'의 구체적인 내용은 알 수 없으나 모두 군사와 관련된 훈련임에는 틀림없고 또 특정한 병법서의 일부이거나 그에 따른 것이었을 가능성이 크다고 하겠다.

다음 『삼국사기』의 사료들 역시 병법서의 존재를 상정해야 하는 것들이다.

---

34) 「신라본기」 제7 문무왕14년 조. 그런데 『역주삼국사기』의 역주에서는 김암의 '육진병법'을 '팔진병법'의 오기로 보았는데(주석편[하], 687쪽), 설수진의 육진병법에 대한 역주에서는 이와는 달리 당나라 李靖이 諸葛亮의 팔진법에 의거하여 만들어낸 진법이라고 하여 모순되는 해석을 하고 있다.(주석편[상] 236쪽)

35) 그 관련 대목은 다음과 같다 : "신라고기에 '문장으로는 강수, 제문, 수진(설수진), 양도, 풍훈, 골답이 유명하다' 하였으나, 제문 이하는 행적이 전하지 않아 전기를 세울 수 없다."

2-6. "지금 한나라는 크고 백성이 많은데 (중략) 또 군사가 많은 자는 의당 싸워야 하고, 군사가 적은 자는 의당 지켜야 하는 것이 병가(兵家)의 상식입니다."[36]

2-7. "병가의 말에 '궁지에 몰린 도적은 뒤쫓지 말라'고 하였으니 왕께서는 그 일을 그만두십시오."[37]

2-8. "병가의 말에 '승리가 판단되면 진격하고 어려울 것 같으면 후퇴하라'고 하였으니 (하략)"[38]

사료2-6은 고구려 신대왕8년(172) 한나라 군대의 침공을 맞이하여 신대왕이 여러 신하들과 공격이냐 수비냐를 놓고 대책을 논의하는 과정에서 명림답부가 내놓은 대책의 일부다. 여기서 명림답부는 병가, 즉 병법서의 일부를 끌어다 자신의 논리를 뒷받침하고 있는데 그가 말한 '군사가 많은 자는 의당 싸워야 하고, 군사가 적은 자는 의당 지켜야 하는 것'은 『손자병법』 제3 「모공」 편의 "용병의 방법은 아측의 병력이 적의 10배가 되면 포위하고, 5배가 되면 공격하고, 배가 되면 나의 병력을 나누어 적을 상대하고, 적과 병력이 대등하면 능숙하게 적과 싸우고, 적보다 병력이 열세하면 능숙하게 적과의 정면대결을 피하고, 그렇게도 되지 못할 정도로 열세하면 능숙하게 적을 회피하는 것이다. 그렇기 때문에 열세한 군대가 힘을 고려하지 않고 적에게 정면으로 맞서 대응하면 대군에 의해 사로잡히게

---

36) 「고구려본기」 제4 신대왕8년 조 ; 열전 제5 명림답부.
37) 「신라본기」 제3 눌지마립간28년 조.
38) 열전 제7 눌최.
39) 『손자병법』 제3편 「모공」에는 이와 관련하여 "적과 비교해 우세할 경우와 열세한 경우에 따

되는 것이다."[39]라는 대목을 간결하게 압축한 것으로 보인다. 특히 명림답부가 이를 '병가의 상식'이라고 한 것은 병가의 병법서가 고구려 문무백관들 사이에 상당히 보급되어 인지되고 있었음을 암시하는 대목이라 주목된다.

2-7의 사료는 신라 눌지마립간28년(444) 금성을 포위한 왜의 군대가 식량이 떨어져 물러나자 왕이 이들을 추격하려고 하자 좌우에서 이를 말리며 한 말이다. 이때의 '병가'란 병법서를 말하며 구체적으로는 『손자병법』을 가리킨다. 좌우가 인용한 '궁지에 몰린 도적은 뒤쫓지 말라'는 대목은 『손자병법』 제7 「군쟁」 편에 보이는 '궁구물박(窮寇勿迫)'이기 때문이다. 신라의 지도층 역시 병법과 병법서를 숙지하고 있었음을 알 수 있다.

사료2-8은 열전 「눌최전」에 나오는 한 대목인데 진평왕46년 (624) 백제의 대대적인 침공을 맞이하여 속함성 등 여섯 성이 포위당하자 왕이 5군을 보내 구원하게 했는데, 5군의 장수들이 당당한 백제 군영의 기세에 눌려 일전을 망설이는 와중에 장군의 측근으로 보이는 '어떤 자'가 한 말이다. 이 대목 역시 앞서 명림답부의 경우처럼 『손자병법』 제3 「모공」 편을 요약, 변형한 것으로 보인다.

단편적인 사료들이긴 하지만 고구려와 신라의 문무 관원들은 『손자병법』을 비롯한 병법서와 병법에 비교적 익숙해 있었던 것으로 보인다. 이는 백제의 경우도 비슷했을 것으로 보이는데 다음 사료를 한 번 보자.

라 용병을 달리할 줄 알면 승리한다."는 대목도 보인다. 『손자병법』 역문은 김광수, 앞의 책에 의거했다.

2-9. 장군 막고해(莫古解)가 간하여 말하였다. "일찍이 도가(道家)의 말을 들으니 '만족할 줄 알면 욕되지 않고 그칠 줄 알면 위태롭지 않다'고 하였습니다. 지금 얻은 바도 많은데 어찌 기필코 많은 것을 구합니까?[40]

위 사료는 근구수왕원년인 375년 기사인데, 근구수왕이 태자 시절 고구려로 도망쳤다가 돌아온 사기라는 자의 정보에 따라 고구려를 공격하여 대승을 거둔 다음, 퇴각하는 고구려군을 추격하여 수곡성(지금의 황해도 신계군 다율면)에 이르렀을 때 장군 막고해가 더 이상의 추격을 말리면서 한 말이다. 막고해는 여기서 『노자(老子)』의 한 대목(제44장)을 인용하여 태자의 추격을 저지하고 있는데, 무장인 그가 『노자』를 인용할 정도라면 병법이나 병법서에도 상당히 해박했을 것이라는 추측이 가능하지 않을까?

3. 삼국시대 문·무관의 문화적 소양과[41] 병법서

백제 장군 막고해의 경우처럼 삼국의 무장들이 문화적 소양을 겸비한 경우는 물론, 문관으로서 병법이나 병법서에 조예를 가진 경우도 눈에 띈다. 물론 삼국시대 각국의 관료체제에서 문·무관의 직분이 언제부터 확실하게 구분되었는지 알 수 없지만, 무장이 유가나

---

40) 「백제본기」 제2 근구수왕원년 조.
41) 여기에서 말하는 '문화적 소양'이란 무예와 병법서에 대한 조예를 제외한 주로 유가 경전에 대한 이해의 정도를 비롯하여 각종 제자백가서에 대한 인지도 내지 이해의 정도를 말하는데, 용어상의 적절성 여부는 충분히 지적되고 논의되어야 할 것이다.

제자백가의 서적을 습득하고 있었다는 사실은 무장으로 갖추어야
할 보다 근본적인 자질인 병법이나 병법서에 대해서도 충분히 숙지
하고 있었을 가능성을 방증한다고 보아야 할 것이다. 이러한 추정의
또 다른 근거는 원성왕4년(788)에 제정된 독서삼품과에서 규정하고
있는 학과와 선발 기준의 예외 규정이다. 먼저 관련 사료를 보자.

2-10. 봄에 처음으로 독서삼품과(讀書三品科)를 제정하여 벼슬길
에 나아가게 하였다. 『춘추좌씨전』과 『예기』 또는 『문선』을 읽어서 그
뜻에 능통하고 아울러 『논어』와 『효경』에 밝은 사람을 상품으로 하고,
『곡례(曲禮)』·『논어』·『효경』을 읽은 사람을 중품으로 하였으며, 『곡
례』와 『효경』을 읽은 사람을 하품으로 하였다. 만약 오경과 삼사(三
史) 그리고 제자백가의 글에 두루 능통한 사람은 등급을 뛰어넘어 등
용하였다. 전에는 단지 활 쏘는 것으로 인물을 선발했는데 이때 이르
러 고쳤다.[42]

독서삼품과의 요지는 유가 경전에 능통한 사람들을 정통한 경전
종류에 따라 상품·중품·하품으로 나눈 다음, 예외 조항을 두어 등급
을 뛰어넘어 인재를 등용할 수 있게 했다. 그런데 위 사료를 면밀히
살펴보면 삼품(三品)으로 선발된 인재들은 문관에, 예외 조항에 따
라 선발된 인재들은 무관에 임명되었을 가능성도 있어 보인다. 종전
까지는 활 쏘는 것만으로 인물을 선발하다가 이때 고쳤다는 마지막
대목으로 미루어볼 때, 단순히 무예만으로 무관을 뽑던 규정을 바꾸

---

42) 「신라본기」 제10 원성왕4년 조.

어 오경과 삼사 그리고 제자백가의 글에 두루 능통할 경우 등급을 뛰어넘어 발탁했다는 것으로 해석될 수 있다. 이때 두루 능통하다는 의미는 '정통(精通)'보다는 '박학(博學)'에 가까운 것으로 보인다. 그리고 이렇게 발탁된 무관이라면 상당히 고급 무관이었을 것이다.[43] 또 하나 주목되는 것은 오경·삼사와 함께 거론된 제자백가인데, 이 제자백가에는 당연히 병가류의 병법서도 포함되었을 것이다. 독서삼품과 제정 2년 전인 786년 대사 무오가 병법서를 바치자 굴압현령의 관직을 준 사례[사료2-11]도 독서삼품과의 예외 규정을 연상케 한다.

독서삼품과의 제정이 신라의 삼국 통합 이후의 사실이긴 하지만, 독서삼품과가 문관과 무관을 선발하는 과거제에 준하는 제도로써 무관 또는 문·무관 모두에 대해서 유가 경전을 주로 한 문화적 소양을 요구했다는 것은 삼국 통합 이전 삼국시대가 요구하던 관리의 자질과 관련하여 시사하는 바가 있다고 할 것이다.

다음 사료들도 삼국시대에 왕을 비롯한 문무 관리들의 문화적 소양이나 병법서에 대한 숙지도를 보여주는 실례들이다.

2-11. 왜의 군사가 갑자기 풍도에 이르러 변방의 민가를 노략질하

43] 이 부분은 원문의 해독 차이에 따라 해석이 달라질 여지가 없지 않다. 즉 '전에는 단지 활 쏘는 것으로 인물을 선발했는데 이때 이르러 고쳤다'는 부분이 '만약 오경과 삼사 그리고 제자백가의 글에 두루 능통한 사람은 등급을 뛰어넘어 등용하였다'에 대한 것에만 한정된다면, 종래 활 쏘는 것만으로 무관을 뽑던 것을 이때 와서는 오경·삼사·제자백가를 두루 읽어 어느 정도 이해하고 있는 사람을 무관으로 발탁한 것으로 이해할 수 있다. 그렇지 않고 이 부분이 문장 전체에 대한 보충 설명이라면 종래에는 문관이 되었건 무관이 되었건 오로지 활 쏘는 것만으로 관리를 선발했다는 뜻이 될 것이다. 다만 어느 쪽으로 해석하든 독서삼품과에서는 적어도 모든 관리 후보자에게 활 쏘기를 요구했다고 볼 수 있고 이는 결국 문·무관 후보자 모두에게 문무겸비를 요구한 것으로 해석할 수 있지 않을까 한다.

였다. (중략) 이벌찬 강세(康世)가 말하였다. "적은 멀리서 왔으므로 그 칼날을 당해낼 수 없으니, 그것을 늦추었다가 그 군사가 피로해지기를 기다리는 것만 못합니다.[44]

2-12. 여름 5월에 왜인이 와서 금성을 에워싸고 5일 동안 풀지 않았다. 장수와 병사들이 모두 나가 싸우기를 청하였으나 왕이 "지금 적들은 배를 버리고 (육지) 깊숙이 들어와 사지(死地)에 있으니 그 칼날을 당할 수 없다."고 말하고 성문을 닫았다.[45]

2-13. 서불한(舒弗邯) 미사품(未斯品)이 말하였다. "신이 듣건대 '무기는 흉한 도구이고 싸움은 위험한 일이다'고 합니다. (중략) 이것은 이른바 남을 유인하지만 남에게 유인당하지 않는다는 것이니 가장 좋은 계책입니다."[46]

2-14. 좌보 을두지가 말하였다. "작은 적은 강해도, 큰 적에게 잡히는 법입니다. (중략) 꾀로는 이길 수 있지만 힘으로는 이길 수 없습니다. (중략) 지금 한나라의 군사들이 멀리 와서 싸우므로 그 예봉을 당할 수 없습니다. 대왕께서는 성을 닫고 굳게 지키다가 그 군사들이 피로해지기를 기다려 나가서 공격하면 될 것입니다."[47]

2-15. 성충이 옥중에서 굶어 죽었는데 죽음에 임하여 글을 올려 말하였다. " (상략) 무릇 군사를 쓸 때에는 반드시 그 지리를 살펴 택할

---

44) 「신라본기」 제2 흘해이사금37년(346) 조. 이 부분은 『손자병법』 제1 「계」의 "적이 강하면 피한다."는 대목과 제7 「군쟁」의 "적의 사기가 왕성할 때(銳氣)는 공격을 피하고, 나태해지고 쉬고 싶어 하는 적을 공격한다."는 등의 대목을 변형한 것으로 보인다.

45) 「신라본기」 제3 내물이사금38년(393) 조. 이 부분은 『손자병법』의 제9 「구변」에 보이는 '사지', 제11 「구지」에 보이는 '사지'에 관한 이론들을 압축한 것으로 보인다.

46) 「신라본기」 제3 실성이사금7년(408) 조. 이 부분은 『사기』 권41 「월왕구천세가」의 한 대목과 『손자병법』 제6 「허실」의 한 대목을 그대로 인용한 것이다.

47) 「고구려본기」 제2 대무신왕11년(28) 조.

것이니 (강의) 상류에 처하여 적을 맞이한 연후에야 가히 보전할 수 있을 것입니다."48)

2-16. 달솔 상영(常永) 등이 말하였다. "그렇지 않습니다. 당나라 군사는 멀리서 와서 속히 싸우려고 생각하고 있으므로 그 예봉을 감당하지 못할 것입니다. (중략) 그 군사가 피로해지기를 기다리면서 먼저 일부 군사로 하여금 신라군을 쳐서 그 날카로운 기세를 꺾은 후 (하략)"49)

2-17. 흥수(興首)가 말하였다. "당나라 군사는 수가 많고 군대의 기율도 엄하고 분명하며 더구나 신라와 함께 모의하여 앞뒤에서 호응하는 형세를 이루고 있으니 (중략) 백강과 탄현은 우리 나라의 요충지여서 한 명의 군사와 한 자루의 창으로 막아도 1만 명이 당할 수 없을 것입니다. (중략) 대왕은 (성을) 여러 겹으로 막아 굳게 지키다가 적의 군량이 다 떨어지고 사졸이 피로함을 기다린 연후에 힘을 떨쳐 치면 반드시 깨뜨릴 것입니다."50)

2-18. (유신은) 다음과 같이 대답하였다. "①전쟁의 승부는 대소에 달린 것이 아니고 인심이 어떤가에 달려 있을 뿐입니다. ②그러므로 주(紂)에게는 수많은 백성이 있었으나 마음과 덕이 떠나서 주나라의 10명의 신하가 마음과 덕을 합친 것만 같지 못하였습니다. ③이제 우리 백성은 뜻을 같이하여 생사를 함께 할 수 있는데 저 백제는 두려워할 바가 못 됩니다."51)

---

48) 「백제본기」 제6 의자왕16년(656) 조. 이 부분은 나·당 연합군의 공격을 앞두고 백제 조정회의에서 나온 대책의 일부로 『손자병법』 제9 「행군」, 제10 「지형」 편 등을 종합적으로 압축한 것으로 보인다.
49) 위와 같음.
50) 위와 같음.
51) 열전 제1 김유신(상).

2-19. (유신이) 대답하였다. "대저 장수된 자는 나라의 간성(干城)과 임금의 조아(爪牙)가 되어서 승부를 싸움터에서 결판내야 하는 것이니 반드시 위로는 하늘의 도[천도(天道)]를 얻고 아래로는 땅의 이치[지리(地理)]를 얻으며, 중간으로는 인심을 얻은 후에야 성공할 수 있다."[52]

2-20. 담릉(淡凌)이 말리며 "대장부는 죽는 것이 어려운 일이 아니라 죽을 곳을 택하는 것이 어려운 일이니 (하략)"[53]

2-21. 대왕이 자못 사냥을 좋아하므로 (김)후직(后稷)이 간하였다. "(상략) 노자(老子)는 '말 달리며 사냥하는 것은 사람의 마음을 미치게 한다' 하였고, 『서경』에는 '안으로 여색에 빠지고 밖으로 사냥을 일삼으면 그중의 하나가 있어도 혹 망하지 아니함이 없다'고 하였습니다."[54]

2-22. "만약 대왕께서 은혜로이 돌려보내 주신다면 소 아홉 마리에서 털 하나가 떨어지는 정도와 같아서 별 손해가 없으며, 우리 임금은 대왕을 덕스럽게 생각함이 한량이 없을 것입니다. 왕은 이 점을 유념해주소서!"[55]

2-23. "나의 남편이 항상 말하기를 '장부는 진실로 마땅히 싸우다 죽어야지 어찌 병상에 누워서 집 사람의 보살핌 속에서 죽을 수 있겠는가' 하여 평소의 말이 이 같았는데 지금의 죽음은 그의 뜻과 같이 된 것이다."[56]

---

52) 열전 제3 김유신(하).
53) 열전 제3 김유신(하).
54) 열전 제5 김후직.
55) 열전 제5 박제상.
56) 열전 제7 소나.

2-24. 어느 사람이 말하였다. " (상략) '막다른 곳에 다다른 도둑을 급하게 쫓지 말라' 하였듯이 마땅히 좀 물러서서 피로가 극에 달함을 기다려 치면 칼날에 피를 묻히지 않고도 사로잡을 수 있을 것이다."[57]

2-25. 김령윤(金令胤)이 말하였다. "전쟁에 임하여 용기가 없는 것은 『예기』에서 경계시킨 바요, 전진이 있을 뿐 후퇴가 없는 것은 병졸의 떳떳한 분수이다."[58]

2-26. 여러 장수들이 말하였다. "때는 두 번 오지 않습니다. 이런 때를 만나기를 어렵고 기회를 잃기는 쉽습니다. 하늘이 주는데도 취하지 않으면 도리어 그 재앙을 받는 법입니다."[59]

『삼국사기』에는 이밖에도 문무 관리들의 문화적 소양과 병법서에 대한 이해 정도를 보여주는 사례들이 적지 않다. 이상의 사료들은 대부분 전쟁상황이나 국가의 위기상황에서 나온 것들로, 우선 주목되는 것은 삼국시대 문무 관리들의 문화적 소양과 함께 대체로 『손자병법』에 정통하다는 것이다. 이러한 경향은 최고 통수권자인 왕도 예외가 아니었다.[사료2-12] 『손자병법』을 인용한 경우 관련 대목을 그대로 인용하는 경우가 있는가 하면, 관련 대목을 요약하거나 다소 바꾸어 표현하는 경우도 눈에 띈다. 이밖에도 『시경』과 『한서』를 인용한 경우[사료2-19], 『노자』와 『서경』을 인용한 경우 [사료2-21], 『예기』를 인용한 경우[사료2-25], 사마천의 「보임안서(報任

---

57) 열전 제7 김령윤. '막다른 …' 이 부분은 『손자병법』 제7 「군쟁」의 '窮寇勿迫'을 그대로 인용한 것이다.
58) 위와 같음.
59) 열전 제10 궁예.

安書)」60〕의 구절을 변형하거나『사기』를 인용한 경우[사료2-13 ; 2-20 ; 2-22 ; 2-26] 등 다양하게 나타나고 있다. 특히 사료2-23은 아달성에서 말갈군과 싸우다 장렬하게 전사한 소나(素那)의 아내가 죽은 남편이 평소 하던 말을 전한 것인데, 이 부분은 동한(東漢)의 명장 마원(馬援)의 말과 너무 흡사하다.61〕

사료2-18은 백제 정벌에 앞서 김유신이 왕에게 올린 말인데, ①은『손자병법』제9「행군」편의 "군대라는 것은 병력이 많다고 좋은 것이 아니다."는 대목과,『오자병법』「치병(治兵)」제3에서 무후(武侯)가 군대의 승리는 "병사의 많음에 있는 것이 아닌가?"라고 묻자 오기가 그렇지 않다면서 엄격한 명령, 분명한 상벌, 평소 훈련 등을 예시한 대목을 연상시킨다. ②는『서경』「태서(泰誓)」편에서 주(周) 무왕(武王)이 "은(殷)의 주(紂)는 억조(億兆)의 사람이 있으나 그들은 이심이덕(離心離德)이요, 나는 난신(亂臣, 어지러움을 다스리는 신하) 10인이 있는데, 마음을 같이하고 덕을 같이한다."고 한 대목에서 나온 말이다. ③은『손자병법』제1「계」편의 "도라는 것은 백성들로 하여금 윗사람(군주)과 뜻을 같이하는 것으로, 그렇게 되면 백성들은 군주와 생사를 같이하며 위험을 두렵게 생각하지 않는다."에서 나온 말이다.

사료2-19는 고구려 정벌을 앞두고 동생 흠순과 조카 인문에게

60〕『漢書』권62(司馬遷傳).
61〕『後漢書』권40(馬援傳)-841에 마원이 죽기에 앞서 "사내대장부는 변방 들판에서 죽어 말가죽에 시체를 싸서 장사지내는 것이 마땅하지 어찌 침상에 누워 아녀자들 손에서 죽을 수 있겠는가?"라고 한 대목이 나온다. 소나가 삼사(『사기』·『한서』·『후한서』)를 읽었을 가능성을 보여준다고 하겠다.

김유신이 한 말로, 앞부분의 '간성'과 '조아'는『시경』「주남(周南)」
과『한서』권54「이광전(李廣傳)」등에 나오는 표현이다. 뒷부분은
『손자병법』제1「계」편과 제10「지형」편 등의 요지와 일맥상통하
며, 보다 직접적으로는『육도』「호도(虎韜)」의 "장수는 반드시 위로
는 천도를 알고, 아래로는 지리를 알며, 중간으로는 인사를 알아야
합니다."라는 대목과도 연결된다. 요컨대 이 두 사료는 무장 김유신
이 병법은 물론, 고대 유가 경전 및 사서에 대한 조예가 만만치 않았
음을 보여준다.

사료2-26은 고려 왕건(王建)의 부하 장수들 입에서 나온 말로,
시대가 좀 늦긴 하지만 무장들의 문무겸비 소양을 알려주는 자료
로 참고할 가치가 있다. 이 대목은『사기』권92「회음후열전(淮陰侯
列傳)」에서 나온 것으로 보이는데, 이와 흡사한 대목이『육도』「용도
(龍韜)」의 "이익을 잃고 때에 뒤진다면 도리어 그 재앙을 받습니다.
그러므로 지혜 있는 자는 때를 잃지 않고 공교로운 자는 결단해서
머뭇거리지 않습니다."라는 부분이다.[62]

병법이나 병법서에 능했던 백제의 고위층 인물들이 일본에 건너
가 관직을 받은 경우도 있다.

2-27. 10년(671년) 봄 정월, 이달에 좌평 여자신, 사택소명(법관의
대보이다)에게 대금하를, 귀실집사(학직두이다)에게 소금하를, 달솔 곡
나진수(병법에 능하다), 목소귀자(병법에 능하다), 억례복류(병법에 능하

---

62)『사기』의 이 대목은 모사 괴통(蒯通)이 한신(韓信)의 모반을 부추기면서 인용한 말인데, 괴
통이『육도』의 대목을 변형시켜 인용하였을 가능성도 있다.

다), 답본춘초(병법에 능하다) … 에게 대산하를, 나머지 달솔 등 50여
인에게 소산하를 제수했다.[63]

위 기사는 백제의 관리들이 일본 조정으로부터 벼슬을 받는 내용
을 전하고 있는데, 곡나진수(谷那晉首)를 비롯한 몇몇은 병법에 능하
다는 이유로 대산하 벼슬을 받고 있다. 이들은 백제가 망한 뒤인 663
년 일본의 수군과 함께 배를 타고 일본으로 망명한[64] 백제의 고위
층 인사들이었던 것으로 보인다. 일본은 백제에서의 이들의 직위와
특장을 고려하여 차등 있게 벼슬을 제수했다. 곡나진수 등은 병법에
능했다고 한 것으로 보아 문무를 겸비한 무장들로 추정된다.

이상의 사료 검토로 볼 때 삼국시대 관리들 중 상당수가 유가 경
전을 비롯한 문화적 소양을 갖추고 있었으며 특히 병법서에도 정통
했던 것 같다. 병법서로는 『손자병법』이 주류를 이루고 있으며 『육
도』도 습득의 대상이 되었던 것 같다. 그리고 백제의 일부 고위층 관
료들은 멸망 후 일본으로 건너가 일본 조정으로부터 벼슬을 받는 등
우대를 받았는데, 그중 일부 무장은 병법에 능숙하다는 이유로 벼슬
을 제수 받고 있음이 주목된다.

사료상의 한계에도 불구하고 문·무관의 직분이 명확하게 구분

---

63) 『日本書紀』 天智天皇10년(671) 정월 조 : 是月大錦下授佐平余自信·沙宅紹明(法官大輔), 以
小錦下, 授鬼室集斯(學職頭), 以大山下, 授達率谷那晉首(閑兵法), 木素貴子(閑兵法), 憶禮福
留(閑兵法), 答㶱春初(閑兵法) … 以小山下, 授餘達率等五十餘人. 『일본서기』 역문은 김현구
외, 『일본서기 한국관계기사 연구』(일지사, 2004)에 따랐다.

64) 『日本書紀』 天智天皇2년(663) 9월 갑술 조 : 日本船師, 及佐平余自信·達率木素貴子·谷那晉
首·憶禮福留, 幷國民等 至於弖禮城. 明日, 發船始向日本.(갑술, 일본의 수군 및 좌평 여자신,
달솔 목소귀자, 곡나진수, 억례복류와 국민 등이 호례성에 이르렀다. 다음날 배를 띄워 비로
소 일본으로 향했다.)

되지 않은 삼국시대에 관리들의 문화적 소양과, 특히 병법서에 대한 조예가 어느 정도였는지는 충분히 추정할 수 있을 것이다.

3. 삼국의 병법서 활용

이상에서 삼국시대 각국의 문·무관들 사이에 병법서가 상당히 폭넓게 보급되어 있었고 또 김유신과 같은 일부 무장들은 병법서에 대단히 능통했음도 확인할 수 있었다. 이러한 사실은 삼국이 모두 실제 전투나 전쟁에서도 병법과 병법서의 이론을 실전에 활용했을 것이라는 추정을 가능케 한다. 이제 삼국이 병법서를 실제 전투나 전쟁에서 어떻게 활용했는지 대표적인 사례 몇 가지를 검토해보기로 하겠다.[65]

---

65) 실제 전투나 전쟁에서 삼국은 모두 자국의 형세에 맞추어 전략과 전술을 적절하게 구사했을 것이다. 따라서 이하에서 검토하게 될 중국 병법서에 기반한 중원의 전략·전술과는 다르거나 맞지 않은 경우도 적지 않다. 예를 들어 고구려의 경우 수·당과의 전쟁에서 구사한 전략·전술로는 '후퇴유도작전(유인전)', '심리전', '농성작전', '청야(수성)작전', '매복전', 게릴라전술, 애국심 고취 등이 지적되고 있는데, 이는 『손자병법』을 비롯한 중국 병법서에 제시된 전략·전술과 일치하는 것도 있고 그것의 변형도 있으며 고구려 특유의 것도 있다.
　이병도, 「고구려대수제국의 항전」, 『한국고대사연구』, 박영사, 1976, 431쪽.
　강성문 외, 『한민족전쟁사총론』, 교학연구사, 1988, 79쪽.
　국방부전사편찬위원회, 『고구려 대수·당 전쟁사』, 국방부전사편찬위원회, 1991, 77·91.
　『조선전사』3, 1991, 239~242쪽.
　이호영, 『신라 3국통합과 려·제 패망원인 연구』, 서경문화사, 1997, 295~300쪽.

1. 고구려

고구려 고위층이 『손자병법』을 비롯한 병법서에 대해 충분히 숙지하고 이를 능숙하게 활용했음은 여러 사료를 통해 어렵지 않게 확인할 수 있다.[66] 여기에서는 고구려 초기의 사례 하나와 을지문덕의 용병술이 돋보였던 612년 여·수 전쟁을 예로 들어보겠다.

3-1. (대무신왕11년[28]) 가을 7월에 한나라의 요동태수가 군사를 거느리고 쳐들어왔다. 왕은 여러 신하들을 모아 싸우거나 지키는 계책을 물었다. 우보 송옥구가 말하였다. "신이 듣기를, 덕을 믿는 자는 번창하고 힘을 믿는 자는 망한다고 하였습니다. (중략) '험한 곳을 의지하다가 기습 공격하면(憑險出奇)' 틀림없이 적을 깨뜨릴 수 있습니다." 좌보 을두지가 말하였다. "작은 적은 강해도 큰 적에게 잡히는 법입니다. (중략) (그들을) 꾀(모벌[謀伐])로는 칠 수 있지만 힘으로 이길 수 없습니다." 왕은 "꾀(모벌)로 친다는 것은 어떻게 하는 것인가?"고 물었다. (을두지가) 대답하였다. "지금 한나라의 군사들이 멀리 와서 싸우므로 그 예봉을 당할 수 없습니다. 대왕께서는 성문을 닫고 굳게 지키다가 그 군사들이 피로해지기를 기다려 공격하면 될 것입니다."[67]

위 기록은 고구려 대무신왕11년(28) 요동군수의 공격을 맞이하여 조정 회의에서 나온 전략의 일부다. 여기에는 '기(奇, 기습 내지 기습병)', '모벌(謀伐=벌모)', '폐성자고(閉城自固=견벽[堅壁])' 등과 같은

---

66) 주11) 및 사료 2-6.
67) 『삼국사기』「고구려본기」제2 대무신왕11년(28) 조.

구체적이고 전문적인 군사 전략·전술 용어들이 등장하는데, '기', '벌모'는 『손자병법』 제3 「모공」 편의 핵심을 이루는 개념이자 사상이다. 그 관련 대목은 이렇다. "무릇 전쟁의 수행은 정병(正兵)으로 적과 대치하고 기병(奇兵)으로 승리를 얻는 것이다. 그러므로 (정병과 함께) 기병을 잘 쓰는 것은 그 방법이 천지의 변화처럼 무궁하고 강과 바다처럼 마르지 않는다."

특히 '벌모' 사상은 『손자병법』 전편을 관통하는 핵심적인 사상으로 용병술의 진수이자 최고 수준을 보여준다. 이와 관련하여 제3 「모공」 편에서는 "그러므로 최상의 용병법은 적의 전략을 꺾는, 즉 '벌모'이고, 그 차선은 적의 외교관계를 혼란에 빠뜨리는 '벌교(伐交)'이며 (하략)"라고 하였다.

또 '작은 적은 강해도…' 부분도 「모공」 편에 같은 내용을 확인할 수 있는데 관련 대목은 이렇다. "그렇기 때문에 열세한 군대가 힘을 고려하지 않고 적에게 정면으로 맞서 대응하면 대군에게 사로잡히게 되는 것이다."[68]

그다음 '멀리 와서 싸우므로…' 부분은 제7 「군쟁」 편에서 확인할 수 있는 내용이다. 『손자병법』의 관련 대목은 이렇다. "그러므로 용병을 잘하는 사람은 적의 사기가 왕성할 때는 공격을 피하고, 나태해져 쉬고 싶어 하는 적을 공격한다."

'성문을 닫고 굳게…' 부분은 고구려 군대가 초기부터 멸망할 때까지 가장 많이 활용한 전술 가운데 하나로 흔히 '견벽청야(堅壁淸

---

68) 이 대목은 번역상 약간의 차이를 보일 수 있다. 하지만 원문은 『삼국사기』에 인용된 것이나 『손자병법』이나 '小敵之堅, 大敵之擒也'로 완전히 일치한다.

野)', '청야견벽(淸野堅壁)' 또는 '청야수성(淸野守城)' 등으로 불리는 전술이다.[69] 이 전술은 중국 기록인『삼국지』권10「순욱전(荀彧傳)」과『진서(晉書)』권104, 105「석륵전(石勒傳)」등에 전형적인 사례가 보이며, 그 후로 많은 장수와 군사 전문가들에 의해 재활용된 전형적인 방어술로, 먼 길을 온 적이 아군의 식량을 얻지 못하도록 식량이 널린 들을 완전히 태우거나 비우는 한편, 우리의 성벽이나 보루를 단단히 쌓아 적이 지치기를 기다리는 전술이다. 이 전술을『손자병법』에서는 '산지(散地)' 전략으로 표현하고 있다.[70]

이상의 분석으로 확인할 수 있는 바와 같이 고구려는 초기부터『손자병법』등 병법서를 수용하고 활용하여 실제 전투와 전쟁에 구체적으로 활용했다.

612년 고구려와 수의 제2차 전쟁은 양국의 총 4차에 걸친 전쟁 중에서 그 규모가 가장 크고 치열했다. 수는 이 전쟁에 무려 100만이 넘는 병력을 동원했다.[71] 이 전쟁에서 고구려 지도부와 을지문덕은 탁월한 용병술로 수의 대군을 거의 섬멸시키는 대승을 거두었다. 이 점을 살수대첩을 중심으로 살펴보고자 한다.

전쟁 초반 요동성 전투가 교착상태에 빠지자 수 양제는 출정에 앞서 유질(庾質)[72]과 제6군 총사령관 단문진(段文振)[73]이 이 건의한

---

69) '청야' 전술을 비롯한 고구려 군대의 기본 전술에 관해서는, 국방부전사편찬위원회, 앞의 책, 50~96쪽 ;『조선전사』3(1991), 239~242쪽 ; 이호영, 앞의 책, 295~300쪽.

70) 제11「구지」편 ; 김광수, 앞의 책, 373쪽.

71) 이 전쟁에 대한 가장 구체적인 과정은, 국방부전사편찬위원회, 앞의 책을 참고.

72)『수서』78(庾質傳)-1769.

73)『수서』60(段文振傳)-1769. 단문진은 양제에게 변화무쌍한 고구려의 술책을 주의하라고 건의하고 있다.

속전속결 단기전을 떠올리고, 정예군으로 구성된 별동부대 30만을 구성하여 고구려 수도 평양성을 향해 바로 진격하게 했다. 총지휘관은 뛰어난 지략을 지닌 것으로 인정받은 우문술이 맡았다.

그러나 수나라 군대는 내호아가 이끄는 수군이 이미 완패한 상황에다 고구려의 '견벽청야' 전술을 우려하여 무려 100일 분량의 식량을 병사들에게 휴대하게 하는 무리를 범했다. 식량의 무게를 견디지 못한 병사들은 몰래 식량을 버리거나 파묻었다.

이에 수 군대의 식량 사정이 심각하다는 것을 어느 정도 파악한 고구려 영양왕은 을지문덕을 수 군영으로 보냈다.

3-2. (이때) 우리 왕(영양왕)은 대신 을지문덕을 수의 군영으로 보내 거짓으로 항복하게 하니, 사실은 적의 허실을 정탐하기 위한 것이었다.[74]

수 군대의 식량 사정을 어느 정도 감지한 고구려는 보다 정확한 상황 파악을 위해 을지문덕을 수나라 군영으로 보내는 일대 모험을 감행한 것이다. 그런데 수 군영에는 혹시나 고구려왕이나 을지문덕을 만나면 반드시 사로잡으라는 양제의 밀지가 진작 하달된 상태였다.

3-3. 우중문이 앞서 "만약 왕이나 을지문덕이 오면 반드시 사로잡으라."는 황제의 밀명을 받았다. 이에 우중문은 을지문덕을 잡으려 하

---

74) 『수서』60(우중문열전)-1455 ; 『자치통감』181(수기5)-5665 ; 『삼국사기』 「고구려본기」 제8 영양왕23년 조 및 열전 제4 을지문덕.

였다. 그런데 이때 위무사로 와있던 상서우승 유사룡이 굳이 말리는 바람에 우중문은 마침내 그의 말에 따랐다.[75]

우중문은 양제의 밀지에 따라 을지문덕을 잡으려 했는데, 위무사 유사룡이 극구 말렸다는 내용이다. 황제의 밀명까지 떨어졌음에도 불구하고 유사룡이 을지문덕의 체포를 극구 말린 까닭은 무엇인가? 추측의 범위를 벗어나지 못하지만 을지문덕이 수 군영 내부의 갈등을 사전에 탐지했을 가능성이 제기될 수 있는 대목이다.

을지문덕이 수 군영을 유유히 빠져나간 뒤 수군 수뇌부는 자중지란에 빠졌다. 우문술은 식량 부족을 이유로 철수를 주장하고 나섰다. 그러나 을지문덕에게 조롱당한 우중문은 을지문덕을 추격하자고 우겼다. 결국 양제의 신임이 두터운 우중문의 주장대로 수의 군대는 압록강을 건너 돌아간 을지문덕의 뒤를 쫓았다.

을지문덕은 여기서 또 한 번 적진을 농락한다. 수의 군사들이 굶주려 있는 상황 등을 이미 파악한 을지문덕은 이들을 더욱 지치게 만들기 위해 하루에만 일곱 번 싸워 일곱 번 다 패하는 척했다.

여기까지 을지문덕이 구사한 전술은 "병법이란 상대방을 속이는 것"[76]이라는 『손자병법』의 핵심 사상을 체현한 것이다. 구체적으로는 "(먼 길을 달려와) 사기와 왕성한 적의 공격은 피하고",[77] "비굴하게 보여서 적을 교만하게 만들며", "적을 유인하고 혼란스럽게 만드는"[78] 전술을 실천으로 옮겼다.

---

75) 위와 같음.
76) 『손자병법』 제1 「계」편.
77) 위의 책, 제7 「군쟁」편.

잇단 승리에 도취한 우중문의 군대는 계속해서 공격하자는 여러 사람의 의견에 쫓겨 고구려의 수도 평양성에서 30리 떨어진 곳에다 산을 등지고 군영을 쳤다. 을지문덕은 사람을 보내 수의 군대가 철수하면 항복하겠다는 교란전술을 펼친다. 지칠 대로 지친 병사들의 상태를 감안한 우문술은 이를 받아들여 군대를 철수시키기 시작했고, 미리 대비하고 있던 을지문덕은 수의 군대가 살수를 반쯤 건넜을 때 공격을 가하여 거의 전멸시켜 버렸다. 30만 대군 중 살아 돌아간 자는 2700명에 지나지 않았다.

「을지문덕열전」에 따르면, 수 군대가 평양성 밖 30리 지점에 군영을 설치하자 을지문덕은 거짓으로 항복을 청하기 전에 다음과 같은 시를 보내 우중문 등의 반응을 사전에 떠보는 절묘한 '심리전'까지 구사하고 있다.

> 그대의 귀신같은 책략은 하늘의 이치를 다하고
> 기묘한 계책은 땅의 이치마저 꿰뚫었구나.
> 싸움에 승리하여 높은 공을 세웠으니
> 만족하고 그만 멈추는 것이 어떠한가.[79]

을지문덕은 "궁지에 몰린 적은 지나치게 압박하지 않으면서", "나태해지고 쉬고 싶어 하는 적을 공격"하고, 여기에 심리전까지 가

---

78) 위의 책, 제1「계」편.
79) 이 시는 『삼국사기』「을지문덕열전」과 『수서』60(우중문전)-1455에 모두 실려 있는 것으로 보아 사실로 보아야 할 것이다. 우중문은 을지문덕의 시에 답장을 보냈다고 하지만 그 내용은 전하지 않는다.

미하여 철저하게 적진을 교란하는 고등 전술과 전략을 유감없이 구사했다.[80]

전체적으로 보아 고구려와 을지문덕이 구사한 전술은 『손자병법』의 "(그러므로) 적을 아군의 의도대로 움직이게 만드는 자는 짐짓 아군의 불리한 모습을 적에게 보여주니 적은 이에 따라 움직이게 되고, 얼핏 유리하게 보이는 점을 적에게 내어주니 적은 이를 취하게 된다. 이처럼 이익이 되는 점을 보여줌으로써 적을 움직여 미리 준비된 병력으로 기습할 기회를 기다리는 것이다."[81]라는 대목을 체현한 것이다.

이처럼 고구려군 수뇌부와 을지문덕은 『손자병법』을 비롯한 병법서와 그 이론을 거의 완벽하게 구사한 것은 물론, 그것을 실제 상황에 맞게 적절하게 변형하여 구사함으로써 이 전쟁을 대승으로 이끌었다. 이는 병법서나 병법에 대한 철저한 이해와 연구가 있었기에 가능했다고 할 수 있다.

2. 신라

앞서 병법서와 관련된 기록들을 통해서도 알 수 있듯이 신라도 일찍부터 병법서를 수용하여 이를 실제 전투나 전쟁에 활용했던 것으로 보인다.[사료2-7, 8, 11~13, 24] 그런데 삼국시대 병법서의 수용과 활용을 보여주는 또 다른 사례는 삼국이 모두 활발한 첩보전을 전개

---

80) 「을지문덕열전」에 따르면, 그는 "지략과 술수가 뛰어났고, 겸하여 글을 알고 지을 수 있었다."고 하여 을지문덕의 문화적 소양 정도를 잘 전하고 있다.
81) 『손자병법』 제5 「세(勢)」편.

했다는 사실이다. 특히 김유신의 첩자 활용과 첩보전은 단연 돋보이는데,[82] 이러한 첩자 활용이나 첩보전 역시 병법서에 대한 깊은 이해가 없이는 불가능하다. 여기서는 김유신의 첩보력과 첩자 활용을 보여주는 대표적인 사례를 소개하여 그와 신라 군대 수뇌부가 병법서에 대해 얼마나 정확하고 수준 높은 인식을 갖고 있었는가를 살펴보고자 한다.

3-4. 진덕왕3년(649) 가을 8월에 백제 장군 은상이 무리를 거느리고 와서 석토성 등 일곱 성을 공격하여 함락시켰다. 왕이 대장군 유신과 장군 진춘, 죽지, 천존 등에게 나아가 막게 하였다. 이곳저곳으로 이동하며 10여 일 동안 싸웠으나 해결나지 않았으므로 도살성 아래 나아가 주둔하였다. 유신이 여러 사람들에게 말하였다. "오늘 틀림없이 백제인이 와서 염탐할 것이다. 너희들은 모르는 척하고 함부로 검문하지 말라." 그러고는 사람을 시켜 군영 안을 돌아다니면서 다음과 같이 말하게 했다. "방어벽을 견고히 하고 움직이지 말라. 내일 응원군이 오는 것을 기다려 그 후에 싸움을 결판내겠다." 첩자가 이를 듣고는 돌아가 은상에게 보고하니 은상 등은 군사가 증원될 것이라 하여 두려워하지 않을 수 없었다. 이에 유신 등이 진격하여 크게 장사 100명을 죽이거나 사로잡고 군졸 8980명을 목 베었으며, 전마 1만 필을 획득하였고 병기와 같은 것은 이루 헤아릴 수 없었다.

---

82) 고대 삼국의 첩보전과 첩자 활용 및 김유신의 첩보력 등 고대 첩자에 관한 개괄적인 논의는 졸고, 「고대 첩자고」(『군사』 제27호, 1993, 1~34쪽)를 참고. 이와 함께 고대 첩자에 관한 논의는 直木孝次郎, 「古代朝鮮における間諜について」(『橿原考古研究所論集』5, 吉川弘文館, 1979) ; 김복순, 「삼국의 첩보전과 승려」(『한국불교문화사상사』 권상 : 가산이지관스님화갑기념논총, 1992)를 함께 참조.

3-5. 2년(649)[83] 이때 물새가 동쪽으로 날아와 유신의 군막을 지나갔다. 장사들이 이를 보고는 불길하다며 수군거렸다.[84]

위 두 기사는 모두 같은 사건을 기록한 것으로, 649년 신라와 백제의 도살성 전투의 상황이다. 이 전투에서 양국이 모두 첩자를 상대국에 잠입시킨 사실이 확인된다. 특히 김유신의 첩자 활용술이 돋보이는데, 김유신은 백제의 첩자가 침투해 있음을 확인하고는 이를 역이용했다. 또 본기에는 없는 열전의 "물새가 동쪽으로 날아와 유신의 군막을 지나갔다."는 대목은 김유신이 첩보술의 하나인 '통신' 수단으로 동물, 구체적으로 비둘기와 같은 새 종류를 활용하였을 가능성을 보여준다.[85] 또한 김유신의 이러한 첩자 활용을 병사는 물론 직속 장수들도 전혀 모르고 있었다는 점도 확인할 수 있는데, 이는 『손자병법』 제13 「용간」 편에서 말하는 "첩자의 운용만큼 비밀을 요하는 일도 없다."는 원칙을 철저하게 지킨 것이다.

앞에서도 살펴보았듯이 김유신은 각종 병법서에 능통했으며 특히 첩자 활용에 대단한 능력을 보여주고 있다. 적국의 첩자를 역이용하는 '반간계', 이를 가능케 한 적국에 침투해 있는 아측의 첩자, 새를 이용한 정보 전달 등등은 김유신이 병법서, 특히 『손자병법』 제13 「용간」 편을 철저하게 분석하고 파악했기에 가능했던 것으로 볼 수 있다.[86]

---

83) 『삼국사기』 「신라본기」 제5 진덕왕3년(649) 조. 여기에서 진덕왕3년은 2년의 잘못으로 보인다. 이와 같은 사건을 보다 자세히 기록한 「김유신열전」에는 2년으로 나와 있다. 이 기록의 연대 고증에 대해서는 李丙燾, 『三國史記』下(乙酉文化社, 1983), 304~305쪽 참고.

84) 「열전」 제2 김유신(중).

85) 졸고, 앞의 논문, 18쪽.

3. 백제

백제의 경우는 고구려나 신라에 비해 사료가 상대적으로 빈약한 편이다. 그렇지만 앞서 검토한 바와 같이 백제 고위층 문무관들 역시 병법서에 비교적 해박했던 것으로 보인다.[사료2~9, 15~17]

또 병법에 능한 고위층 문무관들은 멸망 후 일본으로 망명하여 일본 조정으로부터 벼슬을 받고 있음도 확인되었다.[사료2-27] 이밖에 백제 역시 전투와 전쟁에서 첩자를 적극 활용했음을 앞서의 사료 3-4에서 장수 은상이 신라 군영에 보낸 첩자의 존재로 확인되며, 대야성 전투에서도 모척이란 첩자를 활용하여 대야성 성주이자 김춘추의 사위인 품석과 그 일가족을 몰살하고 대승을 거두기도 했다.[87]

4. 맺음말

이제 본고를 마무리하면서 지금까지 검토 결과를 요약하는 것으로 결론에 대신하고자 한다.

삼국시대 각국은 자국의 문물제도를 정비하기 위한 일환으로 중국으로부터 유가 경전을 비롯하여 많은 서적을 수용하였는데 여기

---

86) 김유신의 첩자 활용과 첩보술은 그의 열전 전편에서 확인된다. 보다 구체적인 것은 졸고, 앞의 논문, 16~20, 28~30쪽 참고.

87) 대야성 전투에 대해서는 『삼국사기』「신라본기」제5 진덕왕7년(653)조와 열전 제7 「죽죽전」을 참고 바람. 그리고 이 전투의 경과와 첩자 활용에 관해서는 졸고, 앞의 논문, 27·28쪽.

에는 병법서도 적지 않게 포함되어 있었던 것 같다. 이는 『삼국사기』의 기록들을 검토한 결과로 충분히 입증된다.

이렇게 수용된 병법서들은 무관뿐만 아니라 문관들도 상당히 숙지하고 있었던 것으로 보이며, 이는 독서삼품과의 규정에서 보다시피 당시 문과 무를 동시에 중시한 시대적·사회적 풍조와 무관하지 않을 것이다.

사료로 확인되는 병법서로는 역대 최고의 병법서로 평가받는 『손자병법』이 가장 중요했으며 『육도』의 일부도 확인되었다. 또 『안국병법』과 같은 우리 자체의 병법서도 존재했던 것으로 보이며, 15권에 이르는 상당한 체제의 병법서 및 병법서와 관련이 있을 것으로 보이는 『화령도』도 보인다. '육진병법'도 병법서 계통으로 볼 수 있다.

이러한 병법서는 실제 전투와 전쟁에서 상당히 능숙하게 활용되었는데, 살수대첩을 대승으로 이끈 을지문덕과 첩자 활용과 첩보전에 능숙했던 김유신의 사례를 통해 충분히 확인할 수 있었다.

특히 삼국이 모두 보편적으로 활용한 『손자병법』의 경우는 단순히 이를 수용하고 활용하는 선에서 머무른 것이 아니라 자국의 실정에 맞게 작용한 것으로 보인다.[89]

따라서 삼국이 치른 많은 전쟁과 전투에서 구사된 전략과 전술에 대해 군사학적으로 보다 치밀한 검토와 연구를 거친다면, 그 전략과 전술의 원천이었던 병법서에 대한 보다 구체적이고 입체적인 정보를 얻을 수 있을 것으로 기대한다.

---

89) 이러한 문제는 고구려 벽화를 비롯하여 삼국시대 각국에 대한 고고학적 발굴 성과 등을 참고하여 보다 구체적으로 밝혀야 할 필요성이 있으나 후고로 미루고자 한다.

논문 4.

612년 여·수 전쟁에 관한 일고찰*

– 고구려의 '첩보전'과 관련하여 –

---

* 본 논문은 612년 고구려와 수의 전쟁이 첩보의 우열로 결정되었음을 분석한 연구다. 특히 첫 논문에서 부정했던 을지문덕의 첩자 성격을 완전히 긍정적으로 인정하는 한편, 그의 첩보술을 높이 평가했다.

1. 머리말

612년 고구려와 수 사이에 벌어진 전쟁[1]은 이후 동아시아 국제
정세의 변동을 추동한 심각한 충돌이었다. 이 전쟁에서 고구려는 을
지문덕의 뛰어난 용병술로 이른바 '살수대첩'을 이끌어내어 막강한
수의 군대를 궤멸시키는 세계 전쟁사에 기록될 만한 전과를 올렸다.
오랜 분열을 끝내고 589년 중국을 재통일한 수 제국은 이 전쟁 이후
로 두 차례나 더 고구려 공격을 단행했지만 612년 전쟁에서 입은 막
대한 타격을 만회하지 못하고 멸망의 길을 걸을 수밖에 없었다. 고
구려 역시 잇단 전쟁으로 엄청난 국력을 소모했고, 수를 이은 당과
신라의 협공에 지배층 내부 분열까지 겹쳐 멸망에 이르고 말았다.

612년 여·수 전쟁은 이렇듯 가깝게는 수의 멸망과 당의 재통일
을 초래하는 중요한 원인으로 작용했고, 멀게는 668년 고구려의 멸
망과 신라의 삼국 통합에 간접적인 영향을 준 중대한 사건이었다.[2]
이 때문에 역대로 많은 연구자들이 이 전쟁에 관심을 가지고 다각도
로 연구를 진행해 왔던 것이다.[3]

---

1) 이 전쟁은 총 4차에 걸친 고구려와 수의 전쟁 중 2차 전쟁이었다. 1차는 598년에 있었다. 이
   전쟁은 대체로 2차 여·수 전쟁 또는 2차 고·수 전쟁 등으로 부르는데, 시각을 달리하여 수·
   당과의 전쟁 전체를 '동아지중해 국제대전'이나 '문명전쟁'으로 부르기도 한다. 본고에서는
   612년 전쟁을 중점적으로 분석했기 때문에 612년 여·수 전쟁으로 부르고자 한다. 『수서(隋
   書)』 등 중국 측 사료에서는 612년 이 전쟁을 포함한 여·수 전쟁을 '요동지역(遼東之役)'이
   라 부른다.
2) 박경철, 「7세기 동아시아의 국제전쟁」, 『한국고대사입문』 2(신서원, 2006), 254쪽.
3) 박경철, 위의 논문, 253~264쪽.
   于賡哲, 「隋唐兩代伐高句麗比較研究」, 『盛唐時代與東北亞政局』(北京大學盛唐研究叢書,
   2003), 54~78쪽.

먼저 이 전쟁을 대제국 수에 대한 고구려의 항전이란 측면에서 검토한 이병도의 선구적인 연구가 있었다.[4] 이 연구는 612년 전쟁의 경과와 의미 등을 두루 검토한 것으로 중국의 통일과 그 영향, 고구려와 돌궐의 통교, 요서에 대한 고구려의 선제공격을 전쟁의 원인으로 지적하면서 그중에서도 요서에 대한 고구려의 선제공격을 직접적인 원인으로 보았다.[5] 그리고 전쟁에 따른 구체적인 전술로는 수의 '인해전술'과 고구려의 '후퇴유도작전'을 꼽았다.[6] 이병도의 연구 성과는 전쟁사를 개설적으로 다룬 『한민족전쟁사총론』[7]에 반영되었는데, 전쟁에서의 전술과 관련하여 이 책에서는 '후퇴유도작전' 외에 '심리전', 즉 을지문덕의 '심리전'을 부각시켰다.[8]

한편 고구려의 세력 팽창에 무게를 둔 이용범의 연구는 전쟁의 원인을 돌궐 등 북방 민족들의 동향과 연계시킨 선구적인 논문이었다.[9] 이 논문은 고구려의 요서 진출과 그에 대한 수의 대응에서 양국 간 충돌의 원인을 찾았으며, 수 양제에게 고구려에 대한 정보를 보고하면서 강경 대응책을 건의한 배구(裴矩)라는 인물에 주목했다.[10] 배구란 인물은 외국에 대한 정보통이었는데 이에 대해서는 본

---

4) 이병도, 「고구려대수제국의 항전」, 『한국고대사연구』(박영사, 1976), 423~454쪽.
5) 이병도, 위의 책, 427쪽.
6) 이병도, 앞의 책, 431쪽.
7) 강성문 외, 『한민족전쟁사총론』(교학연구사, 1988), 75~82쪽.
   이병도의 연구 성과는 대표적인 한국사 개설서에도 그대로 반영되었다. 이기백, 『한국사신론』(일조각, 1990), 75~77쪽.
8) 강성문 외, 위의 책, 79쪽.
9) 이용범, 「고구려의 팽창주의와 중국과의 관계」, 『고대 한중관계사의 연구』(삼지원, 1987), 178~204쪽.
10) 이용범, 위의 논문, 200쪽.

론에서 상론할 것이다. 이러한 연구들을 바탕으로 1991년에는 고구려의 대수·당 전쟁을 종합적으로 다룬 『고구려 대(對)수·당 전쟁사』가 나왔다.[11] 전쟁에 따른 구체적인 전술과 관련해서는 고구려의 '농성작전', '청야작전'이 거론되었다.[12]

612년 여·수 전쟁을 포함한 고구려와 수·당의 충돌 원인을 수·당 초기 황제들이 공통적으로 가졌던 결함인 정권의 정통성 미확보를 돌파하기 위한 수단에서 찾은 박한제의 논문[13]은 612년 전쟁에 대해보다 입체적인 인식을 가능케 했다.[14]

1992년 한·중 수교와 최근 고구려의 동북공정으로 야기된 한·중 간의 역사 갈등 등으로 인한 고구려에 대한 관심 고조로 612년 여·수 전쟁에 대한 관심도 높아져 주목할 만한 연구들이 나오고 있다.[15] 그중에는 양국 간의 충돌 자체를 강조하기 위해 '동아지중해

---

11) 국방부전사편찬위원회, 『고구려 대수·당 전쟁사』(국방부전사편찬위원회, 1991), 50~96쪽.

12) 국방부전사편찬위원회, 위의 책, 77·91쪽.

13) 박한제, 「7세기 수당 양조의 한반도 진출 경위에 대한 일고 — 수당초 황제의 정통성확보문제와 연관하여」, (『동양사학연구』43, 1993), 1~57쪽.

14) 고구려와 수의 충돌 원인에 대해서는 박한제의 위의 논문 1~4쪽과 이성제, 「고구려의 요서공격과 대수전쟁의 개시」, 『고구려의 서방정책 연구』(국학자료원, 2005a), 171~174쪽 등에 정리되어 있어 참고가 된다.
한편 강성문, 「여수·여당전쟁원인고」(『국사관논총』 69, 1996, 155~220쪽)는 고구려와 수·당 전쟁의 원인을 종합적으로 검토하면서 일방적 공격을 가한 중국의 입장, 특히 최종 정책 결정자의 신념이나 시국관 등을 분석했다. 그리고 최근 박경철, 앞의 논문에서는 고구려와 수·당 전쟁을 동아시아 국제전쟁이란 범주에 넣어 그 원인 등을 개괄적으로 검토했다.

15) 대표적인 연구 성과들을 간략히 정리해둔다.
신형식, 『고구려사』(이화여자대학교출판부, 2003), 174~191쪽.
김한규, 『요동사』(서남학술총서25, 2004), 317~330쪽.
서병국, 『대제국 고구려사』(한국학술정보, 2004), 236~245쪽.

국제대전'[16], '세계 역사상 최대의 문명전쟁'[17] 등으로 이 전쟁의 성격을 정의하기도 한다. 주지하다시피 612년 여·수 전쟁은 고구려의 완승으로 끝난 전쟁이었다. 지금까지의 연구 경향을 보면 양국 간의 충돌 원인, 전쟁 경과, 고구려의 승리 원인, 전쟁의 결과와 의의 등에 대한 연구는 상당히 축적되어 있다. 또 고구려가 승리할 수 있었던 요인들에 대해서도 다양한 지적들이 나와 있는 편이다. 승리한 고구려가 구사한 전략과 전술적인 측면에서는 앞서 살펴본 바와 같이 후퇴유도작전, 심리전, 농성작전, 청야작전 등이 거론되었고, 북한에서는 애국심, 유인전술, 청야수성전술, 매복전술 등을 언급하고 있다.[18] 이밖에 영성 고수(嬰城固守, 성을 굳게 지키는 전술), 청야전, 복병 전략, 게릴라 전술 등을 지적한 연구도 있다.[19]

그런데 612년 여·수 전쟁을 전후한 당시 양국의 상황과 전쟁의 경과 등을 면밀히 검토하다 보면 단편적이나마 고구려가 수에 대해 끊임없이 '첩보' 행위를 한 사실을 확인할 수 있다. 첩보는 첩자를 활용하여 상대국(적대국)에 대한 중요한 정보를 획득하는 행위를 말하는 것으로, 이를 통해 확보한 정보력은 전쟁의 승패를 결정하는 요인의 하나가 된다. 따라서 당시 고구려의 첩보와 그를 통한 정보력 확보 상황이 검토를 통해 사실로 확인될 경우 고구려의 승리를

      이성제, 「고구려와 거란의 관계」, 『북방사논총』5(고구려연구재단, 2005b), 137~167쪽.
      이성제, 앞의 논문(2005a), 171~211쪽.
      윤용규, 「수당의 대외정책과 고구려 원정 - 배구의 '군현회복론'을 중심으로 -」, 『북방사논총』5(고구려연구재단, 2005), 45~77쪽.
16) 윤명철, 『한국 해양사』(학연문화사, 2003), 173~197쪽.
17) 김용만, 『고구려의 발견』(바다, 1998), 437~491쪽.
18) 『조선전사』3(1991), 239~242쪽.
19) 이호영, 『신라 3국통합과 려·제 패망원인 연구』(서경문화사, 1997), 295~300쪽.

가능케 한 요인 하나를 확인하는 셈이 된다. 따라서 본고는 기존의 연구 성과들을 참고하되 그동안 간과했거나 소홀히 다루었던 고구려의 첩보전이란 면에 주목하고자 한다.[20]

2. 612년 여·수 전쟁의 경과

1. 612년 이전의 여·수 관계 개관

612년 전쟁의 경과를 대체적으로 파악하기 위해 먼저 612년 이전 여·수 간의 주요 대외관계 상황을 표[21]로 작성해보았다.

연도(월)	내용	비고
581년(12)	수에 사신을 보내 조공하니 수 문제가 '대장군요동군공'의 벼슬을 줌.	고구려와 수의 첫 외교접촉.

---

20) 전쟁을 전후하여 수에 대한 고구려의 정보수집 활동을 언급한 연구가 없는 것은 아니지만 구체적인 검토가 이루어진 것은 아니다.
이성제, 앞의 논문(2005a), 176·177쪽.
윤명철, 앞의 책, 179쪽.

21) 이 표는 『수서』,『자치통감』,『삼국사기』의 관련 사료들을 참조하여 작성한 것이다. 『수서』를 비롯한 중국 정사와 『자치통감』 판본은 중화서국(中華書局)과 굉업서국(宏業書局) 표점교감본에 따라 권수와 권명 및 면수를 표시한다. 『삼국사기』는 김부식/이병도 역주, 『삼국사기』(상·하, 을유문화사, 1987)와 정구복 외,『역주삼국사기』(한국학중앙연구원, 2005년 수정 3판)를 이용했다. 연표의 기간은 고구려 평원왕23년인 581년에서 영류왕 즉위년인 618년까지로 수가 건국한 개황1년부터 수가 멸망하기까지다.

582년(1,11)	수에 사신을 보내 조공함.	백제도 수에 사신을 보냄.
583년(1,4,5)[22]	수에 사신을 보내 조공함.	한 해에 3차례 사신 파견.
584년(봄)	수에 사신을 보내자 4월에 수 문제가 대흥전에서 연회를 베풀어줌.	
585년(12)	고구려 진(陳)에도 조공함.[23]	
586년	고구려가 장안성(평양)으로 이도함.	
589년	수가 진을 멸망시키고 통일을 이룸.	
590년	고구려, 진의 멸망 소식에 병기 수리, 식량 비축 등 대비책을 강구함.	고구려 영양왕 즉위. 수는 고구려의 전쟁 준비를 꾸짖는 국서를 보냄.[24]
591년(1,3,5)[25]	정월, 수에 사신을 보내 감사의 글을 올리고 왕의 책봉을 청하여 허락을 얻음. 5월 사은사를 수에 보냄.	3월에 수가 고구려왕을 왕으로 삼음.
592년(1)	수에 사신을 보내 조공함.	

---

22) 『수서』1(고제기상)-19에 따르면 이해에 고구려는 1, 4, 5월 세 차례에 걸쳐 사신을 파견했는데,『삼국사기』에는 5월 대신 겨울로 되어 있다. 여기서는 『수서』를 따랐다.

23) 이 기록은 『수서』에는 없고 『삼국사기』에 보인다.

24) 수 문제 양견이 군대 정비, 식량 비축 등 전쟁준비에 들어간 고구려를 꾸짖는 국서를 보낸 연도는 『삼국사기』에는 590년으로 나와 있고,『수서』와『자치통감』에는 개황17년인 597년으로 나온다. 『삼국사기』의 찬자는 590년이 옳다고 보았다. 이에 대한 자세한 연구는 日野開三郎, 「粟末靺鞨の對外關係」,『史淵』41(1949)·42·43·44(1950)이 있으며, 그는 590년설을 주장했다. 이 연구는 훗날 『東洋史論集』第15卷(三一書房, 1991)으로 묶여져 나왔다. 한편 고구려와 수·당 전쟁의 원인을 종합적으로 검토한 강성문, 앞의 논문, 163쪽에서는 이 국서를 597년으로 보는 등 두 설이 일치하지 않고 있다. 본고에서는 『삼국사기』의 설을 따라 590년을 취한다.

25) 『수서』2(고제기하)-36에는 1월과 5월 두 차례만 사신을 파견한 것으로 나온다.

597년(1)	수에 사신을 보내 조공함.	
598년	고구려가 말갈군 1만을 동원하여 요서를 공격함. 수는 30만 대군으로 고구려를 공격함.	제1차 여·수 전쟁 발발. 백제는 수에 향도를 자청.
600년(1)	수에 사신을 보내 조공함.	고구려 이문진『유기』편찬.
604년	수 양제 양광(楊廣)이 아버지 문제 양견(楊堅)을 죽이고 즉위함.	
607년	수 양제, 돌궐의 계민가한(啓民可汗) 막부에서 고구려 사신을 보고 고구려왕의 입조를 협박함.	수의 배구가 고구려에 대한 강경 대응책을 권함.
611년	수 양제가 고구려를 공격하는 조서를 발표함.	
612년	수 양제가 100만이 넘는 대군으로 고구려를 공격해옴. 고구려, 살수대첩 등 육·해전 모두에서 대승함.	제2차 여·수 전쟁 발발. 수가 대패함.
613년	수 양제가 정예병 30만으로 다시 고구려를 침공함.	수 양현감(楊玄感)의 반란과 병부시랑 사곡정(斛斯政)의 고구려 망명으로 퇴각함.
614년	수 양제, 독단으로 재차 고구려를 공격함. 고구려가 곡사정을 수에 송환하자 수는 이를 명분 삼아 철군함.	수 농민봉기 속출과 도망병 등으로 공격이 지연됨.
618년	수 양제가 피살되고 수가 망함.	고구려 영류왕 즉위.

위 표에 의하면 고구려와 수의 관계는 전체적으로 보아 수가 건국한 581년부터 1차 충돌이 있은 598년까지 거의 해마다 사신을 파견하는 등 우호적인 관계를 유지했다. 그런데 589년 수가 진(陳)을

멸망시키고 중원을 통일하자 고구려의 평원왕은 "두려워 병기를 수리하고 곡식을 비축하는 등 방어책을 강구"[26]하고 있다. 수와 우호적인 관계를 유지하던 고구려가 진의 멸망과 동시에 방어책을 강구한 정확한 까닭은 알 길이 없다. 다만 585년에 고구려는 진에도 사신을 보냈는데, 이러한 고구려의 행보에 수가 불만을 품고 모종의 위협적인 언행을 보여준 것은 아닌가 하는 추측을 해본다.

고구려는 전쟁 준비와 함께 외교적인 노력도 게을리 하지 않았다. 591년에는 세 차례나 사신을 보내고 새로 즉위한 영양왕의 책봉도 얻어냈다. 이는 590년의 전쟁 준비에 대한 적극적인 해명의 결과로 보이는데, 수도 고구려의 외교 행보에 만족한 듯하다. 그 후로도 고구려는 592년과 597년에 사신을 보내는데, 이는 대결보다는 타협을 우선시 한[27] 고구려의 대수 정책을 말하는 것으로 볼 수 있다.

그러던 고구려가 598년 갑자기 요서를 공격한 까닭은, 590년 진을 멸망시키고 중국을 통일한 수가 돌궐을 공격하는 등 팽창 의도를 보이자 이에 대한 자위책을 발동한 것으로 이해된다.[28] 특히 요서에 대해 수가 적극적으로 경영에 나서면서 요서 일대의 정세는 고구려에 불리하게 전개되어 그때까지 고구려의 영향력 아래에 있던 거란 별부가 이탈하는 등 요서 일대에 대한 고구려의 영향력이 급속도로 약화되었다.[29] 이에 고구려는 수의 침공이 멀지 않았다고 판단하고 선제공격에 나섰던 것이다. 598년 고구려의 선공으로 시작된 제1차

---

26) 『삼국사기』「고구려본기」평원왕32년 조.
27) 이성제, 앞의 논문(2005a), 173쪽.
28) 위의 논문, 174~185쪽.
29) 위의 논문, 185~197쪽.

여·수 전쟁은 수의 30만 대군이 홍수, 질병, 군량 부족 등으로 큰 피해를 입은 채 퇴각함으로써 끝이 났다.[30]

598년 제1차 여·수 전쟁은 중국을 재통일한 수의 팽창정책과 요서에서의 주도권을 잃지 않으려는 고구려가 정면으로 맞선 결과로, 상대의 전력을 탐색하려는 성격도 없지 않았다. 전쟁 과정에서 보여준 고구려의 소극적 대응[31]과 전쟁 이후 발 빠른 외교 행보[32]는 거란이나 돌궐의 동향[33]을 예의주시하면서 더 이상의 확전을 바라지 않은 고구려의 전략적 판단으로 이해할 수 있다. 598년 제1차 여·수 전쟁은 결국 고구려가 요서 지역에 대한 지배권을 유지하여 고구려 주도의 세력 균형적 동북아시아 국제질서를 7세기 초까지 이끌 수 있게 한 전쟁이었다.[34]

2. 612년 전쟁의 경과

598년 이후 고구려와 수의 관계는 정상화되었지만 개황 말인

---

30) 이 전쟁의 자세한 경과에 대해서는, 국방부전사편찬위원회, 앞의 책, 50~63쪽을 참고. 한편 강성문, 앞의 논문, 167쪽에서는 수군의 패배 원인으로 지목된 이러한 요인들이란 수군의 작전과 전술상의 패배를 은폐하기 위한 것에 지나지 않는 것으로 보아, 수가 패배한 1차적 원인은 작전과 전술에 있었음을 분명히 했다.

31) 이성제, 앞의 논문(2005a), 203쪽.

32) 영양왕은 수에 사신을 보내 '요동의 더러운 땅의 신하 원(영양왕의 이름) 운운'하면서 수의 용서를 구하고 있고, 수는 취소했던 고구려왕의 책봉을 회복시켰다.(『수서』46-1816) 그러나 고구려의 이러한 태도는 수와의 충돌을 회피하고자 하는 목적에서 나온 형식적인 것에 지나지 않았다.

33) 고구려가 수·당과 전쟁하는 동안 거란이나 돌궐의 동향에 대해서는, 이성제, 앞의 논문(2005a), 204쪽 ; 이성제, 앞의 논문(2005b), 137~165쪽 참조.

34) 이성제, 앞의 논문(2005a), 206~208쪽.

600년 이후부터 수 내부에서는 고구려에 대한 정벌론이 다시 대두되었다. 이런 주전(主戰)에 대해 수의 명망 높은 유학자 유현(劉炫)이 '무이론(撫夷論)'을 내세워 전쟁에 반대함으로써 전쟁은 재발하지 않았다.[35]

그러나 이런 상황은 수 양제가 즉위하면서 달라지기 시작했다. 즉위 초까지만 해도 한동안 우호관계를 유지하던 양국 사이에 변화가 생기기 시작한 것은 양제가 즉위한 지 4년째 되던 607년 돌궐 계민 가한의 아장(牙帳)을 찾은 양제가 그곳에 와 있는 고구려 사신을 목격하면서였다.[36] 이에 양제는 외국에 대한 정보통인 황문시랑 배구에게 대응책을 물었고, 배구는 고구려와 돌궐의 연합 가능성을 거론하면서 강경 대응책을 건의했다. 양제는 배구의 건의를 받아들여 좌광록대부 이부상서 우홍(牛弘)에게 고구려 사신을 불러 고구려 국왕의 입조를 촉구하고 이를 거부할 경우 고구려를 무력으로 정벌하겠다는 협박을 가하게 했다.[37]

여기서 주목되는 인물은 배구인데, 그는 수 문제 때는 시랑 벼슬에 있다가 양제 때 지금의 감숙성 장액(張掖)에서 서역과의 무역을 주관하면서 서역 각 지역에 대한 정보를 대량으로 수집하여 『서역도기(西域圖記)』라는 전문적인 첩보 보고서를 편찬한 정보 전문가였다. 그는 서역과 돌궐에 대한 첩보 활동을 통해 탁월한 공을 세워 호

---

35) 『수서』75(유현열전)-1721. 수 문제 때의 반전론자로는 高熲이 있었지만 혼자였다. 문제와 양제 때의 반전론에 대해서는, 강성문, 앞의 논문, 167~170쪽.

36) 이 사건에 대해서는, 『수서』3(양제[상])-70 ; 『자치통감』181(제기5)-5652~5653 ; 『수서』67(배구열전)-1581~1582 ; 『삼국사기』 「고구려본기」 영양왕18년 조 등에 보인다.

37) 주34)의 사료.

부상서로 승진했다. 그는 각 지역의 산천지리, 성씨, 풍토, 복식, 특산물 등을 하나 빠짐없이 조사하여 훌륭한 정보망을 구축했는데, 특히 공개적이고 합법적인 상업 수단을 통해 전면적으로 정보를 수집했다. 그가『서역도기』를 올리자 양제는 몹시 기뻐하며 그를 궁으로 불러들여 여러 날에 걸쳐 밀담을 나누고 서역 경영에 관한 책임을 그에게 맡김으로써 수는 몇 년 안에 서역 땅을 수천리 개척하고 군대를 주둔시킬 수 있었다.[38]

말하자면 배구는 공개적이고 합법적인 수단으로 상품교역과 일상생활 속에서 정치·군사·경제·지리·교통·천문 등의 방면에 관한 정보를 전면적으로 수집하는 첩자 활동의 역사를 열었던 인물이다.[39] 이러한 배구의 첩자 활동은 당나라에도 계승되었는데, 641년 당 태종이 고구려에 공식 사신으로 보낸 진대덕(陳大德)이 고구려 관리를 매수하여 각지의 산천지세를 염탐한 경우가 대표적인 실례로 꼽힌다.[40]

계민 가한의 왕정에서 고구려 사신을 본 양제가 그 대책을 물었을 때 배구가 양제에게 강경 대응을 주문한 배경에는 서역 지역에서 자신이 거둔 성과 등에 대한 자신감과 고구려와 돌궐의 연합이라는 현실적인 이해관계가 작용했던 것으로 보인다. 이 사건을 계기로 수양제는 고구려 정벌에 대한 의지를 굳힌 것 같다.

당시 양제는 고구려 사신에게 611년에 탁군(涿郡, 지금의 북경)으

---

38) 배구에 관해서는,『수서』67 (배구열전)-1577~1584에 비교적 상세히 실려 있다.
39) 褚良才,『中國古代間諜史話』(中州古籍出版社, 1998), 20·99~101쪽.
40) 진대덕의 첩자행위에 관한 사료로는,『자치통감』196 (당기12) -6169 ;『삼국사기』「고구려본기」 영류왕24년 조.

로 갈 테니 고구려 국왕(당시 영양왕)을 그곳으로 오라고 호통을 쳤다. 611년 양제가 탁군으로 행차했으나 고구려 국왕은 오지 않았다. 그러나 사실 양제의 고구려 원정은 벌써 진행 중이었다. 610년에 총동원령을 내려 병력을 탁군에 결집시켰고, 612년 1월까지 총 30여 군 113만3800명을 집결시켰다. 식량 등 보급품을 담당한 수레 부대는 그 2배에 이르렀다. 612년 정월, 양제는 고구려 공격을 선언하는 조서를 발표하고 1차 원정을 단행했다. 이렇게 해서 7개월에 걸친 고구려와 수의 제2차 전쟁이 시작되었다.[41]

이 전쟁에서 벌어진 주요 전투는 시간 순서에 따라, 요하 전투 → 요동성 공방전 → 수의 수로군에 의한 평양 부근 전투 → 살수 전투로 이어졌다. 수군은 요하 전투에서 부분적으로 고구려의 방어선을 돌파하여 요동성으로 진격했을 뿐 나머지 전투에서는 모두 패했다. 특히 살수 전투에서는 을지문덕의 용병술에 말려 30만 대군 중 겨우 2700명만 살아 돌아가는 굴욕적인 패배를 맛보았다.

3. 612년 전쟁과 수의 고구려 정벌 조서

이상 598년과 612년 여·수 전쟁의 개략적인 경과를 살펴보았다. 두 전쟁 모두 고구려의 승리로 끝났고, 특히 612년 전투는 수에 치명적인 타격을 입혔다. 전체적으로 보아 고구려와 수는 모두 요서에 대한 지배권을 차지하기 위해 총력을 기울였는데 이를 위해서는 요동성 확보가 관건이었다. 이를 위해 고구려는 돌궐과의 연합을 모색

---

41) 이 전쟁의 경과에 대해서는, 국방부전사편찬위원회의 앞의 책, 64~96쪽을 참조했음.

했고, 이에 불안을 느낀 수는 1차에서는 30만, 2차에서는 100만이 넘는 대군으로 고구려를 압도하려 했다. 전력 면에서의 현격한 열세에도 불구하고 고구려는 두 차례의 전쟁을 모두 승리로 이끌었다. 이 때문에 앞서 언급한 바와 같이 고구려의 승리 원인에 대한 분석들이 일찍부터 이루어졌던 것이다.

그런데 612년 여·수 전쟁과 관련하여 수 양제가 그해 1월 고구려 정벌에 앞서 정벌의 당위성을 주장하기 위해 반포한 조서의 내용 중 다음과 같은 대목이 눈길을 끈다.

> 중국의 망명자들을 끊임없이 꾀어내고, 변방에 척후(斥候)를 안배하여 (수의) 봉후(烽候, 봉수와 적에 대한 정찰을 담당하는 군사)를 몹시 수고롭게 하니 문빗장과 딱다기(변방의 경계)가 이로써 조용하지 못하고 백성이 그로 말미암아 생업을 폐하게 되었다.[42]

앞의 기사는 고구려가 수에서 도망 온 사람들을 유인하고 변방의 척후들을 이용하여 수의 변경을 끊임없이 소란케 한 상황을 말하는 것이다. 여기에서 주목할 것은 수의 망명자들을 유인한 것과 척후들의 활동인데, 이 모두가 고구려의 첩보전을 알려주는 내용이기 때문이다. 망명자들을 유인하는 행위는 『육도』에서 말하는 첩자의 종류 중 "속임수와 거짓 선전을 주로 담당한 술사(術士)"[43]의 그것에 해당하고, 척후는 첩자의 별칭[44]으로 "적의 변화를 감시하며 인정(人情)

---

42) 『수서』4(양제기[하])-80.
43) 『육도』「용도(龍韜)·왕익(王翼)」
44) 褚良才, 앞의 책, 465~467쪽.

을 이리저리 움직여 적의 뜻을 엿보는 등 첩자가 하는 일을 맡은 유사(游士)"[45]에 해당한다. 요컨대 수 양제는 고구려를 공격하는 이유들 중 하나로 고구려의 첩보 활동을 거론한 것이다.

수가 고구려의 첩보 활동을 공격 이유의 하나로 내세운 것은 612년 전쟁에서만은 아니었다. 흥미롭게도 598년 제1차 전쟁에서도 이와 비슷한 이유를 내세우고 있다. 590년 고구려의 입조와 복속을 노골적으로 강요하는 국서에서 수 문제는 다음과 같은 내용을 언급하고 있다.

무슨 알리고 싶지 않은 음흉한 계획이 있기에 관원을 금지시키고 통제하면서까지 방문과 시찰을 두려워하는가? 또 여러 차례 기병을 보내 변경 사람을 살해하고, 여러 차례 간계를 부려 사악한 말들을 지어냈으니 신하의 마음가짐이 아니었다. (중략) 그런데도 왕(고구려 영양왕)은 그저 믿지 못하는 마음으로 늘 의심만 하여 사람을 보내 소식을 몰래 엿보니 순수한 신하의 의리가 어찌 이와 같을 수 있겠는가![46]

태부의 기술자는 그 수가 적지 않으니 (고구려) 왕이 굳이 써야 한다면 나에게 요청하는 것이 당연할 터인데, 지난해에는 몰래 재물로 소인을 움직여 사사로이 노(弩)를 만드는 기술자를 너희 나라로 빼돌렸다.[47]

---

45) 『육도』「용도·왕익」
46) 『수서』81〈고려열전〉-1851.
47) 『수서』81〈고려열전〉-1851.

고구려를 훈시하려는 목적에서 보낸 국서이기 때문에 고구려를 비하하는 표현과 과장이 없지 않으나, 고구려가 변경을 통제하면서 수나라 관원들의 출입을 단속하고 수시로 수의 동정을 염탐하며 때로는 물리적 충돌까지 일으켰을 뿐만 아니라 여러 가지 방법으로 사악한 '사설(邪說)'을 지어낸 것은 사실일 반영하는 말일 것이다. 사신을 보내 은밀히 수의 정황을 첩보하기도 했던 것 같다. 여기서 말하는 '사설'이란 수의 진영을 교란시키기 위한 '선전(宣傳, propaganda)' 전술을 뜻한다고 볼 수 있다. 말하자면 고구려는 변경을 통제하면서 수에 대한 방첩(防諜)과 첩보 활동은 물론, 변경을 교란시키기 위한 선전술까지 동원했던 것이다.

뒤의 기사는 고구려가 돈으로 수나라 쪽 사람들을 매수하여 기술자들을 빼돌린 내용인데 이에 대해서는 잠시 후 다시 검토하겠다.

고구려를 압박하고 공격하기 위해 작성된 두 차례의 조서 모두에서 수는 고구려의 첩보 활동을 지적하면서 강력하게 경고하고 있음을 볼 수 있다. 그리고 그러한 활동이 일회성에 머물지 않고 지속적으로 진행되었음도 확인할 수 있다. 그렇다면 수가 고구려를 대대적으로 공격하게 된 원인들 가운데 하나로 지목한 '고구려의 첩보 활동'을 주목하지 않을 수 없다.

3. 612년 여·수 전쟁과 수·고구려의 '첩보전'

1. 수의 첩보전

612년 수가 고구려를 공격하면서 고구려의 첩보 활동을 거론한 것은 역으로 말하자면 수도 첩보 활동이나 첩보전을 수행했거나 수행하고 있음을 뜻한다. 앞에서 언급한 서역에서의 배구의 정보수집 활동 자체가 바로 첩보 활동이었다. 수의 첩보력은 그 당시 동아시아에서는 최고 수준으로 평가 받는다. 나라는 불과 37년 존속했지만 그 치밀한 첩보 활동과 첩보망 등은 당에 큰 영향을 주었다. 수 문제는 어사대(御史臺)라는 공개적이고 독립적인 감찰기구를 자신의 직접 통제하에 두었을 뿐만 아니라, 자신의 눈과 귀 역할을 하는 비밀조직과 인원을 적지 않게 설치했다. 군사적인 면에서는 좌우무후(左右武候)를 설치하여 황제의 경비와 방첩 활동 및 황제가 지나는 지역의 관리들 상황을 정찰하는 임무를 맡겼다.[48]

수는 특히 통일 과정에서 수많은 전쟁을 치르면서 그때마다 치밀한 첩보전을 전개하여 결정적인 성과를 올리곤 했다.

먼저 수가 진(陳)을 멸망시키는 과정에서 보여준 첩보전이다. 개황2년인 582년 수 문제는 진을 취할 대책을 상서좌복야 고경(高潁)에게 물었다. 이에 고경은 강남과 강북의 지리적 환경과 풍토 등을 비교하면서 다음과 같이 건의했다.

---

48) 褚良才, 앞의 책, 20·397쪽 ; 于彦周, 『間諜與戰爭』(時事出版社, 2005), 127~136쪽.

강남은 토지가 담박하고 집은 대나무나 갈대를 많이 사용하며 식량은 지하 구덩이에 저장하지 않습니다. 따라서 몰래 간첩을 보내 바람을 이용하여 불을 지르는 것이 좋습니다. 불을 다 끄고 나면 다시불을 지르기를 반복하고 그러면 몇 년 안에 그 재력이 다 바닥날 것입니다.49)

수 문제는 고경의 건의를 받아들여 큰 성과를 거두었다. 수의 첩보전은 당시 가장 큰 위협 세력이었던 돌궐을 분열시키는 데에도 크게 작용했다. 이 과정은 『수서』의 「장손성열전」에 비교적 상세히 기록되어 있는데, 이 기록을 바탕으로 그 과정을 간략하게 개관하면 다음과 같다.50)

수 개황 1년인 581년 수에 망한 주(周) 출신의 천금공주가 돌궐

---

49) 『수서』41(고경열전)-1181.
　　당시 수의 첩자 활동이 어느 정도였는지를 잘 보여주는 대목이 『자치통감』176(진기10)-5501에 보이는데, 이에 따르면 진을 공격하기 위한 "수나라 군대가 강 쪽으로 접근하자 (수의) 첩자들이 재빨리 몰려들었다."고 한다.
50) 『수서』51(장손성열전)-1330~1334.
　　『자치통감』175(진기9)-5450~5451.
　　돌궐에 대한 반간계는 장손성뿐만 아니라 장손성보다 다소 이후의 배구도 건의하고 있다. 이에 대해서는, 『수서』67(배구열전)-1581 ; 84(서돌궐열전)-1878. 그런데 당시 돌궐에 대한 수의 첩보력이 어느 정도였는지 단적으로 보여주는 사례가 『수서』51(장손성열전)-1332~1333에 보인다. 이에 따르면 수의 양흠(楊欽)이란 자가 돌궐로 망명하여 도람 가한(都藍可汗, 옹려[雍閭])과 그의 아내 대의(大義) 공주와 공모하여 수에 맞서려 했다. 여기에 양흠은 대의공주와 사통까지 했다. 장손성은 돌궐에 와서 도람 가한에게 양흠을 내놓으라고 했으나 도람 가한은 전국을 다 뒤졌지만 찾지 못했다며 장손성의 요구를 묵살했다. 이에 장손성은 돌궐에 심어놓은 자신의 첩보망을 동원하여 고위층을 매수하고 야밤에 양흠이 숨은 곳을 알아내 그를 도람 가한 앞에 끌고 가서는 대의 공주와의 불륜을 꾸짖었다. 이에 도람 가한도 하는 수 없이 양흠을 장손성에게 건넸다.
　　강성문, 앞의 논문, 166쪽에도 돌궐에 대한 수의 이간책을 언급하고 있다.

의 사발략 가한(沙鉢略可汗, 섭도[攝圖])을 부추겨 수를 공격하려 하자 수 문제는 장성을 수축하는 등 방어책을 마련하는 한편, 오랫동안 돌궐에서 머무르면서 돌궐 지배층과 돈독한 관계를 유지하고 있는 장손성(長孫晟)의 이간책을 받아들여 돌궐 지배층에 대해 반간계를 실행한 결과 사발략과 그 동생 처라후(處羅侯)를 이간시켜 처라후를 수에 복속시켰다.[51]

이 과정에서 장손성은 돌궐 현지에서 오래 생활한 경험을 바탕으로 치밀한 이간책을 건의하고 돌궐 지배층의 동향을 상세히 첩보한 결과 이들을 분열시키는 데 성공한 것이다.[52] 수가 고구려를 정벌하게 된 중요한 원인 가운데 하나가 고구려와 돌궐의 연합 가능성이라는 점은 여러 사료와 기존 연구에서 공통적으로 지적한 바였는데, 돌궐에 대한 수의 이간책은 결국 이들의 연합을 방지하기 위한 방책이었을 가능성이 크다.

수의 첩보망과 첩보 능력은 전국을 통일하는 과정에서 치른 많은 전쟁의 산물이었다. 수의 이러한 첩보 대상으로는 고구려도 예외가 아니었다. 가장 단적인 예가 612년 전쟁에서 수 양제가 백제의 첩보망을 이용하여 고구려를 견제하려 했던 것이다. 먼저 관련 기사를 살펴보자.

대업3년(607), 장(백제 무왕)이 사신 연문진을 보내 조공했다. 그해에 또 사신 왕효린을 보내 조공하고 아울러 고구려 토벌을 요청했다.

---

51) 수의 이간책으로 형인 사발략과 반목하고 수에 복속한 처라후는 훗날 612년 수 양제의 고구려 정벌에 참전하기까지 했다. 『수서』84(서돌궐열전)-1879.

52) 于彦周, 앞의 책, 131~132쪽.

양제는 이를 허락하고 (백제에게) 고구려의 동정을 엿보도록 했다. 그러나 장은 안으로 고구려와 내통하면서 속임수로 중국을 엿보았다.

7년(611) 양제가 직접 고구려 정벌에 나서자 장은 신하 국지모를 보내 행군 기일을 요청했다. 양제는 크게 기뻐하며 많은 상을 내리는 한편, 상서기부 석율을 백제에 보내 서로 모의하게 했다. 이듬해(612년) 6군이 요하를 건너자 장 역시 국경에 군비를 엄히 하고는 말로는 (수의) 군대를 돕는다고 하면서 실제로는 (수와 고구려) 양쪽에 다리를 걸치는 양단책을 썼다.[53]

이 기록은 고구려 공격에 앞서 백제를 이용하여 고구려의 정황을 염탐하려던 수의 의도가 오히려 고구려와 백제에 의해 역이용 당했음을 보여준다. 백제는 이보다 앞서 598년 여·수 1차 전쟁 때도 수가 고구려를 공격한다고 하자 스스로 향도를 자청했다가 이 사실을 알게 된 고구려의 공격을 받아 곤경을 치른 적이 있었다.[54] 이 일로 고구려와 백제 사이에는 모종의 밀약이 이루어졌고, 이후 수가 고구려를 공격하자 겉으로는 수의 길잡이를 자청하면서 안으로는 고구려에 수의 동정을 알리는 양단책을 구사했던 것이다. 이것이 수의 패배에 어느 정도 작용했는지는 속단할 수 없으나 타격을 주었을 것이라는 추정은 가능하리라 본다.[55]

---

53) 『수서』81(백제열전)-1819. 『자치통감』181(수기5)-5666과 『삼국사기』도 이 내용을 전재하고 있는데, 『삼국사기』는 이 내용을 「백제본기」 무왕8년(607), 9년(608), 12년(611), 13년(612)에 나누어 싣고 있다. 그런데 무슨 이유에서인지 『자치통감』과 『삼국사기』는 『수서』의 "(그러나) 장은 안으로 고구려와 내통하면서 속임수로 중국을 엿보았다."는 부분을 빼놓고 있다.
54) 『삼국사기』 「백제본기」 위덕왕45년 조.

612년 수가 고구려를 공격하면서 첩보전을 병행했으리라는 추정의 또 다른 근거는 이 전쟁에 참여한 수 장수들의 경력에서 찾을 수 있다. 먼저 좌군의 제1군 총사령관이었던 우둔위대장군 맥철장(麥鐵杖)은 589년 진이 망한 뒤 강동에서 반란이 일어나자 양소(楊素)의 명을 받고 밤에 머리에 풀을 지고 강을 건너 적진의 상황을 염탐하고 돌아와 보고하는 첩자 노릇을 한 적이 있다.[56] 또 좌군의 제3군 수로군 총사령관으로 바다를 건너 평양을 공격했던 우익위 대장군 내호아는 간첩 역할을 여러 차례 맡아 공을 세워 대도독이 된 인물이었다.[57] 좌군 제10군의 사령관을 맡은 금자광록대부 주법상(周法尙)은 황주총관으로 있을 때 황제의 밀지를 받고 강남을 경략하면서 진의 동정을 정탐하는 일을 담당했다.[58] 이들보다 앞서 598년 여·수 1차 전쟁 때 수 문제의 아들 한왕 양량(楊諒)을 따라 참전했던 행군총관 장윤(張奫)은 진을 평정하는 데 늘 '간첩' 역할을 하며 큰 공을 세운 인물이었다.[59]

이렇듯 수는 백제를 이용하여 고구려를 정탐하려 했으며 첩자나 첩보 활동 경력을 가진 인물들을 고구려 공격의 핵심으로 배치하였다. 그러나 백제를 이용하려는 수의 의도는 고구려와 백제의 밀약으로 소기의 목적을 달성하지 못했으며 자체의 첩보전도 특별한 언급이 없는 것으로 보아 별다른 성과를 거두지 못했던 것으로 보인다.

---

55) 于賡哲, 앞의 논문,
56) 『수서』 64(맥철장열전)-1511.
57) 『수서』 64(내호아열전)-1515.
58) 『수서』 65(주법상열전)-1527.
59) 『수서』 64(장윤열전)-1510.

2. 고구려의 첩자 활용과 첩보전

단편적 기록들이긴 하지만 고구려 역시 수에 대해 첩보전을 실행한 것으로 추정된다. 백제와의 밀약을 통해 수의 정황을 탐지한 것도 그렇거니와, 수 문제와 양제가 고구려 정벌에 앞서 반포한 국서와 조서에서 예외 없이 고구려의 대수 첩보 활동을 비난한 것도 이러한 추정을 뒷받침한다. 고구려의 대수 첩보전이 얼마나 성과를 거두었는지에 대해서는 정확하게 확인할 만한 사료는 없다. 그러나 몇몇 기록들은 고구려의 첩자 활용이나 첩보전의 정도가 심상치 않았음을 시사하고 있어 눈길을 끈다. 먼저 수 문제가 고구려를 위협하기 위해 보낸 국서의 다음 대목을 보자.

> 태부의 기술자는 그 수가 적지 않으니 (고구려) 왕이 굳이 써야 한다면 나에게 요청하는 것이 당연할 터인데, 지난해에는 몰래 재물로 소인을 움직여 사사로이 노(弩)를 만드는 기술자를 너희 나라로 빼돌렸다.[60]

이는 고구려가 돈으로 사람을 기용하여 무기의 일종인 노를 만드는 기술자를 빼돌린 일을 질책한 것인데, 고구려가 수의 기술자까지 빼돌릴 정도의 첩보력을 갖추었다는 의미로 이해된다. 여기서 말하는 '소인'이란 고구려의 첩자들이 매수한 수의 사람들로, 말하자면 돈에 매수당해 고구려를 위해 첩자 노릇을 한 '향간' 내지 '내간'[61]

---

60) 『수서』81 (고려열전)-1851.
61) '향간'과 '내간'은 『손자병법』의 마지막 편인 제13 「용간」에서 분류한 다섯 가지 유형의 첩자에 속하는 것으로, 향간은 "고향을 연고로 운용하는 첩자"를 말하며 내간은 "적의 관직에

으로 볼 수 있다.

고구려의 첩보망은 기술자 매수에만 한정되어 있지 않았던 것 같다. 다음 사료는 첩보 대상이 수는 아니었지만 고구려의 첩보망이 중국 정권 지배층까지 뻗쳐 있었을 가능성을 보여준다.

> 처음 북지(北地) 사람 부재(傅縡)는 서자(庶子)로서 동궁을 섬겼는데 (동궁이) 즉위하자 비서감, 우위장군 겸 중서통사사인이 되었다. 그러나 재능을 저버리고 성질을 부려 많은 사람들이 원망했다. 시문경(施文慶)과 심객경(沈客卿)이 함께 부재가 고구려 사신으로부터 금을 받았다고 헐뜯어 주상이 부재를 옥에 가두었다.[62]

이 기사는 진(陳) 지덕2년(584) 조 말미에 실려 있다. 사건이 정확하게 언제 일어났는지는 알 수 없지만 그 이전에 다녀간 고구려 사신과 관련된 사건일 가능성이 있다. 고구려는 582년과 583년에도 진에 사신을 파견한 바 있다.

사건의 개요는 이렇다. 진의 후주 진숙보(陳叔寶)의 동궁 시절, 그를 섬겼던 부재가 진숙보의 즉위 후 여러 요직을 거치며 권세를 나타내자 환관 시문경과 심객경이 부재를 모함했는데 그 혐의가 고구려 사신으로부터 금을 받았다는 것이다. 즉 고구려 사신에게 뇌물을 받았다는 말이다. 이 때문에 부재는 옥에 갇히고 결국 사사되었다. 이 사건은 진 조정 내부의 알력에서 비롯된 사건이긴 하지만 고

있는 자를 이용하는 것"을 말한다. 『손자병법』의 역문은, 김광수 해석하고 씀, 『손자병법』(책세상, 1999)에 따랐다.

62) 『자치통감』176(진기10)-5483~5484.

구려가 외교 사절을 통해 진의 지도층 인사들을 뇌물 등으로 포섭했던 전력이 있거나 그런 시도가 있었던 것을 암시하는 의미심장한 기록이 아닐 수 없다.

사실 기록상으로 볼 때 첩자 활용이나 첩보전에 대한 고구려의 수준은 삼국 중에서 단연 앞서 있었다. 이러한 사실을 방증하는 대표적인 사례들을 간략하게 소개하면 아래와 같다.

① 기원전 9년 국경을 압박해 들어오는 선비 문제에 대처하기 위해 부분노가 제안한 반간계.[63]

② 475년(장수왕63) 백제 개로왕을 죽이고 백제를 멸망 직전까지 몰아넣는 데 결정적인 역할을 한 승려간첩 도림.[64]

③ 신라의 김유신을 유인하여 제거하려 했던 첩자 백석.[65]

④ 642년 고구려로 간 신라의 김춘추가 고구려에 억류되고 김유신이 결사대 1만을 조직하여 고구려로 향하자 이 소식을 첩보한 고구려 첩자 덕창.[66]

⑤ 당나라 군영을 염탐하다 당 태종 이세민에게 생포된 연개소문의 첩자 고죽리.[67]

⑥ 연개소문 사후 내부 분열 뒤 당의 공격 때 당과 내통하여 성문을 열어준 승려 신성.[68]

---

63) 『삼국사기』 「고구려본기」 유리왕11년 4월 조.
64) 『삼국사기』 「백제본기」 개로왕21년 9월 조.
65) 『삼국유사』 기이 제1 김유신 조.
66) 『삼국사기』 「신라본기」 선덕왕11년 겨울 조 ; 「김유신열전」.
67) 『자치통감』198(당기14)-6227 ; 『신당서』220(고구려열전)-6193.

사료를 치밀하게 검토해보면 고구려의 첩자 활동이나 첩보전으로 볼 수 있는 사료들은 이밖에도 적지 않다.[69]

수는 고구려를 공격하기에 앞서 반포한 조서를 통해 예외 없이 고구려의 첩보전을 비난하였다. 실제로 고구려는 중원 왕조의 고위 관료들을 사신을 통해 매수하려 했다. 598년 제1차 여·수 전쟁을 앞두고는 첩자를 통해 수의 사람들을 돈으로 매수하여 무기를 만드는 기술자들을 빼돌렸으며, 612년 여·수 전쟁에서는 백제와 공모하여 수의 상황을 염탐하였다. 첩보전을 중요성을 잘 알고 있던 수는 이러한 고구려의 첩보전에 촉각을 곤두세우지 않을 수 없었고, 그러한 심경이 고구려를 향한 조서를 통해 표출된 것이었다. 이렇듯 여·수 전쟁에서 고구려의 첩보전은 나름대로 비중을 갖고 전개되었을 것이고, 612년 여·수 전쟁 진행 과정에서도 전개되었던 것으로 보인다.

3. 을지문덕의 용병술과 첩보전

전쟁은 첩자의 온상이며, 첩자는 전쟁의 산물이다. 한·중의 고대사와 관련된 기록들을 검토하다 보면 첩자에 대한 기록들이 적지 않다는 것을 발견할 수 있다. 우리 삼국시대, 특히 7세기는 첩자들이 가장 왕성하게 활약했던 시기였다. 삼국은 저마다 생존과 승리를 위해 첩보망을 가동하여 치열한 첩보전을 전개했다. 기록의 편중은 있

---

68) 『구당서』199상(고구려열전)-5327 ; 『신당서』199(220(고구려열전)-6197 ; 『삼국사기』「고구려본기」 보장왕27년 9월 조.

69) 고구려뿐만 아니라 백제와 신라 모두 보편적으로 첩자를 활용하고 첩보전을 벌였다. 이에 대해서는, 졸고, 「고대 첩자고」, 『군사』제27호(1999), 14~34쪽.

지만 신라 김유신은 첩자 활용과 첩보전에 관한한 타의추종을 불허하는 전문가로서의 면모를 보여준다.[70] 그리고 612년 여·수 전쟁에서 고구려에 결정적 승리를 가져다준 을지문덕 역시 첩보전을 비롯한 용병술에서 남다른 능력을 보여주었다. 이제 612년 여·수 전쟁의 대단원이라 할 수 있는 살수 전투를 중심으로 을지문덕이 보여준 용병술과 첩보전을 검토함으로써 이 전쟁에서 고구려가 승리하게 된 또 다른 요인을 밝혀보고자 한다.

612년 여·수 전쟁의 경과[71]를 간략하게 살펴보면, 607년 돌궐 계민 가한의 아장에서 고구려 사신을 본 수 양제가 정보 전문가 배구의 건의에 따라 611년까지 고구려왕(영양왕)의 입조를 윽박지른 다음, 610년부터 고구려 원정을 위한 총동원령을 내리면서 본격화되었다. 612년 1월 탁군 일대에 총병력 113만3800명이 집결했고, 수양제는 200만 대군이라고 선전했다. 정규군은 좌우 12군씩 총 24군으로 구성되었다. 공격로는 598년 1차 전쟁 때와 마찬가지로, 임유관―유성[朝陽]―회원진 통로를 따라 3월 중순 무렵에 선두부대가 요하 서쪽 기슭에 도착하여 요하 동쪽 기슭에 방어선을 치고 있던 고구려군과 강을 사이에 두고 대치하기에 이르렀다.

이후 전투는 요하 전투 → 요동성 공방전 → 수로군에 의한 평양

---

70) 고대 첩자에 관해서는, 졸고, 앞의 논문, 1~47쪽에서 전반적으로 검토한 바 있다. 이밖에 김복순, 「삼국의 첩보전과 승려」, 『한국불교문화사상사』(권상 : 가산이지관스님화갑기념논총, 1992) ; 直木孝次郎, 「古代朝鮮における間諜について」, 『橿原考古研究所論集』5(吉川弘文館, 1979)를 참고할 수 있다.

71) 이 전쟁을 기록하고 있는 기본 사료는 『수서』3(제기3)-75~83 ; 『자치통감』181(수기5)-5659~5667 ; 『삼국사기』「고구려본기」 영양왕23년 조 등이며, 이 전쟁에 참전한 수군 장수들을 기록한 『수서』의 열전들도 참고할 만하다.

부근 전투 → 살수 전투의 순서로 진행되었다. 수의 군대는 요하 전투에서 부교를 가설하여 압도적으로 우세한 전력으로 요하를 건너 요동성을 공격했다. 그러나 이 전투에서 수군은 맥철장, 전사웅(錢士雄), 맹차(孟叉) 등 주요 장수들이 전사하는 등 큰 피해를 입고 20일 넘게 요하에서 발이 묶이는 바람에 전투 일정에 큰 차질을 빚었다. 고구려군도 1만 명 이상의 사상자를 내고 일단 요동성으로 퇴각하여 수비에 들어갔다.

이어 전개된 요동성 공방전에서 고구려는 장기전에 대비한 농성 작전에 돌입하여 수의 공격을 효과적으로 방어했다. 이와 함께 적절한 기만술을 전개하여 수군의 공격 기세를 늦추게 함으로써 수군의 전의를 크게 꺾었다. 고구려의 기만술이란, 성의 수비가 곤경에 빠지면 바로 항복 의사를 표시하여 대비를 위한 시간을 버는 것을 말한다. 수 양제는 고구려 공격에 앞서 장수들에게 "만약 고구려가 항복하면 어루만져 받아들이고 병사들을 함부로 풀어놓지 말라."[72]는 엄명을 하달한 바 있기 때문에 장수들은 고구려의 항복 의사에 대해 독자적인 판단을 내리지 못하고 수 양제에게 사람을 보내 명령을 기다릴 수밖에 없었다. 따라서 이 문제를 두고 상호 교섭이 며칠을 두고 진행되었고, 그사이 고구려는 수비 태세를 강화하고는 항복 의사를 철회해버린 것이다. 고구려의 이런 기만술책이 두세 차례 되풀이되면서 수군의 예봉은 꺾였고, 전투가 장기화되면서 요동성 함락은 갈수록 가능성이 희박해졌던 것이다.[73] 이는 수 양제가 장병들에게

---

72) 『수서』81 (고려열전)-1817.
73) 『수서』81 (고려열전)-1817.
李殿福·孫玉良 著/강인구·김영수 역, 『고구려사』(학연문화사, 2005), 154쪽.

하달한 명령을 고구려가 탐지한 첩보를 바탕으로 상황에 따라 적절하게 항복 책략을 구사했을 가능성을 보여준다.

전투가 교착상태에 빠지자 수 양제는 출정에 앞서 유질(庾質)[74]과 제6군 총사령관 단문진(段文振)[75]이 이 건의한 속전속결 단기전을 떠올리고, 기동성이 뛰어난 정예병을 고구려 수도 평양성으로 신속히 진출시켜 우기가 시작되기 전에 고구려의 항복을 받아낸다는 새로운 작전계획을 수립하기에 이르렀다.

한편, 수군은 고구려 원정에서 수로군의 역할을 중시하여 좌군에서 3개, 우군에서 8개 등 총 11군을 수로군으로 편성하여 산동반도 동래를 떠나 묘도열도(廟島列島)를 따라 동북으로 올라간 다음 요동반도 남단을 따라 평양으로 진격했다. 수로군의 우익위대장군 내호아는 대동강을 통해 상륙하여 기습을 가해 온 고구려군과 벌인 1차 전투에서 승리했다. 이에 내호아는 육군과의 협공작전을 무시하고 독단으로 작전을 강행했으나 고구려군의 유인작전과 매복전에 말려 그 자신도 간신히 탈출하는 등 참패를 당했다. 이 과정에서 수군 지휘관인 내호아와 주법상 사이에 작전을 놓고 의견대립까지 발생했다. 8월 중순 내호아는 우문술이 이끄는 육로군 별동부대가 살수 전투에서 패했다는 전황 보고와 함께 퇴각명령을 받고 서둘러 퇴각했다.

요동성 전투가 교착상태에 빠지자 수 양제는 앞서 말한 바대로 속전속결을 결심하고 정예군으로 구성된 별동부대 30만을 구성하여 고구려 수도 평양성을 향해 바로 진격하게 했다. 총지휘관은 뛰

---

74) 『수서』78(유질열전)-1769.
75) 『수서』60(단문진열전)-1769. 단문진은 양제에게 변화무쌍한 고구려의 술책을 주의하라고 건의하고 있다.

어난 지략을 지닌 것으로 인정받은 우문술이 맡았다. 이렇게 해서 살수 전투가 시작되었다.

내호아가 이끄는 수나라의 수군이 이미 완패한 상황에서 30만 별동대의 평양 진격은 출발부터 문제가 적지 않았다. 가장 큰 문제는 식량이었다. 고구려가 여러 전투와 전쟁에서 성을 단단히 지키면서 적이 우리 땅에서 식량을 얻지 못하게 하는 이른바 '견벽청야'의 전술을 잘 구사했음은 잘 알려진 사실이고, 수 군대는 이것이 두려워 군사 개인에게 무려 100일 분량의 식량을 휴대하게 하는 무리수를 둔 것이다. 식량이 너무 무거웠기 때문에 병사들은 그 무게를 견디지 못하고 가는 도중에 식량을 버렸다. 이 때문에 수군은 심각한 식량난에 봉착하게 되었다.

당시 수 군대의 식량 사정이 심각하다는 것을 어느 정도 파악한 고구려 영양왕은 을지문덕을 수 군영으로 보냈다.

(이때) 우리 왕(영양왕)은 대신 을지문덕을 수의 군영으로 보내 거짓으로 항복하게 하니, 사실은 적의 허실을 정탐하기 위한 것이었다.[76]

수 군대의 식량 사정을 어느 정도 파악한 고구려가 보다 정확한 상황 파악을 위해 일대 모험을 감행한 것이다. 사실 고구려의 이러한 모험은 무리수로밖에 볼 수 없다. 왜냐 하면 수 군영에는 혹시나

---

76) 『수서』60(우중문열전)-1455 ; 『자치통감』181(수기5)-5665 ; 『삼국사기』 「고구려본기」 영양왕23년 조 및 「을지문덕열전」.

고구려왕이나 을지문덕을 만나면 반드시 사로잡으라는 양제의 밀지가 진작 하달된 상태였기 때문이다. 그런데 을지문덕이 제 발로 수의 군영으로 걸어 들어갔으니 이후의 상황은 충분히 짐작할 수 있을 것이다. 내호아의 수군도 격퇴시키고 수의 대군을 요동성에 묶어둔 고구려가 굳이 이런 무리수를 쓴 까닭은 좀처럼 이해가 되지 않는다.

그런데 이와 관련하여 다음 사료가 눈길을 끈다.

> 우중문이 앞서 "만약 왕이나 을지문덕이 오면 반드시 사로잡으라."는 황제의 밀명을 받았다. 이에 우중문은 을지문덕을 잡으려 하였다. 그런데 이때 위무사로 와 있던 상서우승 유사룡이 굳이 말리는 바람에 우중문은 마침내 그의 말에 따랐다.[77]

우중문은 양제의 밀지에 따라 을지문덕을 잡으려 했는데, 군의 사기를 진작시키는 등 장병을 위로하기 위해 파견된 유사룡이 극구 말렸다는 내용이다. 황제의 밀명까지 떨어졌음에도 불구하고 유사룡이 을지문덕의 체포를 극구 말린 까닭은 무엇인가? 황제의 명령을 어기면서까지 을지문덕을 놓아주어야 할 까닭은 또 무엇인가? 여기에서 우리는 유사룡을 의심하지 않을 수 없지만 더 이상의 추론을 가능케 할 사료가 없다. 다만 고구려가 수군의 상황을 첩보를 통해 상당히 정확하게 파악했기 때문에 이런 과감한 행동이 가능하지 않았을까 하는 정도의 추측을 해볼 따름이다.

---

77) 위와 같음.

막상 을지문덕이 돌아가고 나자 우문술과 우중문은 심기가 편치 못했다.[78] 우문술은 식량 부족을 이유로 철수를 주장하고 나섰다. 그러나 을지문덕에게 조롱당한 우중문은 을지문덕을 추격하자고 우겼다. 결국 양제의 신임이 두터운 우중문의 우격다짐이 먹혀들어 수의 군대는 압록강을 건너 돌아간 을지문덕의 뒤를 쫓았다.

을지문덕은 여기서 또 한 번 적진을 농락한다. 수의 군사들이 굶주려 있는 상황 등을 이미 파악한 을지문덕은 이들을 더욱 지치게 만들기 위해 하루에만 일곱 번 싸워 일곱 번 다 패하는 척했다.

여기까지 을지문덕이 구사한 전술은 "병법이란 상대방을 속이는 것"[79]이라는 『손자병법』의 핵심 사상을 체현한 것이다. 구체적으로는 "(먼 길을 달려와) 사기와 왕성한 적의 공격은 피하고",[80] "비굴하게 보여서 적을 교만하게 만들며", "적을 유인하고 혼란스럽게 만드는"[81] 전술을 실천으로 옮겼다.

계속되는 승리에 도취한 우중문의 군대는 계속해서 공격하자는 여러 사람의 의견에 쫓겨 고구려의 수도 평양성에서 30리 떨어진 곳에다 산을 등지고 군영을 쳤다. 여기서 을지문덕은 또 한 번 사람을 보내 수의 군대가 철수하면 항복하겠다는 교란전술을 펼친다. 지칠 대로 지친 병사들의 상태를 감안한 우문술은 이를 받아들여 군대를 철수시키기 시작했고, 미리 대비하고 있던 을지문덕은 수의 군대

---

78) 『삼국사기』「을지문덕열전」등에는 이들이 다시 상의할 일이 있다며 을지문덕을 불렀다고 되어 있다.
79) 『손자병법』제1 「계(計)」.
80) 위의 책, 제7 「군쟁(軍爭)」.
81) 위의 책, 제1 「계」.

가 살수를 반쯤 건넜을 때 공격을 가하여 거의 전멸시켜 버렸다. 30만 대군 중 살아 돌아간 자는 2700명에 지나지 않았다.

그런데 「을지문덕열전」에 따르면, 수 군대가 평양성 밖 30리 지점에 군영을 설치하자 을지문덕은 거짓으로 항복을 청하기 전에 다음과 같은 시를 보내 우중문 등의 반응을 사전에 떠보는 절묘한 '심리전'까지 구사하고 있다.

> 그대의 귀신같은 책략은 하늘의 이치를 다하고
> 기묘한 계책은 땅의 이치마저 꿰뚫었구나.
> 싸움에 승리하여 높은 공을 세웠으니
> 만족하고 그만 멈추는 것이 어떠한가.[82]

결국 이 전쟁은 사전준비부터 첩보전을 포함한 전술 전략 등 모든 면에서 이미 승부가 나 있었던 셈이다. 말하자면 "전쟁이 시작되기 전에 승리할 요소가 많으면 승리할 가능성이 높은 것"[83]이라는 『손자병법』의 지적을 정확하게 반영한 전쟁이었다. 을지문덕은 "궁지에 몰린 적은 지나치게 압박하지 않으면서", "나태해지고 쉬고 싶어 하는 적을 공격"하고, 여기에 심리전까지 가미하여 철저하게 적진을 교란하는 고등 전술과 전략을 유감없이 구사했다. 수의 별동대는 결국 『손자병법』에서 말한 바와 같이 "군대는 치중(수레)이 따

---

82) 이 시는 『삼국사기』 「을지문덕열전」과 『수서』 60(우중문열전)-1455에 모두 실려 있는 것으로 보아 사실로 보아야 할 것이다. 우중문은 을지문덕의 시에 답장을 보냈다고 하지만 그 내용은 전하지 않는다.
83) 『손자병법』 제1 「계」.

르지 않아 망하고, 양식이 없어 망하고, 비축해둔 물자가 없어서 망한"[84] 꼴이 되었다.

전체적으로 보아 고구려와 을지문덕이 구사한 전술은 『손자병법』의 다음과 같은 대목을 제대로 실천한 것이라 할 수 있다.

그러므로 적을 아군의 의도대로 움직이게 만드는 자는 짐짓 아군의 불리한 모습을 적에게 보여주니 적은 이에 따라 움직이게 되고, 얼핏 유리하게 보이는 점을 적에게 내어주니 적은 이를 취하게 된다. 이처럼 이익이 되는 점을 보여줌으로써 적을 움직여 미리 준비된 병력으로 기습할 기회를 기다리는 것이다.[85]

반면 수나라는 "군주는 분함을 못 이겨 군대를 일으켜서는 안 되고, 장수는 성을 내어 싸움에 빠져들어서는 안 된다."는 경고를 제대로 인식하지 못했던 것이다.[86]

고구려와 수의 612년 제2차 여·수 전쟁은 네 차례에 걸친 전쟁 중에서도 그 규모가 가장 컸고 또 가장 중요한 전쟁이었다. 1차 전쟁을 겪으면서 고구려는 철저한 대비책을 강구한 상태였고, 수는 양제 개인의 성격적 결함과 돌궐, 서역에서의 성공 등에 자만하여 결국 대세를 그르치고 말았던 것이다. 특히 전쟁이 진행되면서 반드시

---

84) 위의 책, 제7 「군쟁」.
85) 위의 책, 제5 「세」.
86) 위의 책, 제12 「화공(火攻)」.
87) 훗날 당 태종도 수가 고구려에게 패한 원인을 분석하면서 전략 전술의 부족을 꼽은 바 있다.(『唐大詔令集』 권130 貞觀18년 10월 '討高麗詔')
    于賡哲, 앞의 논문, 60쪽.

필요한 전략과 전술 면에서 고구려에 압도당했는데,[87] 여기에는 고구려의 대수 첩보 활동도 나름대로 작용했을 것이다.

4. 맺음말

612년 고구려와 수 사이에 벌어진 두 번째 전쟁은 향후 동아시아 국제정세의 방향을 가늠하는 좌표와 같았다. 오랜 분열을 수습한 수 제국이 서역과 돌궐을 평정한 다음 적극적으로 동방(구체적으로는 요서) 경략에 나섬으로써 고구려와의 충돌은 불가피했다. 598년 1차 전쟁을 효과적인 군사·외교 책략으로 원만하게 수습한 고구려는 뒤이어 올 수의 침공에 대비했다. 이러한 준비 결과는 612년 제2차 여·수 전쟁에서의 대승으로 나타났다.

612년 여·수 전쟁에서 고구려가 승리한 원인에 관해서는 종래 '후퇴유도작전', '심리전', '농성작전', '청야작전', '수성술', '복병전략', '게릴라 전술', '애국심' 등 다양한 요인으로 설명되었다. 그러나 실제 전쟁이나 전투에서 반드시 필요한 '첩보전'이란 측면은 상대적으로 소홀히 다루어져 왔다. 이에 필자는 단편적인 사료들을 검토하여 이 전쟁에서 고구려가 구사한 첩보전의 양상을 확인할 수 있었다.

첫째, 고구려의 대중국 첩보 활동은 수의 건국 이전부터 중원 왕조를 상대로 끊임없이 전개되어 왔고, 수도 예외가 아니었다. 수 문제와 양제가 고구려 원정에 앞서 발표한 조서에서 예외 없이 고구려의 첩보 활동을 비난하고 나선 것도 이 때문이었다.

둘째, 수 역시 고구려에 대해 첩보전을 구사했을 가능성이 크다. 백제를 이용하여 고구려의 상황을 염탐하려 한 것이 그렇고, 참전한 장수들 가운데 상당수를 첩자나 첩보 활동 경력을 가진 인물들로 배치한 것도 이러한 추정을 뒷받침한다.

셋째, 각 전투에서 고구려는 상황에 맞는 적절한 전략과 전술로 수의 공격을 지연시키거나 예봉을 꺾곤 했는데, 이 역시 첩보를 통한 정보에 따른 것일 가능성이 크다.

넷째, 비록 추정의 범위를 벗어나지 못하지만 고구려의 첩보망이 수의 내부 깊숙이 뻗쳐 있었을 가능성도 배제할 수 없다.

다섯째, 살수 전투에서 보여준 을지문덕의 용병술은 상대의 허점을 정확하게 파악한 기초 위에서 구사된 대단히 수준 높은 용병술이었다. 스스로 첩자가 되어 적진에 침투한 점도 그렇거니와, 상대의 심리를 철저하게 역이용하는 심리전과 적절한 전략 전술은 최고의 병법서인『손자병법』의 핵심 사상을 제대로 인식하지 않고는 불가능한 것이었다.

전력 면에서 뚜렷한 열세에도 불구하고 고구려가 612년 전쟁을 승리로 이끌 수 있었던 것은 이처럼 첩보전을 통한 정확한 정보와 그에 기초한 적절한 전략 전술에 힘입은 바 크다고 할 수 있다. "침착하고 민첩하며 뛰어난 지략과 술수"[88] 등 문무를 겸비한 을지문덕은『손자병법』등 병법에 대한 본인의 해박한 지식과 고구려 지도층

---

88)『삼국사기』「을지문덕열전」.

의 치밀한 첩보전과 정보력을 바탕으로 '살수대첩'을 창출해낼 수 있었던 것이다. 이렇게 볼 때 613년과 614년 연이어 발발한 3, 4차 여·수 전쟁의 승부는 어느 정도 예견되었다고 하겠다.

논문 5.

김유신의 첩자 활용과 첩보술에 관한 일연구[*]

---

* 본 논문은 김유신을 첩보술 활용의 전문가로 파악한 연구이다. 7세기, 삼국이 사활을 건 군사 투쟁에서 승패를 가름한 가장 중요한 요인으로서 필자는 첩보술에 주목했고, 특히 김유신이 이 요인을 가장 심각하게 인식했다는 결론을 얻었다.

1. 머리말

한국 고대사에서 삼국시대 후반은 삼국 간에 존망을 건 치열한 전투와 전쟁으로 점철된 시기였다. 특히 7세기에는 수·당이 삼국의 대립과 전쟁에 적극 개입함으로써 삼국의 투쟁은 국제전의 양상으로 확대되었다.[1] 삼국의 쟁패에서 시종 열세에 처해 있던 신라는 7세기 들어 고구려가 수·당과의 전쟁으로 국력을 소모하고 백제가 의자왕 집권 이후 내부 신구 세력 간의 갈등[2]으로 홍역을 치르는 등 대외적 여건의 호전을 틈타서 군사적 행동과 대당 외교 등 대외관계에서 보다 적극적이고 능동적인 행동을 취하기 시작했다.

신라가 이렇듯 적극적으로 대외 활동에 나설 수 있었던 데에는 김유신과 김춘추의 역할이 컸다. 김춘추는 몇 차례에 걸친 외교 활동을 통해 자신의 정치적 입지를 굳히고 이를 기반으로 왕위에 올랐으며, 김유신은 내부적으로 김춘추를 도우면서 비담의 난 진압 등 자신의 정치 군사적 입지를 강화했다.[3]

특히 김유신은 가야 왕족의 후손으로 김춘추 가문과의 결합 등을 통해 신라 내에서 자신과 가문의 위치를 공고히 하는 한편, 자신의

---

1) 이와 관련하여 7세기 삼국 사회의 변동에 따라 파생한 대내적 모순과 대외적 모순의 결과로 나타난 동아시아 국제전을 시대 구분의 의미를 담보한 역사적 사건으로 파악한 연구가 주목된다. 김영하a, 「신라의 백제통합전쟁과 체제변화―7세기 동아시아의 국제전과 사회변동의 일환」, 『한국고대사연구』16, 1999, 101~150쪽.

2) 김주성, 「의자왕 대 정치세력의 동향과 백제 멸망」, 『백제연구』19, 1988, 263~276쪽.

3) 김춘추의 집권 과정과 그에 따른 김유신과의 유대관계 등을 자세히 검토한 연구로는, 박순교, 『김춘추의 집권 과정 연구』(경북대학교 박사학위, 1999)가 있다.

군사력과 뛰어난 지략으로 백제와 고구려를 멸망시키는 데 큰 역할을 해냈다. 이 때문에 그는 삼국 통합[4]의 주역으로 집중적인 조명을 받았고[5] 그에 따라 적지 않은 연구가 이루어졌다.[6] 그러나 김유신에 대한 평가와 연구는 표면적으로 나타난 그의 무공에 대한 칭송과 충효 등 국가적 차원의 이데올로기 강조에 편중되어[7] 정작 군사가로

---

4) 종전의 '삼국통일'이란 표현에 대해서는 적지 않은 문제제기가 있었고, 이에 따라 '삼국 통합'이란 용어가 등장하기도 했으며(이호영, 『신라 삼국 통합과 여·제 패망원인연구』, 경인문화사, 1997), 신라에 의한 통일을 부정하고 '남북국성립론'을 강력하게 제기하는 연구(김영하a, 앞의 논문 ; 김영하b, 「신라 삼국통일론은 타당한가」, 『역사비평』20, 1993) 등이 나왔다. 본고에서는 '삼국 통합'이란 표현을 사용하고자 한다.

5) 김부식은 『삼국사기』에서 총10권의 열전 중 그의 열전을 첫머리에다 세 권이나 마련하는 파격적인 대우를 했으며, 조선 영조 때 대제학을 지낸 홍량호는 1734년 『해동명장전』을 편찬해내면서 역시 김유신을 맨 첫머리에 안배했다.

6) 주요 연구 성과를 소개하면 아래와 같다.
홍사준, 「탄현고―계백의 삼영과 김유신의 삼도」, 『역사학보』35·36, 1967.
정영호, 「김유신의 백제공략 연구」, 『사학지』6, 1972.
김열규, 「무속적 영웅고―김유신전을 중심으로 하여」, 『진단학보』43, 1977.
문경현, 「삼국통일과 신김씨 가문」, 『군사』2, 1981.
신형식, 「김유신 가문의 성립과 활동」, 『이화사학연구』13·14, 1983.
정중환, 「김유신론」, 『고병익선생회갑기념논총』, 1984.
김태준, 「김유신전 연구」, 『신라 문학의 신연구』(신라문화재 학술발표회 논문집7), 1986.
김상현, 「신라 삼국통일의 역사적 의의」, 『통일기 신라사회 연구』, 1987.
성주탁, 「백제 탄현 소고―김유신 장군의 백제공격로를 중심으로」, 『백제논총』2, 1990.
허중권a, 『신라 통일전쟁사의 군사학적 연구』, 한국교원대학교 박사학위논문, 1995.
허중권b, 「삼국시대 군사사상에 관한 연구(II)―김유신의 군사사상과 전략전술―」, 『3사교논문집』, 1997.
이기동, 「김유신―지성으로 이룩한 삼국통일의 위업」, 『한국사 시민강좌』30, 일조각, 2002.
정구복, 「김유신의 정신세계」, 『청계사학』16·17집, 2002.
서의식, 「김유신」, 『한국사인물열전』(한영우선생정년기념논총1), 돌베개, 2003.
안영훈, 『김유신전 연구』, 민속원, 2004.

7) 김유신에 대한 이러한 평가는 상대적으로 백제 멸망에 대한 평가와 맞물려 그 정도가 더욱 증폭되었다. 즉, 백제 멸망의 원인을 사료상에 나타난 표면적 의미에만 집착하여 고찰함으로써 그 대척점에 있는 김유신의 무공과 활약이 상대적으로 과장되는 착시현상이 생겼다. 또 역대로 끊임없이 개작되어 온 '김유신 전기'는 역사의식이 고조되는 시기마다 등장하여

서 그의 구체적인 면모를 밝히는 작업은 상대적으로 소홀했다. 다행히 최근 군사학 내지 군사사의 각도에서 김유신의 군사 사상과 전략 전술을 다룬 연구[8]가 나와 김유신에 대한 편향적 연구를 보완해주고 있다.

한편, 군사가로서 김유신의 특별한 능력, 구체적으로는 그의 첩자 활용과 첩보술에 주목한 선구적인 연구[9]가 있었고, 고대 첩자의 문제를 전반적으로 다루면서 김유신의 첩보술이나 첩자 활용을 강조한 연구[10]도 나왔다. 그러나 이 연구들은 사료상에 보이는 김유신의 첩보술과 첩자 활용에 주목하는 정도에 머무른 채 군사학 내지 병법의 관점에서 보다 깊이 있는 논의를 전개하지 못했다.[11]

신라의 삼국 통합 과정에 김유신이 미친 작용의 크기와 심도 및 후세에 미친 영향 등을 종합적으로 고려할 때 그에 대한 연구는 상

당대 역사 현실과 일정한 대응관계를 맺으면서 확대, 재생산되었다.(안영훈, 위의 책, 218쪽) 이러한 경향은 김유신이란 인물을 정치적으로 활용하려는 의도와도 연계되기도 한다.

8) 허중권a·b, 앞의 논문 ; 허중권c, 「삼국시대 소부대 리더의 가치관과 전투에서의 역할 — 신라 삼국통일의 정신적 기반을 중심으로—」,『백산학보』52, 1999.

9) 直木孝次郎,「古代朝鮮における間諜について」,『橿原考古研究所論集』5, 吉川弘文館, 1979.(이 논문은 한국사연구회 웹진에 이강기에 의한 번역문이 등재되어 있다. www.koreanhistory. org)

10) 졸고a,「고대 첩자고」,『군사』27, 1993.
승려들의 첩자 활동에 주목한 연구도 있다 : 김복순,「삼국의 첩보전과 승려」,『한국불교문화사상사』(권상 : 가산이지관스님화갑기념논총), 1992. ; 김복순,『한국 고대불교사 연구』, 민족사, 2002.

11) 일부 연구에서 부분적이나마 김유신의 첩보 활동(정보 전술)과 첩자 활용 문제가 꾸준히 거론되었다.
이호영, 앞의 책, 176~177쪽.
허중권b, 앞의 논문, 146쪽.
서의식, 앞의 글, 79쪽.
이도학,「눈부신 신라의 첩보공작」,『한국고대사 그 의문과 진실』, 김영사, 2001, 246~251쪽.

대적으로 부족하다고 할 수 있다.[12] 이에 필자는 기존 연구들을 바탕으로 하되 연구 시각을 달리하여 군사가로서 김유신의 첩보술과 첩자 활용 문제에 주목하고자 한다. 이를 통해 군사 전략가로서 김유신의 일면을 이해하는 데 일조할 수 있길 기대해본다.

2. 첩자에 대한 인식과 병법 탐구

1. 무예 수련과 첩자 경험

사료에 따르면 김유신은 일찍부터 삼국 병합의 의지를 품고 산중에서 심신을 수련한 것으로 나온다.

> 1-1. 진평왕 건복28년 신미(611)에 공은 나이 17세로 고구려·백제·말갈이 국경을 침범하는 것을 보고 의분에 넘쳐 침략한 적을 평정할 뜻을 품고 홀로 중악 석굴에 들어가 재계하고 하늘에 고하여 맹세하였다.[13]

---

12) 상대적으로 풍부한 양의 기록에도 불구하고 김유신에 대한 연구는 그 폭과 깊이 면에서 활발하다 할 수 없다. 이 점에 대해서는, 서의식, 앞의 글, 96쪽.
13) 『삼국사기』 열전 제1 김유신(상). 『삼국사기』의 역문은 정구복 외, 『역주 삼국사기』(정신문화연구원, 1997)에 따랐다. 원문은 특별한 경우가 아니면 생략한다. 김유신이 일찍부터 삼국 통합의 의지를 갖고 있었음은 이 기록에 이어지는 신비한 노인 난승의 말에 "그대는 어린 나이에 삼국을 병합할 마음을 가졌으니 또한 장한 일이 아닌가?"라는 대목으로 짐작할 수 있다. 한편 『삼국유사』(권1 기이 제1 김유신)에는 "김유신이 고구려와 백제를 정벌하는 일을 밤낮으로 깊이 계획하고 있었다."고 하여 보다 구체적으로 김유신의 삼국 통합 의지를 전

이 과정에서 김유신은 신비한 노인 난승을 만나 방술(方術)의 전수를 애원했고 결국 비법을 전수받는다.[14] 이듬해인 612년에는 닥쳐오는 적국의 공격[15]에 위기의식을 느끼고 홀로 보검을 가지고 열박산 골짜기에서 하늘과 중악에 기도한 결과 보검에 신령을 받는 체험을 한다.

이러한 경험에 대해 종래 연구자들은 대체로 그가 삼국 통합의 의지를 더욱 굳힌 계기로 파악하고 있다. 그 사상적 배경에 대해서는 '미륵불을 신앙한 흔적',[16] '무속적인 신선사상의 영향',[17] '무속적 체험으로서 제1차적 신비 체험, 제2차적 신비 체험',[18] '화랑도에 딸린 정신적 지도자인 승려로부터의 불교 교리 습득과 신앙적 체험

하고 있다. 이하 특별한 언급이 없는 한 사료의 인용은 『삼국사기』「김유신열전」이다. 따라서 김유신(상)(중)(하)로 표시한다. 『삼국유사』 역문은 김원중 옮김, 『삼국유사』(을유문화사, 2002)에 의거했다.

14) 이 부분은 흡사 西漢 '開國三杰' 중 한 사람으로 꼽히는 張良의 젊은 날 경험을 연상시킨다. 즉, 『史記』 권55(留侯世家)-2034~2035에 따르면 장량은 젊은 날 滄海 역사를 고용하여 진시황을 암살하려다 실패한 후 하비 지방으로 숨어 지내다 신비의 한 노인(黃石公)을 만나 『太公兵法』을 전수받는다.

15) 554년 신라가 백제와의 관산성 전투에서 한강 유역을 차지한 이후 612년 이전까지 신라가 고구려와 백제로부터 공격을 받은 횟수는 기록상 7회로 나타난다. 이에 비해 공격 횟수는 2회이다.(이호영, 앞의 책, 67~73쪽) 그런데 신라가 고구려의 신라 국정 간여에 최초로 반발하여 발생했던 실직에서의 충돌이 있었던 450년 이후 660년 백제를 통합하기까지 신라가 한강 유역을 중심으로 치른 전쟁은 총 62회(고구려 26회, 백제 36회)이며 그중 공격은 18회, 방어는 44회로 방어가 두 배 이상(허중권a, 앞의 논문, 27~30쪽)으로 전반적으로 수세에 처해 있었음을 알 수 있다. 따라서 612년 무렵 김유신이 닥쳐오는 적국의 공격에 강한 위기의식을 가졌다는 것은 신라의 이러한 수세적 상황을 인식한 결과로 보인다.

16) 이러한 이해는 三品彰英 이래 김상기, 이기동 등 많은 사람들이 동조하고 있다. 이에 대해서는, 이기동, 『신라의 골품제도와 화랑도』(일조각, 1984), 306~308쪽과 정구복, 앞의 논문, 597쪽 참고.

17) 이기동, 위의 책, 316~318쪽.

18) 김열규, 앞의 논문, 92쪽.

의 윤색'[19] 등으로 파악하고 있으며, 이를 통해 하늘에 의지하고 천명에 따르는 김유신의 인생철학이 기틀을 다졌다고 보는 시각도 있다.[20]

그러나 무장이나 군사가로서 김유신의 모습을 염두에 둔다면 이 과정은 그가 무장(군사가)으로 성장하는 과정을 신비화한 것으로 볼 수 있다.[21] 그가 배우기를 갈망한 '방술'이나 난승(難勝)이란 신비한 노인에게서 받은 '비법'은 치국 방략이나 병법의 일종으로 볼 수 있으며, 자신의 보검에 신령을 기원한 대목은 무(武)와 무예 수련에 대한 강렬한 동경과 집착을 엿보게 한다.[22] 요컨대 젊은 날 그의 수련 과정은 그가 훗날 문무를 겸비하는 탁월한 군사가로 성장할 수 있었던 원동력으로 작용했다고 이해해야 할 것이다.

그런데 이와 함께 젊은 날 김유신은 무예를 수련하던 과정에서 특별한 경험을 하게 되는데, 이 경험은 첩자에 대한 인식을 새롭게 하는 계기로 작용한 것으로 보인다. 다음 사료를 보자.

1-2. (유신의) 나이 18세가 되던 임신년(612)에 이르러 검술을 익혀 국선(國仙)이 되었다. 그 당시 백석이란 자가 있었는데, 어디서 왔는지 알 수 없으나 몇 해 동안 낭도에 속해 있었다. 김유신이 고구려와 백제를 정벌하는 일을 밤낮으로 깊이 계획하고 있었는데 백석이

---

19) 정구복, 앞의 논문, 597~598쪽.
20) 김태준, 앞의 논문, 149쪽 ; 정중환, 앞의 논문, 174쪽.
21) 이 체험을 '무인의 비법을 배웠음을 강조'한 부분으로 이해한 연구자도 있다.(김태준, 앞의 논문, 149쪽.)
22) 『삼국유사』(권1 기이 제1 김유신)에는 18세 무렵 검술을 익혀 국선(國仙)이 되었다고 했다.

그의 계획을 알고는 유신에게 말하였다. "제가 공과 몰래 그곳을 먼저 정탐한 뒤에 도모하는 것이 어떻겠습니까?" 유신은 기뻐하며 몸소 백석을 데리고 밤에 출발하였다.[23]

위 기록은 열여덟에 화랑이 된 김유신이 백석이란 정체불명의 낭도의 권유를 받고 고구려와 백제를 염탐하러 길을 떠나게 된 과정을 전하고 있는데, 『삼국사기』 그의 열전에는 그가 15세에 화랑이 되었고 17세에 고구려·백제·말갈이 국경을 침범하는 것에 울분을 터뜨리며 이들을 평정하겠다는 뜻을 굳혔다고 되어 있음은 앞서 살펴본 바다.[사료1-1] 이에 삼국 통합의 대업을 꿈꾸던 김유신은 그 준비의 일환으로 적국의 상황을 엿보기 위해 백석이란 자와 길을 떠난 것이다. 『삼국사기』에는 이 무렵 김유신이 중악에 들어가 목욕재계하고 방술(비법)을 익힌 것으로 되어 있다.

젊은 김유신은 백석의 권유에 별다른 생각 없이 호기만을 앞세워 승낙하고 직접 길을 나선 것으로 보인다. 여기서 눈길을 끄는 대목은 내력을 알 수 없는 백석이 몇 해 전부터 화랑에 들어와 낭도로 행세하고 있었다는 것이다. 그다음 이어지는 『삼국유사』의 기록은 다분히 신비한 설화적 색채가 강하여 사실로 믿기는 힘들지만 그 내용을 정리하면 이렇다.

길을 가다 잠시 쉬던 김유신 앞에 세 처녀가 나타나 김유신과 속마음 터놓고 대화를 하던 중 처녀들은 잠시 백석을 따돌리고 숲으로 김유신을 데리고 들어간다. 여기에서 처녀들은 신선으로 모습으로

---

23) 『삼국유사』 권1 기이 제1 김유신.

변하더니 자신들을 나라를 지키는 내림, 혈례, 골화 세 군데의 신령이라고 소개한 다음, 적국이 유신을 유인하여 데려가는 것도 모르고 따라가기에 이렇게 만류하러 왔다고 했다.

유신은 놀라 잠시 쓰러졌다 일어나 신령들에게 절을 하고 물러나와 백석에게 중요한 문서를 빼놓고 왔다며 다시 집으로 돌아와서는 백석을 결박한 다음 사실을 털어놓게 했다. 그러자 백석은 자신은 고구려 사람으로, 점쟁이 추남이 나라 일에 대해 점을 쳤다가 왕에게 벌을 받아 죽으면서 다시 태어나면 장군으로 태어나 고구려를 멸망시키겠노라 저주하며 죽었다는 이야기를 들려주었다. 그리고 그날 밤 고구려왕의 꿈에 추남이 신라 서현 공(김유신의 아버지) 부인의 품에 들어가는 것을 보고는 추남의 저주를 막기 위해 자신을 신라에 보내 유신을 해치려 한 것이라고 했다. 김유신은 백석을 처형하고, 음식을 갖추어 세 신령에게 제사를 드리니 신령들이 모두 사람의 모습으로 나타나 제사를 받았다.

삼국 통합이라는 대업을 달성하게 될 영웅으로서의 김유신을 부각시키기 위한 설화적 색채가 농후하지만, 이 기사가 전혀 무의미한 것이 아니라면 다음과 같은 해석이 가능할 것이다.

고구려는 자신들의 첩보망을 통해 장차 신라를 이끌 재목으로 김유신에 주목했다. 그러고는 김유신을 제거하기로 결정하고 그 임무를 첩자 백석에게 맡겼다. 백석은 신라에 잠입하여 화랑이 되어 여러 해 동안 낭도들과 어울리며 기회를 기다렸다. 이는 고구려의 첩자 활동이 상대의 동정을 살피면서 정보를 수집하는 첩보 차원에 머물지 않고 적국의 요주의 인물, 즉 요인을 제거하거나 포섭하는 적극적인 차원으로까지 발전해 있음을 뜻하는 것이다.

이 사건은 우선 고구려의 첩자 활동의 영역과 수준을 잘 보여주는 동시에, 김유신이 장차 첩자 활용과 첩보전에서 대한 인식하도록 자극한 사건으로도 볼 수 있다.[24]

2. 문무겸비와 병법서 탐구

김유신의 병법과 병법서에 대한 조예는 그의 열전 곳곳에서 확인된다. 뿐만 아니라 유가 경전을 비롯한 문화적 소양도 상당했다. 이러한 문무겸비는 김유신뿐만 아니라 삼국 모두가 지도층에 대해 보편적으로 요구했던 기본 소양이었다.[25] 문무겸비와 병법, 병법서에 대한 김유신의 소양 내지 식견을 보여주는 사료를 살펴보자.

2-1. 우리 군사가 패하였습니다. 제가 평생 충효스럽게 살겠다고 기약하였으니, 전쟁에 임하여 용기를 내지 않을 수 없습니다. 듣건대 '옷깃을 들면 가죽옷이 펴지고, 벼리를 당기면 그물이 펼쳐진다' 하니 제가 그 벼리와 옷깃이 되겠습니다.[26]

위 대목은 629년(진평왕51) 김유신의 나이 35세 때 고구려와의 낭비성 전투 때 불리한 전황을 만회하기 위해 앞장서 나서며 한 말

---

24) 서의식, 앞의 책, 78~79쪽.
25) 이병도 ,「백제 학술 및 기술의 일본 전파」,『한국 고대사연구』, 박영사, 1976, 581쪽.
　　졸고b,「삼국시대 병법서의 수용과 그 활용」,『민족문화』제29집, 2006, 291~299쪽. 이 논문
　　에서 필자는 '삼국시대 문무관의 문화적 소양'이란 측면에서 문무겸비를 검토했다.
26) 김유신(상).

이다. 그가 인용한 '옷깃을 들면…' 부분은 현전하는 자료로서는 『남제서(南齊書)』의 대목을 보다 함축적으로 표현한 것으로 추측된다.[27] 이 전투에서 김유신은 적진을 세 번씩이라 넘나들며 적장의 목을 베었고, 여기에 고무된 신라 병사들이 맹공을 가해 5천 명이 넘는 고구려군의 목을 베고 성을 항복시켰다.[28]

2-2. 내가 들으니 위태로움을 보면 목숨을 바치며, 어려움을 당하여 자신을 잊는 것은 열사의 뜻이라 한다. 무릇 한 사람이 목숨을 바치면 백 사람을 당해내고, 백 사람이 목숨을 바치면 천 사람을 당해내며, 천 사람이 목숨을 바치면 만 사람을 당해낼 수 있으니 그러면 천하를 마음대로 주름잡을 수 있다.[29]

위 사료2-2는 642년 대야성 전투에서 사위 김품석과 딸 고타소 및 손자들을 잃는 엄청난 정치적 타격을 입은 김춘추가 고구려에 군사를 요청하러 가서 60일이 지나도 돌아오지 않자 김유신이 용감한

---

27) 이 부분에 대해 『역주삼국사기』(주석편[하], 653쪽)에서는 『송사(宋史)』「직관지(職官志)」를 인용한 것으로 역주하고 있으나 이는 명백한 오류다. 『송사』는 14세기에 이루어진 사서이기 때문에 7세기의 김유신이 이를 볼 수 없음은 당연하며 『삼국사기』의 찬자들이 삽입했을 가능성도 없다. 혹 『宋書』의 오류가 아닌가 했으나 『송서』에는 「직관지」 자체가 없다. 김유신이 인용한 이 부분은 『남제서』 권54(顧歡傳)-237 : "臣聞擧網提綱, 振裘持領, 綱領旣理, 毛目自張."에서 비롯된 것으로 보인다. 참고로 『삼국사기』의 원문은 "振領而裘正, 提綱而網張"으로 되어 있다. 그런데 『남제서』의 이 부분도 고환이 듣거나 인용한 것이기 때문에 그 출전에 대해서는 좀더 검토되어야 할 것이다. 혹 고환이 이 표를 올리면서 함께 바친 『治綱』이란 책에서 인용한 것이 아닌가 추정해본다. 참고로 『남제서』는 526년 이전에 편찬된 것으로 보고 있다.(『二十五史說略』, 北京燕山出版社, 2002, 158쪽)
28) 이 전투는 기록상 김유신의 첫 전투다. 김유신(상) 및 「신라본기」 제5 진평왕51년 조.
29) 김유신(상).

군사 3천³⁰⁾을 선발한 다음 그들을 격려한 말이다. 여기서는 김유신이 『한비자(韓非子)』의 한 대목을 그대로 인용하고 있음이 주목된다. '무릇…' 이하가 바로 그 부분으로, 『한비자』의 「초견진(初見秦)」 편의 한 대목이 그 출전이다.³¹⁾ 그 앞부분도 정확하게 일치하지는 않지만 중국 고전에서 인용한 것으로 보인다.³²⁾

2-3. 길함과 불길함은 정해진 것이 아니라 오로지 사람이 부르는 것입니다. 그러므로 (은나라) 주(紂)왕은 붉은 새가 나타났어도 망하였고, 노나라는 기린을 얻었어도 쇠하였으며, (은나라) 고종(高宗)은 장끼가 울었어도 중흥을 이루었고, 정공(鄭公)은 두 마리 용이 싸웠으나 창성하였습니다.³³⁾

위는 647년 비담의 난 때 큰 별이 월성으로 떨어지자 비담의 반란군은 고무된 반면 선덕왕이 두려워하자 김유신이 왕을 안심시키며 한 말이다. 여기에는 『시경』『춘추』『서경』『춘추좌전』 등 여러 유

---

30) 이 3천 명은 「신라본기」5 선덕왕11년(642) 조에는 '결사대 1만 명'으로 기록되어 있는데, 훗날 김유신의 사병 조직으로 흡수되었을 가능성이 지적되고 있다. 이러한 지적은 김유신의 첩보술을 이해하는 데 있어서 시사하는 바가 큰 견해다. 노태돈, 「나대의 문객」, 『한국사연구』21·22, 1976, 15쪽 ; 박순교, 앞의 논문, 130~131쪽 및 주142~144.

31) 『삼국사기』의 원문은 "夫一人致死當百人, 百人致死當千人, 千人致死當萬人, 則可以橫行天下"이고, 『한비자』의 원문은 "一人奮死可以對百, 百可以對天, 天可以對萬, 萬可以克天下"다. 자구에 약간의 출입은 있지만 의미는 일치한다.

32) 『사기』 권79 「范雎蔡澤列傳」에 보이는 범수의 "국왕이 근심하면 신하는 욕을 당하게 되고 국왕이 치욕을 당하면 신하는 죽어야 마땅합니다."라는 말이나, 권41 「越王勾踐世家」의 范蠡의 "신이 듣건대 국왕이 심려하면 신하는 고생을 아끼지 말아야 하고, 국왕이 모욕을 당하면 신하는 죽어야 마땅하다."는 말과 뜻이 통한다.

33) 김유신(상).

가 경전의 대목들이 인용되어 있다.[34] 김유신이 유가 경전에 대해 상당한 조예를 갖추고 있었음을 보여주는 대목이긴 하지만, 경전 모두에 대해 전문적인 식견을 갖추었다기보다는 중국의 역사와 고사에 밝았다고 보는 쪽이 타당할 것 같다.[35]

다음은 김유신이 유가 경전은 물론 병법과 병법서에 대해서도 상당한 식견을 가졌음을 보여주는 대표적인 사료들이다.

3-1. (유신은) 다음과 같이 대답하였다. "① 전쟁의 승부는 대소에 달린 것이 아니고 인심이 어떤가에 달려 있을 뿐입니다. ② 그러므로 주(紂)에게는 수많은 백성이 있었으나 마음과 덕이 떠나서 주나라의 10명의 신하가 마음과 덕을 합친 것만 같지 못하였습니다. ③ 이제 우리 백성은 뜻을 같이하여 생사를 함께 할 수 있는데 저 백제는 두려워할 바가 못 됩니다."[36]

3-2. (유신이) 대답하였다. "대저 장수된 자는 나라의 간성(干城)과 임금의 조아(爪牙)가 되어서 승부를 싸움터에서 결판내야 하는 것이니, 반드시 위로는 하늘의 도를 얻고 아래로는 땅의 이치를 얻으며 중간으로는 인심을 얻은 후에야 성공할 수 있다."[37]

사료3-1은 648년 무렵 백제 공격에 앞서 김유신이 왕에게 올린

---

34) 『역주삼국사기』(주석편[하]), 661쪽.
35) 김태준은 앞의 논문, 150쪽에서 김유신이 피력하고 있는 安民의 도는 "오랜동안의 역사 공부와 체험의 결과"라고 했다. 673년 김유신은 죽음을 예감하고 문무왕에게 치국의 도를 이야기하면서 『서경』과 『시경』을 인용하고 있다.
36) 김유신(상).
37) 김유신(하).

말인데, ①은『손자병법』제9「행군」의 "군대라는 것은 병력이 많다고 좋은 것이 아니다."[38]는 대목과『오자병법』「치병(治兵)」제3에서 무후(武侯)가 군대의 승리가 "병사의 많음에 있는 것이 아닌가?"라고 묻자 오기가 그렇지 않다면서 엄격한 명령, 분명한 상벌, 평소 훈련 등을 예시한 대목을 연상시킨다. ②는『서경』「태서(泰誓)」편에서 주(周) 무왕(武王)이 "은(殷)의 주(紂)는 억조(億兆)의 사람이 있으나 그들은 이심이덕(離心離德)이요, 나는 난신(亂臣, 어지러움을 다스리는 신하) 10인이 있는데, 마음을 같이하고 덕을 같이한다."고 한 대목에서 나온 말이다. ③은『손자병법』제1「계」의 "도라는 것은 백성들로 하여금 윗사람(군주)과 뜻을 같이하는 것으로, 그렇게 되면 백성들은 군주와 생사를 같이하며 위험을 두렵게 생각하지 않는다."에서 나온 말이다.

사료3-2는 668년 고구려 정벌을 앞두고 동생 흠순과 조카 인문에게 김유신이 한 말로, 앞부분의 '간성'과 '조아'는『시경』「주남(周南)」과『한서』권54「이광열전」등에 나오는 표현이다. 뒷부분은『손자병법』제1「계」편과 제10「지형」편 등의 요지와 일맥상통하며, 보다 직접적으로는『육도』제4「호도(虎韜)」편의 "장수는 반드시 위로는 천도를 알고, 아래로는 지리를 알며, 중간으로는 인사를 알아야 합니다."라는 대목과 연결된다.[39]

---

38) 『손자병법』의 역문은 김광수 해석하고 씀,『손자병법』(책세상, 1999)에 따랐다.
39) 삼국시대 각국은『손자병법』을 비롯한 중국의 병법서와 병법을 수용하여 각자의 상황에 맞게 활용하고 적용한 것으로 보이는데, 이런 점들을 단편적으로 지적한 연구들로는 다음과 같은 것들이 있다.
  정해은,『한국 전통병서의 이해』, 국방부 군사편찬연구소, 2004, 20~21쪽.

김유신이 무예, 병법은 물론 고대 유가 경전 및 사서 그리고 제자 백가서에 대해 상당한 조예를 갖추었음을 보여준다. 특히 그가 『한비자』의 한 대목을 그대로 인용한 점이 주목된다. 이는 군사가로서 김유신의 자질을 잘 보여주는 것이라 하겠다.[40]

이상의 검토를 통해 볼 때 김유신은 젊은 시절부터 문무겸비로 자신의 자질을 함양했다. 문으로는 유가 경전을 비롯하여 역사와 제자백가서 등 다양한 전적을 섭렵한 것으로 보이며, 특히 법(法)·술(術)·세(勢)를 종합한 제왕학의 경전이자 법가의 통치 방략을 대변하는 『한비자』까지 탐구했음을 알 수 있었다. 무 방면으로는 무예 수련 외에 병법에도 정통했는데 『손자병법』과 『육도』를 탐독했을 가능성이 크다. 또한 젊은 날, 고구려 첩자의 유인에 넘어가 목숨을 잃을 뻔한 경험 때문에 첩자와 첩보술에 대해 깊게 인식했을 가능성도 충분히 생각해볼 수 있다.

허중권b, 앞의 논문, 140~141쪽 ; 허중권c, 앞의 논문, 323~324쪽에는 중국 병법서의 유입은 물론 신라 무관(소부대 리더)들의 사상적 기반의 하나로 '무가(武家)적 요소'를 언급하면서 무관의 병법서에 대한 숙지와 신라 자체 병법서의 존재 가능성 등을 시사하고 있어 참고가 된다.

필자는 졸고b, 앞의 글, 279~310쪽에서 병법서의 수용과 그 활용 문제를 비교적 심도 있게 검토했다.

40) 김유신의 문무겸비와 군사가로서의 기본 자질에 관해서는 졸고b, 앞의 글, 295~298쪽 참고.

3. 첩보전 사례와 첩보술[41]

젊은 날 김유신은 무예와 치국 방략에 대한 갈망과 위기에 몰린 나라를 구하겠다는 강렬한 염원을 품고 입산수도하여 자신을 수련했다. 이 과정에서 고구려 첩자 백석의 꾐에 빠져 목숨까지 잃을 뻔한 위기를 경험하기도 한 그는 이후 문무겸비의 탄탄한 자질을 갖추었고, 특히 고구려의 첩보술에 깊은 인상을 받았을 것으로 추측해 본다.

이후 김유신은 629년(35세) 고구려와의 낭비성 전투에 부장군으로 참가한 것을 시작으로 신라의 핵심 지휘관으로 중요한 전쟁과 전투에 거의 빠짐없이 군을 이끌었다. 연구에 따르면 김유신이 직간접으로 참가한 전투나 전쟁은 총 18차에 이르는데 거의 모든 전쟁에서 승리를 거두고 있다.[42] 이 과정에서 다양한 전술과 작전을 구사하여 승리를 거두었는데 첩보전에 해당하는 기만술, 정보전, 마비 전술 등을 다양하게 활용했고 심리전 내지 심리술도 능숙하게 구사했다.

첩보전과 관련하여 김유신은 특히 첩자를 다양하게 활용한 것으

---

41) '첩보술'이란 군사학에서 말하는 '정보전술'의 일환이라 할 수 있다.(허중권b, 앞의 논문, 146쪽) 또 보다 넓은 의미로는 '欺瞞(Deception)'에 포함될 수도 있다.(김광석 편저, 『용병술어연구』, 병학사, 1993, 148~150쪽) 『손자병법』 등 전통적 병가의 용어로 표현하자면 자를 활용하는 '用間術'이라 할 수 있다. 『삼국사기』에는 이와 관련하여 '첩자'라는 용어가 가장 많이 등장하고 본고도 첩자 활용에 주안점을 두었기 때문에 일단 '첩보술'로 표현하고자 한다. 향후 이 분야에 대한 논의와 연구가 전개되면 적절한 용어가 도출될 것으로 기대한다. 참고로 삼국시대 첩자 용어와 관련한 간략한 정보를 표로 만들어 본고의 말미에 부표로 제시해둔다.

42) 허중권b, 앞의 글, 152~153의 부표 2·3·4.

로 나타난다. 군사 전략가로서 김유신의 면모와 그가 구사한 첩보술을 구체적인 첩보전 사례를 통해 확인하고자 한다.

1. 심리전[43]

「김유신열전」을 면밀히 검토해보면 그가 심리전에 대단히 능숙했음을 발견할 수 있다. 적을 자극하는 심리술은 말할 것도 없고 자국 군민들의 심리를 자극하는 데에도 일가견이 있었다.

먼저 자국민이나 아군 장병들 상대로 한 심리술을 보여주는 사료다.

4-1. 그때 유신은 압량주 군주로 있었는데 마치 군사에 뜻이 없는 것처럼 술을 마시고 노래를 부르고 놀며 몇 달을 보내니 주위 사람들이 유신을 용렬한 장수라고 생각하여 헐뜯어 말하기를, "뭇사람이 편안하게 지낸 지가 오래되어 남는 힘이 있어 한번 전투를 해봄직한데 장군이 용렬하고 게으르니 어찌할 것인가." 하였다. 유신이 이 말을 듣고 백성을 한 번 쓸 수 있음을 알고는 대왕에게 고하였다.[44]

4-2. (647년) 겨울 10월, 백제 군사가 무산성, 감물성, 동잠성 등 세 성을 공격하여 (중략) 고전하여 기세가 꺾이자 유신이 비녕자(丕寧子)에게 "오늘의 사세가 급박하다! 자네가 아니면 누가 뭇사람의 마음을 격동시킬 수 있겠는가?" 하니 비녕자가 절을 한 다음, "감히 명

---

43) 허중권b, 앞의 글, 149쪽. 군사학에서 심리전(Psychological warfare)이란 "국가 목표의 달성을 지원하기 위하여 적국, 중립국, 아군 집단의 감정·태도 및 행위에 영향을 미치도록 사용되는 계획된 선전과 기타 활동"으로 정의된다.(김광석, 앞의 책, 298쪽)

44) 김유신(상).

을 따르지 않을 수 있겠습니까?" 하고는 적진에 나아갔다.[45]

4-3. 유신이 말하기를, "당나라 군대의 식량 부족이 심할 터이니 마땅히 먼저 알려야겠다."고 하고는 보기감 열기(裂起)를 불러 말하였다. "내가 젊어서 그대와 놀 때 너의 뜻과 절의를 알았다. 지금 소장군(소정방[蘇定方])에게 소식을 전해야겠는데 적당한 사람을 찾기가 어렵다. 네가 가지 않겠는가?" 열기가 말하였다. "내 비록 어리석으나 외람되이 중군직을 맡았고, 하물며 장군님이 시키신다면 비록 죽는 날도 살아 있는 때와 같다고 여기겠습니다."[46]

사료4-1은 648년 백제와의 대량성 전투를 앞두고 김유신이 군민들의 전의를 파악하기 위해 고의로 나태한 생활 태도를 보임으로써 군민들의 전의를 자극한 내용을 전한 것이다. 군민의 전의와 사기를 확인한 김유신은 객관적으로 열세인 전력에도 불구하고 왕에게 백제 공격을 건의했고, 결국 백제 장군 8명을 사로잡는 등 대승을 거두었다.

사료4-2는 대량성 전투가 있기 한 해 전인 647년 백제가 무산성 등 세 성을 공격했을 때의 상황을 전한다. 김유신은 보기 1만을 이끌고 세 성의 구원에 나섰으나 고전을 면치 못했다. 이에 유신은 비녕자[47]를 불러 격려했고, 비녕자는 적진으로 뛰어들어 장렬하게 전사

---

45) 김유신(상).
46) 김유신(중).
47) 비녕자는 열전 제7에 그의 전기가 전하는데, 대체로 김유신이 화랑을 이끌었을 때 그 밑의 낭도로 보고 있다.(『역주삼국사기』 주석편[하], 792쪽) 한편, 비녕자·거진·합절의 죽음과 관련하여 이들을 김유신이 642년 김춘추의 고구려 방문을 계기로 거느리게 된 1만(또는 3천) 병사들을 축으로 한 김유신의 사적 지휘와 훈령체계하에 있는 사병적 성격이 강한 군단

했다. 이에 자극을 받은 그의 아들 거진과 그의 종 합절까지 따라서 적진으로 뛰어들어 힘껏 싸우다 전사했다. 이에 감동하고 격분한 병사들이 진격하여 백제군을 대파했다.

사료4-3은 문무왕원년인 661년 고구려를 공격하기 위해 나선 당군에 식량을 보급하기 위한 과정을 전하고 있다. 이때 김유신은 왕으로부터 국경을 벗어나면 상벌을 마음대로 해도 좋다는 전권을 위임받았다.[48] 그런데 칠중하에 이르러 병사들이 겁을 먹고 배에 오르지 못하자 67세의 노구임에도 직접 나서 먼저 배에 오르고 수레를 미는 등 병사들을 자극하고 격려하여 평양 근처까지 당도했다. 이에 유신은 식량이 당도했다는 소식을 당군의 사령관 소정방에게 미리 알리기 위해 열기를 불러 격려했고 열기는 이 임무를 무사히 수행해냈다.[49]

위 사료들은 김유신이 자국민이나 장병들의 전의 내지 사기를 고의로 자극하는 심리술을 잘 보여준다. 이를 전통적인 병가에서는 '격장술(激將術)'이라 하는데, '격장술'은 적에게도 사용할 수 있지만 자기편에게도 사용할 수 있다. 자기 쪽에 사용하는 목적은 장수, 부하, 사졸의 격정을 분발케 해서 적을 물리치는 힘을 증강하자는 데 있다. 나약함을 나무라며 용기를 자극하고 어리석음을 꾸짖어 지혜를 자극한다. 모든 군인은 모두 강렬한 명예심과 영웅주의 정신을

의 일원으로 보는 시각이 있다.(박순교, 앞의 논문, 130쪽 주142)

48) 문무왕이 김유신에게 전권을 부여한 것은『손자병법』제3「모공」편에서 말하는 승리의 요소 다섯 가지 중 "장수가 능력이 있고 군주가 장수의 지휘권에 간섭하지 않으면 승리한다."는 것을 실천한 것이다.

49) 이상 김유신(중).

가지고 있다. 이런 명예심과 영웅주의 정신은 일단 폭발하면 감당할 수 없는 힘으로 변할 수 있다. '격장술'은 바로 이런 정서에 불을 붙이는 촉매제와 같은 것이라 할 수 있다. 김유신은 이러한 '격장술'을 유효적절하게 잘 구사한 군사가로서의 면모를 유감없이 보여주고 있다. 병법에서 볼 때 김유신은 『손자병법』 제7 「군쟁」 편의 핵심인 '사기(士氣)'의 중요성을 확실하게 인식하고 있었다. 또 제8 「구변」 편에서 경고한, 즉 장수가 경거망동이나 분을 참지 못해 서두르다 전군을 위험에 빠뜨리게 만드는 '오위(五危)'에 대해서도 충분한 인식을 갖고 있었던 것으로 볼 수 있다.

김유신의 심리술 내지 심리전은 자국의 군민들에 대해서뿐만 아니라 적군을 상대로도 구사되었다. 사료를 보자.

5-1. 돌아오다가 길에서 항복해 오는 백제의 좌평 정복과 병사 1천 명을 만나자 모두 석방하여 각자 가고 싶은 대로 맡겼다.[50]

위 사료는 649년 가을, 백제와의 도살성 전투에서 기막힌 반간계로 대승을 거둔 직후의 일을 전한다.[51] 승리를 거둔 다음 돌아오는 길에 백제 최고위층 인사인 좌평 정복(正福) 등 1천 명이 항복해 오자 이들을 그냥 가고 싶은 대로 갈 수 있게 놓아주었다는 내용이다. 정복 등이 무슨 까닭으로 항복했는지는 알 수 없으나 이 무렵 백제 내부에는 신구 세력 간에 갈등이 고조되고 있었다[52]는 점으로 볼 때

---

50) 김유신(중).
51) 이 전투에 대해서는 바로 뒤에서 상세히 검토할 것이다.
52) 김주성, 앞의 논문, 267쪽. 이에 대해 양종국은, 백제의 멸망은 지배층 내분보다는 국제관계

정복 역시 그 와중에서 신라로 투항을 선택했을 가능성이 있다.

문제는 이들에 대한 김유신의 조치인데, 백제 내부를 교란시키기 위한 고등 심리전의 일환으로 이해할 수 있는 대목이다. 이보다 앞서 648년 대량성 전투에서 사로잡은 8명의 백제 장군들을 대야성 전투에서 죽은 김품석 부부의 유골과 교환한 일이 있었는데, 당시 김유신은 "한 잎이 떨어진다고 하여 무성한 수풀이 줄어들지 않으며, 한 티끌이 쌓인다고 하여 큰 산이 보태지는 법이 아니다."라는 말과 함께 8명의 백제 장군을 돌려보냈다. 이 역시 백제 고위층의 동요를 겨냥한 심리 전술로 볼 수 있게 한다. 즉 신구 세력 간의 갈등으로 그렇지 않아도 불안해하던 백제 고위층은 김유신이 보여준 포로들에 대한 관대한 조치로 인해 심리 면에서 적지 않게 동요했던 것 같다. 정복의 투항이 그렇고, 뒤에서 검토하게 될 백제 좌평 임자의 경우에서도 이런 조짐을 충분히 읽어낼 수 있기 때문이다.

적국에 대한 김유신의 심리 전술은 백제에만 한정되어 있지 않았다. 다음 사료를 보자.

5-2. 유신이 일찍이 한가윗날 밤에 자제를 거느리고 대문 밖에 서 있는데, 문득 서쪽으로부터 오는 사람이 있었다. 유신은 그가 고구려 첩자임을 알고 불러 앞에 세우고 (중략) 유신이 말하였다. "우리 나라

의 변화라는 새로운 시대상황 속에서 신라와 손을 잡은 중국의 당이라는 거대한 외부세력의 개입 때문이라는 점을 더 강조하고 있다.(『백제 멸망의 진실』, 주류성, 2004, 82쪽 외) 그러나 분명한 사실은 648년 무렵 백제 지배층 내부에는 심각한 분열과 동요가 있었다는 것이다. 여기에는 백제에 대한 김유신의 첩보전도 주요한 요인으로 작용한 것으로 보인다. 이에 대해서는 바로 뒤에서 검토될 것이다.

임금님은 위로는 하늘의 뜻을 어기지 않고 아래로는 백성의 마음을
잃지 않아서 백성이 즐겁게 모두 자기 일을 즐기고 있음을 지금 네가
보았으니 너희 나라 사람들에게 알려주어라."[53]

위 사료는 백제를 합병한 660년 이후의 일을 전하는 것으로 보이
는데, 김유신은 고구려 첩자의 존재를 첩보를 통해 사전에 인지하고
고구려 첩자를 반간으로 이용했다는 것이다. 여기서 주목되는 것은
고구려 첩자를 살려 보내 자신의 말을 전하게 하는 대적국 홍보 전
략이다. 이는 크게 보아 선전(宣傳)에 해당하며 심리전의 범주에 포
함된다.[54] 고구려 첩자는 본국으로 돌아가 이 일을 보고했고, 고구려
사람들은 "신라는 비록 작은 나라이지만 유신이 재상을 하고 있는
한 가벼이 할 수 없다."[55]고 했다 하니 김유신의 선전 전술이 나름대
로 주효했다고 볼 수 있다.[56]

2. 첩보전과 내간 활용

다음으로 첩보술과 관련하여 김유신의 첩자 활용의 사례를 좀더
구체적으로 검토해보기로 하겠다. 김유신의 행적[57]에서 가장 주목

---

53) 김유신(중).
54) 김광석, 앞의 책, 298쪽.
55) 김유신(중).
56) 이 기록들이 김유신의 행적을 칭송하기 위한 것이라는 사료상의 한계를 고려해야 할 것이
다. 그렇다 하더라도 김유신의 방첩망과 그의 선전술 자체를 부정할 수는 없을 것 같다.
57) 김유신의 주요 행적에 대해서는 『삼국사기』 본기와 김유신(상·중·하) 및 허중권b, 앞의 논
문, 151쪽 '부표1. 김유신의 연보' 참조.

되는 것은 642년 대야성 전투 참패를 바로 뒤이은 김춘추의 고구려 행이다. 기록상으로 사실 김유신의 전투 참여는 35세 때의 629년 낭비성 전투를 제외하면 모두 642년 이후에 집중되어 있다. 특히 김춘추의 고구려 행을 계기로 김유신이 1만(또는 3천)의 사병적 성격이 짙은 군사를 거느리게 된 점도 관심을 끈다. 그의 첩자 활용과 첩보술도 모두 642년 이후 그 진가를 발휘하는데, 먼저 642년 대야성 전투와 김춘추 고구려 행과 관련된 사료들을 보자.

6-1. (선덕왕)11년(642) 가을 7월에 백제왕 의자가 군사를 크게 일으켜 나라 서쪽 40여 성을 쳐서 빼앗았다. 8월에 또 고구려와 함께 모의하여 당항성을 빼앗아 당나라와 통하는 길을 끊으려 하였으므로 왕이 사신을 보내 (당) 태종에게 위급함을 알렸다. 이달에 백제 장군 윤충(允忠)이 군사를 이끌고 대야성을 공격하여 함락시켰는데, 도독 이찬 품석과 사지 죽죽·용석 등이 죽었다.[58]

6-2. (642년) 겨울에 왕이 장차 백제를 쳐서 대야성에서의 싸움을 보복하려고 하여, 이찬 김춘추를 고구려에 보내 군사를 청하였다.[59]

6-3. 어느 사람이 고구려왕에게 고하여 말하였다. "신라 사신(김춘추)은 보통 사람이 아닙니다. 이번에 온 것은 아마 우리의 형세를 살피려는 것 같으니 왕은 도모하시어 후환이 없게 하소서."[60]

---

58) 「신라본기」 제5 선덕왕11년 조. 한편 「백제본기」 제6 의자왕원년 조에는 품석이 처자(김춘추의 딸 고타소)와 함께 나와 항복하자 윤충이 모두 죽이고 그 머리를 서울에 전달했다고 되어 있다.
59) 「신라본기」 제5 선덕왕11년 조.
60) 김유신(상).

6-4. 고장(高臧, 보장왕)이 그(김춘추) 말의 불손함에 화가 나서 그를 별관에 가두었다. 춘추가 몰래 사람을 시켜 본국의 왕에게 알리니 왕이 대장군 김유신에게 명하여 결사대 1만 명을 거느리고 나아가게 하였다.[61]

6-5. (고구려왕이) 노하여 그를 가두고 죽이려 하였으니 미처 처형하지 않았는데, 춘추가 청포 300보를 은밀히 (고구려)왕이 총애하는 신하 선도해에게 주었다.[62]

6-6. 그때 고구려 간첩 승려 덕창이 사람을 시켜 (고구려)왕에게 아뢰었다. (고구려)왕은 이미 춘추의 맹서하는 약속을 받았고, 또 간첩의 말을 들었으므로 더 잡아둘 수가 없어 후하게 대접하여 돌려보냈다.[63]

이상은 642년 가을 대야성 전투에서 치욕적인 패배를 당한 신라가 그해 겨울, 바로 고구려에 청병을 위해 김유신을 사신으로 파견했다가 우여곡절 끝에 간신히 살아 돌아오는 상황을 대체적으로 전하는 사료들이다.

그런데 신라가 대야성 전투에서 백제에 굴욕적인 패배를 당한 데에는 대야성 성주 품석이 그의 모사였던 검일의 아내를 탐하는 바람에 검일이 백제 첩자 모척과 모의하여 내부 정보를 유출한 것이 결정적인 작용을 했다.[64] 이에 신라는 김춘추를 고구려에 보내 군사를

---

61) 주59.
62) 주60.
63) 위와 같음.
64) 이 경과에 대해서는 열전 제7 죽죽에 상세하다. 이와 함께 「신라본기」 제5 무열왕7년 조도 함께 참조.

요청하기로 하고 그해 겨울 바로 춘추를 고구려에 사신으로 보낸다. 이 과정에서 김춘추는 김유신과 더불어 손가락을 깨물어 피를 마시는 등 비장한 각오를 다졌는데, 이는 대야성 전투의 치욕적인 패배로 악화된 여론을 반전시키려는 의도된 행동으로 보인다.[65]

한편 642년 그해에는 고구려에서도 심각한 사태가 발생했다. 연개소문이 영류왕을 죽이고 권력을 장악한 것이다.[66] 의자왕의 즉위로 출발한 642년 한 해는 이처럼 삼국 모두에서 엄청난 정치적·군사적 사건들이 연속적으로 전개되었는데, 공교롭게 이 과정 모두에 첩자들의 활약상이 두드러졌다. 우선 대야성 전투에서는 백제의 첩자 모척이 상관에 불만을 품은 신라 김품석의 막객 검일을 포섭하여 내통함으로써 대야성을 함락시키는 데 결정적인 역할을 했다. 또 김춘추가 고구려에 억류되어 돌아오지 않자 김유신은 결사대를 이끌고 출정하려 했고, 이를 고구려 첩자 승려 덕창이 본국에 첩보함으로써 김춘추가 풀려났던 것이다.

그런데 김춘추의 고구려 행을 살펴보면 신라 역시 고구려에 대한 첩보를 행했다는 것을 유추해낼 수 있다. 먼저, 위기에 처한 김춘추가 청포 300보로 고구려왕이 총애하는 선도해란 자를 포섭한 대목이다. 청포 300보는 김춘추가 고구려로 가면서 들른 대매현의 사간 두사지란 인물이 건넨 것으로, 공식 예물이 아닌 특별한 상황에서 사용하려 한 비자금의 성격이 짙다.[67] 김춘추는 이 청포로 선도

---

65) 김춘추의 고구려 행의 전체 과정과 그 목적 등에 대해서는, 박순교, 앞의 논문, 127~134쪽에 잘 분석되어 있다.
66) 이에 대해서는, 열전 제9 개소문전과 「고구려본기」 제8 영류왕25년 조 및 보장왕원년 조 참고.
67) 김유신(상). 청포의 성격에 대해서는, 박순교, 앞의 논문, 124쪽.

해를 포섭하여 그로부터 '토끼의 간' 우화를 듣고 위기에서 빠져나온다. 이때 의심이 가는 인물이 바로 선도해인데, 이자는 신라가 진작 고구려에 심어놓은 내간[68]의 성격이 농후하다. 또 이와 함께 자신이 처한 위기를 알리기 위해 춘추가 몰래 보낸[사료2-8] 인물도 첩자로 의심할 수 있는 혐의가 짙다.

이상과 같은 추정에 무리가 없다면 김유신은 김춘추의 고구려 행에 앞서 그와 함께 사전에 첩자 파견이나 고구려 내부 주요 인사와의 사전 접촉 등과 같은 첩보 활동을 진행했을 가능성이 크다고 하겠다. 특히 왕의 측근인 선도해[69]를 포섭해둠으로써 결정적인 고비 때에 활용하여 국면을 전환시킬 수 있었다.

642년 김춘추의 고구려 행은 삼국 내부는 물론 국제적으로도 중요한 사건이었다. 대야성 전투의 참패로 정치적으로 위기에 처한 김춘추는 이 사건을 계기로 신라 내에서의 국면을 완전히 전환시켜 자신의 정치적 입지를 오히려 강화시킬 수 있었다. 김유신 역시 결사대 1만(또는 3천)을 거느리게 됨으로써 군사적 입지가 굳어졌다.[70] 한편 고구려와의 협상이 결렬되면서 신라는 당과의 연합에 더욱 박차를

---

68) '내간'이란 『손자병법』 제13 「용간」 편에서 말하는 다섯 종류의 첩자, 즉 '오간(五間)'의 하나로 '적국의 관민을 첩자로 이용하는 것'이나 그런 성격의 첩자를 말한다. 『손자병법』 「용간」 편에 대한 분석은, 졸고a, 앞의 논문, 9~11쪽.

69) 선도해가 왕이 총애하는 신하로 표현된 점도 눈여겨볼 만하다. 당시 고구려는 연개소문 쿠데타의 여진이 아직 가시지 않은 상황이었기 때문에, 이러한 상황을 탐지한 김춘추와 김유신이 연개소문에 대해 경계심을 늦추지 않고 있는 '왕'의 측근에 접근한 것으로 보인다. 그렇다면 김춘추를 고구려를 염탐하러 온 '첩자'로 단정하여 제거하자고 건의한 '어느 사람', 즉 '어떤 자'는 연개소문의 측근일 가능성이 있다.

70) 이 무렵 그가 압량주 군주가 된 사실도 김춘추의 고구려 행이 당시 신라로서는 얼마나 크고 중요한 사건이었나를 잘 말해준다.

가할 수밖에 없게 되었고, 이는 결국 백제와 고구려에 대한 엄청난 압박으로 작용함으로써[71] 궁극적으로 백제와 고구려의 멸망으로 귀착되어 동아시아 국제정세 전반이 재편되는 계기로 작용했다.

3. 반간계

첩자들의 활약이 두드러졌던 642년 일련의 사건들을 겪으면서 김유신은 새삼 첩보와 정보의 중요성을 인식하게 되었을 것이고, 이를 계기로 첩자 활용과 첩보전에 더 많은 관심을 기울였던 것으로 보인다. 특히 백제에 대한 첩보와 첩자 활동에 더욱 박차를 가했던 것 같다. 다음 사료를 보자.

7-1. 진덕왕3년(649) 가을 8월 백제의 장군 은상이 무리를 거느리고 와서 석토 등 일곱 성을 공격하여 함락했다. (신라)왕은 대장군 유신, 장군 진춘, 죽지, 천존 등에게 나가 막도록 명령했다. 십여 일 동안 전투를 벌였지만 해결되지 않자 도살성 아래에 주둔했다. 김유신은 여러 사람들에게 "오늘 틀림없이 백제가 정탐하러 올 것이니 너희들은 모른 체하고 아무 말도 하지 말라."고 말했다. 그러고는 군대를 돌아다니며 "(적이) 튼튼한 벽처럼 꿈쩍도 않으니 내일 원군이 오길 기다렸다가 결전을 벌이도록 하겠다."고 말했다. 첩자가 이를 듣고는 돌아가 은상에게 보고했다. 은상 등이 적병이 늘 것이라며 수군대며 의

---

71) 김영하a, 앞의 논문, 116쪽에서는 백제의 멸망을 초래한 주된 원인으로 나·당 연합군의 협공이라는 외압을 들고 있다. 양종국, 앞의 책도 비슷한 논지다.

심하면서도 두려워하지 않을 수 없었다. 이를 틈타 김유신 등이 진격하여 대패시켰다.[72]

위 기사에서는 신라와 백제 양국이 모두 첩자를 상대국에 잠입시킨 사실이 확인된다. 특히 김유신의 첩자 활용술이 돋보이는데, 김유신은 백제의 첩자가 침투해 있음을 확인하고는 이를 반간으로 역이용했다. 또 본기에는 없는 열전의 "물새가 동쪽으로 날아와 유신의 군막을 지나갔다."는 대목은 김유신이 첩보술의 한 종류, 즉 '통신'수단의 하나로 보이는데 동물, 구체적으로 비둘기와 같은 새 종류를 활용하였을 가능성을 보여준다.[73] 김유신의 이러한 첩자 활용을 병사는 물론 직속 장수들도 전혀 모르고 있었다는 점도 확인할 수 있는데, 이는 『손자병법』 제13 「용간」 편에서 말하는 "첩자의 운용만큼 비밀을 요하는 일도 없다."는 원칙을 철저하게 지킨 것이다. 이처럼 김유신은 첩자 운용 원리를 정확하게 숙지하면서 시기적절하게 첩자를 활용하여 이 전투를 대승으로 이끌었다. 무엇보다 김유신이 전투가 교착상태에 빠지자 그 타개책으로 첩자를 활용한 것은 그가 군사에 있어서 첩자의 중요성을 제대로 인식했기 때문에 가능했을 것이다.

---

72) 「신라본기」5 진덕왕3년(649) 조. 여기에서 진덕왕3년은 2년의 잘못으로 보인다. 이와 같은 사건을 보다 자세히 기록한 「김유신열전」에는 2년으로 나와 있다. 본기와 열전의 기록은 전체적인 내용에서는 큰 차이가 없으나 김유신이 비둘기와 같은 새를 통신 수단으로 활용했을 가능성을 보여주는 대목이 열전에는 보인다.
73) 고대의 다양한 첩보술에 관해서는 다음의 연구들이 참고가 된다.
　　褚良才, 『中國古代間諜史話』, 中州古籍出版社, 1998.
　　孫厚洋, 『中國古代用間術』, 河北人民出版社, 1990.
　　于彦周, 『間諜與戰爭』, 時事出版社, 2005.

4. 고정 침투 첩자의 활용

8-1. 이에 앞서 급찬 조미압이란 자가 부산현 현령으로 있었는데, 백제에 포로로 잡혀가 좌평 임자의 집에서 종노릇을 하고 있었다. 부지런히 일하면서 게으름을 피우는 법이 없었다. 임자가 그를 의심하지 않고 마음대로 출입하게 했다. 이에 도망쳐서 돌아와 유신에게 백제에서의 일을 알렸다. 유신은 조미압이 충성스럽고 정직한 것이 쓸 만하다고 판단하여 "듣자 하니 (좌평) 임자가 백제의 일을 전담하고 있다는데 함께 의논하고 싶어도 계제가 없었다. 네가 나를 위해 다시 돌아가서 내 말을 전해라."고 했다. (조미압은) "공께서 나를 불초하게 여기시지 않고 일을 시키시니 죽어도 후회하지 않겠습니다."라고 답했다. 그러고는 다시 백제로 들어가 임자에게, "제가 이미 이 나라 국민이 되었으니 나라의 습속을 알아야 하겠다고 생각해서, 나가서 수십일 동안 돌아 다녔습니다. 그러나 개와 말이 주인을 생각하는 마음을 견딜 수 없어 다시 돌아 왔습니다."라고 말했다. 임자는 이 말을 믿고 나무라지 않았다. 틈을 보던 조미압은, "지난번에는 벌을 받을까봐 감히 바로 말씀을 드리지 못했사옵니다. 사실은 신라에 갔다가 돌아왔사온데, 유신이 저에게 다시 가서 공께 '나라의 흥망이란 미리 알 수 없는 일이니, 그대의 나라가 망하면 그대가 우리나라에 의지하고, 우리나라가 망하면 내가 그대의 나라에 의지하도록 하는 것이 어떠냐?'고 전하라 했습니다."라고 말했다. 임자는 듣기만 하고 말이 없었다. 조미압은 황공해 물러나와 벌이 떨어지기를 기다렸다. 두어 달이 지난 다음 임자가 불러, "지난번 네가 전한 유신의 말이란 것이 어떤 것이었지?"라고 물었다. 조미압은 놀라움 반 두려움 반으로 전에 대로 대답해주었다. 임자는, "네가 전한 말을 잘 알았으니 가서 (유신에

게) 알리도록 해라."라고 말했다. 마침내 (조미압)은 돌아와서는 (백제
의) 이런저런 일들을 소상하게 알리니 (백제를) 합병할 계획을 더욱 서
둘러 추진했다.[74]

긴 사료를 전문 인용한 까닭은 이 기사가 김유신의 첩자 활용술
을 가장 잘 보여주고 있기 때문이다. 김유신은 백제에 포로로 잡혀
가 백제 고위직에 있는 좌평 임자의 집에서 오랫동안 종노릇을 하면
서 신임을 얻은 조미압이 탈출해 오자 그를 다시 백제로 돌려보내
첩자 임무를 수행하게 한다. 김유신은 조미압에게 기회를 봐서 주인
임자를 포섭하라는 중대한 임무를 주는데, 그 내용이 대단히 놀랍
다. 누가 되었건 나라가 망하면 서로를 돌봐주기로 약속한 것이 그
것인데, 이는 자칫 반역에 해당할 정도로 위험천만한 행위가 아닐
수 없다. 김유신은 이런 대담한 첩자 활용술을 통해 백제의 정세와
관련된 고급 정보를 입수했고, 이를 참고로 백제 합병에 박차를 가
했던 것이다.

백제 고위층 임자를 포섭하는 과정도 치밀하다. 위 사료를 잘 음
미해보면, 김유신은 오랫동안 그것도 백제 최고위층 관리의 집에
있으면서 백제 상황에 밝은 조미압을 선발하여 사상교육을 비롯한
철저한 첩자 훈련을 시킨 다음, 다시 백제로 돌려보낸 것으로 보인
다.[75] 김유신은 조미압에게 임자에게 전할 자신의 밀지를 주는데, 증

---

74) 김유신(중). 이 기록은 영휘6년, 즉 655년 유신이 백제를 공격한 기사 다음에 나오는데, 유신
이 백제를 공격하기에 앞서 이러한 일이 있었다고 한 것으로 보아 655년 이전의 일이다. 김
유신은 조미압과 포섭된 백제 좌평 임자의 첩보를 바탕으로 655년 백제 도비천성을 공격하
여 승리한 다음 왕에게 백제에 대한 본격적인 정벌을 제의하고 있다.

거가 남을 수 있는 문서가 아닌 구두로 전달하는 치밀함도 보이고 있다. 조미압은 백제 고위층 깊숙이 침투한 고정 침투 첩자였던 것이며, 좌평 임자는 내간에 해당하는 셈이다.

이상의 검토를 통해 볼 때 김유신의 첩자 활용술은 『손자병법』 제13 「용간」 편의 핵심 사상과 이론을 충실하게 실천하고 있다. 특히 첩자의 다섯 종류인 향간·반간·내간·사간·생간 중에서도 반간을 가장 중시하라고 한 지적을 제대로 파악하고 있으며, 향간을 활용한 경우도 확인할 수 있다.[76] 이와 함께 "간첩의 운용만큼 비밀을 요하는 일도 없다."는 첩자 활용에 있어서 최우선적으로 주의해야 할 수칙도 확실하게 받아들이고 있다. 전체적으로 김유신의 첩자 활용과 첩보술은 『손자병법』의 다음과 같은 용간술의 핵심을 거의 완벽하게 체현하고 있다고 할 수 있다.[77]

공격하고자 하는 군대와 공격하고자 하는 성, 그리고 죽이고자 하는 사람이 있으면 반드시 먼저 그 장수, 좌우 측근, 조언자, 성문 감시자, 집사 등의 이름을 알아두고 우리 간첩에게 이들을 살피도록 한다. 한편 적의 간첩으로 우리 쪽에 와서 활동하는 사람을 찾아내어 이들

---

75) 위 기사 중 조미압이 김유신에게 "공께서 저를 불초하게 여기시지 않고 일을 시키시니 죽어도 후회하지 않겠습니다."라고 한 부분이나, 조미압이 임자에게 돌아가 한 말 등은 사전 모의나 교육을 통해 준비된 언행으로 봐야 할 것이다. 더욱이 조미압은 급찬에 부산현 현령이라는 관직에 있었던 인물이라 김유신의 의도를 잘 이해하고 따랐던 것으로 보인다.

76) 김유신이 향간을 활용한 사례도 보인다. 즉 고구려 공격에 나선 당군의 식량을 운반하는 과정에서 유신이 양오 지방에 이르자 한 노인이 적국의 소식을 상세히 말해주었다는 내용이 「김유신열전」(중)에 보이는데, 이 정체불명의 노인은 『손자병법』에서 말하는 "연고지의 사람을 활용하는" 향간으로 보인다.

77) 『손자병법』 제13 「용간」 편에 대한 분석은, 김광수, 앞의 책 ; 졸고, 앞의 논문, 7~12쪽 참고.

에게 솔깃한 것을 주어 끌어들이고 편안한 집으로 이끈다. 이렇게 반간을 얻어 이용할 수 있다. 이를 통해 적의 사정을 알고, 그렇게 함으로써 향간과 내간까지 얻어 이용할 수 있게 되는 것이다. 또 이를 통해 적의 사정을 더 깊게 알게 된다._[제13 「용간」]

<h2>4. 맺음말</h2>

단재 신채호 선생은 『조선상고사』에서 김유신을 두고 다음과 같이 혹평했다.

> 삼국사기 김유신전을 보면, 유신은 전략과 전술이 다 남보다 뛰어나 백전백승의 명장이라고 하였다. 그러나 대개는 그의 패전은 가려 숨기고 조그만 승리를 과장한 것이 기록이다.[78]

김유신은 지혜와 용기 있는 명장이 아니라 음험하고 사나운 정치가요, 그 평생의 큰 공이 싸움터에 있지 않고 음모로 이웃나라를 어지럽힌 사람이다.

나라를 잃은 상황에서 민족의 자긍과 자주 의식을 고취시키기 위

---

78) 신채호, 『조선상고사』, 일신서적출판, 312~314쪽.

해 고군분투했던 단재의 일생을 생각한다면 위와 같은 평가를 이해 못할 바는 아니다. 하지만 김유신이 처했던 시대적 상황을 함께 고려한다면 단재의 이러한 평가는 『삼국유사』에서 김춘추와 "김유신이 함께 신통한 꾀와 힘을 합하여 삼한을 통일하였다."라고 한 대목의 '신통한 꾀'와 표현만 달랐지 그 의미는 일맥상통한다고 하겠다.

또 이는 그의 문무겸비를 비롯하여 병법과 병법서에 능통했던 자질의 또 다른 표현이자 첩자 활용과 첩보술에 남다른 능력을 보여주었던 군사가로서의 면모를 반영하는 것이 아닐 수 없다.[79]

문무겸비라는 이상적 군사가로서의 면모는 김유신에게서 발견되는 커다란 장점이자 미덕이다. 이러한 요소는 삼국을 통합하는 과정에서 유감없이 발휘되었다. 국론을 일치시키고 솔선수범하여 병사들을 이끄는 김유신의 모습은 가장 약체였던 신라가 끝내 삼국을 통합할 수 있게 된 중요한 요인의 하나로 부각되기에 충분하다. 하지만 이러한 화려한 모습의 이면에 치밀하게 조직되고 계산된 첩보전의 전문가라는 모습이 겹쳐 있음도 부인할 수 없다.

모든 전쟁이 그렇듯이 그것은 단순한 힘겨루기의 차원이 아니다. 총체적 국력 겨루기이자 지혜 겨루기이다. 지혜 겨루기란 달리 말해 '정보전'이다. 정보전의 중요성은 오늘날 그 중요도가 더욱 강조되고 있지만 고대라 해서 하등 다를 것이 없었다. 김유신은 정보전의 중요성을 깊게 인식하고 있었고 자신의 경험과 이론을 결합하여 수준 높은 정보전을 전개했다. 김유신이 보여준 고도의 첩자 활용술과 첩보술은 그가 구사한 정보전의 핵심이었던 것이다.

---

79) 단재는 음모가로서의 김유신을 혹평하면서 바로 첩자 조미압의 사례를 들고 있다.

본고는 지금까지 김유신을 바라보던 충과 무공이라는 두 개의 단선적 시각에서 탈피하여 군사가로서 그의 모습을 부각시키는 데 초점을 두고 주로 첩자 활용과 첩보술을 검토했다. 그리고 이를 효과적으로 수행하는 데 밑거름이 되었을 그의 문무겸비와 병법에 대한 조예 등을 함께 살펴보았다. 다만 이런 것들을 가능케 한 첩보조직이란 문제는 앞으로의 과제로 남겨놓는다.

부록 1.

삼국시대 간첩 활동에 대한 소고[*]

저자: 나오키 코지로[直木孝次郎]

이 논문의 작자인 나오키 코지로는 1919년 고베에서 출생하여 교토대학 문학부 사학과를 졸업하고 오사카시립대학과 소아이대학[相愛大學] 교수를 역임했다. 『日本神話と古代國家』『古代日本と朝鮮·中國』『日本古代國家の成立』『古代史の眞實を探究して』같은 저서와 우리나라 삼국시대 간첩 활동에 관한 논문「古代朝鮮における間諜について」가 있다.

역자: 이강기

[*] 출처: www.koreahistory.org
본 번역문에 '조미곤'으로 표기된 것은 '조미압'으로 바꾸었습니다.

고려의 김부식(金富軾)에 의해 1145년에 완성된 『삼국사기』 전 50권 중 41권부터 43권까지의 3권은 「김유신전」으로 되어 있다. 김유신은 김춘추(훗날 태종무열왕)를 도와 통일신라 건국의 기초를 닦은 영걸이다. 때문에 그는 일본 학계에서 간혹 나카노오에[中大兄] 황자(皇子)(훗날 덴지[天智]천황)를 도와 대공을 세운 것으로 『일본서기』에 기록되어 있는, 후지와라 가마타리[藤原鎌足]에 비유되곤 한다.

그러나 『삼국사기』의 「김유신전」을 자세히 읽어보면 이 비유가 실체에 어울리지 않는 형식적인 것임을 알게 된다. 가마타리는 정치의 표면에 거의 모습을 나타내지 않고 있다. 그야말로 참모(參謀)의 신(臣)이다. 소가노이루카[蘇我入鹿]를 태극전(太極殿)에서 암살하는 장면에서도 가마타리에 대해서는, 나카노오에가 장창(長槍)을 꼬나 잡고 태극전 옆에 숨어 있을 때 "궁시(弓矢)를 잡고 호위에 임했으며" 긴장한 나머지 구토를 했던 일당인 사에키노무라지코마로(佐伯連子麻呂)를 "꾸짖으며 격려했다."고 『일본서기』는 기록하고 있을 뿐 실제의 행동에 대한 묘사는 없다.

그 외의 경우에서도 가마타리가 실제로 얼마만큼 당시의 정치에 공헌했는지 의문이라는 말이 나올 정도이다.

이에 비해 김유신은 매우 행동적이다. 그 사례를 일일이 열거할 필요가 없을 정도인데, 예컨대 선덕여왕13년(644) 9월, 김유신은 상장군으로 임명되어 백제의 가혜성(加兮城), 성렬성(省熱城), 동화성

(同火城) 등 일곱 성을 공략하여 크게 승리하였으며 이듬해 정월에 신라로 귀환하였는데, 백제의 대군이 신라의 매리포성(買利浦城)에 내공(來攻)하였다는 급보가 있자 선덕여왕은 김유신을 알현하지도 않고 상주(上州)장군에 임명하여 이곳을 방어하라고 명했다. 김유신은 집에도 들르지 않고 그대로 전선으로 나아가 백제군을 쳐부수고 수급 3천을 베었다. 3월에 서울로 귀환하여 왕궁에 복명했는데, 또 백제의 대군이 국경에 몰려와 신라로 침공하려 한다는 보고가 있자 왕은 집에도 들르지 않고 있는 유신에게 세 번째로 출정을 명했다.

이하 『삼국사기』의 이에 관한 기록을 보자.

유신은 또 집에 들어가지도 못하고 곧 군사를 훈련하고 병장구(兵器具)를 수선한 다음 서쪽으로 백제군을 막으러 나아갔다. 이때 그의 집 가인(家人)들이 모두 문 밖에 나와 장군이 오는 것을 기다렸다. 그런데 유신은 문 앞을 지나면서 돌아보지도 않고 가다가 50보쯤 되는 곳에 이르러서 말을 멈추고 시종하는 사람에게 집에 가서 물을 떠 오라 명령하여 물을 마신 후 말하기를, "우리 집 물맛이 아직도 옛 맛 그대로 맛이 있구나." 하고 그냥 길을 떠나니 이를 보는 모든 군사들이 말하기를, "대장군도 이와 같은데 하물며 우리들이야 어찌 가족들과 이별함을 한탄하리오?"했다.

이리하여 김유신 군이 전장에 이르자 백제군은 유신군의 위세에 눌려 퇴각했다. 선덕여왕은 이 소식을 듣고 크게 기뻐하며 그의 작위를 더하고 상을 내렸다.

이러한 기사에는 윤색이나 과장이 있겠지만, 김유신이 임금을 위

한 정략가로서 출중했을 뿐만 아니라 시석(矢石)이 비오듯하는 전장
에서도 거침없이 말을 타고 달리는 용장으로서도 공적이 다대했음
은 의심할 여지가 없다. 그렇지 않았다면 백제와 고구려, 더욱이 당
을 몰아내고 통일의 대업을 이룰 수 없었을 것이다.

고구려 백제 신라 3국이 정립하고 있었던 한반도에서의 통일국
가 건설이, 야마토[大化] 정권 외에는 강력한 정권이 없었던 7세기
일본에서는, 고대국가 형성과는 비교가 되지 않을 정도로 어려웠을
것임은 두말할 필요조차 없을 것이다. 김유신과 가마타리의 인물상
의 차이는 주로 이들 두 사람이 처한 정치적인 경우가 아닌 배경에
의한 것이라고 말해야 옳을 것이다.

이러한 점을 감안하면서 『삼국사기』를 읽어보면 일본과는 사뭇
다른 한반도의 심각한 정정(政情)을 나타내는 것으로 생각되는 몇
가지의 현상이 눈에 뜬다. 그중에서도 특히 흥미로운 것 하나가 본
고의 주제인 간첩들의 활약상이다.

2. 김유신과 간첩

우선 『삼국사기』에서 보이는 여러 간첩의 사례들을 열거해보자.

① 열전 제1의 김유신전(상)에 '고구려첩자부도덕창(高句麗諜者
浮屠德昌)'이라는 말이 보인다. 선덕여왕11년(642) 신라가 백제와 싸

위 패한 후 김춘추가 고구려에 원군을 청하러 갔을 때의 일이다. 고구려왕은 김춘추가 고구려의 형세를 정탐하러 온 것이라고 의심하여 그를 억류하고 돌려보내지 않는다. 신라에서는 김춘추가 고구려에 간 지 60일이 지나도록 돌아오지 않으므로 김유신은 3천 명의 결사대를 조직하여 구출 계획을 세운다. 이때 신라에 잠입해 있던 고구려 첩자 부도(=중) 덕창이 사람을 보내 고구려왕(보장왕)에게 김유신의 계획을 통보하고 있다. 고구려왕은 "첩자의 말을 듣고 무리하게 붙잡아 두려하지 않고 예를 갖추어 춘추를 돌려 보낸다."는 것으로 결말이 난다.

② 열전 제2의 「김유신전」에는 이 무렵 백제의 첩자도 신라에 잠입해 있었음을 보여주고 있다. 진덕여왕 태화2년(648) 8월에 백제 장군 은상이 내습해 오는 바람에 진덕여왕은 김유신 등에게 명하여 이를 방어케 했다. 양군의 싸움에 승패가 쉽게 나지 않았으며 유신군은 도살성 아래에 주둔했다. 이때 물새들이 갑자기 동쪽으로부터 날아와서 유신군의 병막 위를 날아가니 군사들은 이를 보고 상서롭지 못한 징조라고 생각하므로 유신은 "이는 아무 괴이한 일이 아니다." 하고 곧 군사들에게 이르기를, "오늘 틀림없이 백제의 간첩이 올 것이니 너희들은 짐짓 모른 체하며 그를 조사하지 말라."고 명하고는 군중에 포고하여 "성벽을 굳게 지키고 조금도 움직이지 말라. 내일 원군이 오는 것을 기다린 다음에 백제와 결전할 것이다." 하였다. 백제 첩자는 이 말을 듣고 돌아가 은상에게 보고하였다. 은상 등은 신라군의 원병이 온다는 말에 두려움을 품고 후퇴하려 했다. 이를 기화로 유신군은 일시에 진격하여 대승을 거뒀다.

③ 역시 열전 제3의 「김유신전」에는 신라 간첩 조미압에 대한 기록이 나온다. 이야기가 다소 복잡하게 뒤얽혀 있지만 간략하게 말하면 다음과 같다. 태종무열왕이 즉위한 지 2년 후인 영미6년(655) 9월에 김유신은 백제의 도비천성(刀比川城)을 공격하여 승리했다. 이보다 앞서 신라의 조미압은 천산현령(天山縣令)으로 있다가 백제의 포로가 되어 좌평 임자의 가노가 되었다. 조미압은 부지런히 힘써 임자의 신뢰를 얻게 되어 출입도 자유로이 할 수 있게 되었다. 그는 이를 이용하여 신라로 몰래 돌아와 김유신에게 백제의 사정을 보고했다. 유신은 조미압에게 "내 들으니 백제의 국사를 좌지우지하는 자가 임자라 하였다. 그와 모의하여 백제를 넘어뜨리려고 생각했으나 아직도 기회를 얻지 못하고 있다. 그대는 우리 나라를 위하여 다시 임자에게로 가서 이러한 내 뜻을 말하라."며 중대한 사명을 주었다. 조미압은 백제로 돌아와 임자에게 한동안 부재했던 이유를 적당한 말로 둘러댔다. 임자는 조미압의 말을 믿었다.

조미압은 기회를 엿보다가 임자에게 이렇게 말했다. "사실은 그동안 신라에 갔다 왔습니다. 그때 김유신 장군이 저에게 백제에 가서 좌평에게 알리기를, '한 나라가 흥하고 망하고 하는 것은 가히 알수 없는 일인즉 만약 백제가 먼저 망한다면 좌평은 우리 나라에 의지하고, 신라가 먼저 망한다면 나는 백제에 의지할 것이다'라고 전하라고 하였습니다."

이에 임자는 묵묵히 듣기만 하고 아무 말도 하지 않았다. 조미압은 적이 두려운 마음으로 그 앞을 물러 나왔다. 몇 달 후 임자는 조미압을 불러 "지난번에 네가 이야기 한 유신의 말은 틀림없는 사실이렷다?"며 주의를 환기시킨 후 "네가 전하는 것은 이미 내가 다 알고 있으니 돌아가서 그렇게 하자는 뜻을 유신에게 알리라."고 말했다. 이하 『삼국사기』 원문은 이렇게 되어 있다.

逐來說 兼及中外之事, 丁寧詳悉, 於是愈急幷呑之謀

'내설(來說)' 이하 문장의 주어가 생략되어 있는데, 임자 자신이 직접 신라로 와서 백제의 내외 정세를 보고했다고 해석해야 옳을 것이다.(국내의 『삼국사기』 번역본에는 "조미압이 곧 신라로 돌아와서 임자의 이야기를 유신에게 알리고 겸하여 백제의 국내 사정을 모두 다 낱낱이 알렸다. 이에 유신은 드디어 급히 백제를 병탄할 것을 도모하게 되었다."고 되어 있다─옮긴이). 조미압의 설득에 의해 좌평 임자까지 신라의 첩자 역할을 한 것이다.

④「김유신전」에는 또 하나, 고구려 첩자 이야기가 있다. 백제의 부여성(夫餘城)이 함락되고 백제가 일단 망했던 660년의 이듬해인 용삭원년, 신라의 북한산성이 고구려-말갈병에게 포위되었는데, 천변(天變, 갑자기 큰 별이 적진으로 떨어지고 또 뇌성벽력과 함께 비가 쏟아진 것─옮긴이)이 있자 고구려-말갈군은 포위를 풀고 퇴각했다. 그보다 앞서 김유신은 중춧날 밤에 자제들을 거느리고 대문 밖에서 소요하고 있는데 갑자기 한 사람이 서쪽으로부터 오고 있었다. 유신은 그가 고구려의 첩자라는 것을 알았지만 체포하지 않고 말하기를, "우리나라 대왕은 위로 하늘의 뜻을 어기지 않고 아래로는 인심을 잃지 않았으므로 백성들이 모두 기쁘게 그 생업을 즐기고 있다. 지

금 너는 이를 보고 너의 나라로 돌아가서 나라 사람들에게 알리어라."고 말하며 그를 보내 주었다. 고구려인들은 이 소식을 듣고 "신라는 소국이지만 유신 같은 이가 재상으로 있으므로 가히 가볍게 보지 못하겠다."고 했다.

이상이 「김유신전」에 나와 있는 내용들이다. 고구려·백제·신라 삼국이 각각 상대국에 첩자를 보내어 국정, 군략의 정찰이나 정치공작을 하였음을 보여주고 있다. 더욱이 ②의 백제의 첩자, ④의 고구려의 첩자 모두 김유신이 이를 간파하고 신라에 유리하게 첩자들을 이용하고 있다. 「김유신전」의 성격상 각색이 있었다고 생각되지만 삼국이 서로 첩자들을 잠입시켜 이용하고 이용당하는 복잡한 정황이 있었음은 사실일 것이다.

③의 백제의 좌평 임자가 유신의 회유에 응하여 내통을 약속했던 이야기도 소설적이며 어디까지가 사실인지 의심스럽지만, 적국의 첩자를 적국으로 돌려보내 고급 관리층을 동요케 하는 고도의 첩보 활동이 널리 행해진 점은 인정해도 좋지 않을까 한다.

적정 정찰을 위한 단순한 간첩 파견, 그 간첩을 자유롭게 행동하도록 내버려두어 거꾸로 상대국을 속이는 데 이용하는 고등 전술, 적의 고관을 포섭하기 위한 첩자의 활동 등, 간첩 책략전도 고도화하고 있는 점이 「김유신전」에 잘 드러나 있다.

3. 삼국시대 여러 간첩의 사례

이처럼 간첩 조종에 뛰어난 수완을 보인 것으로 전해지고 있는 김유신도 하마터면 적국의 첩자에게 속아 넘어갈 뻔했던 이야기가 있다. 14세기 초경에 중 일연이 쓴 『삼국유사』의 권 제1 김유신 항목에 다음과 같은 이야기가 있다.

유신이 아직 젊을 때의 일이다. 당시 백석이란 자가 있어 어디서 왔는지 그 근본은 알 수 없었으나 유신의 낭도에 끼어 여러 해 있었다. 유신은 그때 한창 고구려와 백제의 공벌 문제를 두고 밤낮으로 깊이 궁리를 거듭하고 있을 때였다.

백석이 그 계획을 알아채고 유신에게 제의해 오기를, "공이 저와 함께 저쪽 적국에 잠입해 들어가 먼저 저들의 내정을 탐지하고 나서 일을 꾀하는 것이 어떻소?"라고 했다.

유신은 그것이 좋겠다고 생각되어 백석을 데리고 밤을 타서 적국을 향해 출발했다. 도중에 세 사람의 여인과 길에서 마주치게 되었다. 그 세 여인들은 실제로는 신라의 호국신들이었는데, 유신을 수풀 속으로 꾀어내 백석이 적국의 사람이라는 것을 가르쳐주었다. 유신은 그날 밤을 보낸 후 "집에 중요한 서류를 놓고 왔다."며 백석을 데리고 급히 되돌아왔다. 집에 당도한 즉시 백석을 결박하여 문초했다.

백석은 "나는 본래 고구려 사람입니다. 당신은, 고구려를 망치려는 말을 한 바람에 참살된 유명한 점술사인 추남이 환생한 것으로 전해지고 있습니다. 그래서 나는 당신을 꾀어 고구려로 데려가려고 파견되어 온 것입니다."라고 자백했다. 유신은 백석을 처형했다.

이것 역시 전설적인 이야기지만, 간첩전이 격렬했다는 것을 생생하게 보여주는 물증이라 할 수 있을 것이다.

이 이야기에 앞서 ④의 조미압의 이야기는 첩자가 적국의 고관에게 접선한 사례인데, 고구려 장수왕 시대의 부도 도림의 사례는 아주 성공한 간첩 얘기라고 할 수 있을 것이다. 그 이야기는 『삼국사기』「백제본기」제3의 개로왕21년 조에 고구려가 백제의 서울인 한성(漢城)을 함락시키고 개로왕을 살해한 기사로 채워져 있다. 다음은 그 개요이다.

개로왕21년(475), 앞서 고구려 장수왕은 백제를 공략할 요량으로 은밀히 간첩으로 보낼 사람을 구했다. 중 도림은 국은에 보답해야겠다고 생각하고 이에 응모했다. 왕은 기뻐하며 그를 백제로 파견했다. 도림은 나라에 죄를 짓고 백제로 도망쳐 왔노라고 거짓으로 꾸몄다. 이때 백제왕 근개루(近蓋婁[개로왕])는 바둑을 즐겼다. 도림은 궁성으로 찾아가 자신이 어려서부터 바둑을 배워 그 묘리를 깨닫게 되었다며 원컨대 왕을 곁에서 모시게 해달라 하므로 왕은 곧 그를 불러들려 대국하여 보니 과연 국수이므로 드디어 그를 높이 받들어 상객으로 삼고 심히 친밀해지게 되었다. 하루는 도림이 왕을 모시고 조용히 말하기를, "백제는 사방이 산과 바다로 되어 있으니 이는 하늘이 마련해준 험지라 사방의 나라가 백제를 감히 넘보지 못할 것입니다. 그래서 그런지 대왕의 성곽과 궁실이 수리가 되어 있지 않고 선제의 능묘도 손질이 되어 있지 않습니다. 백성들의 집도 강물에 파괴되어가고 있습니다. 저의 생각으로는 이 모든 것이 대왕을 위해서는 좋은 일이 아니라고 생각합니다." 하였다.

백제왕은 "알았다."며 곧 나라 사람들을 모두 징발하여 흙으로 성을 쌓고, 궁실누각을 짓고, 큰 돌을 가져다가 부왕의 묘를 수축하는 등 대규모 토목공사를 강행했다. 이 때문에 국고가 고갈되고 백성들이 곤핍해져 국세가 기울어졌다. 도림은 이것을 보고 곧 고구려로 돌아가 장수왕에게 보고했다. 장수왕은 대단히 기뻐하며 군사를 일으켜 백제를 정벌하였으며, 백제의 서울을 함락하고 개로왕을 잡아 죽였다.

물론 많이 윤색된 이야기일 것이다. 이것이 모두 사실이라고는 생각되지 않지만 간첩 활동이 고도화하고 광범위했다는 것을 생각하게 하는 이야기다. 직접 정보를 수집하기 위한 간첩 활동뿐 아니라 적의 후방 교란을 위주로 하는 정치적·전략적 간첩 활동도 적지 않았던 것이다. 이러한 임무를 부여하기 위해선 상당히 높은 식견과 역량을 필요로 할 것이다. 또한 후방 교란뿐 아니라 타국에 잠입하여 그 실정을 파악하는 것에도 특별한 재지(才智)가 있어야만 할 것이다.

『삼국사기』열전 제4(권44)에서 보이는 신라의 거칠부는 이러한 첩자였다.

알려진 바 거칠부의 성은 김씨였고 4세기 후반에 재위했던 내물왕의 5세손이며, 아버지 물력(勿力)이 이찬(신라의 관위 17등급 중 2위) 벼슬에 있었던 것으로 보아 대단한 가문 출신이었다. 이에 대해 『삼국사기』에서는 다음과 같이 이야기하고 있다.

少踈弛 有遠志 祝髮爲僧 遊觀四方 便欲覘高句麗 入其境 聞
法師惠亮開 堂說經 遂詣聽講經

　거칠부는 어릴 때부터 원대한 뜻이 있어 머리를 깎고 중이 되어
사방으로 유랑하다가 마침내 고구려를 엿보고자 그 나라로 들어갔
다고 했으니 광의의 첩자이다. 고구려의 중 혜량법사는 거칠부가 비
범한 신라인이라는 것을 간파하곤 그에게 "노승이 불민하지만 또한
능히 그대를 알아보겠는데, 이 나라가 비록 작다고는 하지만 사람을
알아보는 사람이 없다고는 할 수 없다. 그대를 신라인으로 알아보
고 잡을까 염려되므로 이를 비밀히 알려주는 것이니 빨리 돌아가는
것이 좋을 것이다."하며 귀국시켰다. 거칠부는 신라로 돌아와 대아
찬(제5등급)이 되었고, 진흥왕12년(576)에 장군이 되어 고구려를 공
격하여 혜량법사와 재회하고 신라로 함께 돌아왔으며, 진지왕원년
(576)에 최고 관직인 상대등에 임명되었다.

　이상이 「거칠부전」의 개략이다. 혜량법사와의 관계가 이러쿵저
러쿵 했고, 거칠부가 어렸을 때 중의 모습으로 고구려에 잠입하여
시찰했다는 것은 사실로 보아도 좋을 것 같다. 그에 관한 기록은 「신
라본기」의 진흥왕6년, 12년, 진지왕원년의 제조(諸條)에 보이는 것
외에 황초령과 마운령에 있는 진흥왕 척경비(순수비)에도 보이고 있
어 그가 전설상의 인물이 아니라는 것은 두말할 필요가 없겠다.

　앞서 「김유신전」에 보이는 간첩들에 관한 것을 이야기할 적에 김
춘추가 고구려에 원군을 요청하러 갔을 때 고구려왕은 춘추가 고구
려의 형세를 정탐하러 온 것이라 의심하고 그를 억류했다고 소개

했는데, 고구려왕이 무근한 사실을 의심한 것이 아니었다. 외교관이 정세를 정찰―광의의 간첩 역할―하는 것은 동서고금을 막론하고 있을 수 있는 일인 것이다. 이 김춘추가 대화3년(647)에 견신라사(遣新羅使) 다카무쿠노쿠로마로[高向黑麻呂] 등을 데리고 일본에 왔다고 『일본서기』가 기록하고 있는 것은 이미 널리 알려진 사실이다. 『일본서기』는 '임이춘추위질(仍以春秋爲質)'이라고 기록하고 있는데, 사실은 정찰 목적을 가진 첩자 외교관들이었을 것이다. 또한 『일본서기』는 "춘추는 부드러운 모습으로 담소를 잘 한다."고 적고 있다. 뛰어난 화술로 정보 수집 임무에 열중하였을 것이다.

이리하여 춘추는 자신의 눈으로 고구려와 일본의 실정을 확인했을 뿐만 아니라 648년에는 당에 입조하여 당과의 연합전선 형성에 성공한다. 과연 뛰어난 외교 수완이다.

물론 김춘추 같은 외교사절까지 첩자의 범위에 넣으려는 것은 아니다. 첩자·간첩은 정보 활동을 주로 하는 것에 한정되어야 할 것이다. 이러한 본래의―협의의―간첩 사례는 한국 측 사료뿐만 아니라 『신당서』 등 중국 측 사료에도 보이고 있는데 그 사례를 2, 3개 들어보면 다음과 같다.

『신당서』 「동이전(東夷傳)」의 「고구려전」에는 정관19년(645)에 당이 제1차 고구려 공격을 감행했을 때 안시성 전투 후 당의 후기(候騎)가 고구려의 '첩인'을 사로잡았다고 기록하고 있다. 『자치통감』에는 그것이 다음과 같이 『신당서』보다 더 상세하게 소개되고 있다.

八月甲辰, 候騎獲 莫離支諜者高竹離, 反接詣 軍門 上召見解縛, 問曰, 何獲之甚,

對曰, 竊道間行, 不食數日矣, 命賜之食 (卷189)

『신당서』 '첨인'이라고 한 것을『자치통감』은 '첩자(諜者)'로 하고 있다. 그러나 이것은 스파이라고 하기보다는 장교 척후(將校斥候)와 흡사한 것 같다. 고구려와 당, 양군의 장교 척후의 충돌이라고 한다면 간첩의 사례로 보는 것은 아마 부적당한지도 모르겠다.

고구려는 이로부터 23년 후 호용(豪勇)의 재상인 연개소문의 죽음과 함께 망하게 되는데, 연개소문의 아들 가운데 남건은 최후까지 평양성을 사수했다. 그러나 대장(大將) 부도 신성이 당에 내응했기 때문에 성이 떨어지게 된다. 이 신성의 내응 대목을『구당서』「고구려전」에서는,

總章元年(668년) 九月, 勣(당 장군 이적을 말함) 又移營於平壤城南, 男建頻遣兵出戰, 皆大敗, 男建下捉兵總管僧信誠. 密遣人詣軍中, 許開城門爲內應, 經五日 信誠 果開門

라고 기록하고 있고,『신당서』「고구려전」은,

(前略) 大將浮屠信誠, 遣諜約內應, 五日闔啓

로 쓰고 있다.『삼국사기』는 약간 상세하지만 거의 같은 내용이다. 여기에 보이는, 신성이 파견한 '사람' 또는 '간첩'은 적정을 살피는 스파이는 아니고 이쪽의 정보를 적에게 알리는 사람인데 첩자의 일종으로 보아도 좋을 것이다.

이상 2절에서 보아온 것처럼 삼국시대엔 각종 첩자·간첩이 활동하고 있었던 것이다. 말할 필요도 없이 첩자는 무엇보다 은밀성을 중요시하기 때문에 첩자의 활동은 소설의 재료는 되어도 역사의 표면에는 남지 않는다. 앞서 기록한 약간의 사례는 전설적인 이야기를 포함하고 있을 뿐만 아니라 실제 첩자 활동들의 극히 일부를 전하는 데 지나지 않을 것이다. 삼국 간의 무력투쟁과 외교전이 격렬했던 것과 비례하여 첩보전 또한 격렬했을 것으로 생각된다.

4. 고대 일본의 간첩

이러한 조선 삼국과 비교하여 고대 일본에서의 첩자활동은 거의 보이지 않는다. 다이카[大化]5년 3월에 소가노히무카[蘇我日向]가 소가노쿠라야마다노이시카와노마로[蘇我倉山田石川麻呂]를 참소했으며, 사이메이[齊明]4년 11월에 소가노아카에[蘇我赤兄]가 아리마[有間] 황자에게 모반을 권유했는데, 이것을 나카노오에 황자에게 밀고했다든가[이상, 『일본서기』], 덴뵤[天平]원년 2월에 누리베키미타리[漆部君足]와 나코토미노미야토코로노아즈마비토[中臣宮處東人]가 나가야노오키미[長屋王]의 일을 조정에 밀고했다든가, 덴뵤우지[天平字]원년 6월에 가미츠미치노히타츠[上道斐太都]가 다치바나노나라마로[橘奈良麻呂]의 책모를 후지와라노나카마로[藤原仲麻呂]에게 밀고한[이상, 『속일본기[續日本紀]』] 사례가 있는데, 첩자라고 할 정도의 것은 아니다.

『일본서기』와『속일본기』에서 일본의 간첩의 유일한 사례는『속일본기』덴뵤12년 9월 무신(24일) 조에 "又間諜申云, 廣嗣於遠珂郡家 造軍營儲兵弩而擧 烽火徵 發國內兵 矣."라는 것이 있다. 그러나 이것은 후지와라노히로츠구[藤原廣嗣]의 난이라고 하는 전쟁상태에서 관군 측이 적정 정찰을 위해 풀어놓은 간첩으로, 평상시에 정보를 수집하기 위해 활동하는 간첩의 사례로는 보이지 않는다.

그러나 그러한 첩자가 전혀 없지는 않았을 것이다. 다이카원년 9월에 후루히토노오에[古人大兄] 황자의 모반 기도를 나카노오에 황자에게 알렸던 기비노카사노오미시타루[吉備笠臣垂]는 어쩌면 나카노오에가 내정(內廷) 정찰을 위해 그를 후루히토노오에에게 보낸 첩자인지도 모른다.

또한 요시나가 미노루[吉永登] 씨는『만엽집(万葉集)』제2(109)에 보이는 다음과 같은 노래와 그 사서(詞書, 그 노래를 지은 날짜, 장소, 배경 등을 적은 머리말—옮긴이)에서 츠모리노무라지토호루[津守連通]가 스파이를 이용하여 오츠노[大津] 황자의 신변을 살핀 게 아닌가, 라고 추정하고 있는데 그럴 가능성이 높을 것이다.

　　大津皇子, 結婚 石川郎女時, 津守連通占露其事, 皇子御作歌一手

또한 궁정 내의 정쟁이 격화된 나라[奈良] 시대 후기에는 후지와라노나카마로[藤原仲麻呂] 등이 첩자를 이용했다고 생각해도 무방할 것 같다.

그러나 그러한 스파이나 첩자를 인정한다고 해도 고작해야 궁정 귀족 내의 세력쟁탈전에 이용되었을 뿐 국제적인 활동을 한 한반도의 삼국시대 첩자들과는 스케일이 다르다. 히로츠구[廣嗣]의 난에서의 간첩들의 활동도 마찬가지다. 앞서 말했듯이 일본 고대국가의 형성이 한반도와는 전혀 달리 평온한 환경에서 파란을 크게 일으키지 않고 진행되었기 때문일 것이다.

5. 신라가 일본에 파견한 간첩 가마다

한데, 이처럼 일본과 한반도의 첩자 또는 첩보 활동의 차이를 이야기하다 보면 머리에 떠오르는 것이 『일본서기』에 나오는 스이고 9년 9월 무자 조의 다음과 같은 기사이다.

戊子, 新羅之間諜者迦摩多倒對馬, 則捕以貢之, 流上野,

『일본서기』와 『속일본기』를 통해 '간첩'이라는 말을 볼 수 있는 곳은 전술한 히로츠구의 난, 그 기사 2군데뿐이다. 그리고 국제적인 간첩의 사례는 이 신라간첩 가마다(迦摩多)뿐일 것이다. 그것도 일본이 파견한 것이 아니고 신라가 일본에 파견한 것이라는 사실은 앞에서 이야기한 바 있다.

또한 신라는 6세기 전반 경부터 국세가 흥융하여 가야지방에 진출한 이래 일본과의 관계가 악화되었는데 스이고 조에 들어와서도 그 상황이 전혀 개선되지 않았다. 『일본서기』에 의하면, 스이고8년에 사카이베노미[境部臣]와 호즈미노미[穗積臣]을 대장군, 부장군으로 삼아 만여 명의 대군이 신라를 공격하였고, 이듬해 9년 11월에도 스이고 조정은 신라를 공격하기로 의논을 하였으며, 더욱이 그 이듬해 10년 4월에는 구메[來目] 황자를 격신라장군(擊新羅將軍)으로 하여 2만5천 명의 군세(軍勢)가 츠쿠시[筑紫]에 도착한다.

　이러한 상황이었기 때문에 그사이 기간인 스이고9년(신라 진평왕 23년)에 신라가 일본의 국정을 정찰하기 위해 간첩을 파견한 것은 매우 당연한 일로 보인다. 스이고의 조정 사람들도 이런 현실에 직면하여 첩보 활동의 중요성을 알고 있었을 것이다.

　이 간첩 가마다의 기사에 관심을 가진 선배 학자로 다키가와 마사지로[瀧川政次郎] 씨가 있다. 이분의 학설은, 가마다의 도래와 스이고10년 10월에 백제의 중 관칙(觀勒)이 내일(來日)하여 역본(曆本), 천문지리서와 함께 둔갑방술(遁甲方術)의 책을 전하고, 양호사(陽胡史)인 조옥진(祖玉陳)이 역법을, 대우촌주(大友村主) 고총(高聰)이 천문둔갑(天文遁甲)을, 산배신(山背臣) 일립(日立)이 방술을 각각 관칙에게서 배웠다는 『일본서기』의 기술을 상고할 적에 일본의 둔갑술의 원류를 여기서 찾아야 할 것 같다는 결론을 내리고 있다.

　마사지로 씨가 특히 중시한 것은 둔갑술로서 "스이고 천황 대에 우리가 백제의 중 관칙을 불러들여 둔갑술을 전습시킨 것은, 한반도에 있는 우리 군이 신라의 간첩 때문에 누차 곤경에 처했던 경험을 했기 때문에 우리 나라 사람들도 둔갑술을 배워 여기에 대항할 필요를 통감했기 때문이다."라고 논하고 있다.

재미있는 착안이지만 간첩과 둔갑술이 결부되어 닌쟈(忍者. 둔갑술을 써서 은밀히 정탐행위를 하는 사람―옮긴이)의 원류가 되었다는 생각은 고대에 있어서 간첩의 역할이나 성격을 왜소화시키는 것으로 보인다. 확실히 간첩에는 적의 눈을 속여 적지에 잠입하여 신체의 안전을 지킨다는 점에서 이른바 닌쟈와 공통되는 일면이 있지만 앞서 논한 바와 같이 한반도의 사료에서 보이는 첩자 활동의 범위가 매우 넓다. 일본 조정이 신라의 간첩 활동에 자극을 받아 자국 간첩들에게 둔갑술을 배우게 하고 이것을 이용했다면 그들은 뒷날의 닌쟈보다 스케일이 큰 첩보 활동에 종사했을 것이다.

또한 마사지로 씨는 구메 황자가 스이고11년 2월에 츠쿠시에서 훙서(薨逝)했다고 『일본서기』에 보이는 것을 가마다의 일당인 "신라 간첩의 흉인(凶刃)에 살해된 것"이라고 해석하고 있는데 이것도 수긍이 가지 않는다.

마사지로 씨가 이렇게 해석하는 것은 「성덕태자전력(聖德太子傳曆)」의 스이고11년 2월 조에,

大將軍來目皇子薨於筑紫, 太子謂侍從 曰, 新羅奴等遂殺將軍

이라고 되어 있는 기록에 따른 것이다. 여기서 보이는 '신라의 노(奴)'는 신라의 간첩을 말하는 것이다. 간첩인지 어떤지는 잠시 두고 보기로 하고 '흉인' 운운 하는 것은 과잉 해석이다. 왜냐 하면 스이고11년 조의 이 기사는 동시에 '전력(傳曆)'10년 4월 조의 다음과 같은 기사와 관련지어 해석해야 하기 때문이다. 그 4월 조에는,

來目皇子倒筑紫, 臥病不進, 太子聞之, 謂左右 曰, 新羅奴等厭
魅將軍

으로 되어 있다. 구메 황자가 신라인에 의해 저주를 받았는지 어땠
는지가 의문인데, 「전력(傳曆)」의 문맥에 따르면, 소토쿠[聖德] 태자
는 스이고10년 4월에 구메 황자가 와병했다고 듣고 "신라의 노에 의
해 저주를 받았다."고 생각했으며 그로부터 10개월 후인 11년 2월
에 구메 황자가 죽었다는 소식을 듣고는 "신라 노(奴)의 저주로 구
메 황자가 죽었다."고 말하고 있다. 칼에 찔려 암살됐다는 것은 「전
력」의 기사 어디에도 나오지 않는다.

또한 이 '저주'라는 것도 『일본서기』에는 스이고11년 2월 병자
조에 "來目皇子, 薨於筑紫"라고만 되어 있기 때문에 「전력」의 윤
색이라고 보는 것이 타당할 것이다. 저주로 사람을 죽인다는 주법
(呪法)은 일본에서는 대개 나라 시대 후기경에 시작되었으며 헤이안
[平安] 시대에 들어와 유행했다고 할 수 있을 것이다.

한반도에서의 이러한 주법의 유행에 대한 기록은 소상한 것이 없
는데, 「전력」의 성립이 헤이안 시대 중기라고 할 수 있는 엔기[延
喜]17년(917)인 것을 감안하면 앞서의 저주에 관한 이야기는 나라
시대 말 이후에 성립, 부가된 설화로 생각된다. 이 설화로부터 구메
황자의 죽음의 진상을 찾는다는 것은 공연한 짓이라고 말하지 않을
수 없다.

6. 간첩으로 국사에 분주했던 삼국의 승려들

삼국시대 간첩의 사례를 조사하면서 일본과의 국정(國情)이나 정정(政情)의 차이를 실감하게 되는데, 삼국의 간첩들을 보면 승려들이 간첩의 역할을 하는 사례가 적지 않아 보인다.

우선 앞서 얘기한 고구려 첩자인 '부도 덕창'의 경우를 들 수 있다. 부도(浮屠)나 부도(浮圖) 둘 다 승려를 의미함은 재언할 필요가 없다. 둘째로 고구려 장수왕이 백제에 보낸 첩자는 '부도 도림'이다. 셋째로 신라의 거칠부는 고구려에 잠입할 때 머리를 깎고 중의 형색을 하고 있다. 넷째로 고구려의 부도 신성은 스스로 첩자 짓을 한 것은 아니지만 첩자를 이용하여 당에 내응하고 있다. 승려와 간첩의 관계가 예사롭지가 않다.

승려는 출가, 탈속을 본지(本旨)로 하고 있기 때문에 정치와 담을 쌓는 것이 본래의 모습일 것이다. 그 때문에 낯선 타국에 가도 의심받을 염려가 적다. 간첩에 승려 또는 승려의 형색을 한 경우가 적지 않는 것은 이러한 특색을 역이용했기 때문인 것으로 생각된다.

따라서 간첩들 가운데는 일시적으로 승려의 형색으로 치장한 경우가 많았다. '사방(四方)을 관유(觀遊)하는' 편의를 이용하여 승려의 형색을 하고 고구려에 잠행한 거칠부의 경우가 그 사례이다. '부도 덕창'도 어쩌면 일시적인 승려였는지도 모른다. 그러나 승려 형색을 한 간첩만이 있었던 것은 아니다. '부도 도림'은 어느 정도 승려생활을 한 후에 간첩을 지원하고 있다. 그에 대한 일은 앞서 잠깐 언급했듯이 장수왕의 요구에 응해 간첩이 되기로 작정했을 때의 그의 말이 『삼국사기』에 다음과 같이 기록되어 있다.

어리석은 소승은 이미 도를 깨칠 수 없게 되었습니다. 하여 국은에 보답해야겠다고 생각하고 있습니다. 제발 대왕께서는 신을 그로 해서 불초하도록 내버려두지 마시고 이 사람에게 지시를 내리시어 이용토록 하옵소서. 신명을 다 바치겠나이다.

물론 도림이 이런 말을 했는지 어떤지는 알 수 없는 일이지만 승려도 국가를 위해 헌신해야 한다고 생각하는 사람들이 고대 삼국시대 불도(佛徒)들 사이에 있었다는 것을 인정해야할 것이다.

비단 간첩으로서만이 아니라 그 무렵엔 장군 또는 군인이 된 승려들도 있었다는 것도 참고가 될 것이다. 668년 고구려가 당의 공격을 받아 망했을 때 승려 신성이 대장 또는 착병총독(捉兵總督)으로서 남건과 함께 평양성을 지켰던 일은 이미 앞에서 이야기했다.

660년 백제의 부여성이 함락되고 백제가 일단 망한 후 유신(遺臣)인 귀실복신(鬼室福信)이 잔병들을 규합하여 백제 부흥을 위해 분투했을 때 백제 승려 도침(道琛)이 함께 싸웠다는 사실이 『구당서』, 『신당서』와 『삼국사기』「백제본기」에 기록되어 있다.

신라의 취도(驟徒) 이야기도 주목할 가치가 있다. 그는 태종무열왕 때 사람으로서 처음에는 출가하여 도옥(道玉)이란 승려가 되었다가 훗날 무인(武人)이 되어 백제와의 싸움에서 전사한다. 『삼국사기』 열전 제7에 보이는 인물인데, 군인이 되는 사정을 이렇게 말했다고 한다.

내가 듣기에는 중이 된 자는 첫째는 술업(術業)이 정통하여 그 본성을 회복하여야 하고, 다음은 도(道)를 일으키고 이를 잘 활용하여 남을 유익하게 하여야 된다는데, 나 같은 사람은 모양만 중일 뿐이지 한 가지의 선행도 취할 만한 것이 없었으니 차라리 군사를 따라가서 몸을 죽여 국은(國恩)을 갚는 것만 같지 못하겠다.

이것도 『삼국사기』 내지 그 원사료 편자의 윤색이 있었을 테지만, 전술한 부도 도림이 간첩을 지망했을 때의 말과 비교해보면 그 사이에 일맥상통하는 것이 있다는 것을 느끼게 될 것이다. 그것은 국가가 종교에 우선한다는 생각이다. 승려 신성이 평양성에서 농성했던 것도, 승려 도침이 백제부흥군에 참여했던 것도 꼭 같은 생각을 했기 때문일 것이다.

6, 7세기 삼국시대의 불교가 온통 국가불교 일색이지는 않았겠지만 삼국 간의 치열한 전쟁에다 수 · 당제국으로부터 큰 압력을 받았다는 현실 때문에 불도들도 나라에 헌신해야 한다고 생각하는 승려들이 늘어난 것은 당연하리라 생각된다. 앞서 얘기한 취도나 도림의 말은 단순히 『삼국사기』의 문장(文飾)이나 작위(作爲)가 아니라 당시의 불가사상(佛家思想)의 일면을 나타낸 것으로 보아야 할 것이다. 그런 점에서 흥미를 끄는 것은 신라의 승려 원광(圓光)이 신라왕으로부터 수에 병력을 청원하는 상주문을 초안하라는 명령을 받았을 때 했던 말이다. 원광은 『삼국사기』 권4 「신라본기」 진평왕11년(589년) 조에,

春三月 圓光法師入 陳求法.(춘3월에 원광법사가 진나라에 들어가서

佛法을 구하였다.)

하며 모습을 드러내지 않는다. 진나라는 이해 정월에 수나라에 멸망
당했기 때문에 원광이 진나라에 갔을 때는 이미 수나라의 천하가 되
어 있었을 것이다. 그 후 수나라에 머물며 수업하기 만11년, 진평왕
22년에 신라가 수나라에 보낸 조빙사(朝聘使)를 따라 귀국한다. 일
본이 처음으로 견수사(遣隋使)를 파견했던 서기 600년경이다. 이 무
렵부터 신라는 고구려, 백제 두 나라와 전쟁을 벌이고 일본의 압력
을 받기도 하여 국세 간난(國勢艱難)의 시기가 계속된다. 진평왕30
년(608)에 들어와 왕은 "수에 원병을 요청하여 고구려를 정벌키로
하고 원광에게 명하여 걸사표(乞師表)를 짓도록"했다. 이에 대해 원
광은 이렇게 대답했다.

求自存而滅他, 非沙門之行也, 貧道在大王土地, 食大王之水
草, 敢不惟命是從.(자기가 살려고 남을 멸망시키는 것은 사문[沙門]의 할
행실이 아닙니다. 그러나 빈도[貧道]가 대왕의 땅에 살고 대왕의 수초[곡식]
를 먹으면서 어찌 감히 이 명령을 좇지 않으오리까?)

그리하여 '곧 불러주는 내용을 듣고' 표문(表文)을 기초하여 올렸
다. 양심적인 승려가 본의 아니게 불도(佛道)에 어긋나게 정치에 관
여하지 않을 수 없는 심사가 간결하게 드러나 있다. 불도로서는 타
락한 것이지만 국가에 봉사하는 길을 선택하지 않을 수 없었던 사정
을 충분히 이해할 수 있다. 군인이 되고 간첩이 되어 국사에 분주했
던 승려들도, 간단히 말해 많은 사람들이 이런 생각을 하면서 자신

의 길을 선택했을 것이다.

이렇게 보면 스이고 조 전후에 간혹 일본에 건너오는 삼국의 승려들 중에는 간첩의 임무를 띠고 오는 경우가 없었다고 할 수 없을 것이다.『일본서기』에 의하면 스시윤[崇峻]원년(588)에 백제에서 혜총(惠總), 영근(令斤), 혜식(惠寔), 영조(聆照), 혜중(惠衆), 혜숙(惠宿), 도암(道嚴), 영개(令介)등이 건너오고, 고구려에서 승륭(僧隆), 운총(雲聰)이 건너왔다. 도를 전하기 위해 험한 바다를 건너는 위험을 무릅쓰고 일본에 온 이 승려들 가운데 간첩이 있었으리라고 상상할 수 있는 것이다. 우리는 고대의 정치사·외교사의 냉엄한 현실에 눈을 돌려야 할 것으로 생각된다.

이상 주로 한국의 사료에서 보이는 고대 한국의 간첩에 대한 소견을 밝혔다. 간첩의 모습들을 통해 일본과는 다른 6, 7세기의 한국의 엄중한 정치정세의 일면을 탐구한 것인데, 한국사에 관한 필자의 조그마한 시론에 지나지 않는다. 부디 제현들의 비판을 바라마지 않는다.

불충분하지만 이 원고를 완성할 수 있었던 것은 기타무라 마츠히토[北村秀人], 나카무라 케이지[中村圭爾], 가메이 키이치로[龜井輝一郎] 제씨 등과 함께하는 조그마한 규모의 조선사연구회 덕분이다. 이분들께 심심한 감사를 표한다.

부록 2.

표

1. 중국 기록에 나타나는 역대 첩자 관련 용어표
2. 삼국시대 첩자 관련 용어표
3. 『손자병법』·『육도』 이후 첩자 관련 이론서 정보표
4. 역대 첩보술에 관한 정보

1. 중국 기록에 나타나는 역대 첩자 관련 용어표

이름	내용	출전	비고
방작(邦汋), 방첩(邦諜)	국가의 비밀을 짐작하여 훔치는 것.	『주례 · 추관 · 사사』『주례정의』	가장 오랜 기록
간(間), 간인(間人), 간복(間伏), 간사(間使), 간탐(間探), **간첩(間諜)**	틈을 엿보고 사이를 갈라놓는 행위나 사람.(가장 일반적인 용어의 하나)	『손자병법 · 용간편』『한서』『삼국지』『사기』『송사』『오기병법』외	『손자병법 · 용간편』에는 35회 '간'이 출현함.
첩(諜), 첩자(諜者), 첩인(諜人), 첩후(諜候), 첩적(諜賊), 첩보(諜報)	첩보 활동과 그 활동 주체자와 관련된 용어로 '간'과 함께 가장 많이 사용됨.	『좌전 · 애공원년』『오대사』『주례』『송사』외	주로 정보 획득 활동과 관련된 용어임.
유사(游士), 유정(游偵)	국내외를 돌며 선전과 정찰을 목적으로 한 사신.	『국어 · 제어』『육도』『좌전』	특수한 용어에 속함.
후(候), 후인(候人), 후형(候詗), 후정(候正), 후엄(候奄), 후관(候官)	정찰, 정보수집, 정보공작, 군사정보와 관련된 용어들임.	『묵자』『시경』『구당서』『좌전』『회남자』외	군사와 주로 관련된 용어임.
우후(虞候)	첩자 활동을 책임진 자리.	『주서 · 환과전』	첩자조직과 직위 '우후도독'
형(詗), 형사(詗伺)	반간(反間), 은밀한 염탐자.	『사기』『자치통감』	
사(覗)	엿보거나 훔쳐본다는 뜻.	『방언』『집운』	'사(伺)'와 동의어

현(俔)	고대 간첩의 별칭.	『이아 · 석언』『간서』	
첩(喋), 첩후(喋候)	첩자와 동의어.	『설문해자 · 견부』『삼국지』	동사→명사
성(偗=偵)	고대 첩자나 정탐의 별칭이자 별자.	『갈관자 · 왕철편』	정(偵)과 음이 같음.
향도(鄕導=嚮導)	첩자로 삼은 적국의 향민을 가리킴.	『손자병법 · 용간편』	첩자의 하나로 분류
간세(奸細), 간인(奸人)	첩자와 비슷한 용어임.	『진서』『송사』『전국책』『회남자』	
세작(細作)	첩자에 대한 다른 표현임.	『이아』『구당서』	일정한 시기의 용어임.
이목(耳目),안선(眼線=內線), 안목(眼目)	첩자의 다른 표현들임.	『관자』『육도』『청고종실록』	이목 외에는 후대의 용어들임.
행인(行人)	사자(使者)의 통칭에서 첩자의 다른 표현으로 바뀜.	『좌전』	외교활동과 첩자활동의 연계.
찰자(察子), 찰사졸(察事卒) 찰전(察戰), 탐사졸(探事卒)	정보수집을 주로 하는 첩자와 관련된 용어들임.	『광릉요난지』『송사』『삼국지』 외	찰전은 오나라 첩자 관직, 첩자기구
와내(臥內)	첩자에 대한 민간 용어.	『십일가손자주』	'와저(臥底)'와 동의어
정(偵), 정라(偵羅), 정첩(偵諜), 정후(偵候)	반간 등 첩자와 관련된 용어들임.	『사기』『후한서』『진서』 외	『경무요략』『정후편』

도하(跳河), 양래(兩來)	적의 경계 및 정보 탐문. 첩자의 별칭.	『취미북정록』(남송, 화악)	남송시대의 속어임.
조탐(爪探), 광탐(廣探), 채탐(采探)	첩자에 대한 별칭들임.	『연병실기』(명, 척계광) 『취미북정록』	

*굵은글씨로 표시된 용어는 우리 기록에도 보이는 용어임.

2. 삼국시대 첩자 관련 용어표

이름	출전	비고
래첩(來諜), 첩자(諜者)	『사기』 권5 '신라' 5 ; 권42 '김유신열전'(중)	진덕왕3년(649) 백제→신라→백제
규첩(窺覘)	권6 '신라' 6	문무왕10년(670) 백제→신라
세작(細作)	권7 '신라' 7	문무왕11년(671) 신라→당·고구려
향도(鄕導)	권7 '신라' 7 (신라 숙위학생 풍훈이 당을 위하여 향도를 자처함.)	문무왕15년(675)
반간(反間)	권13 '고구려' 1	유리왕1년(기원전 9) 고구려→선비
행인(行人)	권18 '고구려' 6	장수왕54년(466) 위→북연
척(斥), 봉후(烽候)	권20 '고구려' 8	영양왕23년(612) 고구려→수
첨(覘)	동상	동상 수(백제)→고구려
첨(覘)	동상	영류왕24년(641) 당(진대덕)→고구려
규사(窺伺)	권21 '고구려' 9	보장왕 사론 고구려→당
사(伺), 첩(諜)	권22 '고구려' 10 ; 권49 '개소문열전'	보장왕25년(666) 남생→남건·남산
향도(鄕導)	동상	보장왕27년(669) 당(남생)→고구려

간첩(間諜)	권25 '백제' 3	개로왕21년(475) 고구려→백제
군도(軍道=軍導)	권27 '백제' 5	위덕왕45년(598) 백제(수)→고구려
첩(諜)	동상	무왕8년(607) (수)백제→고구려
첩자(諜者)	권41 '김유신열전'(상) (고구려 승려첩자 덕창)	선덕왕11년(642) 고구려→신라→고구려
사간(伺間)	권41 '김유신열전'(중) (조미압을 첩자로 활용)	태종무열왕1년(654) 신라→백제
첩지(諜知)	동상	태종무열왕7년(660) 당→신라
첩자(諜者)	동상 (고구려 첩자를 파악한 김유신)	고구려→신라
첩(諜)	권44 '거칠부열전'	6세기 중반 신라(거칠부)→고구려
첩자(諜者)	권47 '소나열전'	문무왕15년(675) 말갈→신라
첩자(諜者)	『유사』 권 제4 '의상전교' (원효와 의상이 첩자 혐의를 받고 고구려에 구금됨.)	진덕왕4년(650)
첩자(諜者), 첩인(諜人)	『자치통감』 권198 ; 『신당서』 권220(고구려 첩자 고죽리)	정관 19년(645)

*표에서 『유사』는 『삼국유사』를, 『사기』는 『삼국사기』의 줄임말이며, 『삼국사기』의 「신라본기」는 '신라', 「고구려본기」는 '고구려', 「백제본기」는 '백제'로 줄였고 나머지 편명은 그대로 사용했다. 비고란에는 시간과 공간에 대한 줄기를 파악하기 쉽게 각국의 왕과 연도 및 첩자 활용국과 상대국을 함께 표시해두었다. 첩자와 관련된 용어들을 소개한 표이기 때문에 이런 용어들을 사용하지 않으면서도 명백히 첩자 활동을 기록한 사료들이 빠졌다. 이 기록들을 합치면 관련 항목들은 훨씬 늘어난다.

3. 『손자병법』·『육도』 이후 첩자 관련 이론서 정보표

이론서명	작자(시대)	첩자 관련 부분/내용
이정병법 (李靖兵法)	이정(李靖) (571~649, 당)	'장무병모(將務兵謀)'편. 적극적 첩자 활용 주장. 첩자 관련 소백과사전.
신기제적태백음경 (神機制敵太白陰經)	이전(李筌) (미상, 당 8세기)	'행인(行人)'편. 첩보를 위한 언어기교를 특별히 강조. 손자병법 이후 유일한 첩자이론서. '첩자'와 관련하여 '행인'이란 용어 등장.
두목주손자 (杜牧注孫子)	두목(杜牧) (803~852, 당)	'내간(內間)'에 대해 한층 구체적이고 상세하게 분석하여 새로운 첩자 사상 제기. 첩자에 대한 우대를 특별히 강조함.
호검경 (虎鈐經)	허동(許洞) (976~1015, 북송)	'지간(知奸)' '사간(使間)'편. 손자와 이전의 사상 계승. '용간팔술(用間八術)' 제기. 특히 적의 첩자를 간파할 것을 강조.
취미북정록 (翠微北征錄)	화악(華岳) (미상, 남송 12-13세기)	첩자 활용의 중요성, 방법, 첩자 모집에 중점을 둔 사상. 방법론으로 정보전 담기구와 인원 설치, 종합첩보망, 첩자의 자질과 보상 강조. 방법론에 치우쳐 전략적 주도 이론 부족.
시씨칠서강의 (施氏七書講義)	시자미(施子美) (미상, 남송 13세기)	첩자 활용의 가치관, 인재관, 기획, 기밀 보안성 등에 대해 분석. 첩자 정보수집을 과장.
무경칠서직해 (武經七書直解)	유인(劉寅) (미상, 원말명초 14세기)	첩자 활용에 있어서 안팎의 호응을 중시. 역대 첩자 사례에 대한 치밀한 고증. 첩자를 속임수로 폄하하는 유교적 인식의 한계를 보임.

손자서교해인류 (孫子書校解引 類)	조본학(趙本學) (미상, 명 16세기)	첩자 활용의 주의점, 첩자의 장단점 파악, 이해관계 고려 등을 강조. 첩자의 작용을 지나치게 과장하고 신비화한 것이 단점.
초려경략 (草廬經略)	무명씨 (미상, 명 16세기)	첩자 관련 전문적인 용어와 이론 등장. 첩자에 상인 활용 등 남다른 견해가 적지 않음.
투필부담 (投筆膚談)	하수법(何守法) (미상, 명말 17세기)	'첩간(諜間)' '적정(敵情)' '방사(方士)'편. 너와 나 쌍방이 모두 첩자를 활용한다는 점을 확실히 인식하여 '쓰되 믿어서는 안 된다'고 강조함.
병경백자 (兵經百字)	게훤(揭暄) (미상, 청초 17세기)	청 초기 대표적 이론서로 후대에 큰 영향을 줌. 첩자에 대한 다양한 분석과 언어, 표정, 목소리, 몸짓까지 언급한 치밀한 첩자 이론서로 평가.
간서(間書)	주봉갑(朱逢甲) (미상, 청말 19세기)	고대의 유일한 첩자 전문서. 용어, 관련 이론서, 첩자 중요성, 첩보술, 첩자 분석, 풍부한 사례 등 종합적인 성격의 이론서. 농민봉기 진압을 목적으로 편찬되었다는 한계.
향초속교서 (香草續校書)	우창(于鬯) (1864~1910, 청말)	손자병법의 이론을 더욱 개발하여 독창적인 견해를 제시함.

*위 표에 제시된 이론서들 외에도 제자백가서를 비롯한 역대 병법서, 고적(古籍) 등에도 부분적으로 첩자와 관련된 정교한 이론들이 흩어져 있지만, 이것들을 일일이 수색하여 분석하기란 번거롭고 또 위 이론서들의 범주에서 크게 벗어나지 않는다.

4. 역대 첩보술에 관한 정보표

명칭	주요 내용	관련 기록	비고
절청 (竊聽)	땅 속이나 땅 속에 묻은 항아리에 숨어 엿듣는 첩보술.	『묵자·비혈』『통전』외	현대의 도청술
통신 (通訊)	우역(郵驛), 동물(낙타·개·비둘기), 봉수, 하천, 연, 화살 등을 이용하여 정보를 전달하는 첩보술	『좌전』『사기』『취미북정록』『성경』『묵자』『수서』『자치통감』외	『삼국사기』 김유신열전, 현대 통신수단으로도 유효함.
밀마 (密碼)	통상적 암호를 이용한 통신 전달 첩보술로 물건, 문서, 글자, 숫자 등을 이용한 다양한 방법이 보임.	『육도』『손자병법』『초려경략』『무경총요』외	현대의 각종 암호술
대호 (代號)	첩자나 첩자기구 등과 관련된 기밀 사항의 보안을 위해 사용하는 가명이나 별칭.	『취미북정록』『수호전』	현대의 각종 가명이나 별명.
비어 (秘語)	은어(隱語), 유어(謬語) 등으로도 불리는 다른 단어를 사용하여 암시하는 첩보술.	『좌전』『취미북정록』『문심조룡』『삼국지』	현대의 은어
암기 (暗器)	첩보에 사용되는 비밀 무기.	『월절서』『전국책』『삼국지』『무비지』외	현대 첩보원의 비밀 무기
독약 (毒藥)	암살이나 자살을 위한 약물.	『좌전』『간서』외	독극물
모적 (摹迹)	적의 문서를 모조하는 첩보술.	『사기』『간서』외	현대의 복사 (copy), 촬영
밀사 (密寫)	정보 등을 적이 눈치 채지 못하게 전달하기 위해 명반수(明礬水)와 같은 특수 액체 등으로 문서를 작성하는 첩보술.	『송사』외	현대 특수용지와 문서

화장 (化裝)	적진에 침투하기 위해 복장 등을 바꾸는 첩보술.	『신기제적태벽음경』 『이정병법』외	현대의 위장 · 변장술
사험 (査驗)	적의 첩보술을 막기 위한 방첩 수단으로 특별한 기물이나 표식 등을 이용함.	『연별기실』『구명서』	현대의 방첩술
위조 (僞造)	적을 혼란에 빠뜨리기 위해 거짓문서나 물건을 만드는 첩보술로 편지 위조가 주류.	『간서』	현대의 위조
판석 (判析)	적의 정보를 판단하고 분석하는 고급 첩보술.	『간서』	현대의 정보분석
탁봉 (拆封)	정보 문건의 파손을 방지하기 위한 봉인 등을 제거하는 기술.	『사집(史集)』 (이란의 역사기록)	현대의 최첨단 기술을 이용한 정보 확인술
밀장 (密藏)	기밀문서 등을 밀랍 등으로 확실하게 봉하거나 특수한 장치로 이용하여 전달하는 기술.	『조야유요』『자치통감』『구오대사』『송사』외	현대의 특수 정보전달장치

『구당서(舊唐書)』

『민족문화』(제30집), 한국고전번역원, 2007.

『사기(史記)』

『수서(隋書)』(中華書局標點本)

『신당서(新唐書)』(이상, 정사는 中華書局 標點校勘本)

『일본서기(日本書紀)』(상·하), 岩波書店, 1965.

『자치통감(資治通鑑)』(宏業書局 標點校勘本)

CHRISTOPHER DOBSON & RONALD PAYNE, *THE DICTIONARY OF ESPIONAGE*, GRAFTON   BOOKS, 1986.

강선, 『고구려와 북방민족의 관계 연구』, 숙명여자대학교대학원 박사학위논문, 2003.

강성문 외, 『한민족전쟁사총론』, 교학연구사, 1988.

강성문, 「여수·여당전쟁원인고」, 『국사관논총』(69), 1996,

강준신, 『우리가 몰랐던 삼국시대 스파이』, 아름다운책, 2004.

국방부전사편찬위원회, 『고구려 대수·당 전쟁사』, 국방부전사편찬위원회, 1991.

김복순, 「삼국의 첩보전과 승려」, 『한국불교문화사상사』(권상)(가산이지관스님화갑기념논총), 1992,

김부식/이병도 역주, 『삼국사기』(상·하), 을유문화사, 1987.

金富軾/정구복 외, 『역주삼국사기』(2)(번역편), 한국학중앙연구원, 2005, 수정3판.

김영수 역,『맨얼굴의 중국사』(1~5), 창해, 2005.

김영수(공역),『고구려 간사』, 삼성출판사, 1990.

김영수,「고대 첩자고」,『군사』(제27호), 국방군사연구소, 1999.

김영수,「한국 시조설화와 그 역사 지평」,『한국학보』, 1993.

김용만,『고구려의 발견』, 바다출판사, 1999.

김용만,『새로 쓰는 연개소문』, 바다출판사, 2003.

김용만,『인물로 보는 고구려사』, 창해, 2001.

김정배 편저,『삼국시대와 동아시아』(한국고대사입문[2]), 신서원, 2006.

김한규,『요동사』. 서남학술총서(25), 2004.

노태돈,「5-6세기 동아시아의 국제정세와 고구려의 대외관계」,『東方學志』
     (44), 1984.

류연산,『고구려 가는 길』, 아이필드, 2004.

박경철,「7세기 동아시아의 국제전쟁」,『한국고대사입문(2)』(삼국시대와 동
     아시아), 신서원, 2006.

박순교,『김춘추의 집권과정 연구』, 경북대학교 박사학위논문, 1999.

박한제,「7세기 수당 양조의 한반도 진출 경위에 대한 일고―수당 초 황제의
     정통성 확보 문제와 연관하여」,『동양사학연구』(43), 1993.

백기인 외,『한민족전쟁사총론』, 교학연구사, 1988.

사회과학원 역사연구소,『조선전사』(3), 평양: 과학백과사전 종합출판사,
     1979·1991.

山東省博物館臨沂文物組,「山東臨沂西漢墓發現'孫子兵法'和'孫臏兵法'等竹
     簡的簡報」,『文物』74-2.

서병국,『대제국 고구려사』, 한국학술정보, 2004.

徐勇主 編,『先秦兵書通解』, 天津人民出版社, 2002.

손관승,『우리는 그들을 스파이라 부른다』, 여백, 1999.

孫武/김광수 해석하고 씀,『손자병법』, 책세상, 1999.

손자/김광수 역주,『손자병법』, 책세상, 1999.

孫厚洋, 『中國古代用間術』, 河北人民出版社, 1990.

신형식, 『고구려사』, 이화여자대학교출판부, 2003.

어니스트 볼크먼/이창신 역, 『스파이의 역사』(1), 이마고, 2003.

呂尙, 『六韜』(中國兵書名著今譯). 北京: 軍事譯文出版社, 1992.

王小甫 主 編, 『盛唐時代與東北亞政局』(北京大學盛唐硏究叢書). 上海: 上海
　　　書辭出版社, 2003.

于賡哲, 「隋唐兩代伐高句麗比較硏究」, 『盛唐時代與東北亞政局』, 北京大學盛
　　　唐硏究叢書, 2003.

于彦周, 『間諜與戰爭』, 北京 : 時事出版社, 2005.

운노 히로시/안소현 역, 『스파이의 세계사』, 시간과공간사, 2005.

윤명철, 『한국 해양사』, 학연문화사, 2003.

윤용규, 「수당의 대외정책과 고구려 원정―배구의 '군현회복론'을 중심으
　　　로」, 『북방사논총』(5), 2005.

이기백, 『한국사신론』, 일조각, 1990.

이도학, 『새로 쓰는 백제사』, 푸른역사, 1997.

이도학, 『한국 고대사 그 의문과 진실』, 김영사, 2001.

李零 主 編, 『中國兵書名著今譯』, 軍事譯文出版社, 1992.

이병도, 『한국고대사연구』, 박영사, 1976.

이성제, 「고구려와 거란의 관계」, 『북방사논총』(5), 2005.

이성제, 『고구려의 서방정책 연구』, 국학자료원, 2005.

이용범, 「고구려의 팽창주의와 중국과의 관계」, 『고대 한중관계사의 연구』,
　　　삼지원, 1987.

李殿福·孫玉良 著/강인구·김영수 역, 『고구려사』, 학연문화사, 2005.

이종욱, 『고구려의 역사』, 김영사, 2005.

이종욱, 『신라의 역사』, 김영사, 2002.

이호영, 『신라 3국 통합과 려·제 패망원인 연구』, 서경문화사, 1997.

이희근, 『전환기를 이끈 17인의 명암』, 휴머니스트, 2002.

日野開三郎, 『東洋史論集』(第15卷), 東京 : 三一書房, 1991.

일연/김원중 옮김,『삼국유사』, 을유문화사, 2002.

일연/리상호 옮김,『삼국유사』, 까치, 1999.

褚良才,『中國古代間諜史話』, 鄭州:中州古籍出版社, 1998.

井澤元彦,『逆說の日本史』(2), 古代怨靈編, 小學館文庫, 2001.

直木孝次郎,「古代朝鮮における間諜について」,『橿原考古研究所論集』(5),
　　　吉川弘文館, 1979.

클라이브 기포드/임정희 역,『스파이』, 더북컴퍼니, 2005.

한영우선생정년기념논총간행위원회,『한국사 인물열전』(1), 돌베개, 2003.

허중권,「삼국시대 군사사상에 관한 연구―김유신의 군사사상과 전략전술」,
　　　『3사교논문집』(제44집), 1997.

허중권,『신라 통일전쟁사의 군사학적 연구』, 한국교원대학교대학원 박사학
　　　위논문, 1995.

許獲,「略談臨沂銀雀山漢墓出土的古代兵書殘簡」,『文物』74-2.

이 책 『첩자고(諜者考)』를 쓴 저자 김영수(金英洙)는 사마천(司馬遷)과 『사기(史記)』를 공부해 온, 말 그대로 '사기'꾼이다. 이런 그에게 붙은 또 하나의 타이틀은 '첩자 전문가'이다. 그가 지금까지 쓰거나 펴낸 관련 논문과 저서가 독보적이기 때문일 텐데, 이는 달리 말해 이 분야의 연구가 거의 없다는 뜻이기도 하다.

저자는 1993년 첫 논문을 발표한 이래 지금까지 첩자와 관련하여 다섯 편의 논문과 한 권의 단행본을 냈다. 이번에 그 논문들과 저서를 모아 다듬어 단행본으로 준비하면서 그간의 연구 상황을 살펴보았지만 직접 관련되는 논문이나 단행본은 찾을 수 없었다고 했다. 이 분야에 대한 연구가 외면당하고 있다는 단적인 현실일 것이다.

저자의 첩자 연구 역시 사마천의 『사기』에서 비롯되었다. 『사기』 곳곳에서 발견되는 첩자 관련 기록을 검토하면서 정보의 중요성을 인식하게 되었다.

수천 년 전이나 지금이나 정보의 중요도는 단 한 번도 외면당하거나 도외시된 적이 없지만 그러나 현재 우리 학계의 상황은 그와는 반대라는 게 저자의 진단이다. 이는 저자가 첫 논문을 발표할 때부터 처한 엄연한 현실이었다. 그런 연유로 이 책의 〈저자 서문〉은 이 같은 현실에 대한 저자의 뼈아픈 회고와 비판인 셈이다. 저자는 독자들에게 '정보'라는 키워드를 움켜쥐고 이 책을 읽어줄 것을 당부한다.

저자는 1987년 이래 사마천과 『사기』 그리고 중국을 공부하고 있다. 한국정신문화연구원(현 한국학중앙연구원)에서 고대 한·중관계사 연구로 석·박사 과정을 마쳤다. 현재 한국사마천학회 이사장, 중국 소진학회 초빙이사로 활동 중이고, 외국인으로는 유일하게 사마천의 고향인 중국 섬서성 한성시 사마천학회의 정식 회원으로 초빙 받았다.

주요 저서로는 『중국 3천년, 명문가의 자녀교육법』 『역사의 경고 — 우리 안의 간신 현상』 『사마천과 사기에 대한 모든 것』(①,②) 『위인 — 리더를 살리는 10가지 덕목』 『사마천, 인간의 길을 묻다』 등 다수가 있다.

주요 역서로는 『완역사기』(본기①,②/세가①) 『제국의 빛과 그늘』 『모략』 『백양 중국사』 등 다수가 있다.

주요 논문으로는 「한국 시조설화와 그 역사 지평」 「고구려 초기 대외관계의 성격」 「곡인(曲刃)청동단검문화에 대한 연구사적 검토」 등 다수가 있다.

첩자 연구와 관련해서는 단행본 『역사를 훔친 첩자』가 있고, 올해(2018년) 초 『비본(祕本) 간서(間書)』(주봉갑 지음)를 번역해 엮어냈다. 관련 논문으로는 「고대 첩자고」 「고대 첩자 연구 시론」 「삼국시대 병법서의 수용과 그 활용」 「612년 여·수 전쟁에 관한 일고찰 — 고구려의 '첩보전'과 관련하여」 「김유신의 첩자 활용과 첩보술에 관한 일연구」가 있다.

저서

1999	지혜로 읽는 사기
2002	간신은 비를 세워 영원히 기억하게 하라
2005	중국 역대 정권 정보표
___	명문가의 자식교육
2006	역사를 훔친 첩자
___	역사의 등불 사마천, 피로 쓴 사기
2007	사기의 인간경영법
___	중국사의 수수께끼
___	어머니의 회초리
2008	난세에 답하다
2009	사기의 경영학
2010	사기의 리더십

역서(공역 포함)

_____ 여인의 향기(임어당 저)

2004 강호를 건너 무협의 숲을 거닐다(량셔우쭝 저)(개정)

_____ 모략가(차이위치우 저)

2005 황제들의 중국사(사식 저)

_____ 맨얼굴의 중국사(백양 저)

2006 사진과 그림으로 보는 중국사 강의(저우스펀 저)

2007 추악한 중국인(보양[백양] 저)

_____ 제왕지사(백양 저)

_____ 청렴과 탐욕의 중국사―중국관료열전(사식 저)

2008 용인(리수시 저)

2010 공자의 유머(임어당 저)

_____ 모략(차이위치우 저)(개정)

_____ 완역사기―본기1

2011 간신론―인간의 부조리를 묻다(징즈웬 외 저)(3차 개정)

2012 제국의 빛과 그늘(장점민 저)

_____ 완역사기―본기2

2014 백양 중국사(백양 저)

2015 완역사기―세가1

2016 역사를 바꾼 모략의 천재들―중국편(차이위치우 저)(공역)

2017 무협작가를 위한 무림세계 구축교전(량셔우쭝 저)(3차 개정)

2018 비본 간서(주봉갑 저)

● 정리: 편집부 (2018.03.01)

* 표시는 각주에 있는 페이지입니다.